U0558423

柏乡文化遗产研究

邢台市文物管理处
柏乡县文物保管所　编著

李恩玮　史云征　主编

科学出版社
北京

内 容 简 介

本书是一部地方史研究的著述，作者利用考古学理论和方法，以柏乡早期历史文化遗存为重点，以出土遗迹、遗物为依据，对当地历史文化发展做了初步探索与研究。全书共收录16篇文章，从新石器时期人们第一次来到这块土地上的原始文化形态，到汉唐时期高度社会文明的发展历程，刻画出一个粗线条的变化轨迹，诠释了柏乡历史文化遗产与当地古代社会进步之关系，展示了柏乡不同历史阶段的发展成就与人文思想，拓宽了人们对自身物质文化生成与发展的再认识。

本书可供文物、考古和地方史研究工作者及大中专相关专业师生、社会各界人士参考、阅读。

图书在版编目（CIP）数据

柏乡文化遗产研究 / 李恩玮，史云征主编；邢台市文物管理处，柏乡县文物保管所编著. —北京：科学出版社，2020.8

ISBN 978-7-03-065771-8

Ⅰ.①柏… Ⅱ.①李… ②史… ③邢… ④柏… Ⅲ.①文化遗产–研究–柏乡县 Ⅳ.①K292.24

中国版本图书馆CIP数据核字（2020）第138453号

责任编辑：郝莎莎 / 责任校对：王晓茜

责任印制：肖 兴 / 封面设计：北京美光设计制版有限公司

科学出版社 出版

北京东黄城根北街16号

邮政编码：100717

http://www.sciencep.com

中国科学院印刷厂 印刷

科学出版社发行 各地新华书店经销

*

2020年8月第 一 版 开本：787×1092 1/16

2020年8月第一次印刷 印张：20 1/2 插页：14

字数：515 000

定价：228.00元

（如有印装质量问题，我社负责调换）

前　言

柏乡县位于河北省南部，地处太行山东麓冲积平原，地理位置介于东经114°36′—114°47′，北纬37°24′—37°37′之间。柏乡历史悠久，早在新石器时代，人们就开始在这里定居生活。最初是在县城南小里村一带建立了第一个居住点，成为当地人类繁衍和社会发展的始祖。"唐尧"时期，由于受域南次岗坡地理作用，汦河水系发达充裕，大量土地得以开垦，人口繁衍初具规模。近年考古调查显示，仅在县城南部的汦水灌区不足100平方千米的范围内，集中分布着先秦时期文化遗址30多处。这样一个高密度古人类聚居群址的生成，奠定了柏乡古代人文发展的基础。到了商代，在这一聚居群落中心的小里岗一带，逐渐形成了一个社会人文"聚邑"，并以最早的"城邑"形态，构建起当地第一个政治、经济、文化中心。对此，古籍中称其为"尧城"。尧城的出现，标志着柏乡地区已跨入文明时代，社会发展实现了质的飞跃，并成为当地历史文明进程中第一个里程碑。柏乡区域从第一个"村落"的出现，到第一座"城邑"的形成，前后经过了3000年的历史进程。西周之后（约前9世纪），柏乡区域文化重心开始北移。直至东周时期（约前6世纪），以县城北部"古鄗城"（今固城店镇）为中心的地缘优势得以显现，人口迅速增长，社会积累逐步强大。迟至战国中期（约前5世纪中叶），古鄗城以封建社会制度的文化形态，成为当地政治、经济、文化中心，进而取代了尧城在当地社会发展中的主导地位。古鄗城能在这一时期崛起与壮大，并成为赵国北疆一个历史重镇，与古鄗城北部"古槐河"的战略资源和"古驿道"的地理位置有直接关系。古槐河古代称"沮水"，又称"北汦水"，它发源于太行山深处的赞皇、元氏一代，流经鄗地后水面足有200米之宽。近年考古调查显示，古鄗城的护城河，就是引自古槐水而开凿筑成的，它与鄗城护城垣共同构成了鄗城城池的军事防御体系。东周时期，贯穿柏乡全境的南北大通道就已开通，当地称其为"古驿道"，后称"古御道"（明清时期）。它是太行山东麓地区南北跨越地理最长的一条陆路通道。自隋、唐之后它与东部的"古运河"，一同构成燕京与南方地区进行交往的水陆双向交通干线，是我国唐代丝绸之路上邢州白瓷输出的主要通道。这条古道从古鄗城中心南北纵向穿过，入境后途经柏乡镇，再沿旧汦河支流故道的赵庄、驻驾铺、小里村尧城旧址出境。它承载着古代沿途商旅、兵戎、邮传和经贸的文化往来，战略地位极其重要。这里的物产曾誉名远播，自新石器时期就盛产粟、黍、稻谷物，到了商代中期，新培育出了小麦与大豆，农作物品种与生产结构得到了进一步优化与完善，成为"五谷"俱全、富甲天下的米粮仓。《史记·封禅》记载："古之封禅必有鄗上之黍。"战国晚期秦昭襄王四十九年（前

257年），古鄗城曾被赵国作为国礼赠予魏国公子魏无忌作"汤沐邑"。西汉时期，汉武帝在这里曾四次分封"王子侯"，以加强对鄗城的统治与管理，并在鄗城设立铸币"钱局"发行食货，以促进当地经济发展。建武元年（25年），汉光武帝刘秀在这里登基即位，建立了东汉政权。从东周早期到北朝初期约9个世纪，是古鄗城的历史舞台，也是柏乡地区社会变革、文化转型、发展激进的时段，其历史成就对当地社会进步产生了重要影响。4世纪初，印度佛教落户柏乡并始建"宗圣寺"，即明代更名的"崇光寺"。昔日"柏乡镇"这个名不见经传之地，才得益于佛教文化的拉动而迅速崛起。到了隋代开皇十六年（596年），"柏乡县"以行政职能的社会形态首次出现在历史舞台上，从此开始了柏乡县行政区划管理的新时代。柏乡镇这个充满活力的新兴政治、经济、文化共同体，成为柏乡地区社会发展史上第三个文明驿站。柏乡区域历史文化的生成与转换及自然优化的文明迁徙，前后经过了5000多年的历史进程。这种文化重心的不断迁徙和改变，影响并决定了当地历史文化遗存的形式和特点，成就了柏乡历史文化生态的大格局。

纵观柏乡6000多年的人类发展史，推动当地社会进程的能动力量，是其高度发达的农耕文明和优越的自然禀赋，其经济类型始终秉持了以农耕生产为基础和城（镇）市影响周边的传统发展模式，三大节点（"尧城"→"古鄗城"→"柏乡镇"）构成并代表了当地历史发展成就。从柏乡38处历代文化遗存的考古材料观察，各个时段的发展路径突出而明了，文脉衔接严谨而富有连续性。这种传承和递进关系的维系，与土著文化包容、顽强、坚韧、豁达的秉性以及适宜的生存环境有直接关系。宋、金时期，随着自然环境的改变，尤其水资源的短缺，制约了人们对自然环境的依赖程度，影响并阻碍了生产力的发展，社会积累削弱，经济文化处于历史低谷。县城南部的泜河水系与城北古槐河的断流，就发生在这一时期，明末清初在丰水期虽有所改善，但终不抵自然环境的变化而导致全流域水源之干涸。这样一个自然生态的结构性改变，使柏乡土地失去了地表天然水脉的滋养，社会经济也失去了持续发展的基础。无论从古籍文献还是从考古材料来看，柏乡地区这一时期的文化成就无重大建树。当然，影响一个地区的发展因素是多方面的，包括战乱的频发和自然灾害的袭扰等。从柏乡地区历史进程的峰谷图景可以看出当地人与自然、人与社会、人与人的相互关系及其文化流变。

20世纪80年代初，县政府成立了文物保管所，建立了常设管理机构，将当地历史文化工作纳入了政府管理范畴。30多年来，经过3次全国文物普查和多次田野考古发掘，现已基本搞清了柏乡辖区历史文化遗存概况，从考古学理论上初步构建起当地历史文化发展脉络框架。应该看到，过去柏乡历史文化工作多注重对遗迹、遗物的发现和保管，基础性理论研究相对薄弱。尤其对发生在当地并对柏乡社会发展有重大影响的历史事件，缺乏有力的科学考证和文化述解；对域内遗存的古代文化遗产与人们自身发展的关系，缺乏深入研究与诠释；对柏乡古代社会发展史，还没有拿出一个完整、系统的研究成果。要做好基层文博基础性研究，政府职能部门要发挥主导作用，要解决人才短缺与技术瓶颈的突出问题，要加强与其他专业部门协作，建立资源共享机制，以推进基础研究工作的进展。当然，文博基础性研究，对一个县区职能部门来说，面临许多困难和挑战，只要我们树立信心，立足现有条件，从细微材料入手，从一字一物着眼，实现研究成果的突破，还是有可能的。

　　《柏乡文化遗产研究》的编纂，是以多年工作积累为基础，以柏乡考古材料和文物实体为线索，以单题论述和基础材料混编的形式，提出了我们对当地历史文化遗产的初步认识和看法。内容虽肤浅拙陋，愿以此与大家共同讨论与交流。文中的事件叙述与论证分析，努力通俗直白，试图以知识性、趣味性、资料性飨于读者。

编　者

2019年9月1日

目　录

前言···（ⅰ）

小里遗址文化述解··························李恩玮　史云征（ 1 ）

柏乡赵村遗址2015年发掘简报··············耿晓宁　宋晓航（ 86 ）

柏乡赵村战国墓··························李恩玮　史云征（149）

柏乡东小京战国墓························史云征　李振奇（159）

柏乡东小京汉墓··························史云征　李振奇（165）

柏乡县市中村古墓发掘简报··············刘福山　史云征（168）

古鄗城往事证说································史云征（175）

柏乡元代碑刻综述······························史云征（183）

崇光古寺与唐代大佛····························史云征（206）

小里遗址与原始音乐····························史云征（215）

小里遗址与原始农业····························史云征（221）

柏乡魏裔介及其家族墓志综考··············李建立　史云征（229）

柏乡宗教文化溯源——兼论“崇光古寺”与“邢窑”文化之关系·······

···史云征（260）

觅说圭头碑····································李恩玮（272）

柏乡赵村商代遗址出土石器研究··············李恩玮　史云征（276）

气贯千载　古今映辉····························李恩玮（315）

后记···（319）

小里遗址文化述解

李恩玮　史云征

小里遗址位于河北省柏乡县小里村北，遗址总面积6万多平方米。2010年春，由于当地生产建设对遗址造成了损坏，经报请河北省文物局批准对该遗址进行了考古发掘，发掘面积1500平方米。发掘遗迹有房址、灰坑、窖穴、窑址、墓葬，灰沟等。出土遗物多为生产工具和生活用具。生产工具中以磨制石铲、石刀、石斧、石磨盘、石磨棒为主，兼有部分打、磨两制式石铲、石刀等。生活用具包括大量陶器、骨角器。陶器主要有钵、盆、釜、灶、鼎、罐、壶、瓶等，其中以上红下灰色的"红顶式"钵、碗最为典型。动、植物遗存也有不少，农作物见有粟、黍、稻和榛子、酸枣、樱桃、橡子等植物坚果。动物遗存有30多种，其中有不少亚热带物种，即水牛、麋鹿及丽蚌与楔蚌等。小里遗址的文化属性，在考古学称为新石器时期后冈一期文化系统，是冀南地区最富地方特征的史前文化遗存。它的发掘不仅厘清了小里遗址的文化内涵，同时为探索后冈一期文化流变提供了新线索，为冀南地区原始农业与古代自然环境研究提供了新材料。

一、小里遗址概况

（一）自然环境与文化生态

柏乡地处冀南地区太行山东麓冲积平原，地理位置介于东经114°36′—114°47′，北纬37°24′—37°37′。县境南北最长24.4千米，东西最宽16.4千米，总面积268平方千米。境内地势呈西高东低之势，处于山区与平原过渡地带，最低海拔40米，最高海拔60米。柏乡县自然环境为北温带半湿润大陆性季风气候，全年四季分明，气候温和阳光充足。年平均气温12.5℃，1月份平均温度-3.1℃，7月份平均温度26.5℃，年平均降雨量492毫米。无霜期180天。土地以壤质潮土为主，少量石灰性褐土。西部太行山脉冲积下来的富含有机物的土层沉积于此，质地肥沃，适于耕作，是古代人类繁衍生息理想之所。境内旧有汦河、槐河、姊河三大古代水系均发源于西部太行山区。近代由于气候干旱，河道均已枯竭，农耕生产与人民生活主要依赖地下水源。

小里遗址，位于县城西南小里村东北0.5千米，这里是隆尧、临城、柏乡三县交界地带，处于汦河中下游灌区。受太行山余脉的影响，地势蜿蜒起伏，沟壑较多，是域内海拔最高地段，也是全县唯一具有区域性岗坡特点的特殊地貌。这里受近代城镇化建设干扰较小，基本保持了原生态地理环境。由于古代泜河水系的作用，土质以沙壤质为主，遇有干旱成灾明显，主要种植玉米、小麦、花生、红薯、粟类等。20世纪60年代末，当地政府在此修筑水库欲拦蓄上游来水，由于工程缺乏科学论证，水库建设半途而废。盲目的工程建设，致使遗址上部原始文化地层遭到破坏。调查资料显示，在小里村周围不足100平方千米的范围内，分布着30多处先秦时期的文化遗存。顺泜河支流小里段上行2千米至隆尧大霍村东，在20世纪90年代初曾发现龙山文化遗址。全国"二普"期间，在小里村西与村北发现两处商代—龙山文化时期遗址。2007年全国"三普"中，还在遗址北部发现先商—龙山时期遗址。这些以泜河水系为中心的大面积集中连片的文化遗迹，构成了当地史前文化的基本形态，为我们认识柏乡早期历史发展勾勒出一条清晰的演变轨迹（图1）。

（二）保 存 概 况

　　遗址坐落在小里村东一条泜河支流的两岸。这条河道自南而北流经此地后东岸走向趋于内凸，由于围堰的缓冲作用，东部堤岸逐渐将上游来水中的泥沙拦截，致使此段地面不断抬高与提升，从而形成东岸第一台地。遗址一期文化遗存就坐落在这一台地上。20世纪90年代后期，当地村民在河道大规模挖土采沙活动又使遗址遭到二次创伤。河道东岸遗址南段土层较浅，下面沙层较厚，机械采沙致使部分文化遗存迅速毁灭。东岸北部遗址的消失正不断向外扩展，遗存面积逐年缩小，遗址整体面临一个十分脆弱的保存环境。在河道两岸断崖处，暴露出大量遗迹、遗物，见有陶器、石器、骨器和灰坑。陶器多见细泥红陶钵、盆、鸡冠耳双系小口壶及夹砂红陶釜、鼎等。石器多见磨棒、磨盘及铲、刀。骨器有锥、针器等。现已探明，东岸遗址南北长约500米，东西宽约100米，遗存面积5万平方米。遗址南段邻河文化层相对较浅，厚度在1米左右；北部较厚，有3米左右。河道西岸北段土层较厚，原始地层明确，遗存保存状况较好。这段遗址现存南北长约200米，东西宽约50米，遗存面积约1万平方米。遗址整体面积约6万平方米。

　　小里遗址自1989年发现后，柏乡县文物保管所就在此划定了保护范围，树立了保护标志，明确了义务保护员，并分别与乡、村两级建立了主管领导保护责任制度。实践证明，这种保护机制并没有发挥有效作用，当地村民挖沙行为始终没有得到控制，遗址面积逐年缩小的现象没有得到遏制，小里遗址今后的保护任务将会十分艰巨（彩版1；彩版2，1）。

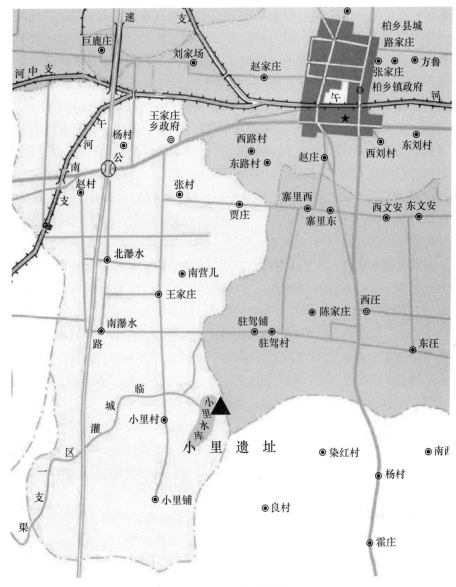

图1 小里遗址位置图

二、小里遗址的考古发掘与收获

2010年2月，当地村民在河道西岸北部开设"沙场"挖沙出售，致使此地段地下文化遗存遭到严重破坏。柏乡县文物保管所报请河北省文物局批准，由邢台市文物管理处与柏乡县文物保管所组成联合考古队，对此遗址进行了抢救性考古发掘。发掘领队李恩玮，执行领队史云征。本次发掘旨在了解该遗址地下遗存的埋藏情况、地层关系与文化性质及内涵，为保护工作提供科学依据。发掘选点在河道东岸的遗址南端，这里因当地村民采沙对遗址的损坏较重,已构成濒危状态,继续保存已十分困难。另外选择这段遗址边缘区域发掘,主要考虑发掘工程对遗址整体风貌和文化环境的损坏相对较小。田野工作首次获准发掘1000平方米,发掘完成之后,考虑到河道东岸的遗址中部,还有部分残存地段随时都有被雨水冲毁的危险,为减少自然灾害给遗址造成更大损失,第二次申请追加发掘面积500平方米,总共发掘面积1500平方米。田野工作自2010年5月26日开始,至9月10日结束。在发掘地段设计了3个发掘区域,分别为第Ⅰ区、第Ⅱ区、第Ⅲ区。第Ⅰ区共布探方42个。第Ⅱ区布10米×10米探方3个。第Ⅲ区布3米×10米探沟2条。

本次发掘以新石器文化堆积为主体,发掘房址2座(房址编号F)、灰坑89座(灰坑编号H)、窖穴8座(窖穴编号JX)、窑址3座(窑址编号Y)、墓葬2座(墓葬编号M)、灰沟2条(灰沟编号G),其次发掘汉、魏时期墓葬12座,获得了一批陶、石、骨、蚌、角器等遗物标本。从整体发掘情况来看,文化层比较单纯,均为新石器时代文化堆积,由于地层上部被水库建设扰乱,致使整体文化层位不尽统一。文化层厚80—150厘米,部分探方可达450厘米(多为坑内堆积),堆积层次①—④层不等。根据地层关系和出土遗物,我们将文化遗存分为前后两个发展阶段,即第一期与第二期。第一期遗存,集中出现在第Ⅰ发掘区内。遗存陶器主要为炊器、汲水器、储盛器三大类。炊器主要有夹砂陶釜、陶灶及陶支脚等,汲水器主要为泥质小口瓶、小口壶,盛储器中有泥质钵、盆等。陶钵胎体轻薄,制作规整,器表光洁,以"红顶式"居多,特点鲜明。陶盆类胎体相对厚重,存在"红顶式"装饰手段,有深腹、浅腹、折腰等不同形式。第二期遗存,主要分布在第Ⅱ、Ⅲ发掘区内。炊器则以鼎、罐类为主,不见灶、支脚,釜罕见。陶鼎发现较多,均为夹砂红陶或夹砂红褐陶。鼎足与腹部粘接处多有小指窝,并在外侧普遍压饰有1—3道沟槽。陶钵在二期仍占主流,小口瓶依然存在,小口壶不见踪影。二期发现彩陶片近百件,施彩部位常见钵类口沿和瓶的肩部。彩种见有红、黑、褐3种,其中黑色施彩较厚且鲜亮,其他彩种失艳。彩陶纹饰主要有斜线几何纹、竖线纹、横向宽带纹等。这一时期的红陶质多呈橘黄色,火候较低,质量相对较差,表面多有泥片剥离现象。两期陶器在器物组合与陶质、陶色及器物形态方面存在明显差别,并表现出一定的阶段性。

此遗址的文化性质,应是仰韶时期后冈一期文化系统,其内涵包括了后冈一期前后两个发展时段。至于第一期与第二期在陶器组合、器型变化及彩陶方面表现出的差异,应是它们在发展演变过程中的反应。我们将第一期和第二期遗存中出土的两个碳样标本,送交美国Beta实验室对其分别进行了 ^{14}C 年代测定。测年结果:第一期遗存约在公元前4720年(经树轮矫正,标本出土单位:2010XBXIT37H74);第二期遗存约在公元前4230年(经树轮矫正,标本出土单位:2010XBXIIT3),从时间段上锁定了两者之间的前后发展关系。对浮选出的植物和出土的动物标本,分别请中国社会科学院考古研究所进行了技术鉴定(见附录1、附录2)。

（一）地 层 堆 积

第Ⅰ发掘区位于河道东岸遗址的南端，此段地层可分两层，局部可分四层。由于水库工程和采沙活动对遗址的破坏，发掘布方难以构成大面积连续格局，探方整体地层难统一起来。根据探方层位关系，下面以T2、T3探方的北壁为例来说明第Ⅰ区地层的堆积情况。

1. Ⅰ T2北壁剖面

①层：耕土层，黄色沙土，较疏松，厚15—25厘米。①层下有灰沟G1，沟长250厘米，与T3相连。沟内堆积1层，土色浅灰褐色，土质较疏松，含沙量较大。夹杂有炭粒、烧土粒。出土遗物有少量泥质红陶片、夹砂红陶片、泥质灰陶片等，可辨器型有钵、盆等。

②层：灰褐色土，较疏松，厚35—40厘米。包含有炭粒，红烧土块等。出土泥质红陶、泥质夹蚌红陶片等，可辨器型有泥质钵、盆、小口壶及夹砂陶釜等。

③层：灰褐色黏土，较致密，厚40—80厘米，夹杂有炭粒、烧土粒。出土遗物有残石器、兽骨及少量陶片。陶片以泥质红陶为主，少量夹砂、夹蚌红陶等，可辨器型有盆、钵、釜、小口瓶等。

④层：深褐色黏土，较致密，厚30—100厘米。夹杂有炭粒、烧土粒。出土遗物有泥质红陶、夹砂红陶片，兽骨，残石器等。可辨器型有泥质钵、盆及夹砂陶釜等（图2）。

2. Ⅰ T3北壁剖面

①层：耕土层，黄色沙土，厚25—35厘米。①层下有灰沟G1、灰坑H16。G1与T2相连，堆积一致。H16位于探方东北部打破②—④层。

②层：灰褐色土，土质较疏松，厚20厘米。土中夹杂少量灰土块。包含物有石块、泥质红陶片、残石器、烧灼过的兽骨、烧土块等。

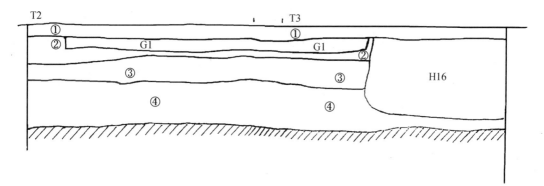

图2　T2、T3北壁剖面示意图

③层：灰褐色硬土，土色灰暗，质密，土中夹杂大量黑色炭粒，厚35—90厘米。包含物有焚烧过的兽骨，石块，泥质红陶、夹砂红陶片，残石器等。

④层：褐色土，土质较致密，厚15—100厘米。包含物有兽骨，泥质红陶、夹砂红陶片，残石器等（图2）。

由于水库工程对上部文化层的扰乱，所见遗迹单位多直接开口①层下，地层堆积均独立存在，未发现与其他不同时期的地层有相互叠压或打破关系。但在第Ⅰ发掘区H5、H31、H83中有与第二期遗物共存现象，这与地层堆积序列和文化内涵的阶段性并不矛盾。第一期遗存集中出现在第Ⅰ发掘区，第二期遗存多出现在第Ⅱ和第Ⅲ发掘区。

（二）第一期文化遗存

1. 遗迹

第一期遗迹比较丰富，整体布局呈现出集中性、目的性、实用性与关联性。

房址（F）发掘2座。没有发现结构完整者，均有不同程度的破坏，这可能与当地沙质土层和泜河水患有关。根据遗迹残留可知，房屋形制结构均为圆形半地穴式，地穴深度在40—105厘米之间，室内可使用面积一般不过10平方米。柱洞分布在室内地面中部和坑穴周围的坑壁上，柱洞为圆形或椭圆形，少数柱洞底部留有石块、陶片或硬土块，这种硬物垫底的做法可能起到柱础的作用。柱洞直径10厘米左右不等，室内地面柱洞均为直立竖穴，壁上的柱洞方向以室内空间中心向上斜直与地面形成约45度的夹角。经在柱洞遗迹插干模拟实验，室内中间用若干圆形木柱直立支撑，周边坑壁穿插檩木与之搭建覆盖，这样形成一座圆形攒尖顶半地穴式建筑居室。F2的门道位于东南面，呈不规则斜坡形。室内地面均有踏踩的结痂硬面，并在室内一侧发现有红烧土灶迹，灶体残损严重，结构不详。经对F1居住面解剖观察，地基为4层堆积。在F1、F2南侧出现较多个柱洞连片现象，且分布不在同一平面，柱洞方向均纵向直立，深10—15厘米，直径5—8厘米，没有硬结地面。这些柱洞的用途目前尚不清楚，可能与房子的附属建筑有关。出土遗物多分布在室内地面上和填土中。以F1为例，出土陶片1011件，石器14件，骨器6件，陶片多出土于填土中。室内居住面有较多鱼骨残留和大量植物灰烬，骨器多发现在这些灰烬中。这种鱼骨刺与骨器伴出的现象在其他遗迹中亦较常见。这些房屋应是人们日常生活居所，居住面遗留的大量鱼骨和经焚烧过的动物骨骼以及日常使用的骨、石器，应是人们劳动、生活的直接废弃堆积物。这种建筑形式是小里一期的特点（图版1）。

窖穴（JX）共发掘8座。这种坑穴均体积较大，坑壁修整规矩，坑底平整，有的在坑壁上部或底部留有柱洞，有的设有多层台阶，有的在坑壁上建有1—3步数量不等供人们上下使用的脚窝。这种窖穴的壁洞方向均作横向结构，与房址壁洞有明显不同。窖穴开口平面呈圆形、椭圆形和不规则形，根据布局和结构推测，这种窖穴可能属于房屋的附属建筑，实用功能与人们日常生活有关。

JX3　位于T22中部，开口于①b层下，打破H46、②层及生土。坑口平面近似椭圆形，坑壁较直，坑底呈南高北低。坑口至地表深35厘米，坑口最大直径265厘米，最小直径190厘米，坑深114—150厘米；坑底最大直径195厘米，最小直径170厘米。发现柱洞30个，其中底洞8个，壁洞22个。柱洞多为圆形或近圆形，直径在5—12厘米之间，深4—10厘米。洞内填土为灰色，较疏松。壁洞皆为横向，底洞为竖向直立。坑底为黄褐土，较硬。坑内有两层堆积：①层黑褐色。厚75—130厘米，北部较厚，土质致密，夹杂有大量红烧土块、木炭灰。包含物有陶片、兽骨、鱼骨等。②层红褐色，厚25—100厘米，南侧相对较厚，土质较硬，夹杂大量红烧土块及草拌泥片现象，泥片厚度2厘米左右，一面平整，另一面有植物秸秆痕迹（图3；图版3，1）。出土遗物有陶釜、钵、盆、小口壶、鼓，石铲等（图4）。

JX7　位于T25中部，开口①层下，打破②层，打破H60及生土。开口平面呈瓢形。

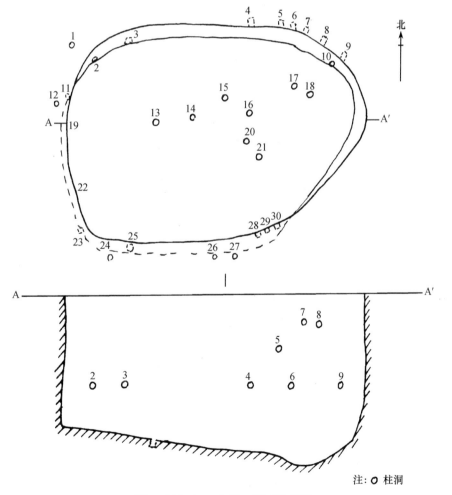

注：○ 柱洞

图3　窖穴（JX3）平、剖面示意图

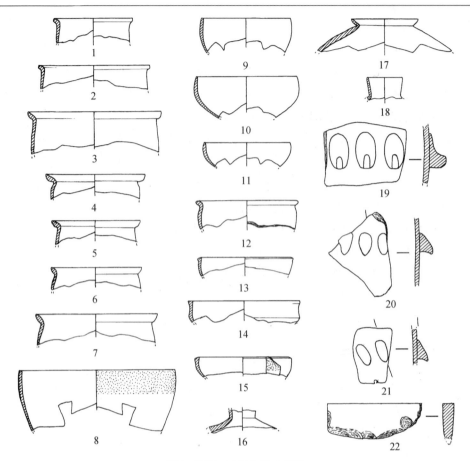

图4 窖穴（JX3）出土器物

1、2. B型陶釜（JX3：1，JX3：2） 3、4. A型陶釜（JX3：3，JX3：4） 5—7. C型陶釜（JX3：5，JX3：5、
JX3：7） 8、9. B型陶钵（JX3：8，JX3：9） 10、11. A型陶钵（JX3：10，JX3：11） 12. C型陶盆
（JX3：12） 13—15. D型陶盆（JX3：16，JX3：20，JX3：21） 16、18. 陶壶口（JX3：24，JX3：26）
17. 陶罐（JX3：25） 19—21. 陶鼓（JX3：27，JX3：28，JX3：29） 22. 石铲（JX3：31）

坑口至坑底有三层台阶逐级内缩。第一层台距开口30—35厘米，第二层台距一层台30—40厘米，第三层台距坑底140厘米。坑口距地表25厘米，坑口长390厘米，宽260厘米，坑深170厘米。发现壁洞22个，无规律分布于坑壁中部略偏上位置，皆横向。洞口平面呈圆形或椭圆形，直径6—12厘米，深6—10厘米。坑底为黄褐土，质密平整。坑内填土呈黑褐色与黄褐色相间，夹杂红烧土块，有草拌泥现象，土质较疏松。遗物有陶片、蚌片、残骨、石器等。共出土陶片424片，其中泥质红陶390片，约占出土总数的91%；夹砂红褐34片，约占出土总数的9%（图5；图版2）。出土遗物有陶釜、盆、钵、小口瓶、小口壶、支脚，石器有铲、磨棒、磨盘，骨器有锥、笄等（图6）。

窑址（Y）发掘3座。均已塌毁，但从残留遗迹可以看出其功能和用途。

Y3 位于T19东部，开口于①层下，窑体东部由于被M8、H40、H86打破仅剩西侧

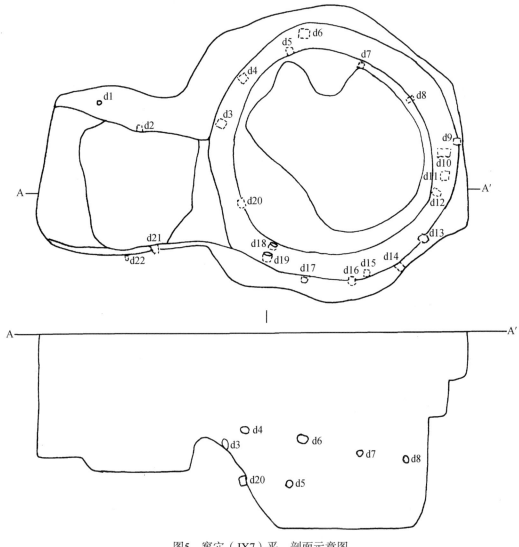

图5　窖穴（JX7）平、剖面示意图

部分残留。南北长262厘米，东西宽125厘米，深80厘米（图7）。窑体南部底面平整较硬，为黄色黏土，夹杂红烧土块、炭粒等，应该与窑务有关。在窑室北侧有一个直径约30厘米，深35厘米的坑穴，填满大量炭灰，可能为烟道。窑室平面有9个孔洞与下方断面相通，孔径5—10厘米不等，洞内填满炭灰，推测为火道。西、南侧残留部分窑壁，残高10—15厘米，厚15—45厘米。膛室填满草灰、烧土块。根据残存遗迹判断，火门可能位于西南方。在烧土遗迹外侧存有部分堆积残留，呈不规则形，深0.8米，可能是窑务堆积杂物形成的遗留。其包含物有陶支脚、蚌片、鹿角、兽骨（部分经烧灼）、残石器及泥质红陶片。经对窑迹解剖发现，残存基础可分两层：①层为红烧土层，厚20—35厘米，土质稍硬，高低不平，四周稍厚，烟道及火道均位于该层。②层为浅灰土，夹杂

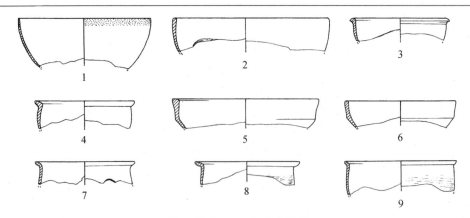

图6　窖穴（JX7）出土陶器

1. A型钵（JX7∶1）　2. B型钵（JX7∶9）　3. E型盆（JX∶11）　4. C型盆（JX7∶10）　5. D型盆
（JX7∶17）　6. B型盆（JX7∶39）　7. D型釜（JX7∶19）　8. A型釜（JX7∶23）　9. B型釜（JX7∶27）

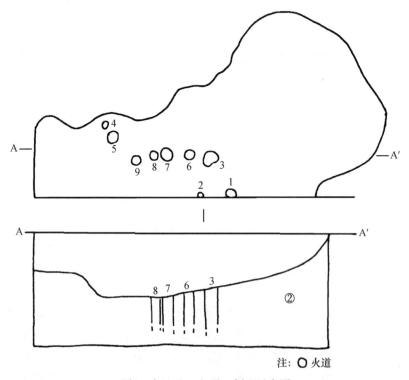

注：◯ 火道

图7　窖址（Y3）平、剖面示意图

大量炭粒，较疏松，厚30—50厘米，烟道及火道均延伸至该层。②层下为黄褐土，质较密，有一定硬度。遗物均出自窑膛室内，有陶器残片及骨石器。共出土陶片41片，其中泥质红陶31片，约占出土总数的76%，夹砂红褐10片，约占出土总数的24%。可辨器型陶器有釜、盆、钵、器盖，骨器有笄、锥、刀，另有石铲（图8；图版3，2）。

灰坑（H）是发掘最多的遗迹单位。第一期遗存79座，其中有大、中、小之分，坑

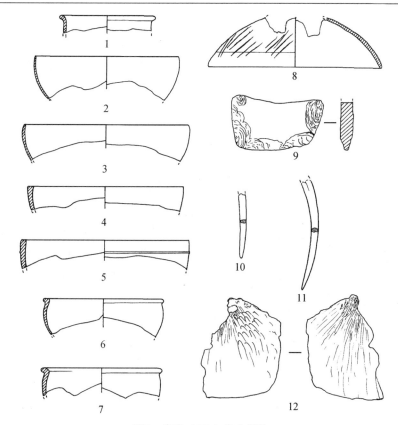

图8　窑址（Y3）出土器物

1.D型陶釜（Y3：1）　　2、3.A型陶钵（Y3：2、Y3：3）　　4.B型陶钵（Y3：5）　　5.A型陶盆（Y3：6）

6、7.C型陶盆（Y3：7、Y3：8）　　8.陶器盖（Y3：9）　　9.石铲（Y3：10）　　10.骨笄（Y3：11）

11.骨锥（Y3：12）　　12.骨刀（Y3：13）

口平面多以圆形、椭圆形和不规则形居多，坑口直径200厘米、坑深200厘米以上的大型灰坑不在少数。这种大型灰坑填土多数较疏松，土色杂乱，有大量植物灰烬和烧土残留，这种现象也是第一期灰坑的特点。坑内遗物的数量相对不如房址和窖穴，一些灰坑只有少量陶片，甚至不见遗物。从灰坑的平面布局似乎看不出什么明显规律，表现更多的是随意性，但考虑与建筑遗迹的共存关系，两者相距又不甚太远，推测它们可能是日常生活废弃物堆积坑。

H83　位于T39中部，开口于①层下，打破②层及生土，被H84打破。部分被探方南、东壁叠压，开口平面近方形。坑壁不规整，坑底较平。坑口距地表25厘米，坑口东西320—345厘米，南北335—375厘米；坑深290—320厘米；坑底东西250—270厘米，南北140—150厘米。坑内堆积三层：①层为浅灰色土，夹杂大量红烧土块，土质较疏松，厚70—240厘米，南部较厚。包含物有兽骨、蚌壳、陶片、石器等。②层为红烧土，主要分布在中北部，厚20—40厘米。呈北高南低斜坡状，似为倾倒所致。土质较致密，包含物稀少。③层为黑褐土，厚30—50厘米，夹杂炭粒、烧土粒，土质较

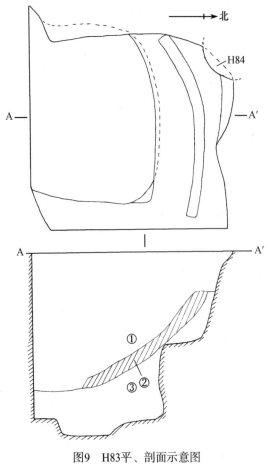

图9　H83平、剖面示意图

疏松，包含物较少（图9）。共出土陶片453片，其中泥质红陶391片，约占出土总数的86%；夹砂红褐62片，约占出土总数的14%。出土遗物陶器有釜、钵、盆、小口壶、小口瓶、灶、支脚，石器有磨盘、磨棒、铲、凿、刀、砺石，骨器有笄、锥等（图10）。

H69　位于T31西部，开口于①层下，打破H72及生土，部分向西延伸至发掘区外，北壁被探方隔梁叠压。开口平面呈不规则形，坑壁斜直内收，坑底较平。坑口距地表30—35厘米，坑口长360厘米，宽345厘米，坑深90厘米。坑内堆积为一层，土质疏松，土色浅灰（图11）。包含物有红烧土块、炭灰粒、陶片、兽骨、鹿角，蚌片等。共出土陶片122片，其中泥质红陶103片，约占出土总数的85%；夹砂红褐19片，约占出土总数的15%。出土遗物有陶釜、钵、盆、小口壶、小口瓶、器底，石铲、凿等（图12）。

小里遗址第一期揭露出的建筑基址及灰坑、窑址、窖穴等遗迹现象，在一定程度上反映出一些当时人们生产、生活方式。它们之间的形态布局、相互关系和使用功能，显示出一种新颖的生存理念。因此对这些遗迹的性质做进一步分析和有益探索是有必要的。

（1）时间性与功能概念。

发现的2座房址建筑结构基本一致，室内地面平整结实，均在一侧发现有红烧土灶迹，这应是人们日常生活起居的住所。2座房址均开口①层下，其时间段应是同期存在的。结合部分窖穴和灰坑有②层下开口现象，它们之间可能存在先后，但从目前资料来看，就其建筑形式与遗物内涵很难再细分开来。这种时间性的差异可能是很小的，或许这些遗迹的使用时间正是第一期遗存的产生与消失的时期。在房内出土的骨针、骨锥及石器遗物，应是人们在室内从事缝制和生产劳作的直接遗留。室内遗留的大量鱼骨和经焚烧后的动物骨骼，应是人们食用后的废弃物。环绕在房子周围众多的灰坑和窖穴，其形制尽管并不规则，应与房子有着某种联系和特殊意义。JX5坑壁垂直深峻，面积较大，底部较平，在坑下部还留有二层台结构。这种窖穴壁上留有的柱洞其方向多是横向的，底部柱洞方向均为竖向直立。可以看出这种窖穴遗迹，应是一个与木质建筑相关的

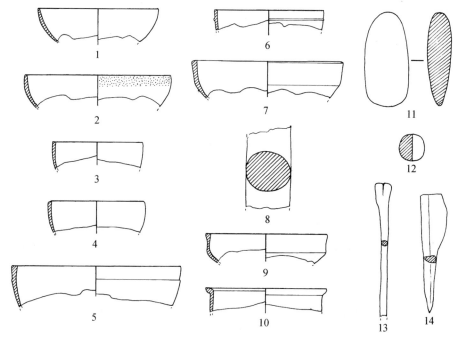

图10　H83出土器物

1、2. A型陶钵（H83：3、H83：4）　　3、4. B型陶钵（H83：10、H83：11）　　5、6. A型陶盆（H83：12、

H83：13）　7.B型陶盆（H83：16）　8.石磨棒（H83：63）　9.D型陶盆（H83：22）　10.A型陶釜（H83：27）

11.石斧（H83：29）　12.泥球（H83：60）　13.骨笄（H83：61）　14.骨锥（H83：62）

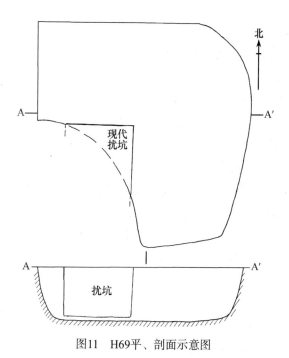

图11　H69平、剖面示意图

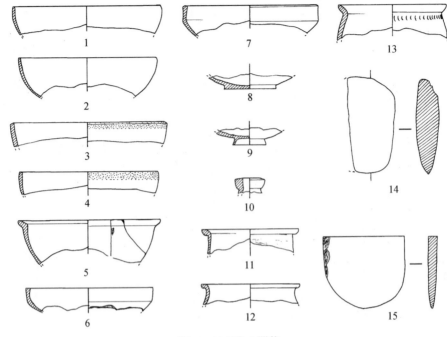

图12　H69出土器物

1、2. A型陶钵（H69：1、H69：2）　3、4. B型陶钵（H69：4、H69：5）　5. C型陶盆（H69：6）　6、7. B型陶
盆（H69：8、H69：9）　8. 陶壶底（H69：10）　9. 陶瓶足（H69：11）　10. 陶瓶口（H69：12）　11. A型陶釜
（H69：15）　12. B型陶釜（H69：17）　13. D型陶釜（H69：18）　14. 石凿（H69：19）　15. 石铲（H69：21）

独立存在单位。由此推测，坑穴中间用若干木桩直立支撑，上面再用木棍横向搭建并掩以植物茎叶，以达到隐蔽坑穴之目的，但具体功能和用途目前还缺乏更充分的证据和理由。或许是用于储存食物的窖穴，或许是用于防止大型动物袭扰的陷阱。这种推测是基于当地水牛、麋鹿、熊和野猪等大型动物的存在。这类坑体较深，在坑壁留有1—3个脚窝供人们上下使用，有别于房子的建筑形式和用途。一些体积较大的灰坑，坑内填充大量植物灰烬，质地疏松纯净，堆积层次分明，对此我们推测可能与人们保存"火种"有关。对一些柱洞群遗迹，目前还没有一个统一的认识，尽管有些柱洞分布杂乱无章，甚至无法找到相互之间的实用关联和存在的意义，但这并不影响其建筑元素的实际构成。这种难以判若的柱洞群现象，在房址南部比较突出。或许正是这些建筑形制的不确定性，给我们的再认识提供了更广阔的研究空间。从目前发现的房址来看，F1与F2作相邻或相依搭建，其建设理念具有较大的倾向性与依赖性，也是原始人们族群意识的一种表征。

（2）遗迹布局。

从第一期遗迹的平面分布难以看出其营建规律，但总体布局体现出群落、集中、紧凑的倾向，细节上更多反映出的是随意性、实用性和一些不经意的变化。灰坑、窖穴这些与生活有着密切关联的遗迹，多分布在房址周围不远的地方。F1与F2东西横向连接，这种连体式建筑形式，或许是为了某种需要而设计的一个功能性组合。在F1和F2的北侧，横向分布有Y1和JX6；在H35和H32东侧，纵向分布有Y3和JX5。这种生产与生活遗迹相互依邻的安排，应是这个聚落形态构成的另一个特点。纵观遗址总体平面布局，第一期聚落中心坐落在河道东岸南端，这种格局的形成应与地理位置和居住环境有关。以房子为中心的居住位置的选择要格外用心，即要避免因洪水频繁袭扰带来的自然灾害，又要依赖便捷的水源以满足日常生活的需求，同时又要兼顾对遗址东侧平坦土地的耕作，这样一个居住环境的选点对当时人们的承载能力来说显得尤为重要。以距河道最近的F2来说，它与现行河岸直线距离为80米左右，除去后时代河滩的自然漫滩与人为破坏的因素，原始距离应在百米之外。实现上述的居住理念，这个位置应该是一个最佳选择。小里遗址第一、第二期文化遗存的产生时间是沿河道由南向北依此顺应延续的，其文化面貌的演变亦随时段向北依次递进。调查、发掘资料显示，第一期遗存面积约在1万平方米，集中坐落在东南端（即重点发掘地段），这是小里先民来到这里后最早营建的居住生活点。第二期遗存由此沿河道东岸向北渐移，遗存面积亦逐步扩大，至遗址北端遍及河道的两岸。根据这种延续态势，推测第二期文化遗存的中心位置，可能处在与第一期遗存南北纵向轴线之上的北部，应是小里先民直系后裔的居所。这是我们对小里遗址整体遗迹平面布局的一个大胆推测。

（3）生存方式。

根据目前这些资料还不足以透彻分析这些问题，但从出土遗迹、遗物仍可以看出一些端倪。从当地地形观察，这是一条从太行山下来的洺河水系的一条支流，至此河面宽有200米，河床深度4—5米，可见当年水量十分充沛。河道西部地势突凸，呈次岗坡地段，海拔60米；河道东部地势平坦，土质松软肥沃。这种田园式自然环境为人们的生存发展提供了优越的条件。从房址和窖穴中出土大量鱼骨、蚌壳分析，洺河中的鱼、蚌水产是人们一种重要食物来源。经对发掘出土的大量曾被烧烤过的动物骨骸种属鉴定，有猪、狗、鹿、羚羊、牛、麋鹿等，多为啮齿和偶蹄类动物。这些动物遗骨应是人们捕食后遗弃的残留堆积。从这些残留动物遗骨看出，动物资源是丰厚的，猎取能力是强盛的，狩猎活动在当时人们生活中占有重要地位。在T4④地层堆积中发现水牛、麋鹿及丽蚌和楔蚌等亚热带物种，说明在新石器时代我国南北自然环境的差异不是十分明显，这里具有温暖、湿润、植被茂盛、沼泽遍地、野味成群的生存环境。经对H86、H65、H30等单位四分之一体积取样浮选检测，发现有粟、黍、稻、狗尾草、酸枣、榛子、紫苏、马唐，另有禾本科及豆科、蓼科类植物。根据出土植物种子量比构成判断，当时农业经济已是人们生存方式的突出一面。遗址中出土的石磨盘与石磨棒是用于粮食脱壳的加工工具，出土的石刀、石铲等收割工具与当地生产粟、黍、稻等带壳农作物是吻合的。在新石器时期这一地区，已经完成了粟、黍、稻农作物的野生驯化过程并实现了人工栽培种植，农业文明已摆脱了刀耕火种的原始形态，并进入发展初期阶段，农业生产已经成为推动社会进步的主要力量。人们的日常食物是以粟米为主，再辅以狩猎动物与采集野生坚果为辅，三元架构共同建立与承担了柏乡小里先民的饮食体系。遗址中发现的骨针是人们常用的一种缝纫工具，通体光洁，使用痕迹明显，这种骨制工具多出土在房址中，有的长度只有3厘米，针孔仅能容稔细小的线体。这种精细的骨针只能作用于细薄的面料，它的发现对这一时期人们以兽皮、粗麻为衣的认识观点提出了挑战。在第二期T2②中还发现了用于织纺线体的陶制纺轮，它与骨针组合直接服务于人们的日常生活。当时这里是否已经存在经纬织作的可能，还有待其他更多资料来证实。在一期H67、F2和二期H5中发现用于佩戴装饰的骨环和齿状骨饰件，一期JX3中还出土有"陶埙""陶鼓"乐器，展现出人们对精神生活追求的另一面。日常生活陶器用品可分炊器与盛储器两大类。炊器使用率最高的是陶釜，这种直接作用于火苗的炊器均为夹砂质地，它受热后导散热能快，烧煮时器皿不易开裂，这种先进技能在6000多年前就被人们熟练掌握。盛储器均细泥红陶，器皿制作十分精巧，并附有醒目的装饰。在二期遗存中还发现了彩陶，虽数量不多，但色彩醒目，技法娴熟，显现了原始文明的飞跃与突破。通过上述分析，可基本勾勒出小里遗址先民一个概念性的生存模式：他们以聚落家庭式社会单元为基础定居在泜河岸边，居住在半地穴式房屋内，以农耕生产和狩猎、采集三种经济类型推动社会发展，意识形态与物质文明协同进步，显现出原始文明初期阶段的文化形态。

2. 遗物

遗物包括陶、石、骨、蚌等几种。

（1）陶器。

陶器在出土遗物中占最大比例，主要器型有钵、盆、釜（锅）、小口壶、小口瓶、灶、支脚、器盖等。其中，以釜、灶、支脚为主的炊器和钵、盆为主的盛储器占比最大，汲水器为小口壶和小口瓶。杯、网坠、鼓、埙等均为偶见，属非主流器类。陶质主要有泥质和夹砂两大类。纹饰比较简单，有指甲纹、刺剔纹、刻划几何纹及捏塑堆贴装饰。指甲纹和刻划几何纹，多饰在夹砂器盖上。目前所见到的这类器盖，应是与釜配套使用的组合炊器。刺剔纹多用于器物腰部的粘接部位，可能兼有强化器物的稳固作用。

釜　是第一期遗存中较常见的器型。均为夹砂红褐质地，器表有制作时留下的细线摩擦痕迹，内壁普遍涂抹光洁，似用米汤汁沁濡。器型均大口，弧鼓腹，圜底。以口沿不同可分四型（这里仅选择A、B二型介绍）。

H5：1，B型，小卷沿，圆唇，鼓腹，沿下有一弦沟。夹砂红褐陶，小平底，外壁有硬物擦刷痕。口径28厘米，高23.8厘米（图13，1；图版5，1）。

H31：77，B型，小卷沿，尖唇。外壁有硬物横向擦刷痕。残高5.7厘米（图13，8）。

H40：11，A型，红褐陶。折沿，尖唇，沿下有一弦沟，弧腹。外壁有压磨痕，器表留有烟炱。残高7.6厘米（图14，1）。

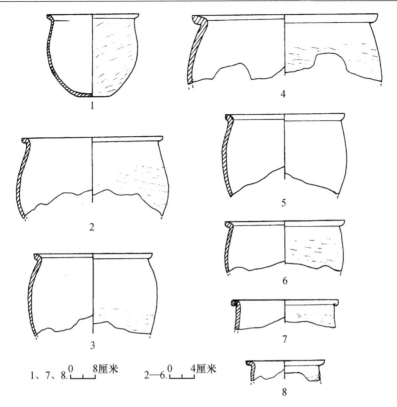

图13 B型陶釜

1. H5：1 2. H23：66 3. H83：32 4. H54：30 5. JX5：24 6. H64：8 7. H31：78 8. H31：77

H31：75，A型，红褐陶。折沿，尖唇，弧腹，沿下有一弦沟。外壁有硬物擦刷痕。残高9.6厘米（图14，11）。

灶　目前发现的只有两种形式，以圆唇直腹桶状形居多，由于直接受火烧灼，其质地多为夹砂红褐陶。

Y1：1，A型，夹砂夹蚌红陶。直口，圆唇，直腹下收，平地。器外身留有制作时的刮削痕迹。口沿内壁有三个等距上仰支钉，用于支撑陶釜，下腹留有两个对称圆形灶门，用于添加烧柴。灶门直径12厘米左右，不甚规整。通高22厘米，口径25.5厘米（图15，1；图版5，2）。

H24：1，B型，夹砂红陶。斜折沿，尖唇，弧腹下收，平地，器底中部有一圆形开孔，孔径8.5厘米，器底边缘有三个等距三角形支脚，支脚高2厘米。器身下腹留有两个对称圆形灶门，灶门直径10厘米左右，不甚规整。通高19.5厘米，口径24厘米（图15，2；图版5，3）。

支脚　小里一期的炊煮方法，目前发现的只有两种形式。其一，陶灶支撑烧煮法；其二，支脚支撑烧煮法。支脚是用陶泥做成不同形状的支架，上面直接搁放陶釜，下面堆柴引火烧煮。至于使用时是三脚支撑还是四脚或多脚支撑，目前尚不清楚。

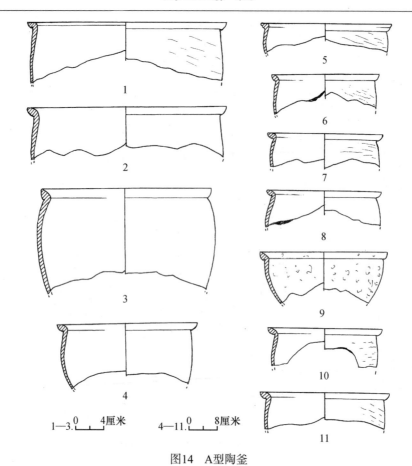

1—3.　0　4厘米　　　　4—11.　0　8厘米

图14　A型陶釜

1. H40：11　2. H40：12　3. T4③：9　4. H62：18　5. H23：53　6. H5：3　7. H5：4　8. T2②：4
9. H82：10　10. H31：74　11. H31：75

但出土的支脚均强度不够，有的遇水解体。这可能是陶泥做成支脚后并不进行专门焙烧，而是在使用过程中受火燎作用使其逐渐得到强化。支脚均是用手捏制成泥坯，形制不很规整，烧结火候普遍较低，强度不高。可分三型。即弯柱形、马蹄形、馒头形。

H54：24，弯柱形，泥质红陶。内侧扁平，外侧圆弧，上部渐收向内弯曲，横断面呈半圆形。高20厘米，底径12厘米（图16，1；图版5，4）。

H62：23，馒头形，泥质红陶。上端平秃，底面圆形。高9.5厘米，底径14厘米（图17，3；图版5，5）。

JX5：19，马蹄形，夹砂红褐陶。上承面内凹，蹄底面平斜。质地坚硬，火候较高。高14.5厘米，底边宽9厘米（图17，2；图版5，6）。

钵　是陶器群中最多的一种，约占出土陶器总数的90%，这与日常使用率有关。陶钵器形规整，质地细腻，烧制火候普遍较高，器身表面普遍素面磨光，有的还带有光泽。口沿相对较厚，腹下至器底逐渐内收且胎体亦随之变薄，有的钵底厚度不足2毫

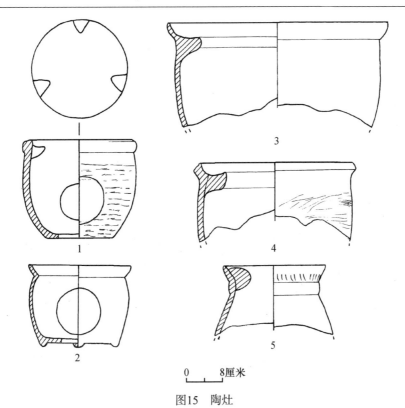

图15 陶灶

1. Y1：1　2. H24：1　3. H34：1　4. H12：10　5. T2③：16

米。陶色主要以"上红下灰"色的"红顶式"为主。器型可分深腹和浅腹、侈口和直口两型两式。

H5：6，A型Ab式。泥质陶，微敛口，圆唇，斜直腹，小平底。外壁上红下灰，内壁灰色，红色带宽2厘米左右。口径19厘米，高10厘米（图18，4；彩版4，2）。

H62：4，A型Ab式。泥质红陶。口微敛，尖圆唇，腹较直，小底内凹。底部胎体留有制作时衬垫物的痕迹。口径14.5厘米，高9.8厘米（图18，1；图版6，1）。

H64：1，A型Aa式。口微敛，圆唇，浅收腹，小平底。制作时胎体底部沾有植物种粒或稻糠痕迹，外壁上红下灰色，红色带宽2厘米，内壁灰色。直径24厘米，高8厘米、底径5.3厘米（图19，12；彩版4，3）。

H48：5，B型，泥质陶。微敛口，方唇，弧腹，胎体较厚。内壁灰色。外壁口沿红色带不甚规整，宽约3厘米。口径25.4厘米，残高10厘米（图版6，2）。

盆　均泥质陶，外壁多为上红下灰色即"红顶式"。质地细腻，器形规整、制作精细。依口沿差别可分五型。

H56：1，B型，尖圆唇，直口，折腰，下腹斜收，小平底。直径23厘米，高9.5厘米（彩版4，4）。

H40：7，C型，小折沿，下腹弧收，小平底。直径17.2厘米，高7厘米（图20，

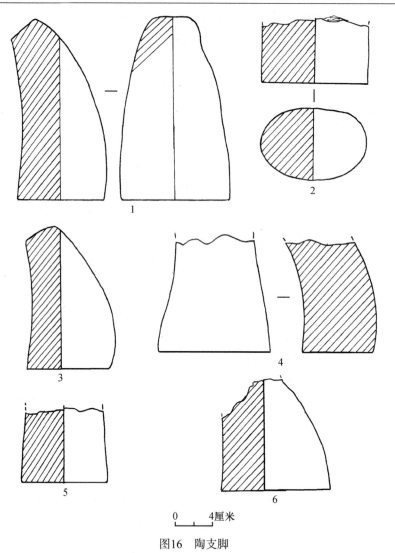

图16　陶支脚

1. H54 : 24　2. JX7 : 33　3. H62 : 22　4. H39 : 1　5. H37 : 1　6. H83 : 42

10；图版6，3）。

　　H5：26，E型，斜直沿，尖圆唇，束颈、折腰，下腹斜收。泥质陶，外壁上红下灰色（图版6，4）。

　　汲水器　在小里遗址中人们汲水普遍使用陶制的壶或瓶。这类器物的口均作小径，肩部浑圆宽大，下腹内收小平底或圈足。肩部有两个对称鸡冠耳，用以绳索的系挂与提领。两种器物均胎体厚重，器形硕大，表面光洁，其制作工艺均作泥条盘筑法。

　　F2：3，小口壶，泥质红陶。小口，尖唇，直领，广肩，球腹。肩部有两个对称鸡冠耳，器身泥条盘筑法分段衔接制作，器口预制后再经粘接，器表磨光。残高10厘米，口径6.3厘米，领高3厘米（图21，2，图版6，5）。

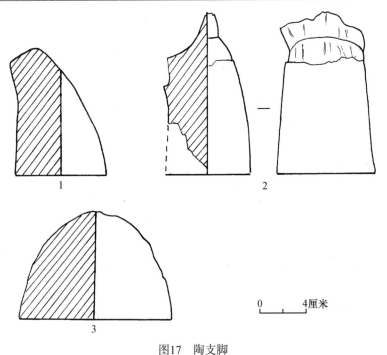

图17 陶支脚

1、2.B型（H30：26、JX5：19） 3.C型（H62：23）

H30：1，小口瓶，泥质红陶。杯形口，厚圆唇，细长颈，广肩。器物内里颈、肩部留有明显粘接痕。残高9.2厘米，内口径2.8厘米（图版6，6）。

器盖 发现的这类器皿均为釜盖，夹砂质地。盖上的纹饰多为刻划几何纹和指甲纹。由于陶质强度不高，出土时均为残器，可复原者2件。可分二型。

H32：1，A型，夹砂红陶。盖顶塑有圈足形圆纽，纽均是预制后再与盖体粘接。纹饰以盖纽为中心，向四周刻划出若干等距放射直线，再以中心向外划出三个不等距同心圆，这样盖面图案就构成若干"田"字形方格纹。手工捏制，胎体厚重，器身留有硬物刮削修整痕迹。器高11厘米，直径26厘米，纽高3.3厘米，纽径10厘米（图22，5；图版7，1）。

H62：19，B型，夹砂红陶。盖顶弧形平秃，中部刻划两组同心圆弦纹，外圆起向外用八条平行放射直线将整体盖面分成八项限组，每项限内饰有5—7条斜划线，再用双圆刻划线纹封底。器物手工捏制，胎体厚重。器高6.4厘米，直径22.6厘米（图22，7；图版7，2）。

钻孔陶片 共发现4片。钻孔均打在陶钵口沿下部，为双面双向对钻。由于双向钻点把握不准，两面钻孔内均留有钻痕台面和马蹄形边口。这些钻孔是在器物损坏后，加工修补再利用的痕迹（图版8，7）。

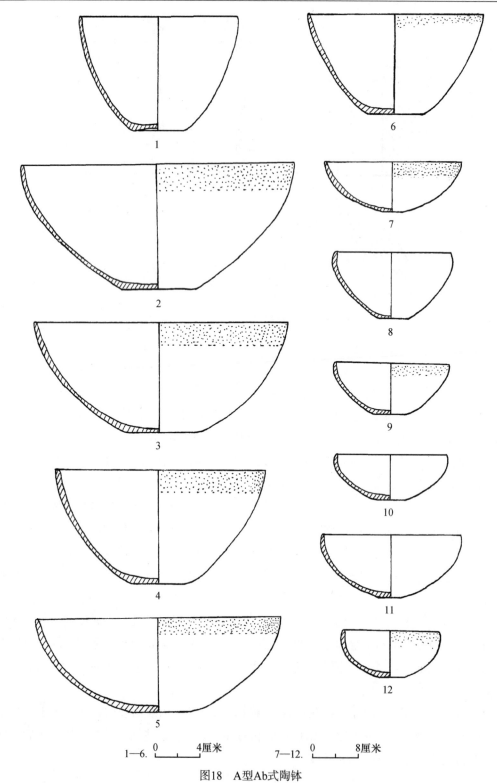

1—6. 0 ⊢——⊣ 4厘米　　　7—12. 0 ⊢——⊣ 8厘米

图18　A型Ab式陶钵

1. H62：4　2. H62：1　3. H69：13　4. H5：6　5. H40：1　6. H44：1　7. H31：33　8. T4③：1　9. T4③：2
10. H71：1　11. F1：57　12. F1：58

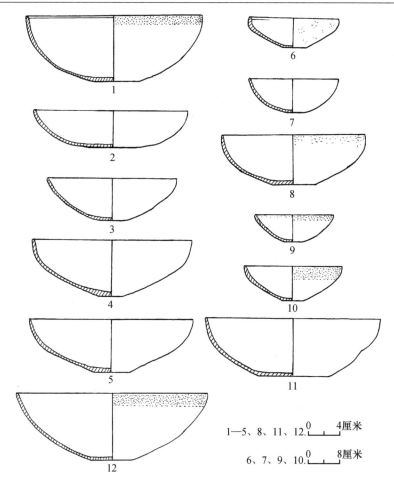

1—5、8、11、12. $\underset{0}{\llcorner}\underset{}{\sqcup}\underset{4}{\sqcup}$ 厘米

6、7、9、10. $\underset{0}{\llcorner}\underset{}{\sqcup}\underset{8}{\sqcup}$ 厘米

图19　A型Aa式陶钵

1. F2：1　2. T2④：1　3. H5：7　4. H62：2　5. H62：3　6. H26：1　7. H20：1　8. Y2：10　9. H31：32
10. H31：34　11. JX1：1　12. H64：1

（2）石器。

石器多数为残器。以磨制较多间有部分打、磨两制式器物。器型有铲、刀、磨盘、磨棒、斧、锛、凿、耜、匕、钻、饼、砥石等12种。在H82遗存中出土了两件石钻，正是石钻的出土为我们认识钻孔陶片和骨环、松石佩饰的打孔方法找到了依据。

石铲　分为磨制石铲和打磨两制式石铲。

H64：15，A型，完整。磨制。平面呈牛舌形。石灰岩质。平顶，弧刃，侧壁圆弧，刃部与两侧均交错打制并有明显磨制使用痕迹。长28.5厘米，宽19厘米（图版7，3）。

H34：17，完整。打磨两制式，石灰岩质。长条形，平顶，斜直刃，握柄略收。刃部与侧边均交错打制，两平面经简单磨制并有明显使用痕迹。长14.5厘米，顶宽4.2厘米，刃宽6.3厘米（图版7，4）。

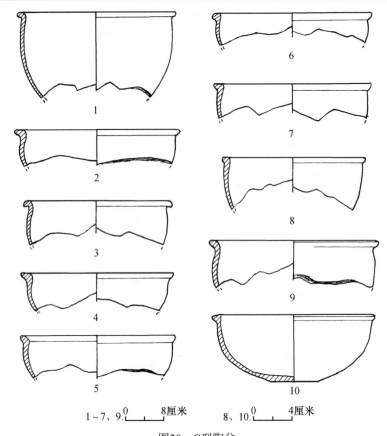

1 ~ 7、9.　8厘米　　　8、10.　4厘米

图20　C型陶盆

1. F1：20　2. F1：23　3. F2：73　4. F1：19　5. T2③：4　6. G3：49　7. H83：24　8. H54：10
9. H45：12　10. H40：7

石磨棒　可分三型。

采：1，A型，完整。柱形体，横断面呈圆形，其中一侧面略显扁平，两端握柄处磨出凹陷痕迹。长40厘米（图版7，5）。

石钻　H74：1，完整。整体呈三角形，扁体，刃部磨尖，通体磨制光洁。长7厘米（图版8，1）。

石刀　H83：55，Ba型 青石磨光，双面刃，三角形。大边长8厘米，刃宽8.6厘米（图版7，6）。

（3）骨器。

骨器发现不少，主要有锥、针、笄、刀、凿、匕、饰件，另有一些未成型的半成品骨料和不明用途的器物，均以兽骨为材料制作而成。就器物表面留下的加工痕迹来看，其加工工艺经过截锯、切削、刮磨、钻琢等方法。对器形的掌控多依原材料的形状随形就势，具有很强的针对性。

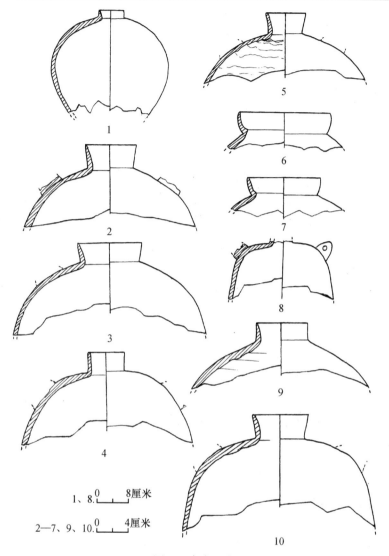

图21 陶小口壶

1. G3：39　2. F2：3　3. T4③：5　4. T2③：7　5. H31：37　6. H31：38　7. H31：40　8. H32：21
9. T2③：6　10. H46：1

骨笄　骨器遗存中最多的一种，其长度在8—13厘米之间，多是利用小型动物的肢骨稍加修整，其中一端基本保持了原关节的形状，另一端磨制光滑、呈扁平状。G3：55，长10.8厘米（图版9，1）。

骨针　依形制不同可分两种，有圆形直体和扁形弯体，长度在4—10.5厘米之间。

H45：41，完整。圆体，圆针孔，首部扁平，通体光滑，色泽青白。长8.5厘米（图版9，2）。

H44：5，完整。圆针孔，整体片状弯弧型。直长8厘米（图版9，3）。

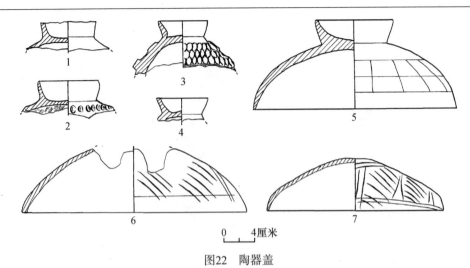

图22　陶器盖

A型器盖　1. F1：55　2. H31：42　3. H64：9　4. H56：4　5. H32：1　6. Y3：9

B型器盖　7. H62：19

骨镞

骨镞在出土骨器中相对少见。H74：6，完整，平面呈柳叶形，锋铤尖状，横断面为圆形。长5厘米（图版9，4）。

骨锥　H83：62，完整。尖部略残。制作方法是将肢骨劈开，柄手一端保留了凸瘤，锥部磨制精细尖锐。长9.6厘米（图版9，5）。

骨双尖器　G3：61，长条形，两端尖刃，一面较平，另一面微弧，通体磨制光洁。长5.9（图版9，6）。

3. 器物群体的突出特点

小里遗址一期出土器物从质地可分三类，即陶器、骨器和石器。这些器物群体的种类及其用途与人们的日常生活、生产有着密不可分的关系，它们表现出的特点与个性，直接反映了这一阶段人们的生存状态。

（1）陶器。

陶器在出土遗物中占绝对优势，凸显出它在人们生活中的重要地位。陶质主要可分两大类，即泥质陶和夹砂陶。泥质陶为储盛器约占出土陶器总数的85%，夹砂陶为炊器约占出土陶器总数的15%，夹蚌陶和夹云母陶极其少数，故没有将其计入统计之列。夹砂陶由于泥料的不纯和烧成温度的差别，所表现出的色调不尽统一，实际存在杂乱不纯之色，故文中的炊器陶色分类带有一定的主观性。釜在一期炊器中数量最多，型式的变化相对多样，这种变化体现在口沿和整体形态的差异。陶釜内里表面普遍光滑，似用米汤汁浆制，这与炊煮的食物可能存在一定关联。与釜组合使用的有釜盖、灶或支脚，这样一套夹砂陶器组合构成一个完整炊煮工具实用体。钵在整个陶器群中的数量最多，有敛口和直口、方唇和圆唇、深腹和浅腹之别。器物自口沿至底足逐渐变薄。整体器型规整、胎体轻薄，上手缺少分量感。钵的型式变化不大，主要表现在器型的深浅和唇口的差别。这种深浅不同的形体虽不能代表时间段的差异，但可以看出它们在使用功能上的不同。根据陶钵典型器物的对比参数，它们大小容积比在5：1之间。这种容积的差别，反映出小里一期钵类器物在使用功能上的多样性和普遍性。正是由于上述的原因才是导致其损坏率高、遗存残片多的重要原因。小口壶和小口瓶在一期器物组合中共同承担汲水功能，在数量上瓶多于壶。这种汲水器皿，由于缺乏完整器和连贯的相关信息，不能从整体器型观察演变规律，看不出器型变化的倾向性。一期的陶器以素面为主，稍见纹饰的亦比较简单。仅见在釜盖表面以几何形式刻划出阡陌的形态或剔刺出繁密的指甲纹。

（2）石器。

石器在小里一期器物群中占有重要地位，其用途是作为生产工具存在于人们日常生活当中。石器的种类主要有铲、磨棒、磨盘、刀、斧、凿、锛、耜、匕、钻、饼、砾石等。其中铲的数量约占出土石器总数的47%左右，刀约占出土总数的14.5%，磨盘和磨棒这种组合器约占出土总数的13%，砾石约占出土总数的8.95%。这组数据是出土石器前四位的排位情况，这种数量上的差异不仅是生产方式的体现，同时也是生产结构的直接反应。从工具类型观察，这种薄而宽的双刃双面通体磨制的石铲，应是用于土地的耕作。当地是沙质土壤，很适用这种铲做效能的发挥。所见石铲大多为残断品，这种遗存现象，一方面反映了这种石质工具日常使用率较高，农业耕作比重的突出，另一方面反映出石铲工具在使用功能上的多面性和广谱性。这里的石铲无论体积大小，均有扁、平、薄之特点，无论直刃还是弧刃，其物理特性均作用利索、功效迅速。也正是由于形体薄弱、抗击能力差的特性，才是造成其损坏率高、更新快、遗留残品多的重要原因。石铲数量的庞大和石斧数量的贫寡，说明这时的农业生产已脱离刀耕火种的初期阶段，进入耜耕时期。石刀数量在石器类别中居第二，这种收割禾谷的得力工具多是利用大型器物残损后的改型器或从其他器型上打下的片石稍加修整而为之。磨盘、磨棒这种组合式粮食加工工具的数量与凸显的农业经济主体是吻合的。这种工具全部为红砂岩质，这种红色砂质沉积岩密度较小，质地粗糙，很适宜对带壳谷物的加工研磨。磨盘表面由于多次研磨而下凹，磨棒两端的把柄与中间的棒体同样留有明显的研磨痕迹。由于这种石质的强度较差和器型较大才使遗存磨盘无一完整的重要原因，当然不能排除农业的进步而带来对后加工工具需求量的增加和使用率提高的缘故。粮食加工已成为一项专门的日常作业和生产程序。

（3）骨器。

骨器在应用方面可分两大类，即工具类和装饰类。针、锥在工具类别中数量最多，尤其针的遗存在整个器物群中显得格外引人关注。这种大到十几厘米，小至寸余，针鼻孔径不足1毫米的缝纫工具，只有作用于细薄面料才能实现它的存在价值。这种细小的缝纫工具将开阔我们对其应用对象的认知视野。骨笄的功能主要是人们用来对头发的束缚与扎固，使劳作起来更加舒适与便捷。它的制作多是利用小动物或鸟类的整体腿骨略加修整而成，没有装饰性的美学倾向，表现出原始的自然与本能。从物象观察，这一时期发笄的应用还处于单纯的工具范畴，更注重其实用性，没有附加功能在里面。观察出土的饰品，在一期H67出土的骨环通体磨制光滑，内径4.5厘米。F2出土的绿松石坠是利用天然松石粒精磨而成，中间钻一穿孔，颜色青翠欲滴。在第二期遗存H5中出土的骨质圆形片饰，通体磨制光洁，外环半周施以切割锯齿纹，中间有一对向钻孔用以悬挂，直径2.8厘米（图版9，8）。这种装饰性用品在整个器物群中数量虽少，但表现出一种全新的思想理念，可以看出人们对它赋予了太多的用心和投入。这种饰件根据器型学原理应该是用于颈项的佩戴，它与发笄的应用对象和人们赋予的精神理念是截然不同的，显现出另类的价值和意义。这种对生活的装点和对唯美的倾向，表达了人们最初的精神欲望和对自身价值的关注。人们的唯美思想启蒙应该是从胸前佩戴开始的，它要早于头饰对人们行为的支配和影响。其实，反映精神文明进步的元素不仅表现在佩饰方面，出土的"陶埙"和"陶鼓"乐器更是这一时期人们精神领域的真实体现（图23；彩版4，5；图版8，3、4）。

（三）第二期文化遗存

　　第二期文化遗存主要分布在第二、第三发掘区。第二发掘区共开10×10米探方3个，发掘面积300平方米，发掘灰坑8座，墓葬2座。第三发掘区开挖探沟2条，发掘面积60平方米。第三区早年水库建设对这里的地层破坏不大，在此开挖探沟旨在了解原始地层的真实情况与二期遗存的文化内涵。发掘显示，第二、第三发掘区出土遗物均为第二期文化遗存。探沟中未见其他遗迹现象，或许此地段不是人们主要活动区域。

1. 遗迹

　　在第二期遗存中没有发现居住遗迹，第一期遗存中也没发现同期墓葬。这些能直接反映人们生存状况的文化元素的缺失，是因为发掘面积限制的缘故，尤其第二期遗存只揭露了360平方米的面积，不足以充分反映这些问题。从已发掘的8座灰坑看，开口平面多呈椭圆形和不规则形。灰坑的面积普遍较大，直径均在2—3米之间，坑深多在1米左右。这些大个头的灰坑在第二期遗存中是个普遍现象。

　　（1）灰坑。

　　H5位于T3西部，向西部分延伸至探方外。开口于①层下，打破②层及生土。开口平面呈扇形，弧壁略内收，平底。坑口距地表20厘米，南北280厘米，东西240厘米，坑深100厘米（图24）。坑内堆积一层，土色灰白，土质致密。主要包含物有泥质红陶片、夹砂红陶片、兽骨、蚌壳等。出土陶片130片，其中泥质红陶108片，约占出土陶片总数的

1、2、5、6、8. ⊢—4厘米   3、4、7. ⊢—2厘米

图23　陶鼓

1. JX1：20　2. G3：38　3. H45：27　4. H45：28　5. H31：71　6. T2②：3　7. T2③：8　8. T2③：13

83%；夹砂红褐22片，约占出土陶片总数的17%。陶器可辨器型有钵、盆、鼎、罐等。石器有刀。骨器有锥、笄、饰件等（图25）。

H7位于T2北部，开口于②层下，打破生土，被M2打破。开口平面呈椭圆形，坑弧壁内收，底部稍平。开口距地表80厘米，坑口长250厘米，宽195厘米；坑底长240厘米，宽190厘米，深140厘米（图26）。坑内堆积可分三层，其中：①层黄褐色土，较疏松，厚15厘米，含有少量红烧土块。②层黑褐色土，稍硬，厚25厘米，夹杂有大量烧土粒、炭粒，陶片主要出土该层。③层黄褐色土，疏松，厚20—30厘米，夹杂少量红烧土粒，陶

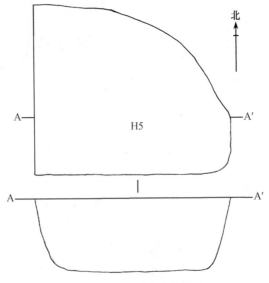

图24　H5平、剖面示意图

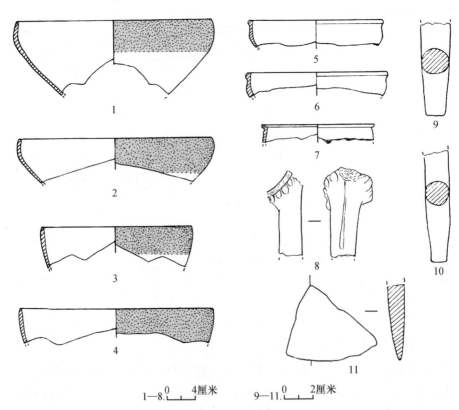

图25　H5出土器物

1、2.B型陶钵（H5：1、H5：3）　3、4.A型陶钵（H5：7、H5：8）　5、6.A型陶盆（H5：9、H5：10）

7.B型陶罐（H5：14）　8～10.A型陶鼎足（H5：15、H5：16、H5：17）　11.石刀（H5：19）

片较碎。主要遗物有陶片、兽骨、兽牙、蚌片等。共出土陶片126片，其中泥质红陶112片，约占出土总数的89%；夹砂红褐陶14片，约占出土总数的11%。可辨器型有陶钵、盆、小口瓶、鼎、罐等（图27）。

（2）墓葬。

M1位于T2西北部，开口于①层下，打破②层。墓圹略呈椭圆形，墓口距地表25厘米，墓圹长174厘米，宽72厘米，深18厘米。葬式为侧身屈肢葬，头向南偏西，面向西。墓向195°。无棺椁痕迹，无随葬品。骨骼除足部趾骨有缺失外，基本完整。墓主身高160厘米，年龄约30岁，骨骼纤细，似为女性（图28；图版4，1）。

M2位于T2北部，开口于②层下，打破生土。墓圹呈椭圆形。墓口距地表70厘米，墓圹长184厘米，宽90厘米，深16厘米，无棺椁痕迹，无随葬品。葬式为仰身直肢葬，面向西，墓向174°。手骨、趾

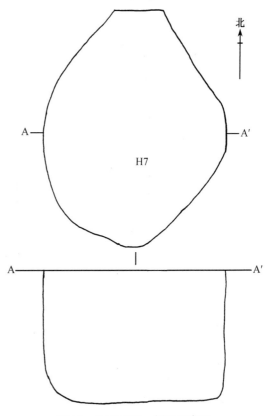

图26　Ⅱ区H7平、剖面示意图

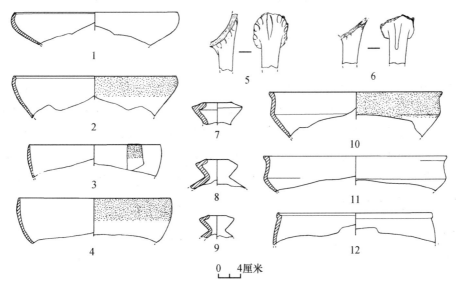

图27　H7出土陶器

1、2. B型钵（H7：1、H7：2）　3、4. A型钵（H7：5、H7：6）　5、6. 鼎足（H7：11、H7：12）　7—9. 瓶口（H7：14、H7：15、H7：16）　10、11. A型盆（H7：20、H7：21）　12. B型罐（H7：18）

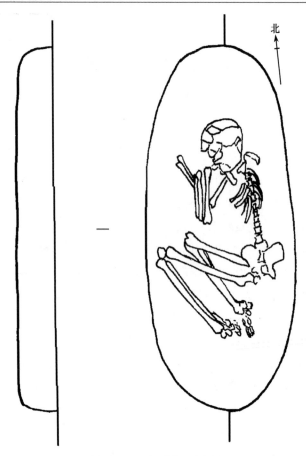

图28　M1平、剖面示意图

骨、肋骨部分缺失。骨骼高140—150厘米，略显纤细，性别应为女性。墓内填土夹杂有残碎红陶片（图29；图版4，2）。

　　第二发掘区的现存地层，由于早年修建水库的扰动已不准确，所以以M2与M1的开口层位虽不在同一层面，但不能排除年代相同的可能。这两座墓葬的结构、葬式均具有很强的一致性，在墓室填土内未找到其他任何有时代标志性遗物和随葬品，我们在这里暂将M1与M2归属第二期遗存。第二区发掘面积很小，遗迹数量不多，从其布局很难看出规律性，但依据灰坑包含物可以看出，第二期灰坑仍是人们日常生活的直接遗留堆积。第二期遗存中没有见到建筑遗迹，居民生活与墓葬之间的关系目前还不清楚，可能与发掘面积和位置有关。

2.遗物

　　（1）陶器。

　　第二期遗存陶器与第一期遗存陶器在器物组合方面发生了一些变化。这一时期的陶器主要器型有鼎、罐、钵、盆、小口瓶等。器物的使用功能仍可分为炊器和储盛器两

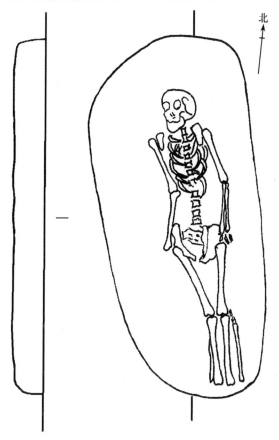

图29　M2平、剖面示意图

大类。两期的陶质、陶色比例基本一致。第二期以储盛器为代表的泥质红陶约占出土陶器总数的86%，以炊器为代表的夹砂陶约占出土陶器总数的14%。第二期陶器烧制火候普遍较低，胎体相对疏松，强度较差，吸水率高，器物表面有粉末或表皮脱落现象。陶色普遍呈橘黄色。炊器组合与第一期变化较大。第一期遗存炊器中的陶釜，在第二期遗存中几乎不见踪影，已被高脚三足鼎和罐所替代，支脚不见，灶极少数。这一时期的A型鼎数量最多，与第一期的侈口、斜直沿D型釜关系极为密切；B型罐与第一期的小折沿A型釜亦有极强的一致性，从两期遗存的炊器口沿变化中可以看出他们前后之间的承袭关系（图30；图版8，5）。到了第二期B型钵的口沿内敛趋势加大，肩部更加丰满，唇口呈内勾状，下腹内收亦更加明显，与第一期的区别更加明显（图31）。钵的数量在第二期陶器器物群中仍占绝对优势，红陶明显增多，"红顶式"仍在流行。第一期中表现较突出的直口双耳小口壶，在第二期遗存中绝迹。小口瓶则以束颈、折腰、覆釜式瓶口的形态，在第二期遗存中独立承担起汲水的功能。陶器组合与形制呈现出一种新的变化趋势，与第一期遗存有着明显的不同。彩陶在第二期遗存中有少量出现，施彩器型和部位多为钵、瓶的口沿和肩部。纹饰比较简单，仅见条纹、栅栏纹、网格纹和带状条

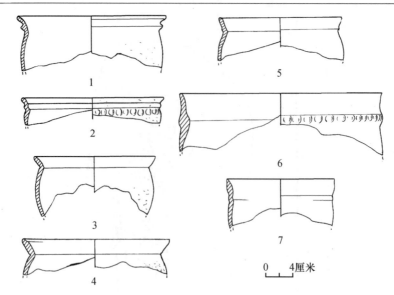

图30　陶鼎

1、2、5. B型鼎口（T2②：2、T2②：3、T2②：4）　　3、4. C型鼎口（T2②：5、T3②：8）

6、7. D型鼎口（T3②：9、T3②：10）

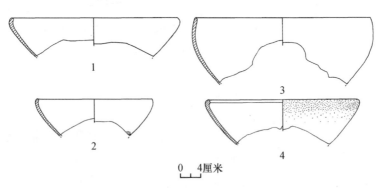

图31　ⅡB型陶钵

1. T1②：13　2. T1②：14　3. T1②：15　4. T2②：14

纹。施彩技法自然流畅，笔触顺滑，线条柔软而富有弹性，可以看出绘制工具应是一种软体器具。彩种以黑彩为主，见有红彩和褐彩。从彩陶数量和纹饰类型可以看出，这一时期的彩陶并不发达（图版8，6）。

（2）骨、石器。

骨、石器类的小件器物在第二期遗存中相对较少，类型与第一期基本相同，但是石器组合与第一期还是有明显区别的。打磨两制式石器在第一期中占有一定比例，尤其刀、铲类表现的比较突出。在第二期石器类中这种制式不曾见到，均为磨制型。石铲是第一期石器遗存中的主流，但在第二期遗存中较为少见，这时的石斧、石刀十分盛行。另一突出的变化是改制型石器在第二期遗存中少见，同时出现了石球和石弹丸狩猎工具。从两期石器的特点可以看出，石器工具在小里遗址早晚关系上的微妙变化。第二期遗存骨器不是很多，看不出明显的倾向性变化，这可能与发掘面积和出土标本数量有关。总之，第二期遗存发掘面积较小，尤其骨、石器类器物在出土数量中更少，从这种小件遗物很难看出文化面貌的发展走向（图版8，2、8；图版9，7、8）。

（四）小里遗址动植物遗存

小里遗址的动植物遗存，反映出新石器时代这一地区的自然气候和生态状况。动物遗存经种属鉴定发现有30余种，有家猪、野猪、狗、麋鹿、梅花鹿、狍子、獐、貉、狐、圣水牛、多瘤丽蚌、失衡丽蚌、洞穴丽蚌、剑状矛蚌、三角帆蚌、拟丽蚌、巨首楔蚌、圆顶珠蚌、白河丽蚌、鸟、兔、熊、鼢鼠、鼠、不明小型食肉动物、小型鼬科动物、鼋、鲢鱼、鲤鱼等。其中鱼类数量最多，存在于多个遗迹单位。这种现象一方面说明泜河水域在这一时期的丰沛和水产资源的充足，同时也反映出人们饮食结构的状况。但是，在第一期遗物中很少发现捕鱼工具，可能是这里的渔猎方法与其他地区有别。由于鱼骨细小，出土后大多被风化成粉末，难以提取遗骸标本，给鱼类种属的鉴别带来不确定性。水牛是生活在亚热带地区的一种大型动物，目前我国主要分布在淮河和华南低纬度地区。在小里遗址发现的水牛骨骼不少，存在于多个遗迹单位。在第一期T4：④地层堆积中出土的水牛角角根粗壮，角心横切面呈等腰三角形，角棱向后弧延，角根部有一横向人工切割痕，经种属鉴定为圣水牛。另外还出土了不少白河丽蚌和失衡丽蚌。这种热带地区的物种出现在现今干冷的北方地区，是跟古代气候有关。小里一期文化遗存的时段，是古代更新世结束后的"全新世大暖期"的鼎盛阶段，又称"仰韶温暖期"[①]，属亚热带气候，南北气候及生态环境相差不大。随着商周之际的全新世大暖期的结束，温暖湿润多雨的环境向南推移，致使华北地区的动植物遗存与华南地区发生了明显的改变，商西周之后这种热带物种在华北地区（尤其冀南地区）就不存在了。这种南北物种的差异是全新世末期气候波动发生改变的结果。小里遗址当时的自然环境是有森林湖泊（沼泽）、灌木丛和草地，气候环境温暖潮湿，较为宜人。根据第一期H86、H65、H30浮选结果，出土的植物有三种农作物，即粟、黍和稻谷，其中粟粒的出土数量明显高于其他农作物。从中可以看出粟在当时人们的粮食消费中占第一位。由此推断，小里遗址的农业生产是以种植粟为主的。小里遗址出土的炭化黍粒的数量也比较多，粟和黍的农作物组合是典型的古代中国北方旱作传统农业的特点。浮选样品中还有一定数量的稻谷，虽然数量不多，但意义重大，说明早在6000年前的仰韶文化时期，太行山东麓地区已经开始种植稻谷（图版10、图版11）。

---

① 龚高法：《历史时期我国气候带的变迁及生物分布界限的推移》，《历史地理》1987年第5期。

（五）小　　结

冀南地区新石器时期考古，多年来一直缺少全面系统的专题工作，尤其规模较大的田野发掘，更是难得机遇。1987年邯郸永年石北口遗址发掘以来，同期文化遗存虽有不断发现，但都是配合基建工程，发掘工作均附庸于建设项目，所获资料多显零散与单薄，相关研究在客观上受到制约。邢台地区对新石器遗址的考古发掘与相关研究更显薄弱，致使邢台"商都"之前的文化序列难以构成。过去在太行山东麓遗存的后冈一期文化，就其命名、分布范围、发展序列、自身特征、类型区分等诸多问题各有立说①。经过近半个世纪调查发现和相关研究的不断深入，至20世纪80年代后期，才使后冈一期文化从仰韶文化中独立出来②。邢台市区的柴家庄遗址，沙河高店遗址，内丘北岭、近郎、交台遗址，隆尧北村遗址，临城沙岗等一批新石器文化遗存的性质，随着柏乡小里村遗址的揭示，得到了进一步确认，为冀南地区新石器考古学文化序列的建立提供了依据和标尺。小里遗址一、二期文化遗存的划分，将后冈一期文化的发展轨迹更加明确和细化，意义重大。小里遗址出土的动植物遗存，是这次发掘的重要收获之一。首次提出仰韶文化时期太行山东麓地区，是我国北方旱作农业"黍、粟、稻"混作区域的观点，为我国古代南北地区气候变迁的学术讨论提供了重要资料。

三、小里遗址与同类文化遗存的比较分析

（一）与后冈一期的关系

对后冈一期文化的界定，目前学界仍存有不同声音，主要原因还是大规模田野考古发掘的数量不多，可供深入研究的资料相对较少，致使在认识问题上存有不同看法。严文明先生将后冈一期视为仰韶文化的一个地方类型③，孔哲生先生则主张将后冈一期作为一支独立文化存在④，段宏振先生则从地域分布上将后冈一期的文化遗存范围划定在太行山东麓地区，并称后冈一期文化直接来源于北福地二期文化⑤。根据近年各地对后冈一期遗存研究的不断深入，后冈一期文化从仰韶文化中独立出来的观点，已被大多数学者所接受。太行山东麓的冀南豫北地区，是后冈一期文化发展中心成为共识。

① 乔登云：《豫北冀中南地区新石器时代考古回顾与展望》，《文物春秋》2001年第5期。
② 郭济桥：《后岗一期文化研究综述》，《文物春秋》1997年第3期。
③ 严文明：《仰韶文化研究》，文物出版社，1989年。
④ 孔哲生等：《河北境内仰韶时期遗存初探》，《史前研究》1986年第3、4期。
⑤ 段宏振：《北福地：易水流域史前遗址》，文物出版社，2007年。

从这一地区后冈一期文化遗存中观察，具有代表性的典型遗址有安阳后冈[①]、浚县大赉店[②]、永年石北口[③]、正定南杨庄[④]、易县北福地[⑤]、柏乡小里遗址等。后冈一期的陶器器型主要以钵、盆、鼎、釜、罐、壶、瓶为代表。纹饰以素面为主，彩陶并不发达。彩陶纹主要有带状纹、网格纹、分组竖线纹、斜线三角纹、同心圆纹、宽带曲线纹等。钵在整个器物群中数量最多，其中"红顶"式尤为突出，有敛口或直口，斜收腹小平底和圜底等。小里遗址与后冈一期的器物特征具有很强的一致性，在陶质、陶色方面亦十分接近。据典型单位统计，小里遗存泥质陶约占出土陶器总数的84%，夹砂陶约占16%。1971年安阳后冈发掘简报在这方面的统计是泥质陶约占70%，夹砂约占10%，黑灰陶约占20%。原报告中称"泥质灰陶多是碗的腹片，事实上没有一件完整的陶器可以认定是泥质灰陶，黑陶只有很少几片碗的口沿"[⑥]。如果将"红顶"碗腹部灰色段的残片和在烧制过程中由于烧制火候不到位而产生色变的钵、碗口沿作为一项统计，这显然是不合实际也是不准确的。除去这些不确定因素外，实际安阳后冈一期应与小里遗存的实际陶质陶色是一致的。小里一期的陶器组合为钵、盆、釜、支脚、灶、壶、瓶等。到了二期炊器的变化较大，由釜、支脚、灶演变为釜形三足鼎和罐。钵的形体在一期普遍规整，口沿较直。到了二期钵的胎体相对厚重，敛口程度加大，曲线突出，B型钵口沿呈内勾现象。小里一期的折腰盆在后冈一期中少见，后冈一期的泥质红陶瓮和折肩罐在小里遗存中没有发现。小里二期遗存中出现的少量彩陶，纹饰的种类与风格包括施彩部位与后冈一期都具有相同之处，只是后冈一期的宽带曲线纹和同心圆纹饰在小里遗存中未见，刻划形式中的指甲纹、附加堆纹、锥刺纹，与后冈一期雷同。后冈一期见到的三角平行划线纹，在小里遗存中不见。在后冈一期石器遗存中，铲的数量最多，这与小里石器种类数量比是一致的，均占第一位。从小里遗址文化遗存可以看出，小里一期明显早于后冈一期，小里二期与后冈一期表现出来的文化共性更为突出，两者文化基本特征及核心内容是一致的，同属后冈一期文化范畴。通过对比可以看出两个遗址在文化面貌上存在着早晚关系。

---

① 中国科学院考古研究所安阳发掘队：《1971年安阳后冈发掘简报》，《考古》1972年第3期；中国社会科学院考古研究所安阳工作队：《安阳后冈新石器时代遗址的发掘》，《考古》1982年第6期。

② 刘耀：《河南浚县大赉店史前遗址》，《田野考古》第一册，1936年。

③ 郭瑞海、乔登云：《永年县石北口遗址发掘报告》，《河北省考古文集》，东方出版社，1998年。

④ 河北省文物研究所：《正定南杨庄：新石器时代遗址发掘报告》，科学出版社，2003年。

⑤ 段宏振：《北福地：易水流域史前遗址》，文物出版社，2007年。

⑥ 中国科学院考古研究所安阳发掘队：《1971年安阳后冈发掘简报》，《考古》1972年第3期。

（二 ）与周边同期文化遗存的关系

柏乡小里文化遗存与后冈一期文化的关系，显示出冀中南地区后冈一期文化的发展脉络，这种相同文化发展中的一致性，普遍存在于与周边相邻遗存的密切关联之中。分析它们之间的发展与演变关系，可以看出后冈一期文化在新石器中期前后，对这一地区文化发展的重要影响。

永年石北口遗址，是20世纪80年代冀南地区发掘面积较大的一处同期文化遗存。柏乡小里遗址与其不仅有着地域方面的连贯性，并在文化面貌上有着很强的可比性，尤其两者陶器的面貌和器物组合都有着很强的亲和力。石北口遗址的陶质主要包括泥质陶和夹砂两大类。其中泥质陶约占85%，夹砂陶约占15%，与小里遗存基本雷同。石北口早期以釜、灶、支脚、小口壶、长颈瓶为主要炊器和汲水器，与小里一期一致。两者在制陶工艺方面似乎也有着一定的相同性，尤其釜的制作多数在外腹留有似硬刷工具刷抹痕迹；陶钵胎底在制坯时常留有粟糠或稻谷铺垫痕迹；在泥质陶器物表面普遍磨光处理，并在口沿部分格外用心。从陶器纹饰观察，石北口相对丰富一些，彩陶亦稍显多样，但总体风格一致，均不发达。釜、鼎类在石北口早、晚两期变化较大，其中H24：5的折腰釜形鼎和H70：17、T45②：14的盆形鼎在小里遗存和后冈一期中均不见。壶与瓶在石北口遗存中见于始终，早、晚不同阶段的形制虽有细微的变化，但基本保持了器物组合的一致性。小里一期常见的直领小口壶和长颈小口瓶在二期绝迹，取而代之的是覆釜式口束颈汲水瓶，这与石北口遗存有着较大的差别。这种器物形态和基本组合的不同变化与后期文化的发展走向有着密切关联。小里一、二期的地层虽缺乏直接打破或叠压关系，但在第一发掘区的H5、H31、H83等多个遗迹单位均有两期遗物共存现象，但这并不影响两者早、晚关系的确立。与之文化属性和发展年代相当的遗址还有正定南杨庄、易县北福地二期、武安赵窑①、磁县下潘汪②、磁县界段营③等。他们之间除去较多的共性之外，又有一定的差异。如正定南杨庄遗址的釜长期存在，彩陶纹饰出现复彩和内彩现象，支脚的形制与小里有较大差别。北福地二期陶质较粗，胎体普遍较厚，支脚多为空心，盆与小口瓶在器物组合中的占比很小，但钵、盆的形制两者有着很强的一致性，两者遗存的石磨盘均无足，形制不甚规则。界段营H50与下潘汪第二类型的文化面貌与小里一期比较接近，在时段上应是相当的。下潘汪第一类型的彩陶纹样和表现风格具有浓重的庙底沟特点，不应归于后冈一期文化系统讨论。原报告中根据其两种类型的文化面貌，判断第一类型早于第二类型的结论存在一定的问题④。赵窑遗存与

①　河北省文物研究所、河北文化学院：《武安赵窑遗址发掘报告》，《考古学报》1992年第3期。

②　河北省文物管理处：《磁县下潘汪遗址发掘报告》，《考古学报》1975年第1期。

③　河北省文物管理处：《磁县界段营发掘简报》，《考古》1974年第6期。

④　乔登云：《磁县下潘汪遗址仰韶文化遗存的分析》，《中原文物》1989年第1期。

小里遗存的陶器面貌，在很大程度上比较接近。赵窑下层以Ⅰ式小口瓶为主，没有小口长颈瓶存在，与小里二期汲水工具一致，这种巧合并非偶然，而是文化属性的相同性所决定的。

通过对冀中南地区诸多后冈一期文化遗址的分析，段宏振先生"北福地二期文化是后冈一期文化的直接来源"的论断是客观的。有学者将这种观点释放的更加宽泛，称山东北辛文化，邯郸界段营H50、下潘汪第二类型，正定南杨庄早期文化为后冈一期文化共同直接来源[①]。随着考古发现的不断增多，各路观点也逐渐深化，相比之间小里一期与后冈一期的脉络关系表现的更加突出和明显。实际上对这些问题的讨论，不应受到上述地域范围的制约，对黄河下游地区、燕山南麓、太行山西麓南部，也应放在视野之内。

四、小里遗址价值评估

（一）小里遗址的文物研究价值

1. 历史价值

小里遗址的发掘成果，得到了河北省文物局、文物研究所，中国社会科学院考古研究所诸多领导和专家的重视，其文化性质和学术地位在中国新石器考古学领域得到了确立。仰韶文化自发现至今已有近百年的历史，对其研究取得了重大收获和进展。由于地域的差异，每次发掘都有不同程度的新发现和新问题的提出。近年学界对"后冈一期文化"的提出与"大司空类型"的认定使仰韶文化的概念更加细化与明确。小里遗址第一期遗存，在冀中南地区相当于"下潘汪遗址第二类型"和"北福地遗址"二期为代表的文化遗存，它们同属后冈一期文化早期发展阶段。小里二期与后冈一期在文化面貌上高度雷同，年代相当。所以小里遗址囊括了后冈一期文化两个不同发展阶段。目前，人们对后冈一期文化的前身和后冈一期的发展去向存有不同看法，诸多观点各有立说。同样，小里遗址的渊源和文化的流向仍是后续研究和讨论的重点，其答案仍需在这一地区寻找与探索，这也是小里遗址的历史价值和现实意义。

2. 科学价值

小里遗址的保存状况基本完整，部分遗存虽被破坏但整体风貌依稀可辨，是研究新石器聚落形态和文化发展不可复制的实物资料。这次考古发掘揭露出的大量信息将对以下课题研究产生影响：①自然环境与人文关系的构成；②人类迁徙与文化的传播；③原

---

① 张忠培、乔梁：《后冈一期文化研究》，《考古学报》1992年第3期。

始宗法文化与古代音乐之关系；④北方原始农业发展进程；⑤亚热带物种遗存与北方古代气候的变迁等。它的科学价值和学术意义，将在后期研究中逐步体现出来。

（二）社会文化价值

文物是文化的一种表现形式和载体，但文化不是文物，小里遗址的文物考古彰显出社会文化价值。考古发掘是人们探索历史发展的重要手段之一，如何将这种研究成果转换为大众文化需求，并体现其社会文化价值才是最终之目的。出土的遗迹、遗物虽是千年古朽，但它的人文精神具有亘古、鲜活的生命力和感召力，人们对它的接纳程度和认知欲望是极其广泛和强盛的。柏乡六千多年前第一个"村庄"的出现，给当地的社会发展和文化传承带来哪些启迪与思考？这群人类先驱是从哪里迁徙过来的？后来他们又去了哪里？他们的繁衍发展路线图又是一个什么样的曲线？这些极具影响力的问题会产生广泛的社会效应。小里遗址带给我们的不仅是时空对歌的推想和物质形态的变化，而是历史脉络和人文思想的形成、延续与发展，也是当今我们坚守文化自信、民族自信的理由。

（三）旅游文化价值

小里遗址的旅游价值在于它的文化意义，文化是旅游的灵魂，旅游是展示文化的平台。旅游项目如果没有文化的支撑，就不会有高度和持久，一个地区失去文化的滋养就会黯淡失色、活力不再。古代地下文化遗址的形态和表征有别于古建、寺院、石窟等有型景观，它缺少养眼的华丽和美感，缺乏直观夺目的视觉效应，但它的真正价值和亮点是内在、隐性而神秘背后的视界。这种不易看懂的物象给人们的认知能力和游览习惯带来了困惑。文化类别的不同，不能作为旅游立项和褒贬取舍的理由，不可作为判别彼此优劣的依据，而是贵在它不同的价值取向和认知视角。古代遗址的优势在于它时代的久远、文化的厚重、内涵的丰富和鲜活的生活气息，具有其独特的一面和特殊的魅力。看待小里遗址的文化价值要不失整体文化群的大环境，多点遗存的生成和发展是相互关联的，其文化纽带和传承关系相辅相成。独立地看待和论及其中的一个文化单元，就会弱化或有损其价值存在，也是有违科学规律的。小里遗址周围有十多个文化点处，包括"尧城"遗址、"古驿道"在内的完整文化系统是构成价值链的重要基础，各个点处文化实体的连贯性也是深化文化旅游的基础条件。实现小里遗址的旅游价值，要着眼于文化资源的稀缺性和文化环境的完整性。新石器文化遗存在我国相对稀有，经正规考古发掘的并明确其文化内涵和性质的更少。小里仰韶文化遗址的发掘在冀南地区是第二处，这些稀有珍贵的文化资源不是能任意获得的，也是不可复制的。人们对小里文化现象（包括多时代多点处古遗址）的了解和认识仅是皮毛表象，其闪光点和旅游价值有待开发和培育，可利用的价值空间广阔而深远。文化旅游是时尚旅游，随着社会的发展和人们价值观念的转变，它将引领未来旅游发展方向，人文情愫与休闲体验的项目会越来越受到人们的青睐。

五、小里遗址的保护现状及存在问题

（一）保护管理现状

小里遗址，于1990年4月在全国第二次文物普查中由柏乡县文物保管所首次发现。1991年8月，由县文保所、小里村、王家庄乡三家有关单位成立了保护组织。小里村由党支部书记负责，乡政府由一名主管文化工作的副乡长负责，并在小里村聘请了两名义务保护员。三十年来，由于相关领导的不断更换，保护组织已名存实亡，保护员由于长期义务也早已失去了保护的职能，日常只有县文保所工作人员不定期到遗址巡查。2010年，小里遗址的考古发掘受到社会各界的关注和重视，省内外专家和领导对发掘成果给予了高度评价，并提出了许多保护建议。2011年，柏乡县政府将其公布为第三批县重点文物保护单位，并划定了保护范围，2015年公布为邢台市重点文物保护单位。

（二）存在问题

野外古遗址的保护历来就是文保工作的重要内容，也是最突出难点之一，主要表现有以下几点：

第一，随着农村经济建设的迅猛发展，致使土地大规模开发，破坏文物现象时有发生。由于土地使用、土地管理与文物保护三方没有建立好工作协调机制，占有土地存在多头管理、权限相互掣肘、利益各自为大等现象，致使经济建设与文物保护不能协调发展。近年，田野文物盗掘盗挖现象时有发生，尤其田野墓葬、石刻文物盗掘行为十分猖獗，野外文物保护面临严重挑战。

第二，基层领导对文物保护工作的重视程度不够，文物保护工作在部分领导视野中处于边缘地带，认为它可有可无，无关紧要，不影响国计民生之大事。具体表现为文物保护要给经济建设项目让路，遇到利益冲突往往以牺牲文物保护为代价，不能做到两者协同发展。

第三，管理部门的职权存在不对称现象。县文保所担当着全县文物的统筹与保管，但不可移动的文物点处在乡村辖区，文物占用的土地又是村民承包土地，这里的行政主体是乡、村一级政府，乡村一级应是辖区文物安全的第一责任人。实际工作中，乡、村一级并没有发挥其有效职能，存在可管可不管的现象，县文保所的职能始终处在力不从心的被动之中。县文保所与村委会、乡政府三方的责权不清，给田野文物的安全管理带来困惑。上述三个问题，自20世纪80年代县文保所设置以来，始终存在于基层文物管理之中，这也是今后需着力解决的老问题之一。田野文物的安全保护与管理，需要有一个法制环境和一个职权明确的制度建设来保障。

六、保护利用思路及初步构想

对历史文化资源的利用要建立在以保护为主的基础之上，贯彻国家"保护为主、抢救第一、适度开发、合理利用"的总体方针。对此全国有不少优秀的文化旅游项目值得我们参考学习，诸如山东日照、河南安阳、山西襄汾、陕西临潼、河北保定等。柏乡的问题要结合自己的具体情况和特点，做好以下几点。

（一）编制保护利用规划

对县域古文化遗存要全面调查分类，摸清家底，统筹盘点规划，制定保护、利用方案。旅游项目的开发，不必拘泥于小里遗址的个体单元，要着眼柏乡整体文化大环境，兼顾其他不同时代、不同类型意义相关的历史遗产，以提升文化生态的核心价值。规划编制要注重创新、出奇、出彩，突显个性与特点，最大程度展现其优势所在，打造文化旅游新业态。

（二）发挥自己的优势

小里遗址，地势地貌基本保持了原有形态，后人少有改造雕镂痕迹，仍处在一个原生态的地理环境当中。这里既有岗坡又有沟壑，气场广袤而深邃，它虽无水乡田园之秀，却不乏粗狂、幽远、神秘、空灵之状，具有独特的环境个性，打造一个与之相应的旅游产品具有很强的可行性和针对性。人文环境和自然环境的和谐统一，是文化遗产保护的基本要求，也是学述研究所依赖的重要条件，这种天人合一的原生态历史遗留，在这里得到充分体现，也是小里遗址的优势所在。

（三）提高保护单位级别

小里遗址要逐步申报保护单位级别，提高保护单位的学术地位，扩大保护单位的社会影响，最终纳入国家级重点文物保护单位。小里遗址如要走文化产业开发之路，必须符合国家大遗址保护战略规划，完善保护机制，建立遗址公园，改善生态环境，纳入行业系统重点培植对象，取得国家行业部门支持才有发展后劲。

（四）因地制宜突出重点

柏乡域内的"古驿道"自古鄗城内入境，跨越柏乡南北地理全境后从小里尧城遗址一带出境。明、清时期由于嘉靖、康熙、乾隆、嘉庆、光绪等皇帝曾沿这条古道去江南巡查，故当地人又称其为"古御道"。这条古道在隋唐时期又是古丝绸之路上邢州白瓷输出的首发路段，它的资源价值除本身之外，其沿途还有多处由此衍生出的历代文化遗迹，是一条极具地方特点饱含古代财富的文化珠链。柏乡区域历史文化大环境的生成，得益于这条"黄金之路"的历史作用和影响，境内沿途的"古鄗城""千秋亭""汉牡丹""崇光寺"等历史背景与文化成因，均与这条古驿道有直接关联。抓住古驿道这条历史文化的主动脉，提纲挈领挖掘沿途各个文化景点的内在价值和看点，打造一条贯穿柏乡南北全境的历史文化生态旅游带区，重构柏乡文化之源。目前，小里遗址北侧由于当地多年来沿泜河故道培育的人工林已形成小规模，如果在此基础上加大培植营建，做好规划部署，形成一个区域性人工小森林，将会对柏乡人文自然环境的提升有很大帮助。

（五）利用好文保现行法规政策

对历史文化资源的开发利用，国家有明确法律法规，各地又有具体实施政策。国家层面有《中华人民共和国文物保护法》和《国务院关于进一步加强文物工作的指导意见》及国务院办公厅转发文化部等四部门《关于推动文化文物单位文化创意产品开发若干意见的通知》。处理好保护和利用的关系，要遵循国家有关政策，珍惜当地资源的稀缺和珍贵性，做到科学管理合理配置，秉持可持续发展理念。

文物保护绝不仅是建设一个博物馆将文物束之高阁，它更多的是要保护文化生态大环境，保护好古代文明的发展源流和创造精神，使文物个体在文化空间中体现魅力并发挥作用。文化养心，景观养情，心、情兼备，历史文化遗产才能焕发活力，文化产业才有深度和高度，社会面貌才会厚重、斑斓和精彩。应该看到，历史文化资源远弱小于自然资源留给人们的利用空间，物质文化遗产十分脆弱，略有不慎就会稍纵即逝，永不再来。如果利用好了，将造福于后代，反之有罪于子孙。可以肯定，只要我们科学规划、合理利用、依法行政，柏乡历史文化资源的开发和利用将会有可喜的前景和未来。

附录1　河北柏乡小里遗址出土动物遗存的鉴定与初步研究

李志鹏[1]　任乐乐[2]　武　庄[3]

（1. 中国社会科学院考古研究所；2. 兰州大学西部环境与气候变化研究学院；

3. 中国社会科学院研究生院考古系）

河北省邢台市文物管理处于2010年对柏乡小里遗址的发掘，发现了一批重要的遗迹和遗物，取得了丰硕的成果。在田野工作之初，发掘者已经充分认识到遗址中出土动物骨骼遗存的重要学术价值，发掘时对这批资料尽量全部收集，但没有进行筛选。这批动物遗存共有2918件，总体情况保存较好，但是其中一些动物骨骼因为过于破碎而缺乏明显的特征，无法鉴定他们的种属、甚至部位，其中只能归入大、中、小型或不明体型的哺乳动物骨骼共计1098块，只能归于鱼类的488件，只能归于贝类的有13件，共占全部动物遗存总数的54.79%件。通过对这批资料的综合研究，我们可以揭示小里遗址周边的自然环境，揭示当时人类获取动物资源的方式及肉食结构，同时也可以揭示当时人类对动物的利用方式及其所反映的文化现象等，这些信息均有助于复原小里遗址所代表的古代居民的生活全貌。

一、动物种属

无脊椎动物　Invertebrate

　瓣鳃纲　Lamellibranchia

　真瓣鳃目　Eulamellibranchia

　蚌科　Unionidae

　　珠蚌属　*Unio*

　　　圆顶珠蚌　*Unio douglasae*（Gray）

　　楔蚌属　*Cuneopsis*

　　　巨首楔蚌　*Cuneopsis capitata*（Heude）

　　帆蚌属　*Hyriopsis*

　　　三角帆蚌　*Hyriopsis cumingii*（Lea）

　　矛蚌属　*Lanceolaria*

　　　剑状矛蚌　*Lanceolaria gladiola*（Heude）

　　丽蚌属　*Lamprotula*

　　　多瘤丽蚌　*Lamprotula polysticta*（Heude）

　　　洞穴丽蚌　*Lamprotula caveata*（Heude）

　　　失衡丽蚌　*Lamprotula tortuosa*（Lea）

　　　拟丽蚌　*Lamprotula*（*Parunio*）*souria*（Heude）

　　　白河丽蚌　*Lamprotula*（*Parunio*）*Paihoensis* King

脊椎动物　Vertebrate

　硬骨鱼纲　Osteichthyes

　鲤形目　Cypriniformes

　　鲤科　Cyprinidae

　　鲤属　*Cyprinus*

　　　鲤　*Cyprinus carpio* Linnaeus

　　鲢属　*Hypophthalmichthys*

　　　鲢　*Hypophthalmichthys molitrix* Cuvier et Valenciennes

　爬行纲　Reptilia

　　龟鳖目　Chelonia

　　鳖科　Trionychidae

　　　鼋属　*Pelochelys*

鸟纲　Aves

哺乳纲　Mammalia

　啮齿目　Rodentia

　　仓鼠科　Cricetidae

　　　鼢鼠属　*Myospalax*

　　鼠科　Muridae

　兔形目　Lagomorpha

　兔科　Leporidae

　　兔属　*Lepus*

　　　兔　（未定种）*Lepus* sp.

　食肉目　Carnivora

　　犬科　Canidae

　　　犬属　*Canis*

　　　狗　*Canis familiaris* Linne.

　　　狐属　*Vulpes*

　　　貉属　*Nyctereutes*

貉　*Nyctereutes procyonoides* Gray

熊科　Ursidae

棕熊属　*Ursus*

鼬科　Mustelidae

偶蹄目　Artiodactyla

猪科　Suidae

猪属　*Sus*

野猪　*Sus scrofa* Linnaeus

家猪　*Sus scrofa domesticus* Linnaeus

鹿科　Cervidae

獐属　*Hydropotes*

獐　*Hydropotes inermis* Swinhoe

狍属　*Capreolus*

狍　*Capreolus pygarus* Pallas

鹿属　*Cervus*

梅花鹿　*Cervus nippon* Temminck

麋鹿属　*Elaphurus*

麋鹿　*Elaphurus davidianus* Milne-Edwards

牛科　Bovidae

水牛属　*Bubalus*

圣水牛　*Bubalus mephistopheles* Hopwood

小里遗址出土的动物种属包括如下：家猪与野猪（图版10，5）、狗（图版10，3；附图1，4）、麋鹿（附图3，3；图版10，6）、梅花鹿（附图1，3）、小型鹿科（至少包括两种鹿，分别是獐和狍子）、貉（附图1，6）、狐（附图2，3）、圣水牛（附图3，4；图版10，4）、多瘤丽蚌（附图2，2）、失衡丽蚌（图版10，2）、洞穴丽蚌（附图3，5）、剑状矛蚌（附图1，5；附图2，1）、三角帆蚌（附图3，6）、拟丽蚌（附图1，2）、巨首楔蚌（附图4，1）、圆顶珠蚌（附图4，2）、白河丽蚌（附图4，3）、鸟（附图4，5）、兔（附图1，1）、熊（图版10，1）、鼢鼠（附图2，5）、鼠、不明小型食肉动物、小型鼬科动物（附图3，1）、鼋（附图3，2）、鲢鱼（附图2，4）、鲤鱼（附图2，6）。

二、遗址出土动物遗骸概况

从小里遗址出土的动物数量看，主要以脊椎动物为主。在脊椎动物中哺乳动物占绝大多数。若再考虑到肉量比例，当时人获取的肉食资源明显以哺乳动物为主。

依据测量结果及综合研究，猪和狗属于家养动物，其他都是野生动物。小里遗址的哺乳动物以家畜为主。从它们各自的数量看，小里遗址一到二期的家养动物都以家猪为主，狗的数量则较为固定，但所占数量始终不到8%。

1. 可鉴定标本数

（1）全部动物。

小里遗址一期出土的哺乳动物标本为1976件，占一期出土全部动物总数的72.86%；贝类标本为225件，占一期出土全部动物总数的8.29%；鱼类标本为494件，占一期出土全部动物总数的18.2%；爬行动物标本为4件，占一期出土全部动物总数的0.15%；鸟类标本为16件，占一期出土全部动物总数的0.59%。

小里遗址二期出土的哺乳动物标本为178件，占二期出土全部动物总数的86.41%；贝类标本为26件，占二期出土全部动物总数的12.62%；爬行动物标本为1件，占二期出土全部动物总数的0.49%。

（2）无脊椎动物。

小里遗址一期出土贝类211件，其中白河丽蚌标本为4件，占一期出土可鉴定贝类总数的1.9%；多瘤丽蚌标本为1件，占一期出土可鉴定贝类总数的0.47%；洞穴丽蚌标本为2件，占一期出土可鉴定贝类总数的0.95%；拟丽蚌标本为2件，占一期出土可鉴定贝类总数的0.95%；失衡丽蚌标本为2件，占一期出土可鉴定贝类总数的0.95%；不明丽蚌标本为11件，占一期出土可鉴定贝类总数的5.21%；三角帆蚌标本为101件，占一期出土可鉴定贝类总数的47.87%；剑状矛蚌标本为78件，占一期出土可鉴定贝类总数的36.97%；圆顶珠蚌标本为10件，占一期出土可鉴定贝类总数的4.74%。

小里遗址二期出土贝类26件，三角帆蚌标本为10件，占二期出土可鉴定贝类总数的38.46%；剑状矛蚌标本为10件，占二期出土可鉴定贝类总数的38.46%；失衡丽蚌标本为2件，占二期出土可鉴定贝类总数的7.69%；圆顶珠蚌标本为4件，占二期出土可鉴定贝类总数的15.38%。

（3）鱼纲。

小里遗址一期出土的鱼骨可鉴定种属的仅有鲤鱼咽齿2件、鲢鱼咽齿1件，除咽齿外其他骨骼鉴定种属较困难，不能鉴定种属的鱼骨有491件。

（4）爬行纲。

小里遗址一期出土鼋骨骼4件，二期出土鼋1件。

（5）鸟纲。

小里遗址出土鸟骨骼16件，由于时间有限，尚未来得及对比有关现生鸟骨标本，未对鸟类种属进行详细鉴定。

（6）哺乳动物纲。

小里遗址一期出土的可鉴定种属哺乳动物总数为937件，其中猪的可鉴定标本数为

428件，占一期哺乳动物可鉴定标本总数的45.68%；狗的可鉴定标本数为69件，占一期哺乳动物可鉴定标本总数的7.36%；麋鹿的可鉴定标本数为37件，占一期哺乳动物可鉴定标本总数的3.95%；梅花鹿的可鉴定标本数为127件，占一期哺乳动物可鉴定标本总数的13.55%；小鹿（包括狍子和獐）的可鉴定标本数为126件，占一期哺乳动物可鉴定标本总数的13.45%；水牛的可鉴定标本数为23件，占一期哺乳动物可鉴定标本总数的2.45%；貉的可鉴定标本数为1件，占一期哺乳动物可鉴定标本总数的0.11%；狐的可鉴定标本数为1件，占一期哺乳动物可鉴定标本总数的0.11%；小型鼬科动物的可鉴定标本数为1件，占一期哺乳动物可鉴定标本总数的0.11%；不明种属的小型食肉动物的可鉴定标本数为1件，占一期哺乳动物可鉴定标本总数的0.11%；熊的可鉴定标本数为1件，占一期哺乳动物可鉴定标本总数的0.11%；兔的可鉴定标本数为5件，占一期哺乳动物可鉴定标本总数的0.53%；小型啮齿动物（包括鼢鼠和不明种类的鼠科动物）可鉴定标本数为可鉴定标本数为110件，占一期哺乳动物可鉴定标本总数的10%。

小里遗址二期出土的可鉴定种属哺乳动物总数为122件，其中猪的可鉴定标本数为60件，占二期哺乳动物可鉴定标本总数的49.18%；狗的可鉴定标本数为4件，占二期哺乳动物可鉴定标本总数的3.28%；麋鹿的可鉴定标本数为39件，占二期哺乳动物可鉴定标本总数的7.38%；梅花鹿的可鉴定标本数为16件，占二期哺乳动物可鉴定标本总数的13.11%；小鹿（包括狍子和獐）的可鉴定标本数为20件，占二期哺乳动物可鉴定标本总数的16.39%；水牛的可鉴定标本数为12件，占二期哺乳动物可鉴定标本总数的9.84%；小型鼬科动物的可鉴定标本数为1件，占二期哺乳动物可鉴定标本总数的0.82%。

2. 最小个体数

（1）全部动物。

小里遗址一期出土的哺乳动物最小个体数为67件，占一期出土全部动物总数的44.97%；贝类最小个体数为70件，占一期出土全部动物总数的46.98%；鱼类最小个体数为8件，占一期出土全部动物总数的5.37%；爬行动物最小个体数为1件，占一期出土全部动物总数的0.67%；鸟类标本为3件，占一期出土全部动物总数的2.01%。

小里遗址二期出土的哺乳动物标本为23件，占二期出土全部动物总数的63.89%；贝类标本为12件，占二期出土全部动物总数的33.33%；爬行动物标本为1件，占二期出土全部动物总数的2.78%。

（2）无脊椎动物。

小里遗址一期出土贝类的最小个体数总数为70件，其中白河丽蚌最小个体数为3件，占一期出土可鉴定贝类总数的4.29%；多瘤丽蚌最小个体数为1件，占一期出土可鉴定贝类总数的1.43%；洞穴丽蚌最小个体数为2件，占一期出土可鉴定贝类总数的2.86%；拟丽蚌最小个体数为1件，占一期出土可鉴定贝类总数的1.43%；不明丽蚌最小个体数为6件，占一期出土可鉴定贝类总数的8.57%；三角帆蚌最小个体数为4件，占一期出土可鉴定贝类总数的5.71%；剑状矛蚌最小个体数为47件，占一期出土可鉴定贝类总数的67.14%；圆顶珠蚌标本为5件，占一期出土可鉴定贝类总数的7.14%。

小里遗址二期出土可鉴定种属的贝类最小个体数为12件，三角帆蚌最小个体数为1件，占二期出土可鉴定种属贝类总数的8.33%；剑状矛蚌最小个体数为6件，占二期出土可鉴定种属贝类总数的50%；失衡丽蚌最小个体数为1件，占二期出土可鉴定种属贝类总数的8.33%；圆顶珠蚌标本为4件，占二期出土可鉴定贝类总数的33.33%。

（3）鱼纲。

小里遗址一期出土的鱼骨可鉴定种属的仅有鲤鱼和鲢鱼，其中鲤鱼最小个体数为2件、鲢鱼最小个体数为1件，其他不明种属鱼类最小个体数为5件。

（4）爬行纲。

小里遗址土爬行动物中只发现了鼋，一期出鼋最小个体数为1件，二期出土鼋最小个体数为1件。

（5）鸟纲。

小里遗址出土鸟骨骼16件，由于时间有限，尚未来得及对比有关现生鸟骨标本和咨询相关鸟类研究专家，未对鸟类种属进行详细鉴定。

（6）哺乳动物纲。

小里遗址一期出土的可鉴定种属哺乳动物最小个体数总数为69件，其中猪的最小个体数为40件，占一期哺乳动物总数的57.97%；狗的最小个体数为4件，占一期哺乳动物总数的5.8%；麋鹿的最小个体数为1件，占一期哺乳动物总数的1.45%；梅花鹿的最小个体数为6件，占一期哺乳动物总数的8.7%；小鹿（包括狍子和獐）的最小个体数为8件，占一期哺乳动物总数的11.59%；圣水牛的最小个体数为2件，占一期哺乳动物总数的2.9%；貉的最小个体数为1件，占一期哺乳动物可鉴定标本总数的1.45%；狐的最小个体数为1件，占一期哺乳动物总数的1.45%；小型鼬科动物的最小个体数为1件，占一期哺乳动物总数的1.45%；不明种属的小型食肉动物的最小个体数为1件，占一期哺乳动物的1.45%；熊的最小个体数为1件，占一期哺乳动物的1.45%；兔的最小个体数数为1件，占一期哺乳动物总数的1.45%；小型啮齿动物（包括鼢鼠和不明种类的鼠科动物）最小个体数为2件，占一期哺乳动物可鉴定标本总数的2.9%。

小里遗址二期出土的可鉴定种属哺乳动物最小个体数总数为23件，其中猪的最小个体数为9件，占二期哺乳动物总数的39.13%；狗的最小个体数为2件，占二期哺乳动物总数的8.70%；麋鹿的最小个体数为2件，占二期哺乳动物总数的8.70%；梅花鹿的最小个体数为1件，占二期哺乳动物总数的4.35%；小鹿（包括狍子和獐）的最小个体数为7件，占二期哺乳动物总数的30.43%；水牛的最小个体数为1件，占二期哺乳动物总数的4.35%；小型鼬科动物的最小个体数为1件，占二期哺乳动物总数的4.35%。

三、遗址动物群的动物考古学分析

（一）家畜的研究

1. 小里遗址的猪

（1）家猪与野猪的区分。

罗运兵的研究表明，从距今近9000年前的贾湖遗址一直到战国时期的中行遗址，家猪M3长度平均值不断减小的趋势非常明显，而这种趋势可以理解为家猪饲养业的不断发展，家猪的形体逐渐缩小直至稳定；至于现生的野猪牙齿与全新世早中期的野猪相比没有什么大的变化，其牙齿尺寸的变化明显是驯化的结果，而现生野猪下颌M3长度平均值一般在41毫米左右。他根据国内外的野猪的第3臼齿的测量数据提出，把M3平均值当作区分家猪与野猪两个群体的标准是可行的，并且基本上可以认为M3平均值小于39毫米的猪群中已出现了家猪[①]。但同时，他还强调，这并不否定大于这个值的猪群中也有可能存在家猪；而且不排除南方地区野猪种群的平均值可能更小一些。另外，雄性与雌性在第3臼齿尺寸上存在较明显区别，所以猪群内部性别比对我们的判断也有一定影响。所以他提出的标准是针对群体而言的，具体到某一个标本、或少量的几个标本，完全凭这个数值来区分家养还是野生是有很大风险的，要给出一个绝对数值来划分家养与野生个体比较困难。

小里出土的猪下颌骨第3臼齿长度在39毫米以上的有6个标本，39毫米以下的个体有16个个体（图1；附表1）。从测量数据来看，下颌M3长度在39毫米以上的个体其中很可能是野猪个体的可能性较大，下颌M3长度在39毫米以下的个体很可能是家猪，但

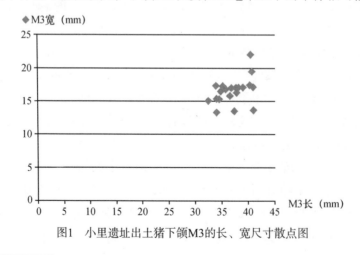

图1　小里遗址出土猪下颌M3的长、宽尺寸散点图

① 罗运兵：《中国古代猪类驯化、饲养与仪式性使用》，科学出版社，2012年，第27—29页。

是我们也同样无法对具体的标本是野猪还是家猪个体进行绝对断定，下颌第3臼齿小于39毫米的个体存在野猪的可能性。但无论如何，这些个体中大多数应该为家猪，存在少量的野猪。

（2）猪的死亡年龄及相关问题分析。

家猪骨骼的年龄判断一般根据骨骼的关节或骨骺的愈合状况以及牙齿的萌出替换次序与磨蚀状况以及进行研究。我们整理的小里遗址出土了大量带牙齿的上下颌骨，也有大量的游离齿，这二者我们都做了记录，但我们对动物的死亡年龄的判定主要根据这些颌骨的牙齿所提供的信息。

我们对小里遗址的猪骨牙齿萌出次序对应的年龄主要参考的是I.A. Silver的标准[1]，如下：

di3与dc（出生）→di1dp3dp4（1—4周龄）→di2dp2（6—14周龄）→P1（3.5—6.5月龄）M1（4—6月龄）→M2（7—13月龄）I3C（8—12月龄）→I1（12—17月龄）P2—P4（12—16月龄）I2（17—20月龄）→M3（17—22月龄）。

此外，记录牙齿的磨蚀状况可以为我们提供性成熟的动物的进一步的年龄信息。动物在一定时期达到性成熟或者说成年后，恒齿开始全部萌出，骨骼的骨骺也会全部愈合，借助对牙齿的磨蚀状况的观察记录，会让我们获得有关动物成年后的年龄信息。至于恒齿未全部萌出的动物，对牙齿的磨蚀状况记录也可以让我们了解更详尽的年龄信息，这些是光记录牙齿的萌出替换状况所不能完全代替的。要注意的是，牙齿萌出替换的次序和时间虽然是很稳定的，但牙齿的磨蚀状况对应的年龄的则更多地取决于环境状况、食物类型和进食方式等，在不同的自然环境中，动物食物中夹杂的沙粒会有所差异，这会影响牙齿磨蚀的快慢。因此，牙齿的磨蚀程度对应的年龄不是绝对的，一个地区的标准用在另一地区会有一定的问题。不过，只要我们在应用相关标准时对其对应的具体年龄不要过于绝对，在运用同一标准来研究同一地区的猪骨材料时，至少可以为我们提供较为可靠的年龄阶段或者说相对年龄。

关于猪的牙齿的磨蚀状况，我们根据国际通行的格兰特（Grant）所设计的牙齿磨蚀级别（the tooth wear stages，简称TWS）记录体系[2]对小里遗址出土的猪牙进行了详细记录（图2）。另外格兰特记录方法还对牙齿的几种萌发状态进行了符号化记录，如C表示牙齿未萌出，不可见，只形成齿槽穿孔，V表示牙齿未萌出，但在齿槽中可见，E表示牙齿刚萌出，未达1/2，1/2表示牙齿萌出齿槽约1/2，U表示牙齿完全萌

---

① Silver, I A, The ageing of domestic animals. InD. R. Brothwell and E. S.Higgs (Eds.), Science in archaeology: A survey of progress and research (2nd ed.). New York: Praeger Publishing, 1970.pp. 283-302.

② Grant A, The use of tooth wear as a guide to the domestic animals. In Ageing and Sexing Animal Bones from Archaeological Sites, edited by Wilson B, Grigson C.& Payne S. Oxford: British Archaeological Reports British Series 109, 1982. pp. 91-108.

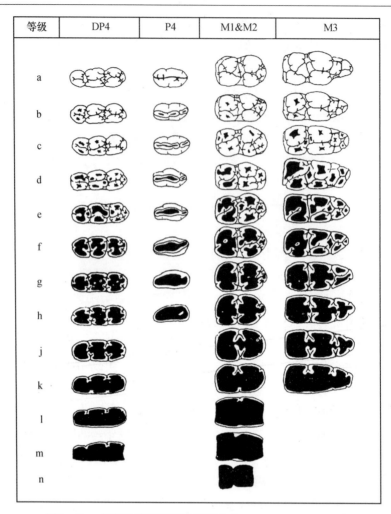

图2　Grant创制的猪臼齿磨蚀级别表（Grant，1982：92-94）

出但尚未磨蚀。

采纳上述牙齿萌出和磨蚀级别的记录方法后，我们可以据此可以推测家猪的年龄结构，国内外学者据此制订了各自的年龄判断标准[1]。虽然牙齿的萌出时间相对比较稳定，但不同时代不同地区的遗址家猪臼齿萌出和磨蚀的级别对应的年龄有一定的变化范围，因此，要具体遗址具体分析，考察所研究的遗址猪的相关牙齿萌出和磨蚀的组合频率及最大变化区间。

具体操作时，保留两个或三个臼齿的下颌骨或上颌骨有时可以归入相邻的年龄范围，因此在判定其年龄级别时，一方面可以参照甑皮岩遗址动物遗存报告中的方法[2]，

① 袁靖、杨梦菲：《水陆生动物遗存研究》，《桂林甑皮岩》，文物出版社，2003年，第301—302页；马萧林：《灵宝西坡遗址家猪的年龄结构及相关问题》，《华夏考古》2007年第1期。

② 袁靖、杨梦菲：《水陆生动物遗存研究》，《桂林甑皮岩》，文物出版社，2003年，第301—302页。

在综合考虑相关臼齿的磨蚀级别组合的基础上，适当让有些臼齿的磨蚀级别的年龄段跨越相邻的年龄级别；另一方面，在具体确定1件下颌骨的年龄级别时，采取优先考虑萌出臼齿的年龄级别的原则，在这一原则下再依从多数牙齿的年龄级别和组合频率较高的相关臼齿的年龄级别[①]。在此基础上，我们再根据遗址出土的大量的猪的不同臼齿磨蚀组合和组合频率制订了我们对古代遗址家猪的年龄判别标准（表1）。在分析时我们主要根据标志某一年龄阶段的牙齿的萌出状况来确定与之在同一下颌骨齿列中其他的磨蚀级别所对应的阶段。

表1　根据下颌骨牙齿萌出和磨蚀级别确定的古代遗址家猪年龄标准

年龄级别	年龄（月）	DP4	P4	M1	M2	M3
I	0—4	a-c, d				
II	4—6	d, e		萌出, a, b, c	未萌出	
III	6—12	f, g, h, j, k, l		a, b, c, d, e	萌出, a	未萌出
IV	12—18		萌出, a, b	c, d, e, f, g	a, b, c, d, e	未萌出, E, 1/2
V	18—24		b, d, e, f	d, e, f, g, h	b, c, d, e	萌出, a, b
VI	24—36		f	e, f, g, h, j, k, l, m, n	d, e, f, g, h	b, c, d, e
VII	36—		f, g, h	l, m, n	j, k, l, m	e, f, g, h, i, j

注：带方框符号的字母表明该磨蚀级别的牙齿出现在该年龄阶段的组合中次数较少，如果是偶尔出现的组合，则不予注明

根据上文确定的判定猪死亡年龄的方法，我们对小里遗址出土的猪的死亡年龄分布进行梳理（表2；附表2）。我们在对猪分析时只对下颌骨做了分析。

表2　根据小里遗址出土家猪下颌牙齿萌出和磨蚀级别确定的死亡年龄分布

死亡年龄（月）	标本数	%
4—6	3	3.09
6—12	6	6.19
12—18	29	29.90
18—24	25	25.77
24—36	29	29.90
36—	5	5.15
合计	97	

① 马萧林：《灵宝西坡遗址家猪的年龄结构及相关问题》，《华夏考古》2007年第1期。

从上述各期统计结果来看，小里遗址未成年就被宰杀杀猪占大多数，其中1—2岁死亡的猪占绝大多数，2—3岁死亡约占1/3（图3），这大体符合以家猪为主的猪的死亡年龄结构。但是根据测量结果表明，小里遗址中有一定量的野猪，这可能使得群体猪的死亡年龄略为偏成年，因为家猪一般在2岁以后生长缓慢，再饲养肉食回馈率与饲养成本不相称，因此家猪死亡年龄多在2岁以前。但是古代养猪的情况较为复杂，这其中的具体细节还需要今后进一步撰文细致讨论。

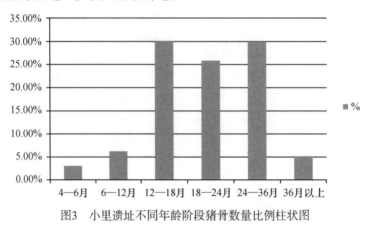

图3　小里遗址不同年龄阶段猪骨数量比例柱状图

2. 小里遗址的狗

中原地区作为家畜的狗，依据迄今为止的认识，最早出自河南舞阳贾湖遗址，距今9000年左右，主要依据是有11条狗被分别单独埋葬于墓地和居址。贾湖遗址以来的新石器时代遗址中出土的狗颌骨、牙齿的测量尺寸数据已经得到了归纳[①]。

经鉴定，小里遗址一期出土的狗骨骼共计74件，包括尺骨4件，掌骨7件，肱骨3件，股骨1件，寰椎1件，枢椎3件，其他椎骨5件，胫骨4件，距骨1件，盆骨1件，桡骨6件，上颌骨9件，下颌骨10件，头骨及头骨碎块6件，下颌角13件，游离齿4件，其他肢骨1件。最小个体数为4个。二期出土的狗骨骼共计4件，包括肱骨2件，尺骨2件。最小个体数为2个。

一般认为狼的上齿列长（颊齿列长，C—M）介于95—107.2毫米[②]，而家犬的齿列小于狼的齿列。通过测量可知（附表3、附表4），遗址中出土的头骨的齿列长度均小于狼的齿列，均不到70毫米，故这些头骨应属于家犬。

另外，家犬下颌体的底缘呈弧形，而狼下颌体的底缘较平直。小里遗址出土的狗下颌骨下颌体底缘呈弧形，当属于家犬。

---

① 袁靖：《中国新石器时代家畜起源的问题》，《文物》2001年第5期。

② 中国科学院中国动物志编辑委员会主编，高耀亭等编著：《中国动物志·兽纲·食肉目》，科学出版社，1987年，第49页。

（二）获取肉食资源的方式

小里遗址出土的鱼类、爬行类、鸟类的骨骼遗存在全部遗存中所占的比例自始至终均非常小，而且变化不明显。贝类则始终占有一定比例。哺乳动物可鉴定标本数在各期出土全部动物中所占的比例始终占主导地位。哺乳动物的最小个体数在动物总数占所占比例虽然在遗址一期略次于贝类，但单个个体的贝类提供的肉量远无法和哺乳动物相比。可见，哺乳动物在小里遗址出土全部动物遗存中所占的比例从早到晚都是占据主导地位的，小里遗址仰韶文化时期先民的肉食结构以饲养的家养哺乳动物和狩猎所获得的野生哺乳动物为主，辅以捞取贝类，捕捉爬行动物、鸟与鱼为肉食补充。

小里遗址出土的家养动物可以确认的有狗、猪，其中猪始终占哺乳动物的一半左右。其次为各种鹿，包括麋鹿、梅花鹿、狍子、獐，鹿类始终在遗址先民获取野生动物占绝对多数，野猪也占有一定的比例，偶尔捕猎狐、貉等小型食肉动物和如熊之类的大型食肉动物。可以看出小里遗址仰韶文化先民以家畜饲养作为获取肉食资源的主要方式，而以捕猎鹿类为主的野生动物为重要的肉食补充。

袁靖先生曾提出，中国新石器时代的居民获取肉食资源的方式，经历了由完全依赖于自然环境提供的动物资源（依赖型），到开始开发某些野生的动物资源，把它们作为家养动物（初级开发型），再到主要依靠这类开发的动物资源获取肉食（开发型）这一系列生存活动行为的变化[①]。小里遗址明显属于"开发型"获取肉食资源的方式。

（三）从遗址动物群重建遗址周边的自然生态环境

重建古代遗址的自然环境是动物考古学研究的主要目的之一。动物考古学主要根据"以今论古"的原则，基于遗址出土动物现生种的生态习性以及这些动物在各期的比例变化来推测古代遗址周边的古代自然生态环境。需要指出的是，家养动物由于受到人为的控制，其生态习性发生了很大的变化，所以在复原古代自然环境时我们一般根据野生动物的生态习性，因为野生动物一般都有独特的生存环境，特别是某些对自然环境特征反应敏感的野生动物则更是如此。因此，根据这些野生动物的现生种的生态习性，就可以在一定范围内推测当时遗址附近的气候、地貌和植被。研究结果如下。

1. 遗址出土野生动物现生种的生态习性

（1）遗址所出土贝类现生种的生态习性。

巨首楔蚌栖息于泥沙底或泥底的河流及湖泊内，多栖息急流水域中，在泥底处产

---

① 袁靖：《论中国新石器时代居民获取肉食资源的方式》，《考古学报》1999年第1期，第1—22页。

量较大，现在主要分布于安徽、浙江、江苏、江西及湖北、湖南等省。多瘤丽蚌、洞穴丽蚌、失衡丽蚌均喜栖息于水较深、冬季水流不干涸之处，水流较急或缓流，水质澄清、透明的河流及其相通湖泊内，其中多瘤丽蚌生活于沙泥底或泥底，现在分布于浙江、江苏、江西及湖南等地，洞穴丽蚌则生活于泥底、泥沙底或沙泥底，现在主要生活在江苏、江西、湖南等大中型湖泊及其相通的河流内，失衡丽蚌多栖息于泥底或泥沙底的流水环境中，现在分布于长江中、下游地区的大中型湖泊及其相通的河流。三角帆蚌栖息于常年水位不干涸的大、中型湖泊及河流内，但喜生活在水质清、水流急、底质略硬的泥沙底或泥底的水域；剑状矛蚌栖息于湖泊、河流及池塘内，水深2—3米处，但在流水环境栖息较多，现在分布于河北、山东、安徽、江苏、浙江、江西、湖北、湖南等省；圆顶珠蚌栖息于湖泊、河流及池塘沿岸，无论是泥底还是沙底都有大量发现，现在广泛分布于全国[1]。

（2）遗址所出土爬行类动物现生种的生态习性。

爬行动物仅发现有鼋，鼋一般生活在缓流的河流，湖泊中，善于钻泥沙，以水生动物为食[2]。

（3）遗址所出土鱼类现生种的生态习性。

鲤鱼亚科因适应环境能力强，在江河、湖泊均能繁殖生长；多生活在水的下层，适应性强；杂食性，以软体动物、水生昆虫和高等水生植物为食；能在各种水域自然繁殖[3]。

（4）遗址所出土哺乳动物现生种的生态习性。

兔常栖息于山坡灌丛或杂草丛中。狐分布区域相对广泛，栖居森林、草原、丘陵等各种不同环境，在全国分布也极为广泛。貉常栖息于河谷、草原和靠近溪流、河、湖附近的树林中，以鼠类和鱼类等为食，也吃鸟、昆虫、浆果、种子等。熊是食肉目中大型的兽类，在中国境内包括棕熊与黑熊两种，均栖息于阔叶林或混交林中，棕熊现在还分布于针叶林中，两者皆一般居于山上，有垂直迁移和冬眠现象。其中棕熊现代在东北、西北及西南都有分布，黑熊则在现代分布很广，在内蒙古、东北、华北、华中、华南、西北和西南各地都有分布[4]。圣水牛最初发现于安阳殷墟，在新石器时代到商代，在华北分布较为广泛[5]。獐栖息于有芦苇的河岸或岸边的沼泽地，亦有栖息在山边或有长草的旷野。狍子栖息于混交林、树木比较稀疏而草多的林子里，在山区的灌丛、河谷或平原上也可见到。梅花鹿栖息于混交林、山地草原和森林边缘附近，在茂密的大森林

① 刘月英等：《中国经济动物志（淡水软体动物）》，科学出版社，1979年；中国科学院动物研究所：《中国动物物种编目数据库》，中国科学院微生物研究所，2009年4月28日。

② 中华人民共和国濒危物种进出口管理办公室主编：《常见龟鳖类识别手册》，中国林业出版社，2002年。

③ 王鸿媛编著：《北京鱼类志》，北京出版社，1984年，第13—15页。

④ 寿振黄主编：《中国经济动物志——兽类》，科学出版社，1962年。

⑤ 刘莉、杨东亚、陈星灿：《中国家养水牛起源初探》，《考古学报》2006年第2期。

中或多岩石的地方较少，晨昏活动，喜在距水源近（150米以内）的地方觅食和活动；以青草、灌木、小乔木、苔藓和野果等为食，隐蔽地距食物基地距离在200米以内。麋鹿性好水，栖息于沼泽地带，属于南方动物群，是典型的喜湿喜热性动物[①]。

2. 气候环境

以上贝类的存在说明当时小里遗址附近有相当范围的淡水环境，各种野生哺乳动物的发现说明小里遗址附近有森林、灌木丛和草地、河流，或可能有湖泊沼泽，由此可见，小里遗址的生态环境较为宜人。同时，贝类中丽蚌较多，丽蚌与楔蚌现在均生活在今淮河中下游和长江中下游水域，由此可以推测小里遗址所在地区与今天淮河中下游乃至更南的长江中下游流域的气候相似，属于暖温带或亚热带气候。圣水牛、麋鹿等一些喜湿喜热野生动物的发现也证明当时的气候环境较现在温暖湿润。

---

① 寿振黄主编：《中国经济动物志——兽类》，科学出版社，1962年。

附表1 柏乡小里遗址出土猪下颌M3长宽测量数据 （测量单位：毫米）

单位	分期	种属	骨骼名称	左右	保存牙齿	M3长（mm）	M3宽（mm）
2010XBXⅠT42H82	小里遗址1期	猪	下颌	右	M2M3	41.03	13.6
2010XBXⅡT3②	小里遗址2期	猪	下颌	左	M2M3	41	17.1
2010XBXⅠT7H31	小里遗址1期	猪	下颌	右	M2（断）M3	40.71	19.39
2010XBXⅠT23H54	小里遗址1期	猪	游离齿		上M3	40.53	21.96
2010XBXⅡT3②	小里遗址2期	猪	游离齿	右	下M3	40.3	17.38
2010XBXⅠT15/T1H34	小里遗址1期	猪	下颌	右	M2（孔）M3	39.03	17.05
2010XBXⅠJX4	小里遗址1期	猪	下颌	右	M1M2M3	38.25	16.94
2010XBXⅠT15/T1H34	小里遗址1期	猪	下颌	右	M3	37.87	16.32
2010XBXⅠT23H54	小里遗址1期	猪	游离齿		下M3	37.74	16.92
2010XBXⅡT3②	小里遗址2期	猪	下颌	左	M2（孔）M3	37.5	13.5
2010XBXⅠT16②	小里遗址1期	猪	下颌	左	P4M1M2M3	36.87	16.94
2010XBXⅠT15H34	小里遗址1期	猪	下颌	右	P4M1M2M3	36.6	15.8
2010XBXⅠJX5	小里遗址1期	猪	下颌	右	M3（残）	35.78	16.84
2010XBXⅠT40H80	小里遗址1期	猪	下颌	左	M2（残）M3	35.73	
2010XBXⅠT7H31	小里遗址1期	猪	下颌	右	M1（残）M2（残）M3（残）	35.27	17.23
2010XBXⅠT1H12	小里遗址1期	猪	下颌	左	M1（孔）M2（残）M3（残）	35	
2010XBXⅡT3②	小里遗址2期	猪	下颌	左	P4（孔）M1M2M3	34.9	16.5
2010XBXⅠT37H74	小里遗址1期	猪	上颌	左	P3（残）P4M1M2M3（C）	34.5	15.3
2010XBXⅠJX1	小里遗址1期	猪	下颌	左	M2（残）M3（残）	34.1	13.23
2010XBXⅠJX5	小里遗址1期	猪	下颌	右	P4M1M2M3	34.09	15.35
2010XBXⅠJX8	小里遗址1期	猪	上颌	左	P3（孔）P4M1M2M3	33.9	17.3
2010XBXⅡT3②	小里遗址2期	猪	下颌	左	M1M2M3	32.5	15
2010XBXⅠT16②	小里遗址1期	猪	下颌	右	P4（残）+M1（残）M2（残）M3（E）		

注："（断）"指牙齿已断，牙齿嚼面缺失，但牙齿齿冠部分还有部分保存；"（残）"指牙齿局部残损，一般保存有部分牙齿嚼面；"（孔）"指牙齿缺失，只剩下齿槽或齿孔；"（根）"指牙齿残断，只保存牙齿根部

附表2　柏乡小里遗址出土猪牙齿磨蚀级别与死亡年龄统计表

单位	分期	种属	骨骼名称	左右	保存牙齿	DP4/P4磨蚀	M1磨蚀	M2磨蚀	M3磨蚀	年龄（月）
2010XBXⅠT23H54	小里遗址1期	猪	上颌	右	P4（未萌出）M1M2M3（E）		c	b		12—18
2010XBXⅠJX5	小里遗址1期	猪	上颌	左	P3dP4M1M2		c	b		12—18
2010XBXⅠT23H54	小里遗址1期	猪	下颌	右	P4（孔）M1M2M3（孔）（未萌出）		e	b		12—18
2010XBXⅠJX1	小里遗址1期	猪	上颌	右	M1M2		e	b		12—18
2010XBXⅠT26②	小里遗址1期	猪	下颌	左	P4（孔）M1M2		e	b		12—18
2010XBXⅠT26②	小里遗址1期	猪	下颌	左	dP4（孔）M1M2		e	b		12—18
2010XBXⅠT15/T1H34	小里遗址1期	猪	下颌	右	P4（孔）M1M2M3（C）		e	b		12—18
2010XBXⅠJX5	小里遗址1期	猪	下颌	右	dP4M1M2	f	f	b		12—18
2010XBXⅠJX8	小里遗址1期	猪	上颌	右	M1M2		g	b		12—18
2010XBXⅠT41H68	小里遗址1期	猪	下颌	右	M1M2M3（v）		h	b		12—18
2010XBXⅠT42H82	小里遗址1期	猪	上颌	左	P3（残）P4M1M2		d	c		12—18
2010XBXⅠJX8	小里遗址1期	猪	上颌		P4M1M2		d	c		12—18
2010XBXⅠT17/T18G3	小里遗址1期	猪	下颌	右	P3（孔）P4（孔）M1M2M3（V）		g	c		12—18
2010XBXⅡT3②	小里遗址2期	猪	下颌	左	M1（残）M2M3（V）			c		12—18
2010XBXⅡT3②	小里遗址2期	猪	下颌	左	M1M2（1/2）			c		12—18
2010XBXⅠJX8	小里遗址1期	猪	上颌	右	M2			c		12—18
2010XBXⅠT42H82	小里遗址1期	猪	下颌	左	M1		c			12—18
2010XBXⅠT23H54	小里遗址1期	猪	上颌	左	M1/M2		e			12—18
2010XBXⅠT23H54	小里遗址1期	猪	上颌	左	P4M1		e			12—18
2010XBXⅠT41H68	小里遗址1期	猪	上颌	左	M1M2（残）M3（V）		e			12—18
2010XBXⅠT42H82	小里遗址1期	猪	下颌	左	M2（残）M3（残）		e			12—18

续表

单位	分期	种属	骨骼名称	左右	保存牙齿	DP4/P4磨蚀	M1磨蚀	M2磨蚀	M3磨蚀	年龄（月）
2010XBXⅠT17/T18G3	小里遗址1期	猪	下颌	右	M1M2（萌出）		e			12—18
2010XBXⅠT23H54	小里遗址1期	猪	下颌	右	P4（孔）—M2（孔）M3（V）					12—18
2010XBXⅠT16②	小里遗址1期	猪	下颌	右	M1（残）M2（残）M3（E）					12—18
2010XBXⅡT3②	小里遗址2期	猪	下颌	右	P4M1（残）M2M3（V）					12—18
2010XBXⅠT39H83	小里遗址1期	猪	上颌	左	M2（c）M3（V）			c		12—18
2010XBXⅠJX8	小里遗址1期	猪	下颌	左	M3（v）					12—18
2010XBXⅠJX8	小里遗址1期	猪	上颌	左	M2（残）M3（1/2）					12—18
2010XBXⅠT16②	小里遗址1期	猪	下颌	右	P4（残）+M1（残）M2（残）M3（E）					12—18
2010XBXⅠT23H54	小里遗址1期	猪	下颌	左	M1（孔）M2M3（残）			d	a	18—24
2010XBXⅡT3②	小里遗址2期	猪	游离齿	右	下M3				a	18—24
2010XBXⅡT3②	小里遗址2期	猪	游离齿		下M1/M2				a	18—24
2010XBXⅠT23H54	小里遗址1期	猪	上颌	右	P4—M3（残）		e	d	b	18—24
2010XBXⅡT3②	小里遗址2期	猪	下颌	左	M1M2M3		j	e	b	18—24
2010XBXⅠT7H31	小里遗址1期	猪	下颌	右	P3—M3			e	b	18—24
2010XBXⅠT23H54	小里遗址1期	猪	游离齿		上M3				b	18—24
2010XBXⅠJX1	小里遗址1期	猪	下颌	左	M2（残）M3（残）				b	18—24
2010XBXⅡT3②	小里遗址2期	猪	下颌	左	M2（孔）M3				b-c	18—24
2010XBXⅠT23H48	小里遗址1期	猪	下颌	右	M2（孔）M3				a	18—24
2010XBXⅠT23H54	小里遗址1期	猪	游离齿		M3				萌出	18—24
2010XBXⅠT7H31	小里遗址1期	猪	下颌	右	M2（断）M3				萌出	18—24
2010XBXⅠT41H67	小里遗址1期	猪	下颌	左	P4M1M2M3（V）		e	d		18—24

续表

单位	分期	种属	骨骼名称	左右	保存牙齿	DP4/P4磨蚀	M1磨蚀	M2磨蚀	M3磨蚀	年龄（月）
2010XBXⅠT37H74	小里遗址1期	猪	下颌	右	M1M2M3（1/2）		e	d		18~24
2010XBXⅠT37H74	小里遗址1期	猪	上颌	左	P4M		f	d		18~24
2010XBXⅠT42H82	小里遗址1期	猪	下颌	右	M1M2（残）		f	d		18~24
2010XBXⅠT15H34	小里遗址1期	猪	上颌	右	P3P4M1M2		g	d		18~24
2010XBXⅠT3③	小里遗址1期	猪	下颌	左	M2（残）M3（1/2）			d		18~24
2010XBXⅠT41H67	小里遗址1期	猪	下颌	右	M1（孔）M2（残）M3（V）			d		18~24
2010XBXⅠT23H48	小里遗址1期	猪	下颌	左	M2M3（V）			d		18~24
2010XBXⅠT15H34	小里遗址1期	猪	下颌	右	M1（残）M2M3（V）			d		18~24
2010XBXⅠT37H74	小里遗址1期	猪	下颌	右	M1（残）M2M3（残）（½）			d		18~24
2010XBXⅠT40H80	小里遗址1期	猪	下颌	左	M1（孔）M2M3（v）			d		18~24
2010XBXⅠT23H54	小里遗址1期	猪	下颌	左	P2（孔）—P4（孔）+M1—M2（断）+M3（孔）（未萌出）		d			18~24
2010XBXⅠT1H12	小里遗址1期	猪	下颌		P3（孔）dP4M1M2M3（孔）	g	d			18~24
2010XBXⅠT16②	小里遗址1期	猪	下颌	左	P4M1M2M3		e	d	c	24~36
2010XBXⅡT3②	小里遗址2期	猪	下颌	右	M1M2M3（1/2）		e	d	c	24~36
2010XBXⅠT15H34	小里遗址1期	猪	下颌	右	P4M1M2M3		j	e	c	24~36
2010XBXⅠT23H54	小里遗址1期	猪	上颌	右	M2M3（残）			f	c	24~36
2010XBXⅡT3②	小里遗址2期	猪	下颌	左	P4（孔）—M2（孔）M3（残）				c	24~36
2010XBXⅡT3②	小里遗址2期	猪	下颌	右	M3（1/2）				c	24~36
2010XBXⅠT42H82	小里遗址1期	猪	下颌	右	M2M3			f	d	24~36
2010XBXⅠJX8	小里遗址1期	猪	上颌	左	P3（孔）P4M1M2M3		j	g	d	24~36

续表

单位	分期	种属	骨骼名称	左右	保存牙齿	DP4/P4磨蚀	M1磨蚀	M2磨蚀	M3磨蚀	年龄（月）
2010XBXⅠJX5	小里遗址1期	猪	下颌	右	P4M1M2M3	h	l	h		24—36
2010XBXⅠT23H54	小里遗址1期	猪	游离齿		下M3				d	24—36
2010XBXⅠT41H68	小里遗址1期	猪	下颌	左	M1（残）M2（残）M3				d	24—36
2010XBXⅠJX4	小里遗址1期	猪	下颌	右	M1M2M3		g	e	d	24—36
2010XBXⅠT7H31	小里遗址1期	猪	上颌	左	P3（孔）P4（残）M1（孔）M2（残）M3（残）			f	e	24—36
2010XBXⅠT7H31	小里遗址1期	猪	下颌	右	M1（残）M2（残）M3（残）		j	g	e	24—36
2010XBXⅠT15/T1H34	小里遗址1期	猪	下颌	右	M3				e	24—36
2010XBXⅡT3②	小里遗址2期	猪	下颌	左	P4（孔）M1M2M3		k	h	f	24—36
2010XBXⅠT37H74	小里遗址1期	猪	上颌	左	P3（残）P4M1M2M3（C）		g	e		24—36
2010XBXⅠJX8	小里遗址1期	猪	下颌	左	P4M1M2M3（½）		h	e		24—36
2010XBXⅠJX5	小里遗址1期	猪	下颌	右	M3（残）			e		24—36
2010XBXⅠT37H74	小里遗址1期	猪	下颌	右	M1（残）M2M3（E）			e		24—36
2010XBXⅠJX8	小里遗址1期	猪	下颌	左	M1（孔）M2M3（ν）			e		24—36
2010XBXⅡT16②	小里遗址2期	猪	下颌	左	P4（残）M1M2M3（残）		h	f		24—36
2010XBXⅠT17/T18G3	小里遗址1期	猪	下颌	右	P4（残）M1（残）M2（残）		h	f		24—36
2010XBXⅠT37H74	小里遗址1期	猪	上颌	右	M1M2		j	f		24—36
2010XBXⅠJX1	小里遗址1期	猪	下颌	左	P4M1M2M3（½）		j	f		24—36
2010XBXⅠT40H80	小里遗址1期	猪	下颌	左	P4M1M2M3（孔）		f	g		24—36
2010XBXⅠT23H54	小里遗址1期	猪	上颌	右	P4M1M2		m	g		24—36
2010XBXⅠT42H82	小里遗址1期	猪	上颌	右	M1（残）M2（残）M3			h		24—36

续表

单位	分期	种属	骨骼名称	左右	保存牙齿	DP4/P4磨蚀	M1磨蚀	M2磨蚀	M3磨蚀	年龄（月）
2010XBXⅠT42H82	小里遗址1期	猪	下颌	左	M1M2（残）		g			24—36
2010XBXⅡT3②	小里遗址2期	猪	下颌	左	M2M3			e	k	36—
2010XBXⅠT37H74	小里遗址1期	猪	下颌	左	M1M2M3（残）		n	m		36—
2010XBXⅠT42H82	小里遗址1期	猪	下颌	右	P4（残）M1M2		n	m		36—
2010XBXⅠJX8	小里遗址1期	猪	上颌	左	P3（残）P4M1M2（残）		j			36—
2010XBXⅠJX1	小里遗址1期	猪	上颌	左	C（孔）P1P2P3P4M1M2（残）		n			36—
2010XBXⅡT3②	小里遗址2期	猪	下颌	右	P3（v）P4（孔）M1M2		a	b		4—6
2010XBXⅠJX5	小里遗址1期	猪	下颌	左	P3dP4M1（残）	e	a			4—6
2010XBXⅠT40H80	小里遗址1期	猪	下颌	右	P3（残）dP4M1	d	b			4—6
2010XBXⅠT23H54	小里遗址1期	猪	上颌	左	Dp4M1M2		c	a		6—12
2010XBXⅠJX5	小里遗址1期	猪	上颌	右	Dp4（残）M1M2		f	a		6—12
2010XBXⅠT23H54	小里遗址1期	猪	上颌	左	dP2—Dp4M1		c			6—12
2010XBXⅡT3②	小里遗址2期	猪	下颌	左	M1M2（孔）M3（v）		d			6—12
2010XBXⅠT23②	小里遗址1期	猪	下颌	左	dP3dP4M1	f	d			6—12
2010XBXⅠT17/T18G3	小里遗址1期	猪	下颌	左	dP2（孔）dP3dP4M1（残）M2（萌出）M3（C）					6—12

注："（断）"指牙齿已断，牙齿咀嚼面缺失，但牙齿齿冠部分还有部分保存；"（残）"指牙齿局部残损，一般保存有部分牙齿咀嚼面；"（孔）"指牙齿缺失，只剩下牙齿槽或齿孔；"（根）"指牙齿残断，只保存牙齿根部

附表3　家犬头骨测量数据

测量项	2010XBX I T22 H45狗头骨 （测量单位：毫米）	2010XBX I T12 F2狗头骨 （测量单位：毫米）
1颅全长		
7颅顶长		77.38
8脏颅长	89.94	
9面长	112.36	
10鼻骨最大长	66.89	
12口鼻部长	90.32	
29颅骨最大宽		54.48
30颧骨宽		
31颅骨最小宽	33.07	32.54
32额骨最大宽	45.13	42.44
33眼眶间最小宽	31.12	31.22
37眼眶内部最大高	31.61	27.49
38颅高		51.65
39无矢状峭的颅高		51.27
2颅基长		
3基底长		
4颅底轴长		39.17
5面底轴长	126.29	
13腭正中长	98.54	
13a腭长	97.1	
14腭骨水平部长	37.76	
14a和13a相对应的 腭骨水平部长	35.28	
15颊齿列长	68.65（左）；67.35（右）	61.5（左）
16臼齿列长	18.62	18.84
17前臼齿列长	51.73，51.48	46.65
19裂齿槽长	19.65	18.62
22鼓泡的最大直径		21.59
23外耳道最大宽		58.38
24外耳道背侧宽		58.93
34腭骨最大宽	63.68	
35腭骨最小宽	33.65	
36犬齿槽宽		

续表

测量项	2010XBX I T22 H45狗头骨（测量单位：毫米）	2010XBX I T12 F2狗头骨（测量单位：毫米）
6脑颅长		
25枕髁最大宽		36.57
26枕骨副乳突底部最大宽		
27枕骨大孔最大宽		19.14
28枕骨大孔高		14.63
40枕三角区高		44.54
41犬齿高（长）		
P4长×宽	20.00×9.77	19.63×10.27
M1长×宽	11.58×14.89	12.71×15.19

附表4 家犬下颌骨测量数据

（单位：毫米）

项目	2010XBXI T12F2 下颌骨 左	2010XBXI T16② 下颌骨 右	2010XBXI T26② 下颌骨 左	2010XBXI T26② 下颌骨 右	2010XBXI T26② 下颌骨 左	2010XBXI T26② 下颌骨 左	2010XBXI T26② 下颌骨 右	计数	最大值	最小值	平均数
牙齿情况	I2（孔）+I3（根）+C+P1（孔）+P2（孔）+P3—M2+M3（孔）	I1（根）+I2—M3；冠状突稍残；各P间有齿隙	C（孔）+P1（孔）+P2+P3+P4（孔）+M1+M2+M3（孔）	C（孔）+P1（孔）+P2+P3+P4（孔）+M1+M2+M3（孔）	I2（孔）+I3（孔）+C（根）+P1（孔）+P2（根）+P3（根）+P4（根）+M1（根）+M2稍残+M3稍残（孔）	C（残）+P1+P2+P3+P4+M1+M2（残）+M3（根）	I1（孔）+I2（孔）+I3（根）+C（根）+P1（根）+P2+P3（根）+P4+M1+M2+M3				
1 全长（下颌髁—Id）		142.46					142.89	2	142.89	142.46	142.68
2 长（下颌角突—Id）		141.98					142.57	2	142.57	141.98	142.28
3 （从下颌髁突间的凹痕到Id的长）		134.65					134.58	2	134.65	134.58	134.62
4 长（下颌髁—大齿齿槽远口缘）	107.88	125.53		111.31			127.28	4	127.28	107.88	118.00
5 从下颌髁与下颌角突间的凹痕到大齿齿槽远口缘的长	102.36	118.28		106.18			119.25	4	119.25	102.36	111.52

续表

	2010XBX I T12F2 下颌骨 左	2010XBX I T16② 下颌骨 右	2010XBX I T26② 下颌骨 左	2010XBX I T26② 下颌骨 右	2010XBX I T26② 下颌骨 左	2010XBX I T26② 下颌骨 左	2010XBX I T26② 下颌骨 右	计数	最大值	最小值	平均数
	I2（孔）+I3（根）+C+P1（孔）+P2（孔）+P3—M2+M3（孔）	I1（根）+I2—M3；冠状突稍残；各P间有齿隙	C（孔）+P1（孔）+P2+P3+P4（孔）+M1+M2+M3（孔）	C（孔）+P1（孔）+P2+P3+P4（孔）+M1+M2+M3（孔）	I2（孔）+I3（孔）+C（根）+P1（根）+P2（孔）+P3（根）+P4（根）+M1（根）+M2（稍残）+M3（稍残）（孔）	C（残）+P1+P2+P3+P4+M1（残）+M2（根）+M3（根）	I1（孔）+I2（孔）+I3（根）+C（根）+P1（根）+P2+P3（根）+P4+M1+M2+M3				
6 长（下颌角突—犬齿齿槽远口缘的长）	109.3	125.81					127.57	3	127.57	109.3	120.89
7 长（M3齿槽远口缘—犬齿齿槽远口缘）	72.35	80.51	75.41	74.98	82.08	81.18	81.39	7	82.08	72.35	78.27
8（M3—P1齿列长）	68.36	73.7	72.85	73.13	74.51	73.23	74.08	7	74.51	68.36	72.84
9（M3—P2齿列长）	63.54	68.49	68.26	67.89	69.73	68.84	68.75	7	69.73	63.54	67.93
10 臼齿列长	35.03	34.24	35.22	35.36	36.21	35.79	34.66	7	36.21	34.24	35.22
11（P1—P4齿列长）	34.38	39.7	39.33	39.24	39.69	39.36	40.17	7	40.17	34.38	38.84
12（P2—P4齿列长）	29.99	34.56	34.48	34.59	35.29	34.35	34.67	7	35.29	29.99	33.99
13 裂齿长	22.5	22.45	22.19	22.3			22.59	5	22.59	22.19	22.41

续表

	2010XBX I T12F2 下颌骨 左	2010XBX I T16② 下颌骨 右	2010XBX I T26② 下颌骨 左	2010XBX I T26② 下颌骨 右	2010XBX I T26② 下颌骨 左	2010XBX I T26② 下颌骨 左	2010XBX I T26② 下颌骨 右	计数	最大值	最小值	平均数
	I2（孔）+I3（根）+C+P1（孔）+P2（孔）+P3—M2+M3（孔）	I1（根）+I2—M3；冠状突稍残；各P间有齿隙	C（孔）+P1（孔）+P2+P3+P4（孔）+M1+M2+M3（孔）	C（孔）+P1（孔）+P2+P3+P4（孔）+M1+M2+M3（孔）	I2（孔）+I3（孔）+C（根）+P1（孔）+P2（根）+P3（根）+M1（根）+M2（稍残）+M3（稍残）（孔）	C（残）+P1+P2+P3+P4+M1（残）+M2（根）+M3（根）	I1（孔）+I2（孔）+I3（根）+C（根）+P1（根）+P2+P3（根）+P4+M1+M2+M3				
14 裂齿齿槽长	21.37	21.15	21.66	21.71	23.25	22.89	21.7	7	23.25	21.15	21.96
17 颌体（M₁下方）的最大厚度	11.16	13.76	11.11	11.21	11.34	12.16	12.85	7	13.76	11.11	11.94
18 下颌骨垂直部高	49.24	56.64		48.59				3	56.64	48.59	51.49
19 M₁后下颌骨高	23.51	27.85	22.88	23.33	27.51	28.57	27.27	7	28.57	22.88	25.85
20 （P₂和P₃间）下颌骨高	19.29	21.55	19.34	19.76	20.77	22.34	21.35	7	22.34	19.29	20.63
21 （犬齿）											
M1长	22.5	22.45	22.19	22.3			22.59	5	22.59	22.19	22.41
M1宽	8.85	8.29	9.07	9.15			8.24	5	9.15	8.24	8.72

续表

	2010XBXI T12F2 下颌骨 左	2010XBXI T16② 下颌骨 右	2010XBXI T26② 下颌骨 左	2010XBXI T26② 下颌骨 右	2010XBXI T26② 下颌骨 左	2010XBXI T26② 下颌骨 左	2010XBXI T26② 下颌骨 右	计数	最大值	最小值	平均数
	I2（孔）+I3（根）+C+P1（孔）+P2（孔）+P3—M2+M3（孔）	I1（根）+I2—M3；冠状突稍残，各P间有齿隙	C（孔）+P1（孔）+P2+P3+P4（孔）+M1+M2+M3（孔）	C（孔）+P1（孔）+P2+P3+P4（孔）+M1+M2+M3（孔）	I2（孔）+I3（孔）+C（根）+P1（孔）+P2（根）+P3（根）+P4（根）+M1（根）+M2（稍残）+M3（稍残）（孔）	C（残）+P1+P2+P3（根）+P4+M1（残）+M2（根）+M3（根）（根）	I1（孔）+I2（孔）+I3（根）+C（根）+P1（根）+P2+P3（根）+P4+M1+M2+M3				
M2长	9.58	9.01	8.48	9.17	8.6		8.85	6	9.58	8.48	8.95
M2宽	6.97	6.55	7.33	7.49			6.54	5	7.49	6.54	6.98
M3长		4.46					4.39	2	4.46	4.39	4.43
M3宽	3.54	3.54					3.71	2	3.71	3.54	3.63

注："（断）"指牙齿已断，牙齿嚼面缺失，但牙齿齿冠部分还有部分保存；"（残）"指牙齿局部残损，一般保存有部分牙齿嚼面；"（孔）"指牙齿缺失，只剩下齿槽或齿孔；"（根）"指牙齿残断，只保存牙齿根部

1. 兔子尺骨（ⅠT18G3）

2. 拟丽蚌（ⅠH74）

3. 梅花鹿肩胛骨（ⅠH34）

4. 狗头骨腹侧面（ⅠF2）

5. 剑状矛蚌（ⅠJX8）

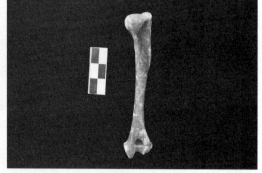

6. 貉肱骨（ⅠH48）

附图1　动物遗骸标本

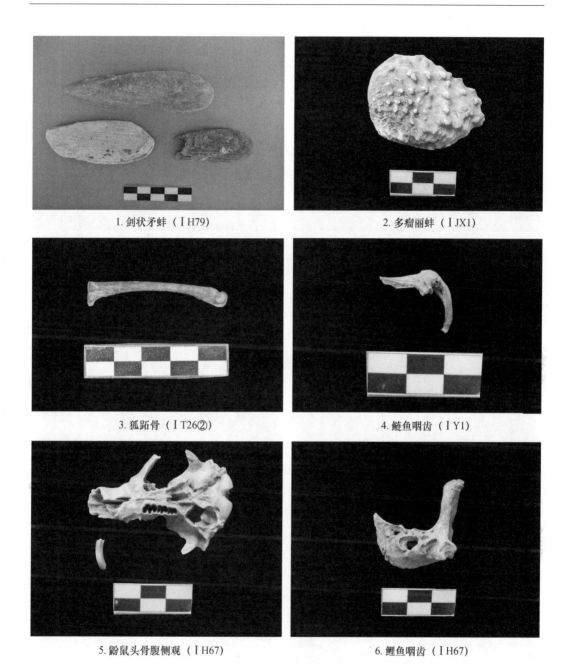

1. 剑状矛蚌（ⅠH79）　　　　　2. 多瘤丽蚌（ⅠJX1）

3. 狐跖骨（ⅠT26②）　　　　　4. 鲢鱼咽齿（ⅠY1）

5. 鼢鼠头骨腹侧观（ⅠH67）　　　6. 鲤鱼咽齿（ⅠH67）

附图2　动物遗骸标本

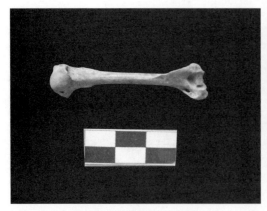

1. 小型鼬科（ⅠT3②）

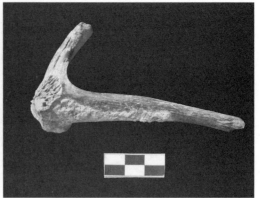

2. 鼋（ⅡT3②）

3. 麋鹿角（ⅡT3②）

4. 圣水牛（2010XBXⅡT3②）

5. 洞穴丽蚌（2010XBXⅠT7H31）

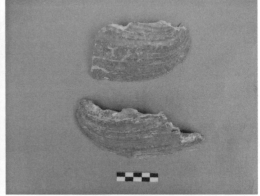

6. 三角帆蚌（ⅠT24H86）

附图3　动物遗骸标本

1. 巨首楔蚌 （ⅠT17T18G3）

2. 圆顶珠蚌 （ⅠT39H83）

3. 白河丽蚌 （ⅠT7H31）

4. 鸟尺骨 （左：ⅠT16②；右：ⅠT26②）

5. 鸟蹠跖骨 （左：ⅠT31H64；中：ⅠT23H54；右：ⅠT42H82）

附图4 动物遗骸标本

附录2　河北柏乡小里遗址出土植物遗存鉴定报告

赵志军

（中国社会科学院考古研究所）

一

小里遗址位于河北省柏乡县的小里村，是一处以仰韶文化后冈一期文化遗存为主的新石器时代中期考古遗址，^{14}C年代在距今6670—6490年间。2010年夏季，河北省邢台市文物管理处对小里遗址进行了抢救性发掘，获得一批重要发现。在发掘过程中，采集了几份土样进行了浮选，浮选结果随后被送交中国社会科学院考古研究所植物考古实验室进行鉴定和分析。

二

通过实验室整理和显微镜观察，在小里遗址浮选结果中发现了一批重要的炭化植物遗存，其中以采自JX5的土样中出土的植物遗存最为丰富（见附表）。经鉴定，从小里遗址浮选出的炭化植物遗存可分为木屑、核果、坚果以及植物种子四类。

1. 炭化木屑

炭化木屑是指经过燃烧的木材的细小残存，其主要来源应该是未燃尽的燃料，或遭到焚烧的建筑木材以及其他用途的木料等。一般而言，考古遗址浮选出土的炭化木屑很容易识别，在体式显微镜下观察，其细胞结构如导管、筛管和纤维等清晰可见。然而，更进一步的植物种属鉴定则需要比较专业的植物解剖学的知识和技术。

2. 坚果遗存

坚果是干果（dry fruits）的一种，其果皮木质化，形成十分坚硬的果壳。常见的坚果有板栗、榛子、栎果、菱角等。在小里遗址浮选结果中发现了两例坚果遗存，经鉴定，属于榛子碎壳。

榛子（*Corylus chinensis*）

榛子是榛树的果实，又称山板栗，属于桦木科（Batulaceae）。榛子形似栗子，外壳坚硬，果仁含油脂，是最受人们欢迎的坚果类食品之一。在小里遗址出土的都是破碎的榛子壳（图版11，6）。

3. 核果遗存

核果是肉果（fleshy fruits）的一种，其种子被三层果皮所包裹，外果皮很薄，仍被称之为"果皮"，中果皮异常发达成为可食用的"果肉"，内果皮木质化变成了坚硬的"果核"。核果大多属于水果类，例如桃、李、杏、梅、枣等，都是人类喜爱的果品。在小里遗址浮选结果中发现的核果遗存数量较多，共计32例，其中有些是完整果核，也有些是破碎的残块。从这些出土果核中鉴定出了酸枣核和樱桃核。

酸枣（*Ziziphus spinosa*）

酸枣又名野枣或山枣，属于鼠李科（Rhamnacea），为落叶灌木。核长圆形或近球形，表面布满深沟纹。在小里遗址浮选样品中发现的酸枣核的数量相对较少，仅发现了5枚（图1）。酸枣的果肉虽然较薄，但味道酸甜，在我国古代是一种重要的果品，后被栽培成为大枣。

樱桃（*Prunus pseudocerasus*）

樱桃树属于蔷薇科（Rosaceae），果实色泽鲜艳，味道甜美，营养丰富，是一种著名的水果品种。在小里遗址浮选样品中发现了25枚樱桃核（图2；图版11，6）。

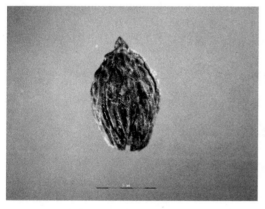

图1 酸枣

图2 樱桃

4. 植物种子

在小里遗址出土植物遗存中以植物种子为主，总计多达657粒。经鉴定，这些炭化植物种子分别属于8个不同的植物种类，其中有些可以准确地鉴定到种（species）或属（genus），有些仅能鉴定到科（family）。另外还有少数出土植物种子由于其形态特征不明显，或由于炭化过甚而失去了特征部位，无法进行种属鉴定。

在出土的植物种子中，以农作物的出土数量为多，包括有粟（谷子）、黍（糜子）和稻三个品种，共计567粒，占出土植物种子总数的86.3%。

粟（*Setaria italica*）

小里遗址浮选出土了384粒炭化粟粒，占出土植物种子总数的58.5%，占出土农作物总数的67.7%。这些炭化粟粒均呈圆球状，直径在1—1.5毫米之间，粟粒的表面较光滑，胚部因烧烤而爆裂呈深沟状（图版11，3）。

黍（*Panicum miliaceum*）

相对炭化粟粒而言，小里遗址炭化黍粒的出土数量较少，共发现152粒，占出土植物种子总数的23.1%，占出土农作物总数的26.8%。这些炭化黍粒的形状也是圆球状，但个体较大，直径在2毫米左右，黍粒的表面较粗糙，胚部因烧烤而爆裂呈张开的凹口状（图版11，4）。

稻（*Oryza sativa*）

在小里遗址发现的稻谷遗存均出土于H28样品中，计31粒炭化稻米，占出土植物种子总数的4.7%，占出土农作物总数的5.5%。其中有13粒已经残破，完整的有8粒（图版11，5）。现代籼稻的稻粒较细，粳稻的稻粒短宽，如果按照这个标准，小里遗址出土稻米在形态特征上似乎更接近粳稻。但是需要指出的是，利用稻粒形态特征判别稻谷品种是相对的，因为判别的界限是根据一般的规律人为设定的；再则，以稻粒的长宽比值作为判别标准一般适用于带壳的稻谷，而小里遗址发现的多是裸露的稻米，原来设定的判别界限是否仍然适用仍需要讨论；还有，考古遗址浮选出土都是炭化的稻米或稻谷，一般而言，植物籽粒经过火的烧烤多少都会有些变形，而稻米或稻谷在炭化后的形态变化规律目前还不清楚。

在小里遗址浮选出土的非农作物植物种子中，以禾本科植物种子的数量为多，计58粒，占所有出土植物种子总数的8.8%。经过进一步鉴定，从中发现了狗尾草属和马唐属的种子。

狗尾草属（*Setaria*）

在小里遗址浮选出土的禾本科植物种子中绝大多数属于狗尾草属，共计56粒。这些狗尾草属植物种子的粒形呈扁圆形，背部微凸，腹部扁平，平均粒长约1.5毫米，粒宽约1毫米，粒厚约0.7毫米，胚部显著，呈U形，胚长约占整个粒长的1/2以上。

马唐属（*Digitaria*）

小里遗址浮选出土的马唐属植物种子的数量很少，仅2粒。马唐属植物种子的个体一般较小，略显细长，长度多在1毫米以下，宽度在0.6毫米左右，胚部较短小，胚长约占颖果总长的1/3。

除了上述出土数量较多的植物科属外，在小里遗址浮选结果中还发现了一些数量较少的植物科属种子，其中相对比较重要的有紫苏。

紫苏（*Perilla frutescens*）

在小里遗址浮选结果中发现了18粒紫苏种子，呈卵圆形，外皮有六边形的褶皱纹（图3）。紫苏是一年生的草本植物，叶、梗和籽均能食用，在古代可能被作为食物，

图3　紫苏

在现代是一种常见的中草药。

　　其他植物种子中可鉴定的还有豆科（Legumeceae）和蓼科（Polygonaceae），但不仅出土数量少，而且仅能鉴定到科一级，所以就不在此细述。

三

　　在小里遗址浮选出土的炭化植物种子中发现有三种农作物，即粟、黍和稻谷。其中，炭化粟粒的出土数量明显地高于其他农作物品种，这说明，作为农产品，粟与小里遗址的日常生活关系最为密切，也就是说，在当时人们的粮食消费中，粟是占第一位的。由此推断，小里遗址的农业生产有可能是以种植粟为主的。值得注意的是，小里遗址出土的炭化黍粒的数量也较多。根据大量的考古发现证实，粟和黍的农作物组合是典型的古代中国北方旱作农业的特点，故有学者将其称之为粟类作物农业。小里遗址的浮选结果显示，当时的农业生产的特点在整体上应该属于中国北方旱作农业传统。

　　在小里遗址浮选样品中还出土有一定数量的稻谷，虽然数量不多，但意义重大。作为古代中国北方旱作农业分布区域内的一处仰韶文化考古遗址，小里遗址出土的水稻遗存不论从地点上还是时代上看都很重要。如果这些水稻是在当地生产的，说明在距今6000年前后的后冈一期，太行山东麓地区已经开始种植稻谷。稻谷起源于长江流域地区，是古代中国南方稻作农业传统的代表性农作物。根据以往的考古发现，早在仰韶文化时期稻谷已经北传到了黄河流域。此次在小里遗址再次发现了稻谷遗存，为仰韶文化时期稻作农业传播到黄河中下游地区又提供了一个重要的证据。

附表　浮选结果一览表

样品		农作物			杂草			其他植物种子		核果		坚果	未知植物
样品		农作物			杂草			其他植物种子		核果		坚果	未知植物
探方	遗迹	粟	黍	稻谷	狗尾草属	马唐属	紫苏	豆科	蓼科	酸枣	樱桃	榛子	种子
T33	H65	5	2		1		13			1			
T24	JX5	379	150	31	55	2	5	1	1	1	4	1	9
T6	H30									3	21		3
T10	Y1											1	

附录3　河北柏乡小里遗址动物骨骼样品 ^{14}C测年结果

李志鹏

依据小里遗址出土遗物的层位关系和类型比较，我们将其分为小里一期和小里二期。此分期编年，为了能得到更科学精准的年代依据，我们分别从每一期各挑选一份动物骨骼样品，做 ^{14}C测年。当时由于国内各 ^{14}C试验室任务量较大，等待时间较长，不得不拜托中国社会科学院考古研究所科技中心李志鹏博士联系美国Beta试验室，来对样品进行测年。现将测年结果介绍如下。

1. 样品1

出土单位：2010XBXIT37H74（1）

Beta实验室编号：Beta-365377

校正后的 ^{14}C年代结果（95%的概率）：Cal BC 4720-Cal BC 4540（树轮校正年代：公元前4720—前4540年）（详见附件1）。

2. 样品2

出土单位：2010XBXIIT3（2）

Beta实验室编号：Beta-362622

校正后的 ^{14}C年代结果（95%的概率）：Cal BC 4230-Cal BC 3980（树轮校正年代：公元前4230—前3980年）（详见附件2）。

从测年结果看，与本报告依据层位关系和陶器类型的分期结果基本一致。2010XBXIT37H74属小里一期，时代较早；2010XBXIIT3（2）属小里二期，时代略晚，但均属豫北冀南地区后冈文化系统遗存。

附件1

Beta Analytic Inc.
4985 SW 74 Court
Miami, Florida 33155 USA
Tel: 305 667 5167
Fax: 305 663 0964
Beta@radiocarbon.com
www.radiocarbon.com

Darden Hood
President

Ronald Hatfield
Christopher Patrick
Deputy Directors

Consistent Accuracy...
... Delivered On-time

December 3, 2013

Dr. Zhipeng Li
Management Agency of Cultural Relics
789-A Gangtie North Road
Qiaoxi District of Xingtai County
Xingtai, Hebei Province
China

RE: Radiocarbon Dating Result For Sample 2010XBXIT37H74

Dear Dr. Li:

　　　　Enclosed is the radiocarbon dating result for one sample recently sent to us. The sample provided plenty of carbon for accurate measurement and the analysis proceeded normally. As usual, the method of analysis is listed on the report with the results and calibration data is provided where applicable.

　　　　The web directory containing the table of all your results and PDF download also contains pictures including, most importantly the portion actually analyzed. These can be saved by opening them and right clicking. Also a cvs spreadsheet download option is available and a quality assurance report is posted for each set of results. This report contains expected versus measured values for 3-5 working standards analyzed simultaneously with your sample.

　　　　The reported result is accredited to ISO-17025 standards and the analysis was performed entirely here in our laboratories. Since Beta is not a teaching laboratory, only graduates trained in accordance with the strict protocols of the ISO-17025 program participated in the analyses. When interpreting the result, please consider any communications you may have had with us regarding the sample.

　　　　If you have specific questions about the analyses, please contact us. Your inquiries are always welcome.

　　　　Our invoice has been sent separately. Thank you for your prior efforts in arranging payment. As always, if you have any questions or would like to discuss the results, don't hesitate to contact me.

Sincerely,

Darden Hood
Digital signature on file

BETA ANALYTIC INC.

DR. M.A. TAMERS and MR. D.G. HOOD

4985 S.W. 74 COURT
MIAMI, FLORIDA, USA 33155
PH: 305-667-5167 FAX:305-663-0964
beta@radiocarbon.com

REPORT OF RADIOCARBON DATING ANALYSES

Dr. Zhipeng Li

Report Date: 12/3/2013

Management Agency of Cultural Relics

Material Received: 11/20/2013

Sample Data	Measured Radiocarbon Age	13C/12C Ratio	Conventional Radiocarbon Age(*)
Beta - 365377	5660 +/- 40 BP	-17.5 o/oo	5780 +/- 40 BP

SAMPLE : 2010XBXIT37H74
ANALYSIS : AMS-Standard delivery
MATERIAL/PRETREATMENT : (bone collagen): collagen extraction: with alkali
2 SIGMA CALIBRATION :   Cal BC 4720 to 4540 (Cal BP 6670 to 6490)

Dates are reported as RCYBP (radiocarbon years before present 'present' = AD 1950). By international convention, the modern reference standard was 95% the 14C activity of the National Institute of Standards and Technology (NIST) Oxalic Acid (SRM 4990C) and calculated using the Libby 14C half life (5568 years). Quoted errors represent 1 relative standard deviation statistics (68% probability) counting errors based on the combined measurements of the sample, background, and modern reference standards. Measured 13C/12C ratios (delta 13C) were calculated relative to the PDB-1 standard.

The Conventional Radiocarbon Age represents the Measured Radiocarbon Age corrected for isotopic fractionation, calculated using the delta 13C. On rare occasion where the Conventional Radiocarbon Age was calculated using an assumed delta 13C, the ratio and the Conventional Radiocarbon Age will be followed by "*". When available, the Calendar Calibrated result is calculated from the Conventional Radiocarbon Age and is listed as the Two Sigma Calibrated Result' for each sample.

CALIBRATION OF RADIOCARBON AGE TO CALENDAR YEARS

(Variables: C13/C12=-17.5:lab. mult=1)

Laboratory number: **Beta-365377**

Conventional radiocarbon age: **5780±40 BP**

2 Sigma calibrated result: **Cal BC 4720 to 4540 (Cal BP 6670 to 6490)**
(95% probability)

Intercept data

Intercepts of radiocarbon age
with calibration curve: Cal BC 4680 (Cal BP 6630) and
Cal BC 4670 (Cal BP 6620) and
Cal BC 4670 (Cal BP 6620) and
Cal BC 4660 (Cal BP 6610) and
Cal BC 4650 (Cal BP 6600) and
Cal BC 4640 (Cal BP 6590) and
Cal BC 4620 (Cal BP 6570)

1 Sigma calibrated results: Cal BC 4700 to 4700 (Cal BP 6650 to 6650) and
(68% probability) Cal BC 4690 to 4550 (Cal BP 6640 to 6500)

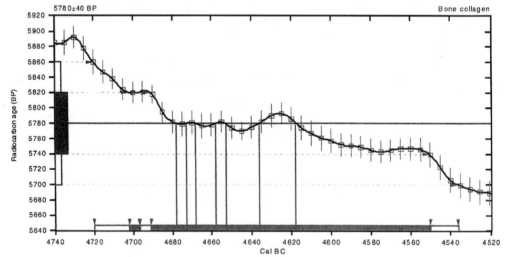

References:
Database used
INTCAL09
References to INTCAL09 database
Heaton,et.al.,2009, Radiocarbon 51(4):1151-1164, Reimer,et.al, 2009, Radiocarbon 51(4):1111-1150,
Stuiver,et.al,1993, Radiocarbon 35(1):1-244, Oeschger,et.al.,1975,Tellus 27:168-192
Mathematics used for calibration scenario
A Simplified Approach to Calibrating C14 Dates
Talma, A. S., Vogel, J. C., 1993, Radiocarbon 35(2):317-322

Beta Analytic Radiocarbon Dating Laboratory

4985 S.W. 74th Court, Miami, Florida 33155 • Tel: (305)667-5167 • Fax: (305)663-0964 • E-Mail: beta@radiocarbon.com

附件2

Consistent Accuracy...
... Delivered On-time

Beta Analytic Inc.
4985 SW 74 Court
Miami, Florida 33155 USA
Tel: 305 667 5167
Fax: 305 663 0964
Beta@radiocarbon.com
www.radiocarbon.com

Darden Hood
President

Ronald Hatfield
Christopher Patrick
Deputy Directors

November 4, 2013

Dr. Zhipeng Li
Management Agency of Cultural Relics
89-A Gangtie North Road
Qiaoxi District of Xingtai County
Xingtai, Hebei Province
China

RE: Radiocarbon Dating Result For Sample 2010XBXIIT3(2)

Dear Dr. Li:

Enclosed is the radiocarbon dating result for one sample recently sent to us. It provided plenty of carbon for an accurate measurement and the analysis proceeded normally. The report sheet contains the method used, material type, and applied pretreatments and, where applicable, the two-sigma calendar calibration range.

All results (excluding some inappropriate material types) which are less than about 42,000 years BP and more than about ~250 BP include a calendar calibration page (also digitally available in Windows metafile (.wmf) format upon request). Calibration is calculated using the newest (2009) calibration database with references quoted on the bottom of the page. Multiple probability ranges may appear in some cases, due to short-term variations in the atmospheric 14C contents at certain time periods. Examining the calibration graph will help you understand this phenomenon. Don't hesitate to contact us if you have questions about calibration.

We analyzed this sample on a sole priority basis. No students or intern researchers who would necessarily be distracted with other obligations and priorities were used in the analysis. We analyzed it with the combined attention of our entire professional staff.

Our invoice has been sent separately. Thank you for your prior efforts in arranging payment. As always, if you have any questions or would like to discuss the results, don't hesitate to contact me.

Sincerely,

Darden Hood
Digital signature on file

BETA ANALYTIC INC.

DR. M.A. TAMERS and MR. D.G. HOOD

4985 S.W. 74 COURT
MIAMI, FLORIDA, USA 33155
PH: 305-667-5167 FAX:305-663-0964
beta@radiocarbon.com

REPORT OF RADIOCARBON DATING ANALYSES

Dr. Zhipeng Li

Report Date: 11/4/2013

Management Agency of Cultural Relics

Material Received: 10/22/2013

Sample Data	Measured Radiocarbon Age	13C/12C Ratio	Conventional Radiocarbon Age(*)
Beta - 362622	5110 +/- 30 BP	-16.0 o/oo	5260 +/- 30 BP

SAMPLE : 2010XBXIIT3(2)
ANALYSIS : AMS-Standard delivery
MATERIAL/PRETREATMENT : (bone collagen): collagen extraction: with alkali
2 SIGMA CALIBRATION : Cal BC 4230 to 4200 (Cal BP 6180 to 6150) AND Cal BC 4170 to 4130 (Cal BP 6120 to 6080)
Cal BC 4120 to 4090 (Cal BP 6070 to 6040) AND Cal BC 4080 to 3980 (Cal BP 6030 to 5930)

Dates are reported as RCYBP (radiocarbon years before present, "present" = AD 1950). By international convention, the modern reference standard was 95% the 14C activity of the National Institute of Standards and Technology (NIST) Oxalic Acid (SRM 4990C) and calculated using the Libby 14C half-life (5568 years). Quoted errors represent 1 relative standard deviation statistics (68% probability) counting errors based on the combined measurements of the sample, background, and modern reference standards. Measured 13C/12C ratios (delta 13C) were calculated relative to the PDB-1 standard.

The Conventional Radiocarbon Age represents the Measured Radiocarbon Age corrected for isotopic fractionation, calculated using the delta 13C. On rare occasion where the Conventional Radiocarbon Age was calculated using an assumed delta 13C, the ratio and the Conventional Radiocarbon Age will be followed by "*". The Conventional Radiocarbon Age is not calendar calibrated. When available, the Calendar Calibrated result is calculated from the Conventional Radiocarbon Age and is listed as the "Two Sigma Calibrated Result" for each sample.

CALIBRATION OF RADIOCARBON AGE TO CALENDAR YEARS

(Variables: C13/C12=-16:lab. mult=1)

Laboratory number:	Beta-362622
Conventional radiocarbon age:	5260±30 BP
2 Sigma calibrated results: (95% probability)	Cal BC 4230 to 4200 (Cal BP 6180 to 6150) and Cal BC 4170 to 4130 (Cal BP 6120 to 6080) and Cal BC 4120 to 4090 (Cal BP 6070 to 6040) and Cal BC 4080 to 3980 (Cal BP 6030 to 5930)

Intercept data

Intercept of radiocarbon age with calibration curve:	Cal BC 4040 (Cal BP 5990)
1 Sigma calibrated results: (68% probability)	Cal BC 4220 to 4210 (Cal BP 6170 to 6160) and Cal BC 4150 to 4130 (Cal BP 6100 to 6080) and Cal BC 4050 to 4040 (Cal BP 6000 to 5990) and Cal BC 4020 to 4000 (Cal BP 5970 to 5950)

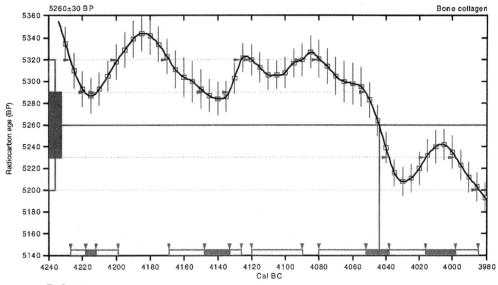

References:
Database used
    INTCAL09
References to INTCAL09 database
    Heaton,et.al.,2009, Radiocarbon 51(4):1151-1164, Reimer,et.al, 2009, Radiocarbon 51(4):1111-1150, Stuiver,et.al,1993, Radiocarbon 35(1):137-189, Oeschger,et.al.,1975,Tellus 27:168-192
Mathematics used for calibration scenario
    A Simplified Approach to Calibrating C14 Dates
    Talma, A. S., Vogel, J. C., 1993, Radiocarbon 35(2):317-322

Beta Analytic Radiocarbon Dating Laboratory

4985 S.W. 74th Court, Miami, Florida 33155 • Tel: (305)667-5167 • Fax: (305)663-0964 • E-Mail: beta@radiocarbon.com

柏乡赵村遗址2015年发掘简报

耿晓宁　宋晓航

　　赵村遗址位于河北省南部的邢台市柏乡县赵村，该遗址在地理位置上处于太行山东麓冀南平原山区与平原过渡地带，地理坐标为北纬37°28′30″、东经114°37′32″，海拔高度41米，现存面积约3万平方米，西部边界有午河南支自西南流向东北，遗址南面约12千米处为泜河（图1）。

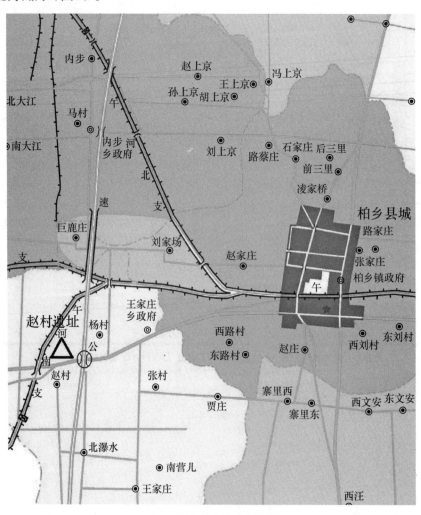

图1　赵村遗址地理位置图

近年由于当地生产和村民住房建设，致使赵村遗址遭到不同程度的破坏，遗址地表及东南侧断崖处暴露出大量陶片及灰坑遗迹，遗址南部部分遗存被当地居民住房叠压。经河北省文物局批准，2015年7—9月，由邢台市文物管理处和柏乡县文物保管所组成的联合考古队在此进行了考古发掘，此次发掘5米×5米探方36个，10米×10米探方1个，总发掘面积1000平方米，发现大量商代遗存以及少量东周至汉唐时期遗存，取得了较为丰富的发掘成果。赵村遗址的主体遗存为商代，由于本次发掘中汉唐时期遗存仅有少量陶片未发现遗迹，而发现的两座东周墓葬材料尚在整理中，现将商代遗存的发掘情况简报如下。

一、地 层 关 系

遗址绝大部分区域由于受到20世纪平整土地破坏，原始的地层堆积已经不复存在，表层耕土下即商代遗迹，地层堆积十分简单，所有遗迹均开口耕土层下，遗迹之间叠压打破关系不多。地层堆积可分为两层：

①层：耕土层。黄色土夹杂灰褐色土，土质松软，厚15—20厘米。此层包含较多麦秆、玉米根、杂草、碎陶片等现代垃圾。

②层：商代文化层。深灰褐色土，土质松软，包含烧土、碳粒、陶片等。

整个发掘区地层及遗迹之间的关系主要有以下三组（箭头方向表示叠压及打破关系）。

第一组：①层→H28、H15等22处遗迹 →G1→②层→生土；

第二组：①层→H37、H61→H39→②层→生土；

第三组：①层→H54、H55、H58、H59、H60→H71（H47）→②层→生土。

二、遗 迹

本次发掘共发现灰坑73个，灰沟两条，祭祀坑9处，墓葬8座，水井1座，灶迹1处（图2；彩版5）。其中墓葬有两座时代为战国，一座为隋唐五代时期，其他墓葬没有出土可判断年代的遗物，水井和少量灰坑年代为东周时期，其他所有灰坑、灰沟、祭祀坑年代均为商代。以下对商代灰坑、灰沟和祭祀坑进行分类介绍。

（一）不规则状大灰坑或灰沟

共10处，坑口呈不规则形，面积较大，深度较深，坑底多凹凸不平，填土分为多层，出土遗物丰富。

G1是本次发掘的重要收获之一，南北总长28.6米，平面呈长条形跨越12个探方，集中分布在发掘位置的西侧（图3）。G1面积较大、堆积较深、层次较多、出土遗物

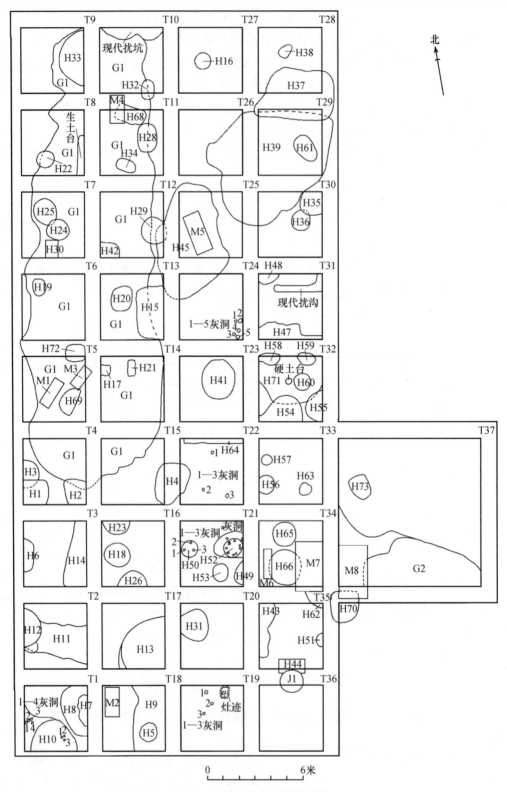

图2　赵村遗址发掘总平面图

也最为丰富。现以T5、T14中的G1南壁剖面为例介绍其堆积情况（图4）。G1在T5、T14探方中南北5米，东西8.3米，深2.4米，坑内堆积可分7层。①层：耕土层。土质较松，灰褐色，包含近现代瓷片、绳纹陶片及现代生活杂物。厚0.15—0.18米。②层：土质紧密，黄褐色。包含物有炭灰、绳纹灰陶片、石块、兽骨。深0.15—0.18米，厚0—0.21米。主要分布在T5东部。③层：土质松软，浅褐色。包含物有兽骨、姜石块、泥质灰陶片、夹砂灰陶片。深0.18—0.24米，厚0—0.34米。④层：土质较硬，黑褐色。包含物有红烧硬土块、炭灰、石块、夹砂灰陶片。深0.18—0.5米，厚0—0.34米。⑤层：土质较硬，灰褐色。包含物有夹砂灰陶片、红烧土粒、石残块。深0.18—0.75米，厚0—0.3米。⑥层：土质松软，灰黑色。包含物较少，有少量泥质灰陶片及炭灰。深0.18—0.9米，厚0—0.48米。⑦层：土质较硬，浅灰色。含有大片烧土和炭灰烬、兽骨、夹砂灰陶、石块。深0.3—1.4米，厚0—1.38米。⑧层：土质黏硬、黑褐色。包含物稀少，有少量夹砂灰陶片。厚0—0.64米，深0.56—1.4米。⑧层下为棕褐色生土，土质紧密，黏硬。

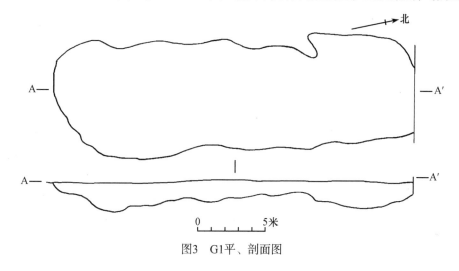

图3　G1平、剖面图

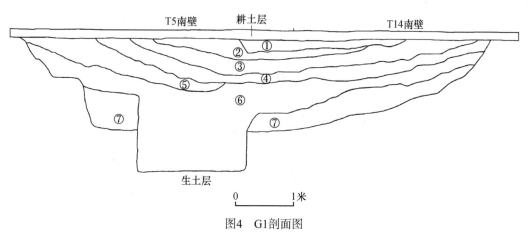

图4　G1剖面图

H37　位于T28南部与T29北部，跨两个探方，向东扩展至未发掘区。开口①层下，打破②层及H39。长4.5米，宽3米，深1.1米。平面呈不规则形，斜壁，底部凹凸不平（图5）。坑内填土可分为三层：①层为黄褐土，土质松软，无陶片，仅局部分布；②层为灰褐色土，土质松软，含碳屑、少量动物骨骼、石块、蚌片、大量陶片；③层为黄褐色土，局部土色较杂，土质稍硬，有少量陶片、动物骨骼。

H39　位于T29并延至东部未发掘区、T26东部及T25、30北部。开口①层下，被H37打破并打破H61。长7.5米，宽7米，深1.3米。平面呈不规则形，斜壁，底部不平（图6）。坑内填土为灰褐色土，夹杂红烧土块及木炭粒，松软。

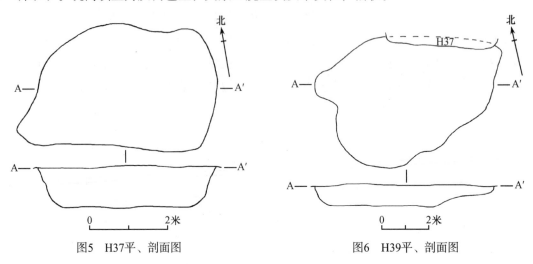

图5　H37平、剖面图　　　　　　　　图6　H39平、剖面图

H45　跨T24、T25、T12、T13四个探方。开口于①层下打破②层及H29，被M5打破。平面呈不规则形，直壁平底，长7.1米，宽4.6米，深2.1米（图7）。坑内填土分7层：①层为浅灰色土，疏松；②层为灰褐色土，疏松；③层为黄褐色土，疏松；④层为浅灰褐土，较硬；⑤层为黄褐色土，疏松；⑥层灰褐色土，疏松；⑦层为浅灰褐土，稍硬。

H47　跨T31、T32两个探方，部分被隔梁叠压。开口于①层下，打破②层及生土。开口呈不规则长方形，直壁，底不平，长4米，宽1.1米，深1.3米（图8）。坑内填土可分2层：①层为灰褐色土，较疏松；②层为黄褐色土，较硬。

（二）圆形和长方形灰坑

共9处，开口形状呈较规整的圆形或长方形，出土遗物相对较少，少见动物骨骼。

H41　位于T23中北部，平面呈椭圆形，壁略斜，平底。长2.5米，宽2.1米，深0.9米（图9）。坑内填土呈灰褐色，夹杂红烧土块，较疏松。

H66　位于T34南部，平面呈圆形，坑口直径2米，深1.1米，坑底直径2米，直壁平底（图10）。填土灰褐色多含炭灰颗粒，土质松散，包含有大量陶片及少量动物骨骼、

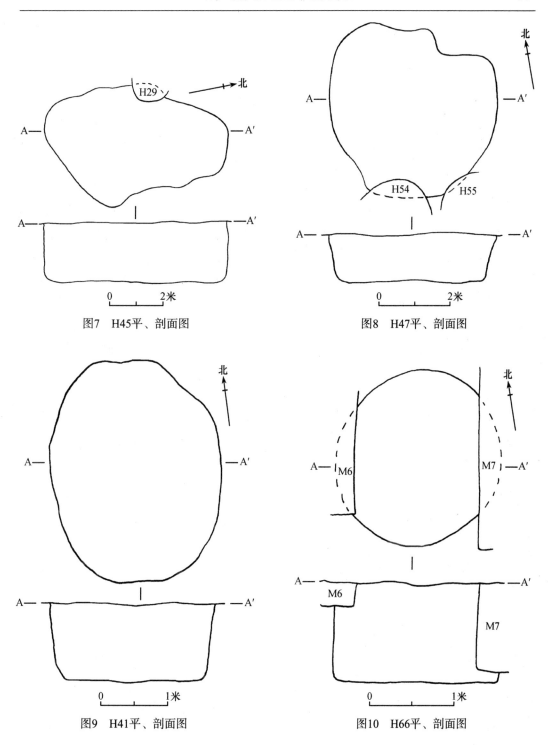

图7　H45平、剖面图

图8　H47平、剖面图

图9　H41平、剖面图

图10　H66平、剖面图

石块、蚌片、陶片等。

H44　位于T35南部，坑口呈长方形，长1.8米，宽0.8米，深1.9米，直壁，平底（图11）。坑内堆积上层为黑褐土，土质疏松，包含烧土粒、炭灰粒，接近坑底部含沙

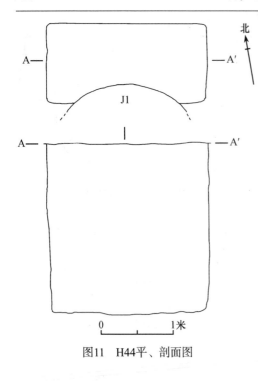

图11　H44平、剖面图

量较大，陶片较少。

H50　位于T21西部，坑口呈较规则的圆形，直径1米，深0.15—0.2米，灰褐色土，土质疏松，包含物有陶片、红烧土块、碎兽骨，部分坑壁有烧灼的痕迹，底部为黑色硬土，坑底有柱洞三个，直径6—6.5厘米，深约8.5厘米（图12）。

H52　位于T21东部，向东略延伸至隔梁下，呈较规则圆形，坑口有一周不规则状浅坑，坑口直径约1.55米，深0.15—0.35米，浅坑直径1.55—1.9米，灰褐色土夹杂黄土，土质疏松，包含物有少量陶器、石器、骨器，底部为黑色硬土。上部浅坑有2个柱洞，西北角柱洞直径5厘米，深3厘米，东北角一个椭圆形柱洞直径7—15厘米，深6厘米。坑底部柱洞共9个，依次编号为1—9号柱洞：1号柱洞直径5厘米，深5厘米；2号柱洞直径6厘米，深8厘米；3号柱洞直径4厘米，深5厘米；4号柱洞直径6厘米，深4厘米；5号柱洞直径5厘米，深7厘米；6号柱洞直径4厘米，深7厘米；7号柱洞呈长椭圆形，长15厘米，宽8厘米，深7厘米；8号柱洞直径5厘米，深4厘米；9号柱洞直径5厘米，深5厘米（图13）。

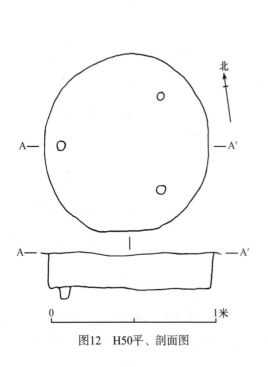

图12　H50平、剖面图

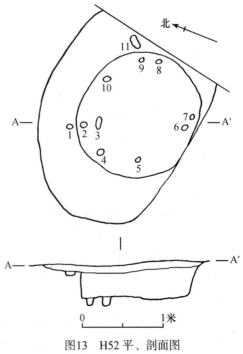

图13　H52平、剖面图

（三）祭 祀 坑

共9处，皆位于发掘区西北部，开口于①层下，皆打破G1北部。

T6H19 坑口呈椭圆形，长1.2米，宽0.7米，深0.5米，填土为灰褐色、土质疏松，有一完整羊骨架，头北尾南，北部稍高，呈卧状，头稍向上昂，H19边缘部分有沙石界面，羊骨架方向50°（图14）。

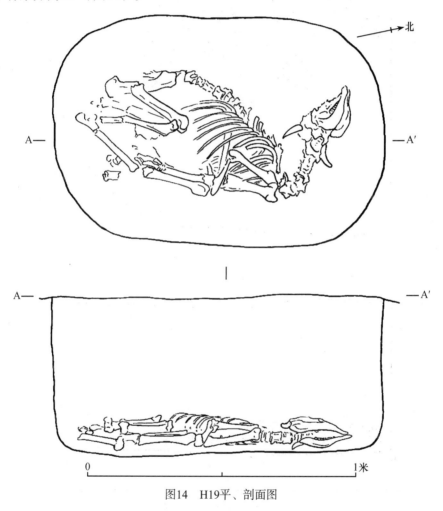

图14 H19平、剖面图

T10H32 坑口近似半圆形状，长0.8米，宽0.8米，深0.4米，斜壁平底，部分叠压于南隔梁下。坑内填土呈灰黑色，质地松软，包含少量灰块，无出土陶片，坑内发现一具狗骨，保存较好，南北向放置，头朝南，面向东南，侧身屈肢（图15）。

T11H34 坑口呈椭圆形，坑长1.4米，宽0.8米，深0.6米，直壁平底。填土为灰褐土，多含细沙，坑底有猪骨架一具，头向东南（图16）。

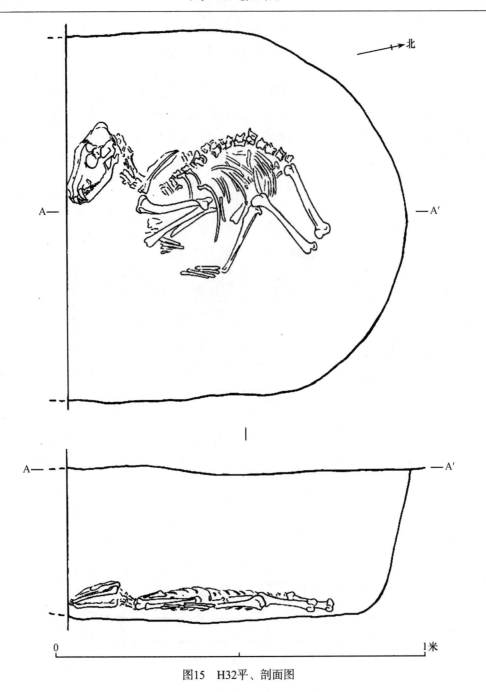

图15　H32平、剖面图

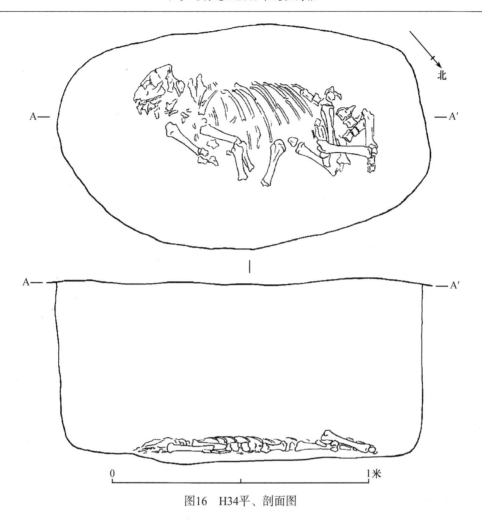

图16 H34平、剖面图

（四）其他灰坑

H3 在T4内呈半圆形，向西部未发掘区延伸，坑口长1.2米，宽1.4米，深1.3米，斜壁平底，坑壁有工具遗迹，宽4厘米（图17）。坑内填土多以灰褐细沙土混合形成，填土内出土有较多陶片及少量动物骨头。

H68 略呈长方形，长2米，宽1米，深1.7米，直壁平底（图18）。填土为黑褐土，土质松散，含少量陶片、骨器。

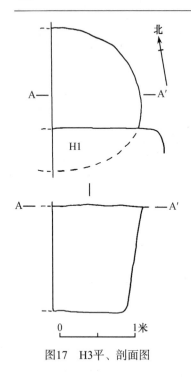

图17　H3平、剖面图

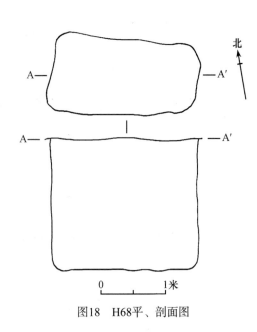

图18　H68平、剖面图

三、遗　　物

此次发掘出土的遗物包括陶器、石器、骨器、蚌器、铜器，同时也收集了动物骨骼与碳化植物遗存。

（一）陶　　器

陶器包括泥制陶和夹砂陶两种，其中夹砂陶占46.17%，泥制陶占53.83%。可复原的陶器不多，主要类别有容器和生产工具两种，其中陶容器主要器类有鬲、盆、豆、罐、甗、钵、簋、杯等，陶质生产工具主要有纺轮和垫两种。

鬲　数量最多，完整器较少，皆为夹砂陶，多数仅存口沿及腹部，尺寸差异较大，可根据尺寸可分为大中型鬲和小型鬲。

大中型鬲，口径多在15厘米以上，主要根据口沿特征分为八型。

A型　方唇或尖方唇，折沿，无束颈或束颈不明显，器壁略厚，口沿厚度多略大于腹壁，上腹部外斜明显，分为两个亚型。

Aa型　折沿斜立，口沿与上腹折角角度较大，最大腹径明显大于口径。

Ⅰ式：方唇或尖方唇，唇面内凹，唇下缘明显下勾，折沿斜立，沿面多有一圈凹槽，上腹斜直，最大径位于下腹，饰较整齐的纵向中绳纹，绳纹顶部多有一圈凹弦纹，弦纹以上折沿以下多经抹平。T14G1：9，夹砂灰陶，口径24厘米，存高14.4厘米，壁厚0.5—0.9厘米（图19，5）。

Ⅱ式：尖方唇，唇面内凹变浅或消失，唇下缘下勾几乎消失，沿面凹槽变浅或消失，绳纹顶部凹槽变浅或消失，上腹较前一式略鼓。T9G1：9，夹砂灰陶，口径25厘米，存高6.7厘米，壁厚0.6—0.8厘米（图19，6）。

Ⅲ式：尖方唇，折沿，唇面微内凹或平直，沿面近唇处下凹，束颈，上腹外斜，下腹较鼓，绳纹较粗糙。T28H37：1，夹砂灰陶，口径22.8厘米，存高15厘米，壁厚0.7—1厘米（图19，7）。

Ab型　器体较Aa型小，腹径略大于口径。

Ⅰ式：T19②：1，夹砂灰陶，尖方唇折沿，沿面饰一周凹弦纹，敞口，束颈，颈下饰一周凹弦纹，斜腹微鼓，腹饰粗绳纹，袋足下部残缺，口径19.8厘米，存高21.2厘米，壁厚0.7—0.8厘米（图19，1）。

Ⅱ式：方唇或尖方唇，唇面微微内凹，唇下缘微微下垂，折沿，沿面近唇处略下凹，敞口，上腹较鼓，上腹绳纹顶部多有一道凹弦纹。T14G1：7，夹砂黑陶，口径24厘米，存高7.5厘米，壁厚0.6—1.6厘米（图19，2）。

Ⅲ式：唇下缘下垂消失，上腹略呈斜腹，绳纹顶部弦纹消失。T28H37：28，夹砂

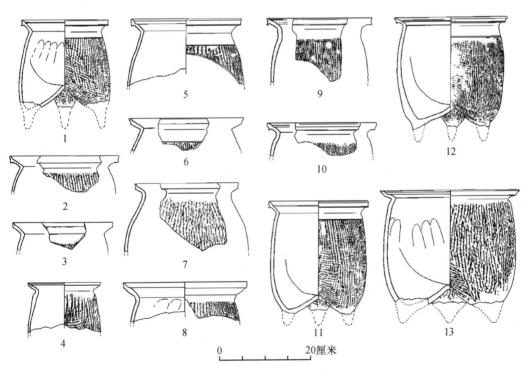

图19　A、B、C型大中型陶鬲

1. Ab型Ⅰ式（T19②：1）　2. Ab型Ⅱ式（T14G1：7）　3. Ab型Ⅲ式（T28H37：28）　4. Ab型Ⅳ式（T29H37：9）　5. Aa型Ⅰ式（T14G1：9）　6. Aa型Ⅱ式（T9G1：9）　7. Aa型Ⅲ式（T28H37：1）　8. C型Ⅲ式（T26H39：29）　9. C型Ⅰ式（T11G1：31）　10. C型Ⅱ式（T5G1：51）　11. B型Ⅰ式（T3H6：1）　12. B型Ⅱ式（T19②：2）　13. B型Ⅲ式（T13H15：18）

灰陶，口径22厘米，存高5.4厘米，壁厚0.7—1厘米（图19，3）。

　　Ⅳ式：卷沿，沿面有一圈凹槽，敞口束颈，斜腹。T29H37：9，夹砂红胎灰皮陶，口径16厘米，存高10.6厘米，壁厚0.5—1厘米（图19，4）。

　　B型　腹部较直，腹径与口径相近或略小于口径，整体形状近方体，分裆较低，口沿与腹壁厚度相近。

　　Ⅰ式：方尖唇，唇面内凹，唇下缘下勾明显，折沿斜立，敞口，沿面多有一圈弦纹，直腹略弧，饰整齐的纵向中绳纹，绳纹顶部多有一道凹弦纹，分裆较低，整体呈较为瘦长的长方体。T3H6：1，夹砂灰陶，口径21.6厘米，存高24.9厘米，壁厚0.6—0.8厘米（图19，11；图版12，1）。

　　Ⅱ式：方尖唇，唇面内凹，唇下缘下勾明显，折沿敞口，口沿与腹部夹角较Ⅰ式更小，沿面略下弧，腹较Ⅰ式更鼓，整体较Ⅰ式更宽、扁一些。T19②：2，夹砂灰陶，口径24.6厘米，存高23.9厘米，壁厚0.6—1.7厘米（图19，12；图版12，2）。

　　Ⅲ式：方尖唇，唇面内凹变浅，唇下缘下勾消失，折沿较短，略呈平折，沿面有一圈宽凹槽，敞口，腹较直，整体较前两式更扁，略呈正方体。T13H15：18，夹砂灰陶，口径31厘米，复原高度27.2厘米，壁厚0.6—1厘米（图19，13；彩版7，1）。

　　C型　口沿较长，束颈明显，口径多大于腹径。

　　Ⅰ式：尖唇，唇面内凹，唇下缘下勾明显，束颈较长，腹略弧，口径略大于腹径，饰整齐的纵向中绳纹，绳纹顶部有一圈凹弦纹。T11G1：31，夹砂红胎黑皮陶，口径23厘米，存高13.5厘米，壁厚0.7—1厘米（图19，9）。

　　Ⅱ式：尖方唇，唇下缘下勾变短，折沿，敞口，沿面有一圈凹槽，束颈变短，上腹较Ⅰ式更鼓，腹径变大与口径相近，绳纹顶部凹弦纹变浅或消失。T5G1：51，夹砂灰陶，口径24厘米，存高6.4厘米，壁厚0.8—1.1厘米（图19，10）。

　　Ⅲ式：尖唇或方尖唇，折沿，敞口，唇下缘下勾消失，沿面凹槽变浅，束颈变短，绳纹顶部凹弦纹消失。T26H39：29，夹砂灰陶，口径27厘米，存高9厘米，壁厚0.8—1厘米（图19，8）。

　　D型　尖唇或方尖唇，折沿，口沿宽，腹略鼓。

　　Ⅰ式：尖唇或方尖唇，唇面多内凹，唇下缘下勾部分较长，折沿，沿面多有凹槽或凹弦纹，斜腹微鼓，饰较整齐的纵向中绳纹。T5G1：31，夹砂灰陶，口径24厘米，存高9.4厘米，壁厚0.6—0.8厘米（图20，12）。

　　Ⅱ式：尖唇或方尖唇，唇面内凹变浅或消失，唇下缘下勾变短或近乎消失，腹部由较斜直变鼓，腹饰较整齐的纵向中绳纹，绳纹顶部多有一圈凹弦纹。T5G1：54，夹砂灰陶，口径22厘米，存高10厘米，壁厚0.6—0.8厘米（图20，10）。

　　Ⅲ式：方尖唇，口沿更宽，上腹略直，绳纹更粗浅。T18H9：48，夹砂灰陶，方唇折沿，鼓腹，腹饰中粗绳纹，存高7.8厘米，壁厚1.1厘米（图20，9）。

　　E型　方唇或尖唇，折沿，敞口，鼓腹，腹径多大于口径，整体略呈正方体，分为两个亚型。

　　Ea型　器体较大，口沿多在20厘米以上分为三式。

　　Ⅰ式：方唇，折沿，敞口，束颈明显，鼓腹，上腹近颈部略呈折肩状，腹饰较粗的纵向中绳纹，裆略低。T20H31：2，夹砂灰陶，口径26.2厘米，存高31.7厘米，壁厚0.8—1厘米（图20，1）。

　　Ⅱ式：尖唇，卷沿近折，沿面近唇处下凹，敞口，束颈较短，鼓腹，上腹近颈部略呈溜肩状，腹饰较粗的纵向中绳纹。T34H66：20，夹砂灰陶，尖唇折沿，口径24厘米，存高12.5厘米，壁厚0.5—0.7厘米（图20，2）。

　　Ⅲ式：方唇，口沿近平折，沿面有一圈宽凹槽，凹槽距离唇部稍远，鼓腹较前两式更平直。T30H35：5，夹砂灰褐陶，口径28厘米，存高13.3厘米，壁厚0.7—0.8厘米（图20，3）。

　　Eb型　器体较Ea型小，口沿多在20厘米以下，分为三式。

　　Ⅰ式：方唇，卷沿近折，沿面略向下凹，敞口，束颈，折肩近乎消失，鼓腹，腹径大于口径，腹部中绳纹较Ⅰ式更粗。T30H36：25，夹砂灰黑陶，口径17.4厘米，存高16.1厘米，壁厚0.5—0.7厘米（图20，8）。

　　Ⅱ式：方唇，沿面近唇处有一圈宽凹槽，沿较窄，敞口，鼓腹，腹径明显大于口

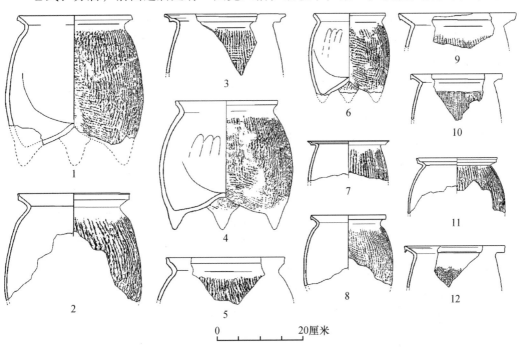

图20　D、E、F型大中型陶鬲

1. Ea型Ⅰ式（T20H31：2）　2. Ea型Ⅱ式（T34H66：20）　3. Ea型Ⅲ式（T30H35：5）　4. Fa型Ⅰ式（T7G1：3）

5. Fa型Ⅱ式（T12G1：22）　6. Fb型（T11G1：1）　7. Eb型Ⅲ式（T30H35：9）　8. Eb型Ⅰ式（T30H36：25）

9. D型Ⅲ式（T18H9：48）　10. D型Ⅱ式（T5G1：54）　11. Eb型Ⅱ式（T34H66：25）　12. D型Ⅰ式

（T5G1：31）

径。T34H66：25，夹砂灰陶，口径19厘米，存高12.5厘米，壁厚0.5—0.8厘米（图20，11）。

Ⅲ式：尖唇，口沿近平折，沿面距唇部稍远处有一圈凹槽，敞口，鼓腹略平直，绳纹更粗糙。T30H35：9，夹砂灰陶，口径19厘米，存高9.1厘米，壁厚0.6—0.7厘米（图20，7）。

F型　方唇或尖方唇，折沿或卷沿近折，沿较短，呈斜立状，敞口，鼓腹，器壁较厚，器体略显得较为厚重，分为两个亚型。

Fa型　器体较大，口径多在20厘米以上。

Ⅰ式：方唇，卷沿近折，束颈，鼓腹，腹径远大于口径，最大腹径位于下腹部，裆略低，实足尖呈粗而短的圆锥状。T7G1：3，夹砂灰陶，口径24厘米，通高29.2厘米，壁厚0.9—1.1厘米（图20，4）。

Ⅱ式：方唇，折沿，沿面近唇处略向下凹，鼓腹，腹径大于口径，上腹较Ⅰ式更鼓，最大腹径上移，绳纹略粗而浅。T12G1：22，夹砂灰陶，口径27.4厘米，存高9.8厘米，壁厚0.8—1.2厘米（图20，5）。

Fb型　器体较小，口径15—20厘米，口径与腹径相近，整体略呈较宽的竖长方体。T11G1：1，夹砂灰陶，口径17厘米，存高18厘米，壁厚0.8—1厘米（图20，6）。

G型　方唇或尖方唇，卷沿或卷沿近折，敞口，口径与腹径相近，整体略呈方体。

Ⅰ式：方唇，卷沿，敞口，束颈，腹部较直，腹饰较整齐的纵向中绳纹。T29H37：6，夹砂灰陶，口径23厘米，存高10厘米，壁厚0.5—0.8厘米（图21，1）。

Ⅱ式：方唇，卷沿近折，敞口，上腹略外斜。T15G1：6，夹砂灰黑陶，口径27厘米，存高1.7厘米，壁厚1—1.2厘米（图21，2）。

Ⅲ式：方唇，卷沿，敞口，腹与口沿分界不明显，绳纹变粗变浅。T18H9：12，夹砂灰陶，口径22厘米，存高9厘米，壁厚0.6—0.9厘米（图21，3）。

H型　方唇，折沿较短，沿面略向下弯曲，鼓腹，腹径多明显大于口径，器体略呈

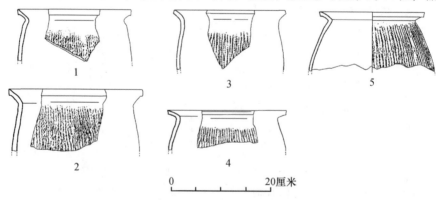

图21　G、H型大中型陶鬲

1. G型Ⅰ式（T29H37：6）　2. G型Ⅱ式（T15G1：6）　3. G型Ⅲ式（T18H9：12）
4. H型Ⅱ式（T12G1：18）　5. H型Ⅰ式（T29H37：55）

梯形。

　　Ⅰ式：方唇，折沿，鼓腹，腹径远大于口径，腹饰中绳纹，绳纹顶部无弦纹。T29H37：55，夹砂灰陶，口径21厘米，存高11.5厘米，壁厚0.6—0.8厘米（图21，5）。

　　Ⅱ式：方唇，折沿相对变宽，略呈平折，腹部较Ⅱ式略平直。T12G1：18，夹砂灰陶，方唇，口径24厘米，存高7.6厘米，壁厚0.7—0.9厘米（图21，4）。

　　小型鬲　口径多在15厘米左右或以下，形制较杂，主要根据口沿及腹部形制分为六型。

　　A型　上腹呈斜腹，腹径多大于口径。

　　Ⅰ式：方唇，折沿，敞口，束颈，上腹外斜，腹饰较整齐的纵向中绳纹，绳纹顶部有一圈凹弦纹。T5G1：40，夹砂灰陶，口径14.8厘米，存高7.8厘米，壁厚0.5—0.8厘米（图22，1）。

　　Ⅱ式：方唇，折沿，敞口，沿面多有一圈凹槽，腹部饰较整齐的绳纹，绳纹顶部多有一道凹弦纹。T26H39：12，夹砂灰陶，口径13厘米，存高6厘米，壁厚0.5—0.9厘米（图22，2）。

　　B型　多折沿敞口，口沿较短，腹较圆鼓。T5G1：30，夹砂灰陶，口径11.6厘米，存高5.6厘米，壁厚0.6—0.8厘米（图22，6）。

　　C型　口沿相对较长，上腹略斜。T23H71：29，夹砂灰陶，方唇，下唇缘下有一道很浅的凹槽，折沿，敞口，上腹略鼓，腹饰较粗的中绳纹，绳纹顶端经抹平，口径15厘米，存高8厘米，壁厚0.4—0.8厘米（图22，4）。

　　D型　圆唇，折沿较短，敞口，束颈，鼓腹，腹饰附加堆纹和整齐的细绳纹。T12G1：8，夹砂灰陶，口径15厘米，存高8.5厘米，壁厚0.6—0.8厘米（图22，3）。

　　E型　卷沿，体瘦长。T34H66：26，夹砂灰陶，圆唇，卷沿近折，束颈，鼓腹，腹饰中绳纹，绳纹顶端有抹平痕迹，口径14厘米，存高12.1厘米，壁厚0.5—0.7厘米（图

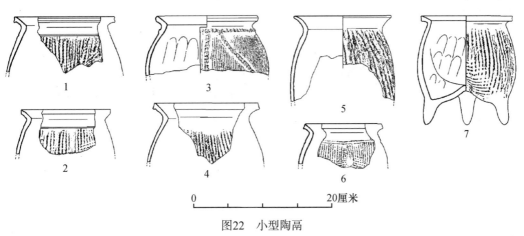

图22　小型陶鬲

1. A型Ⅰ式（T5G1：40）　2. A型Ⅱ式（T26H39：12）　3. D型（T12G1：8）　4. C型（T32H71：9）

5. E型（T34H66：26）　6. B型（T5G1：30）　7. F型（T7G1：2）

22，5）。

F型　窄折沿，敞口，鼓腹，裆较高，实足尖长。T7G1：2，夹砂灰陶，方唇折沿，鼓腹，腹饰粗绳纹，绳纹顶部经抹平，最大径位于下腹，锥足，口径13.4厘米，通高15.4厘米，壁厚0.6—0.9厘米（图22，7）。

甑　数量很少，仅存少量口沿和甑腰，皆夹砂陶。

甑口沿　多方唇折沿，敞口，上腹较直，腹部与口沿交界处饰附加堆纹。T23H71：36，夹砂灰陶，方唇，唇面内凹，宽折沿，敞口，上腹微微内斜，沿腹交界处饰一道附加堆纹，上腹饰交错中绳纹，存高10厘米，壁厚0.6—0.9厘米（图23，1）。T4G1：3，夹砂灰陶，方唇，卷沿近折，唇面微凹，唇沿向内外两侧凸出，外壁饰附加堆纹及交错绳纹，口径34厘米，存高8厘米，壁厚0.8—1.4厘米（图23，3）。T5G1：39，夹砂灰陶，夹云母，方唇，直口，弧腹近直，口沿饰中绳纹，口沿下饰一圈附加堆纹，其上压印斜绳纹，腹饰中绳纹，存高12厘米，壁厚1—1.6厘米（图23，2）。

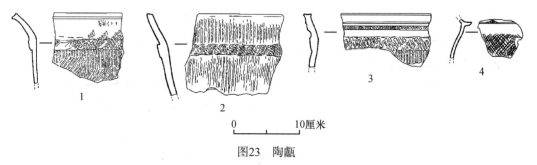

0　　　　　10厘米

图23　陶甑

1.甑口沿（T23H71：36）　2.甑口沿（T5G1：39）　3.甑口沿（T4G1：3）　4.甑腰（T27H16：1）

甑腰　仅发现3件。T27H16：1，夹砂红胎褐皮陶，束腰，内有箅格，下腹外鼓，饰交错细绳纹，腰部经抹平，偏上有一道弦纹（图23，4）。

深腹盆　数量多，完整器很少，根据口沿与腹部形制分为六型。

A型　多方唇或圆方唇，折沿，敞口，器体较大，上腹部较直，下腹斜内收，沿面及上腹部多磨光，腹饰弦纹及中绳纹。

Ⅰ式：方唇，折沿较长，上腹略鼓，下腹斜收较缓。T18H9：32，泥质灰陶，口径32厘米，存高10.2厘米，壁厚0.6—0.9厘米（图24，4）。

Ⅱ式：方唇，折沿，敞口，上腹较直，下腹斜内收更甚，底径更小，腹饰中绳纹，绳纹顶部有凹弦纹。T5G1：3，泥质灰陶，口径28.6厘米，底径18厘米，通高19.5厘米，壁厚0.7—1.2厘米（图24，5；图版12，3）。

Ⅲ式：方唇，折沿更粗短，上腹略鼓，下腹斜收，腹饰中绳纹，绳纹变粗糙，绳纹顶部有凹弦纹。T6G1：3，泥质灰陶，口径32厘米，存高11厘米，壁厚0.9—1.1厘米（图24，6）。

Ⅳ式：方唇，折沿短，上腹更平直，下腹斜收，腹部绳纹变粗，绳纹顶部弦纹消失。T29H37：69，泥质灰陶，口径33厘米，存高18厘米，壁厚0.8—1.4厘米（图24，7）。

B型　器体较大，器壁厚，上腹多饰附加堆纹。

Ⅰ式：方唇，折沿较窄，敞口，上腹呈鼓腹，上腹中部饰附加堆纹，下腹斜收，底径较小。T24H45：3，泥质灰陶，口径40.6厘米，存高35.2厘米，壁厚1.2—2.3厘米（图24，1；彩版7，2）。

Ⅱ式：方唇，折沿更粗短，口沿与上腹夹角较大，上腹较直，饰附加堆纹。T18H9：29，方唇，存高9.8厘米，壁厚0.8—1.4厘米（图24，2）。

C型　口沿沿面较平直，腹部略直，器体整体较规整。

Ⅰ式：方唇，唇面有一道折棱，折沿，敞口，上腹较直，口沿厚度大于腹壁，腹饰较整齐的纵向中绳纹，绳纹顶部多有两道凹弦纹。T23H41：6，泥质灰陶，口径32厘米，存高7.1厘米，壁厚0.7—1厘米（图24，8）。

Ⅱ式：方唇，卷沿，敞口，上腹较直，微微内斜，口沿厚度与腹壁相近，腹饰较

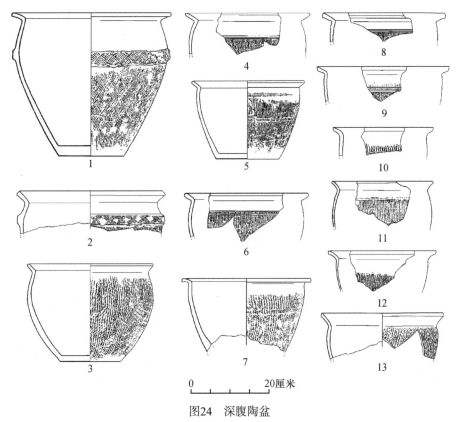

图24　深腹陶盆

1. B型Ⅰ式（T24H45：3）　2. B型Ⅱ式（T18H9：29）　3. F型（T13G1：1）　4. A型Ⅰ式（T18H9：32）
5. A型Ⅱ式（T5G1：3）　6. A型Ⅲ式（T6G1：3）　7. A型Ⅳ式（T29H37：69）　8. C型Ⅰ式（T23H41：6）
9. C型Ⅱ式（T18H9：46）　10. C型Ⅲ式（T17H13：15）　11. D型（T5G1：57）　12. E型Ⅰ式（T34H66：3）
13. E型Ⅱ式（T29H37：71）

整齐的纵向中绳纹，绳纹顶部有两道弦纹。T18H9：46，泥质灰陶，存高8.7厘米，壁厚0.7厘米（图24，9）。

Ⅲ式：方唇卷沿，敞口，上腹较直，绳纹变粗，绳纹顶部弦纹几乎消失。T17H13：15，泥质灰陶，存高7.5厘米，壁厚0.8—1厘米（图24，10）。

D型　器体较小，器壁较薄，方唇折沿，口沿相对较长，敞口鼓腹。T5G1：57，泥质灰陶，口径26厘米，存高11.2厘米，壁厚0.5—0.9厘米（图24，11）。

E型　方唇，折沿较长，沿面略向下弧，腹饰中绳纹，器壁较薄。

Ⅰ式：方唇，折沿，敞口微侈，斜腹内收，上腹略鼓。T34H66：3，泥质灰陶，口径28厘米，存高10.5厘米，壁厚0.4—0.7厘米（图24，12）。

Ⅱ式：方唇，卷沿近折，敞口，口沿腹部夹角变大，斜腹微鼓，绳纹变粗。T29H37：71，泥质灰陶，口径32厘米，存高12.1厘米，壁厚0.6—0.8厘米（图24，13）。

F型　折沿短，腹较鼓，器体较大，器壁厚，腹部多饰中绳纹。T13G1：1，泥质灰陶，口径32.2厘米，底径15厘米，通高24.2厘米（图24，3；图版12，4）。

浅腹盆　腹浅，数量略少，根据口沿及腹部特征可分为四型。

A型　多方唇折沿，敞口，浅腹，上腹略鼓，下腹斜收，腹饰中绳纹，绳纹上多有弦断或抹短，平底，器体整体较大，器壁厚，分为两个亚型。

Aa型　方唇，折沿略斜立，腹较鼓。

Ⅰ式：方唇折沿，敞口，上腹较鼓，下腹内收，腹饰中绳纹，绳纹上多有抹断或弦断，平底较小。T23H41：2，泥质灰陶，口径39厘米，底径16厘米，通高14.5厘米，壁厚1—1.5厘米（图25，1；图版12，5）。

Ⅱ式：方唇折沿，斜腹略鼓，腹变浅，平底，饰中绳纹。T21H50：1，泥质灰陶，口径36.8厘米，底径15.6厘米，通高9.5厘米，壁厚0.6—1厘米（图25，2）。

Ab型　卷沿，器体略小，腹部略斜直。

Ⅰ式：方唇，口沿较长，腹更浅，腹斜内收更甚，饰中绳纹，平底。T29H37：21，泥质灰陶，口径30厘米，存高11.7厘米，壁厚0.7—1.8厘米（图25，3）。

Ⅱ式：方圆唇，卷沿更短，腹呈斜直线趋势内收。T11采：1，泥质灰陶，口径31.4厘米，底径14.2厘米，通高13.4厘米，壁厚1.1—1.9厘米（图25，4）。

Ac型　与Aa型相似，口沿近平折略向下，腹部斜内收，饰中绳纹。T10G1：1，泥质灰陶，口径30.8厘米，底径14.6厘米，通高11厘米（图25，6）。

Ad型　平折沿，口沿较长，斜腹内收，器体较大。T4H3：1，泥质灰陶，口径47.6厘米，底径23.4厘米，通高13.5厘米（图25，5；图版12，6）。

B型　器体稍小，器壁较薄，方唇折沿，敞口，腹略鼓，下腹内收，腹饰中绳纹及凹弦纹，绳纹上多有抹断。

Ⅰ式：方唇，折沿较长，上腹略鼓，下腹内收，腹饰中绳纹，绳纹上多有弦纹和

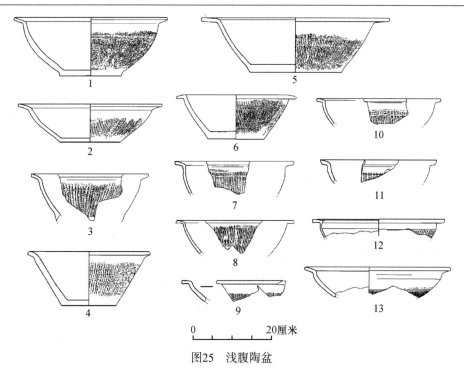

图25　浅腹陶盆

1. Aa型Ⅰ式（T23H41：2）　2. Aa型Ⅱ式（T21H50：1）　3. Ab型Ⅰ式（T29H37：21）　4. Ab型Ⅱ式（T11采：1）　5. Ad型（T4H3：1）　6. Ac型（T10G1：1）　7. B型Ⅰ式（T23H41：4）　8. B型Ⅱ式（T32H71：11）　9. D型Ⅲ式（T29H61：2）　10. C型Ⅰ式（T12G1：14）　11. C型Ⅱ式（T28H37：8）　12. D型Ⅰ式（T29H37：75）　13. D型Ⅱ式（T34H66：18）

抹断。T23H41：4，泥质灰陶，口径30厘米，存高8厘米，壁厚0.7—0.8厘米（图25，7）。

　　Ⅱ式：方唇，折沿变短，腹微鼓，整体呈斜内收状，腹变浅，饰中绳纹，绳纹上多有一道弦断或抹断。T32H71：11，泥质灰陶，口径30厘米，存高8.4厘米，壁厚0.7厘米（图25，8）。

　　C型　小方唇，口沿较短，器体较小，器壁略厚。

　　Ⅰ式：方唇折沿，敞口，上腹略鼓，下腹斜收，腹饰中绳纹，绳纹上有弦纹和弦断。T12G1：14，泥质灰陶，口径32厘米，存高6.5厘米，壁厚0.6—0.7厘米（图25，10）。

　　Ⅱ式：方唇卷沿，敞口，腹部略鼓，下腹斜收更甚，腹部整体变浅，饰中绳纹，绳纹上多有弦断。T28H37：8，泥质褐陶，口径30厘米，存高5.5厘米，壁厚0.8—1厘米（图25，11）。

　　D型　方唇，折沿较平，沿较长，腹部较浅，上下腹之间有较明显的折棱。

　　Ⅰ式：方唇，口沿近平折，上腹较直，下腹斜内收，饰中绳纹。T29H37：75，泥质灰陶，口径34厘米，存高4.5厘米，壁厚0.5—0.7厘米（图25，12）。

Ⅱ式：圆方唇，折沿较Ⅰ式斜立，腹部变浅，上腹更短，下腹内收更甚。T34H66∶18，泥质灰陶，口径37厘米，存高7.5厘米，壁厚0.9—1.1厘米（图25，13）。

Ⅲ式：卷沿近平折，腹更浅，下腹斜收更甚。T29H61∶2，夹细砂灰陶，口径42厘米，存高5厘米，壁厚0.8—1.2厘米（图25，9）。

豆　数量较少，分为假腹豆和真腹豆两种。

假腹豆　数量多于真腹豆，分为三型。

A型　窄沿平折，尖唇微凸。

Ⅰ式：尖唇，深盘，圜底，假腹较深，盘腹较直，假腹腹腔较窄，圈足略矮，略束腰，通体磨光。T5G1∶1，泥质褐陶，口径15.2厘米，盘深3.1厘米，圈足底径10.4厘米，通高10.2厘米（图26，1；图版13，1）。

Ⅱ式：尖唇较圆钝，口沿很短，盘比Ⅰ式浅，底稍平，鼓腹，盘腹折收，假腹腹腔较窄，圈足较高。G1∶1，泥质灰陶，口径16厘米，盘深2.3厘米，底径9.8厘米，通高12.5厘米，壁厚0.6—1.2厘米（图26，2；图版13，2）。

Ⅲ式：窄平沿，沿极短，浅盘平底，腹壁较直，腹底较厚，假腹腹腔较宽。T17H13∶24，泥质灰陶，存高4.5厘米（图26，3）。

Ⅳ式：口沿下斜，浅盘，腹壁较厚，假腹腹腔较宽。T14G1∶5，泥质黑陶，口径12厘米，存高3厘米，壁厚0.7—1厘米（图26，4）。

B型　窄折沿，小方唇。

Ⅰ式：厚唇，沿平折较窄，直口，直腹，圜底，盘腹较深，假腹腹腔较宽。T5G1∶34，泥质灰陶，口径16.6厘米，存高4.1厘米（图26，5）。

Ⅱ式：窄平沿，小方唇，口较直，腹较浅，腹壁略斜内收。T5G1∶32，泥质灰陶，口径16厘米，存高3.3厘米（图26，6）。

Ⅲ式：厚胎，平口或斜平口，方唇，浅盘，平底，外腹壁作弧状内收。T7G1∶18，泥质灰陶，存高3.3厘米，壁厚0.7—1.5厘米（图26，7）。

Ⅳ式：沿口略圆隆，略呈敛口，厚方唇，浅盘平底，外腹壁斜内收。T29H37∶19，泥质灰陶，口径20厘米，存高4.4厘米，壁厚1—1.4厘米（图26，8）。

C型　器体较小，小平沿，腹较直，矮圈足。

Ⅰ式：小方唇，短平沿，直口，腹壁较直较厚，豆盘略呈圜底，假腹腹腔很窄，矮圈足，束腰。T34H66∶1，泥质灰陶，口径15.6厘米，底径10.4厘米，盘腹深3厘米，通高7.2厘米，壁厚0.7—1.2厘米（图26，10）。

Ⅱ式：尖唇，短平沿，直口，直腹，腹壁较厚，平底浅盘，外腹壁下部向内折，假腹腹腔稍宽，圈足较矮。T9G1∶1，泥质灰陶，口径13.8厘米，盘深1.6厘米，底径8.3厘米，通高5.8厘米，壁厚0.8—1厘米（图26，11）。

真腹豆　数量很少，根据豆盘特征分为两型。

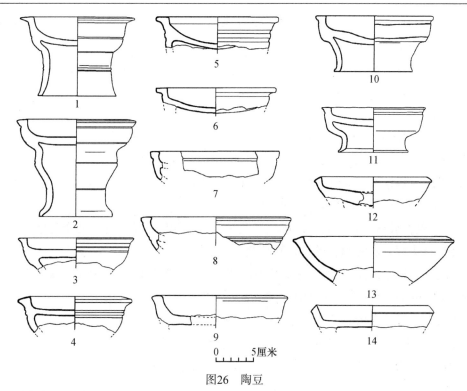

图26 陶豆

1. A型Ⅰ式假腹豆（T5G1：1） 2. A型Ⅱ式假腹豆（G1：1） 3. A型Ⅲ式假腹豆（T17H13：24） 4. A型Ⅳ式假腹豆（T14G1：5） 5. B型Ⅰ式假腹豆（T5G1：34） 6. B型Ⅱ式假腹豆（T5G1：32） 7. B型Ⅲ式假腹豆（T7G1：18） 8. B型Ⅳ式假腹豆（T29H37：19） 9. B型Ⅰ式真腹豆（T23H71：25） 10. C型Ⅰ式假腹豆（T34H66：1） 11. C型Ⅱ式假腹豆（T9G1：1） 12. A型Ⅰ式真腹豆（T12H29：7） 13. A型Ⅱ式真腹豆（T11G1：38） 14. B型Ⅱ式真腹豆（T17H13：18）

　　A型　方唇，敞口，斜腹。

　　Ⅰ式：浅盘，斜平沿，唇部不显，平底，直口。T12H29：7，泥制砂灰黑陶，口径14厘米，存高3.7厘米，壁厚0.8—1.8厘米（图26，12）。

　　Ⅱ式：斜平沿或平沿，腹壁斜收，敞口，圜底。T11G1：38，豆盘，泥质灰陶，口径22厘米，存高5.9厘米，壁厚1.1—1.3厘米（图26，13）。

　　B型　厚胎，浅盘，平底，腹略斜内收。

　　Ⅰ式：圆唇微凸，敞口，腹略内斜，平底，浅盘。T23H71：25，泥质灰陶，口径17厘米，存高3.3厘米，壁厚0.8—2.4厘米（图26，9）。

　　Ⅱ式：斜方唇，敞口，斜腹，平底，浅盘。T17H13：18，泥质灰陶，口径15厘米，存高3.2厘米（图26，14）。

　　瓮　数量不多，多为泥制灰陶，根据口沿形制分为三型。

　　A型　卷沿，敞口，束颈，肩较宽，腹略鼓。

　　Ⅰ式：方唇或方圆唇，卷沿，敞口，束颈，圆肩，饰交错绳纹和凹弦纹。

T5G1：4，口径18厘米，底径14厘米，最大腹径31厘米，通高28.5厘米，壁厚约1厘米（图27，1；图版13，3）。

Ⅱ式：方唇或尖方唇，卷沿，敞口略直，圆肩，肩颈变大，饰交错中绳纹和凹弦纹（彩版7，3）。T34H66：2，泥质灰陶，口径15.4厘米，底径13.4厘米，通高29.8厘米（图27，2）。

Ⅲ式：方唇卷沿，敞口，束颈，略呈溜肩，肩颈变窄。T23H41：7，夹砂灰陶，口径14厘米，存高12.5厘米，壁厚0.8—0.9厘米（图27，4）。

Ⅳ式：方唇卷沿，敞口，束颈，斜溜肩。T30H35：10，夹砂灰陶，口径14厘米，存高16厘米，壁厚0.9—1厘米（图27，5）。

B型　卷沿较短，口较直，饰绳纹和凹弦纹，根据口沿特征分为两个亚型。

Ba型　尖唇，唇外侧斜外凸，唇部截面呈三角形。

Ⅰ式：尖唇，卷沿，口微敞，束颈，圆肩。T20H31：10，泥质灰陶，口径19厘米，最大腹径33厘米，存高16厘米，壁厚0.4—0.7厘米（图27，7）。

Ⅱ式：尖唇，卷沿，直口，溜肩。T20H31：6，泥质灰陶，口径15厘米，最大腹径29.5厘米，壁厚0.4—0.6厘米，存高18厘米（图27，8）。

Bb型　尖方唇，唇外侧略向外平凸，直口，器壁略厚。

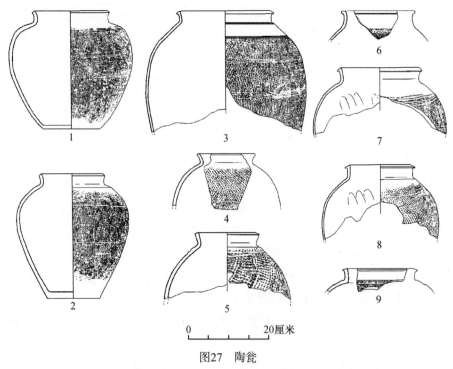

图27　陶瓮

1. A型Ⅰ式（T5G1：4）　2. A型Ⅱ式（T34H66：2）　3. C型（T4H2：1）　4. A型Ⅲ式（T23H41：7）　5. A型Ⅳ式（T30H35：10）　6. Bb型Ⅱ式（T13G1：2）　7. Ba型Ⅰ式（T20H31：10）　8. Ba型Ⅱ式（T29H31：6）　9. Bb型Ⅰ式（T10G1：4）

Ⅰ式：尖方唇，卷沿近折，直口，圆肩，肩与颈部夹角近直角。T10G1：4，泥质灰陶，口径16厘米，存高5.5厘米，壁厚0.6—1厘米（图27，9）。

Ⅱ式：方唇卷沿，直口，斜溜肩。T13G1：2，夹砂灰陶，口径18厘米，存高6.8厘米，壁厚0.6—0.8厘米（图27，6）。

C型 卷沿较短，唇内侧向内凹，口较直微敞。T4H2：1，泥质灰陶，尖方唇，口径22厘米，存高29厘米，壁厚0.5厘米（图27，3）。

罐 数量较多，主要根据口沿形制分为五型。

A型 方唇，敞口，口径小于肩颈，腹较鼓，饰中绳纹，肩部绳纹起始处略出棱。

Ⅰ式：方唇折沿，敞口，束颈，圆肩，鼓腹，下腹内收。T29H39：26，泥质灰陶，口径14厘米，最大腹径18厘米，存高16厘米，壁厚0.6—1.1厘米（图28，1）。

Ⅱ式：方唇折沿，口沿略短，敞口，无颈，圆肩鼓腹，平底，器体略矮胖。T37H70：1，泥质灰陶，口径14.6厘米，底径12厘米，通高19.3厘米，壁厚0.6—1厘米（图28，2）。

Ⅲ式：方唇卷沿，溜肩，鼓腹。T9G1：6，泥质灰陶，口径14厘米，存高7.6厘米，壁厚0.7—0.9厘米（图28，11）。

B型 方唇卷沿，束颈，多圆肩鼓腹，饰中绳纹，绳纹顶部饰一两道凹弦纹，分为两个亚型。

Ba型 卷沿略长，束颈明显。

Ⅰ式：方唇或圆方唇，卷沿较长，敞口，束颈，圆肩。T7G1：9，泥质灰陶，口径16厘米，存高6.5厘米，壁厚0.5—0.9厘米（图28，3）。

Ⅱ式：圆方唇，卷沿近折，敞口束颈，圆肩。T35H44：6，夹细砂灰黑色陶，口径14厘米，存高6.7厘米，壁厚0.6—1.1厘米（图28，4）。

Ⅲ式：圆方唇，卷沿近折，敞口束颈，口沿稍短。T9G1：33，泥质灰陶，口径15厘米，存高8.2厘米，壁厚0.5—0.8厘米（图28，5）。

Bb型 器体较小，口沿短，腹部圆鼓。

Ⅰ式：方唇或圆方唇卷沿，敞口，圆肩鼓腹。T11G1：40，泥质褐陶，口径16厘米，存高11厘米，壁厚0.6—1厘米（图28，6）。

Ⅱ式：方唇卷沿，口沿略直立，略减，腹略鼓。T10G1：34，泥质灰陶，口径10厘米，存高7厘米，壁厚0.5—0.7厘米（图28，9）。

C型 方唇，口沿较短，口径接近于腹径，腹较缓，整体略呈长方体，饰中绳纹和凹弦纹。

Ⅰ式：方唇折沿，敞口，略呈圆肩，弧腹略直。T34H66：4，泥质灰陶，口径17厘米，存高8厘米，壁厚0.5—0.7厘米（图28，7）。

Ⅱ式：方唇折沿，敞口，溜肩，弧腹，平底，底径较大。T12G1：2，泥质灰陶，口径14厘米，底径12.6厘米，通高14.6厘米，壁厚0.7—1厘米（图28，10）。

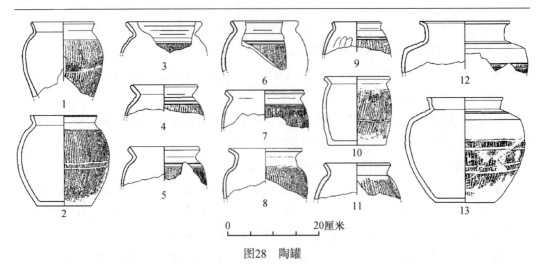

图28　陶罐

1. A型Ⅰ式（T29H39：26）　2. A型Ⅱ式（T37H70：1）　3. Ba型Ⅰ式（T7G1：9）　4. Ba型Ⅱ式
（T35H44：6）　5. Ba型Ⅲ式（T9G1：33）　6. Bb型Ⅰ式（T11G1：40）　7. C型Ⅰ式（T34H66：4）　8. E型
（T26H39：27）　9. Bb型Ⅱ式（T10G1：34）　10. C型Ⅱ式（T12G1：2）　11. A型Ⅲ式（T9G1：6）　12. D型
Ⅰ式（T14G1：7）　13. D型Ⅱ式（T29H37：3）

　　D型　折肩罐，方唇折沿，颈较高。

　　Ⅰ式：方唇，折沿，敞口，束颈较高，腹略直。T14G1：7，泥质灰陶，存高11厘
米，壁厚0.8—1.1厘米（图28，12）。

　　Ⅱ式：方唇，折沿短，近直口，折肩，腹略鼓，下腹斜内收，平底。T29H37：3，
泥质灰陶，口径16.8厘米，底径13厘米，最大肩径11.4厘米，最大腹径26.2厘米，通高
22.3厘米，壁厚约1厘米（图28，13）。

　　E型　方唇，折沿，束颈较高，圆肩，斜腹略内收。T26H39：27，泥质灰陶，口径
17厘米，最大腹径20.1厘米，存高10.5厘米，壁厚0.5—0.9厘米（图28，8）。

　　簋　数量极少，形制相似，可分为两型。

　　A型　口沿圆折较平，圆唇，上腹较直，近下腹部微鼓，上腹饰附加堆纹和凹弦
纹，下腹饰中绳纹。T8G1：3，泥质灰陶，圆唇，折沿，敞口微侈，上腹较直，饰弦
纹、附加堆纹和绳纹，沿面唇面经磨光，口径30厘米，存高10厘米，壁厚0.6—0.9厘米
（图29，1）。

　　B型　方唇折沿，敞口，上腹较直，饰凹弦纹，下腹多饰中绳纹及凹弦纹。
T23H71：28，泥质灰陶，圆方唇，唇面有一圈凹弦纹，折沿，敞口，上腹较直，饰
凹弦纹和绳纹，上腹经磨光，口径30厘米，存高8.2厘米，壁厚0.6—0.9厘米（图29，
2）。

　　簋圈足　数量极少，皆矮圈足，足面饰凹弦纹，可分为两型。

　　A型　腹底为圜底，圈足略向外撇。T5G1：3，泥质灰陶，腹底为圜底，短圈足外
撇，圈足口饰两周较粗的凹弦纹，下唇缘为方唇，敞口，口径9厘米，存高3.6厘米，壁

厚0.7—0.9厘米（图29，14）。

B型　腹底为平底，圈足较矮。T37G2：1，夹砂灰陶，夹云母，圜底，腹部及外底部饰中绳纹，外底部绳纹被抹，圈足外壁饰三周凹弦纹，底径10.8厘米，存高4.1厘米，壁厚0.6—1厘米（图29，19）。

钵　数量不多，形制较多样，口部分为敞口和敛口两种，腹部多饰绳纹，少量素面。T18H9：2，泥质灰陶，圆唇，敞口，斜腹略弧内收，近底部微凸，平底，素面，口径20.4厘米，底径16.4厘米，通高7.7厘米，壁厚1.3—1.6厘米（图29，5）。T37G2：2，泥质灰陶，方唇，敛口，圆肩，斜腹内收，平底，肩至腹部饰左斜中绳纹，肩部偏下饰一道弦断，肩至口部经磨光，口径13.8厘米，底径10.2厘米，通高8厘米，壁厚0.8—1.5厘米（图29，12）。T13G1：21，泥质灰陶，圆唇，敛口，唇下有一圈凹弦纹，鼓腹，腹饰中绳纹，底部有一道凹弦纹，口径12厘米，存高7.9厘米，壁厚0.6—0.7厘米（图29，8）。H37：2，泥质灰陶，方唇，口近直，唇内缘和外缘均略凸，腹较斜直，内收，平底，腹饰绳纹，绳纹顶部有篦刮抹平痕迹，口径14厘米，底径9.5厘米，通高8.6厘米，壁厚1—1.2厘米（图29，17）。T11G1：1，泥质灰陶，尖圆唇，卷沿，敞口，束颈，鼓腹，平底，近底部内收，腹饰中绳纹，手制，内壁有手指按压痕迹，唇面、口沿及外壁经磨光，口径13.2厘米，底径12.2厘米，通高9.2厘米，壁厚1—1.4厘米（图29，11）。

壶　12件。形制多样，皆为泥质灰陶，敛口，多饰绳纹，少量素面。T5G1：8，泥质灰陶，圆唇，直口微敞，鼓腹，手制，口径8厘米，存高9.6厘米，壁厚0.8—0.9厘米（图29，9）。T13G1：38，泥质灰陶，尖方唇，敛口，鼓腹，口与腹交界处有一道弦纹，腹饰中绳纹，口径11厘米，存高12.6厘米，壁厚0.7—0.9厘米（图29，6）。T23H41：33，泥质灰陶，圆唇，敛口，鼓腹，腹饰中绳纹，绳纹上部有一道抹断，两侧有两耳，口径9厘米，存高5.7厘米，壁厚0.7—0.9厘米（图29，7）。

盘　4件。T37②：1，泥质灰陶，方唇，敛口，内唇缘向内凸出，斜腹微弧内收，上腹饰一道凹弦纹，下腹素面，平底，外壁磨光，口径11.2厘米，底径10.2厘米，通高2.8厘米，壁厚0.6—1.4厘米（图29，18）。T12G1：3，泥质灰陶，方唇，敞口，内侧唇缘略内凸，斜腹内收，平底，素面，唇面及外壁磨光，口径17.2厘米，底径13.2厘米，通高4厘米，壁厚0.9—1.9厘米（图29，13）。T18H9：1，泥质褐陶，方唇，沿较平，沿下外壁略内凹，敞口，弧腹，下腹内收，近底处近直，平底，腹部饰中绳纹，口径20厘米，底径12厘米，通高5.6厘米，壁厚0.7—1.2厘米（图29，10）。

杯　仅2件，可复原。T23H41：7，夹砂灰陶，方唇，敞口，颈微束，腹略鼓，平底，口径4.1厘米，底径4.7厘米，通高5厘米，壁厚0.3—0.5厘米（图29，3）。T5G1：5，夹砂灰陶，夹云母，方唇，敞口，直腹内收，平底，手制，口径8厘米，底径5.4厘米，通高5.8厘米，壁厚0.8—1.1厘米（图29，4）。

鼎足　5件。呈粗壮的圆柱状或圆锥状。T23H41：21，夹砂灰陶，圆柱状足，足

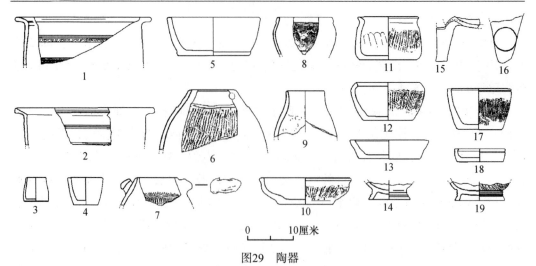

图29　陶器

1. A型陶簋（T8G1：3）　2. B型陶簋（T23H71：28）　3. 陶杯（T23H41：7）　4. 陶杯（T5G1：5）　5. 陶钵
（T18H9：2）　6. 陶壶（T13G1：38）　7. 陶壶（T23H41：33）　8. 陶钵（T13G1：21）　9. 陶壶
（T5G1：8）　10. 陶盘（T18H9：1）　11. 陶钵（T11G1：1）　12. 陶钵（T37G2：2）　13. 陶盘
（T12G1：3）　14. A型陶簋圈足（T5G1：3）　15. 陶鼎足（T23H41：21）　16. 陶鼎足（T12G1：31）　17. 陶钵
（H37：2）　18. 陶盘（T37②：1）　19. B型陶簋圈足（T37G2：1）

面有纵向刮削痕迹，存高6厘米（图29，15）。T12G1：31，鼎足，夹砂灰陶，粗壮圆锥状实心，表面残存绳纹，足尖有一小平面，较光滑，可能为原始支撑面，存高9.8厘米（图29，16）。

纺轮　15件，分为两型。

A型　13件。圆饼状，外缘较直，两面平。T37H70：2，泥质灰陶，圆饼形，较规整，中部穿孔，直径6.7厘米，厚1.4厘米，孔径1厘米（图30，3）。T7H25：1，泥质灰陶，圆饼形，形制规整，中部穿孔，一面有一周圆圈刻划符号及一个螺纹，直径4.3厘米，孔径1厘米，厚1厘米（图30，5）。T9H27：1，泥质灰陶，圆饼形，一面残留绳纹，整体平整，直径5.8厘米，厚1.3—1.4厘米，孔径1.2厘米（图30，1）。

B型　2件。陀螺状。T18H9：9，泥质灰陶，陀螺形，中部穿孔，高3.4厘米，宽4厘米，孔径1厘米（图30，6）。

圆陶片　22件。分为两型。

A型　2件。圆饼形，素面。G1：12，已残，泥质灰陶，圆饼形，素面，存长6.9厘米，厚1—1.1厘米（图30，9）。

B型　18件。圆饼形，一面有绳纹。T27H16：1，泥质灰陶，圆饼形，边缘残损，不甚规整，一面饰弦断绳纹，直径5.5×5.4厘米，厚0.7厘米（图30，8）。

垫　12件。分为两型。

A型　10件。扁方体，中部有穿孔。T24H45：51，已残，泥质灰陶，扁体，表

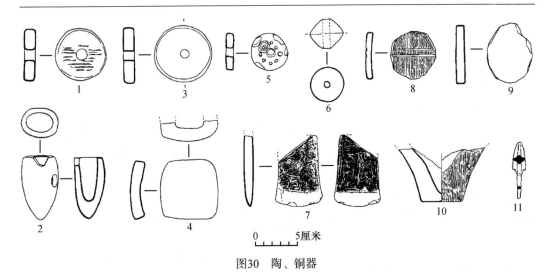

图30 陶、铜器

1. A型陶纺轮（T9H27：1） 2. B型陶垫（T4H3：3） 3. A型陶纺轮（T37H70：2） 4. A型陶垫
（T24H45：51） 5. A型陶纺轮（T7H25：1） 6. B型陶纺轮（T18H9：9） 7. 陶牌形器（T7G1：8） 8. B型圆
陶片（T27H16：1） 9. A型圆陶片（G1：12） 10. 陶将军盔（T15G1：7） 11. 铜镞（T29H37：9）

面磨光，四缘圆钝，内面粗糙，有按压痕迹，长6.9厘米，宽6.8厘米（图30，4）。
2015HBZ采：1，已残，泥质灰陶，外壁磨光，中部穿孔不规则，存长6.8厘米，宽6.2
厘米。

B型 2件。圆锥状，中空，侧面有穿孔。T4H3：3，泥质灰陶，上下两面微隆
起，其一侧有一圆形穿孔，胎体较厚，长7厘米，宽4.4厘米，厚3.3厘米（图30，2）。
2015HBZ采：4，泥质灰陶，表面磨光，锥形，略扁，中部有孔，存长6.5厘米，中宽4.2
厘米。

将军盔 1件。T15G1：7，夹砂褐陶，饰细绳纹，底径5厘米，存高6.1厘米，壁厚
1.1—2.4厘米（图30，10）。

牌形器 T7G1：8，泥质褐陶，上部已残，似铖形，正反两面皆有随意性很强的刻
划纹饰，且纹饰周边限以框线，下端似为刃部，钝厚，存长8.2厘米，宽4.7—5.5厘米，
厚1—1.2厘米（图30，7）。

（二）铜　　器

仅发现1件。T29H37：9，铜镞，锈蚀严重，身尾俱在，镞身脊部凸起，截面呈十
字形，存长6.5厘米，镞身宽2.1厘米，厚1厘米（图30，11）。

（三）石　　器

包括刀、镰、斧、凿、钺以及石器残片、石料等，共计50余件。

刀　29件。可分为三型。

A型　扁体，单面刃，弧背直刃。T29②：1，弧背直刃，双面刃，通体磨制，厚背，刃部可见豁牙，应为使用痕，长15.8厘米，最宽5.5厘米，背厚0.8厘米（图31，1）。T5G1：14，两端均残，弧背直刃，刃部经细磨，上半部有琢制麻点，双面刃，刃残长7.2厘米，最宽6.1厘米，背厚0.8厘米（图31，3）。T5G1：18，已残，扁体，弧背直刃，单面刃，经粗磨，背部打制痕明显，中部最厚，宽5.5厘米，最厚1.1厘米（图31，2）。

B型　扁体，单面刃，直背直刃。T37G2：3，背部近直，直刃，通体磨制，两面刃，边缘圆钝，刃部锋利有使用痕，一端残缺，长6.7厘米，背厚0.7厘米，存宽8.5厘米（图31，4）。T37G2：4，扁体，背脊窄平，刃部较平，单面刃，刃部有豁牙，为使用痕迹，长5.2厘米，背厚0.5厘米（图31，5）。T21H52：1，已残，直背直刃，左缘与下缘均为刃部，双面刃，通体磨光，刃部豁口为使用痕，长4.3厘米，背厚0.5厘米（图31，6）。T4G1：4，灰黑色，横长条形，通体精磨，刀背较宽略弧，单面刃，斜刃较直，刃长7.7厘米，中宽2.6厘米，厚0.3—0.5厘米（图31，7）。

C型　扁体，双面刃。T37②：9，两端均残，弧背弧刃，通体磨光，背部有打制疤痕，双面刃，刃部有豁牙，为使用痕，刃存长7.2厘米，中宽4厘米，最厚0.7厘米（图31，8）。

镰　16件，扁身，背较直，弧刃。T11G1：10，平弧背，斜凹刃，双面刃，尖部残缺，形似戈，通体磨制，背部圆钝，刃部有使用痕，右式执镰，存长11.8厘米，宽1.3—4.4厘米（图31，10；图版13，4）。T37采：2，头尖，身细，尾部宽大，弧背，凹刃，后端残缺，一面斜平，双面刃，背部有打制痕，刃部可见使用痕，存长10.8厘米，尾宽4.5厘米（图31，11）。T5G1：15，直背凹刃，通体磨制，双面刃，背部圆钝，长2.2—3.8厘米，最厚0.7厘米（图31，9）。

斧　2件。T26H39：6，绿色，上端已残，通体精磨，有光泽，双面刃，弧平，有劈裂，存长7.8厘米，厚3.3厘米（图31，13）。T28H38：1，上端残，通体磨制，斧身布满琢制麻点，刃部磨光，一面刃部劈裂，双面刃，刃较钝，存长8.6厘米，宽6.4厘米，厚4.2厘米（图31，12）。

锛　1件。T1H10：2，已残，侧面似三角形，刃较厚，通体磨制，存长11.3厘米，存宽6.1厘米，最厚2.9厘米（图31，15）。

钺　1件。T5②：2，残损严重，表面经磨制，中部穿孔，双面钻，存长6.4厘米，厚1.4厘米（图31，14；图版13，5）。

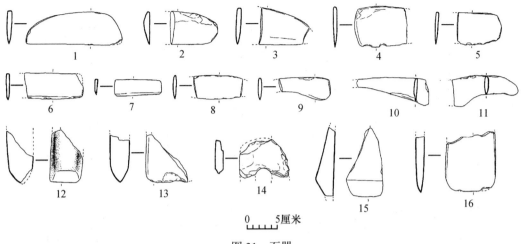

0 —— 5厘米

图31　石器

1. A型石刀（T29②：1）　2. A型石刀（T5G1：18）　3. A型石刀（T5G1：14）　4. B型石刀（T37G2：3）
5. B型石刀（T37G2：4）　6. B型石刀（T21H52：1）　7. B型石刀（T4G1：4）　8. C型石刀（T37②：9）
9. 石镰（T5G1：15）　10. 石镰（T11G1：10）　11. 石镰（T37采：2）　12. 石斧（T28H38：1）　13. 石斧
（T26H39：6）　14. 石钺（T5②：2）　15. 石锛（T1H10：2）　16. 石铲（T26H39：5）

铲　1件。T26H39：5，上端已残，扁长体，弧刃，通体磨光，侧边平直，刃部有使用痕，两面刃，存长9.7厘米，刃宽8.3厘米，中厚1.5厘米（图31，16）。

（四）骨　　器

铲　3件。以动物下颌骨加工制成，略呈长方体，刃部呈弧状，向上翘起。T13G1：5，略残，残长15.5厘米，宽6.6厘米，厚0.2—0.7厘米，中间有一钻孔，孔径约1厘米（图32，13）。

镞　6件。T5②：4，双翼，长身，短铤，一面磨光，断面菱形，铤部较粗，铤尾圆锥式，长8.7厘米，镞身径1.6厘米（图32，2；图版13，6）。T5G1：22，镞身呈不对称的等腰三角形，短铤，铤部较细，镞身一面平滑，一面起缓转的中脊，长7.5厘米，镞身径1.4厘米（图32，3）。T5G1：25，镞身细长，一面平直，一面呈梯形，铤尾较长，锋尖，铤尖锐利，总长11.5厘米，镞身长7厘米，镞尾宽1.2厘米（图32，1）。

笄　24件。多平头，笄身细长，通体磨光。T14G1：8，细长圆锥体，平头，尖部已残，通体磨光，存长12.2厘米，顶径0.5×0.6厘米（图32，5）。T37②：10，长圆锥状，通体磨制，有光泽，上端平钝，下端尖锐，长13.8厘米，顶径0.6厘米（图32，4）。T29H37：8，笄首宽平，笄身长圆锥状，稍扁，上端残留关节端，下尖锐利，整体略呈钉子状，通体磨光，长9.5厘米，上端径0.6×1厘米（图32，6）。

锥　6件。T37G2：4，上部扁条形，下部锥体较圆，通体磨光，有光泽，尖部稍圆钝，长12.8厘米，中宽2.2厘米，厚0.6—1.1厘米（图32，7）。T11G1：12，平顶扁头，

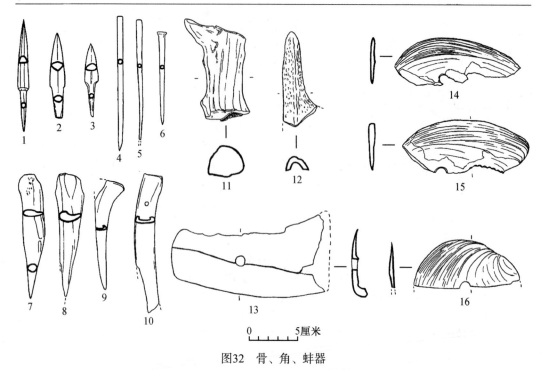

图32　骨、角、蚌器

1. 骨镞（T5G1：25）　2. 骨镞（T5②：4）　3. 骨镞（T5G1：22）　4. 骨笄（T37②：10）
5. 骨笄（T14G1：8）　6. 骨笄（T29H37：8）　7. 骨锥（T37G2：4）　8. 骨锥（T5G1：21）
9. 骨锥（T11G1：12）　10. 骨匕（T24H45：4）　11. 鹿角料（T18H9：7）　12. 鹿角料（T18H9：8）
13. 骨铲（T13G1：5）　14. 蚌刀（T29②：3）　15. 蚌镰（2015HBZ采：10）　16. 蚌料（T24H45：5）

锥杆粗壮，一面弧平，一面有凹槽，上粗下细，经精磨，有光泽，为肋骨制成，长11.2厘米，顶径2.4×1.3厘米（图32，9）。T5G1：21，整体呈上宽下窄扁长条形，不甚规整，为动物肢骨加工，上端为关节端，尖部残缺，经磨制，存长12.6厘米，最宽3厘米（图32，8）。

匕　4件。多动物肋骨制成，长条形，皆残。T24H45：4，扁长条形，通体磨制，有光泽，上部有穿孔，下部残缺，存长14.2厘米，中宽2.2厘米（图32，10）。

（五）骨、角、蚌器

共出蚌器6件，多残缺，可辨器型有蚌刀、蚌镰，鹿角出土2件，卜骨共36件。

蚌器　6件。2015HBZ采：10，蚌镰，弧背凹刃，刃部有锯齿形豁牙，下部有一穿孔，背部钝厚，存长12.9厘米，宽5.5厘米，背厚0.7厘米（图32，15）。T29②：3，蚌刀，背部弧长，长椭圆形，刃部已残，中部穿孔，长12.9厘米，宽4.9厘米，孔径0.9厘米（图32，14）。T24H45：5，蚌料，中部穿孔，右部断面整齐，左侧缘较锐利，壳顶内侧可见咬肌窝，存长10.8厘米，存宽5厘米，厚0.3—0.5厘米（图32，16）。

鹿角　2件。T18H9：7，鹿角，麋鹿角仅残损一段，上下两端均为平整切锯而断，表面光滑且有光泽（图32，11）。T18H9：8，鹿角，斑鹿角残存角尖，被从中间剖开且中部已空陷，下端为平整的切锯痕（图32，12）。

卜骨 共36件。主要出自G1（18件）、②层（3件）和H41（2件）等单位，可鉴定种属者14件，除1件为大型鹿肩胛骨外，其余皆为牛肩胛骨。多从臼根处挖出深槽与骨扇平齐，挫平脊岗及两侧边，部分保留较完整骨臼，臼角多经大幅度削砍。钻孔均在骨扇部分，孔旁或孔内多有灼痕。T29②：2，圜底圆钻，钻侧边多有灼痕，残长22.7厘米，宽7.1厘米（图33，1）。T26H39：2，多为大圆钻，较深，圜底，灼痕多在侧边，残长19.5厘米，宽6厘米（图33，2）。T10G1：3，钻窝较深，多为大、中型圆钻，圜底，残长10.8厘米，宽5.8厘米（图33，4）。T8G1：5，大、中型圆钻，钻窝较浅，圜底，残长10.1厘米，宽6.2厘米（图33，8；彩版7，4）。T6②：1，大、中型圆钻，圜底，较浅，中间一竖排圆钻钻窝内有灼痕，残长10.3厘米，宽8.2厘米（图33，6）。T8G1：6，中型圆钻，圜底，钻窝较深，残长10.6厘米，宽7厘米（图33，3）。T2②：1，小圆钻四竖排，较密，圜底，钻窝较深，钻窝周围多有灼痕，残长13厘米，宽6.2厘米（图33，7）。T29H37：12，仅存骨扇部分，正反两面皆有小圆钻，圜底，钻窝较浅，绝大多数钻窝内及周围皆有灼痕，残长19.5厘米，宽9.4厘米（图33，5）。

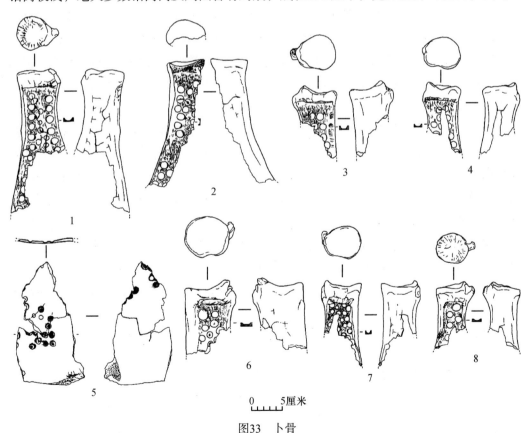

0 5厘米

图33 卜骨

1. T29②：2 2. T26H39：2 3. T8G1：6 4. T10G1：3 5. T29H37：12 6. T6②：1 7. T2②：1 8. T8G1：5

四、结　　语

（一）文化属性与年代

　　赵村遗址的商代遗存具有典型的商文化特征，同时也具备一定的本地特点。就陶器而言，夹砂灰陶器和泥制灰陶器占绝大多数，出土器物的形制特点与郑州、安阳等典型遗址常见同类器物相同或相近。而从陶器的器类、风格来看，与商文化中心区遗址中陶器器类庞杂的情况相比，赵村遗址陶器器类十分简单，主要器类有鬲、盆、瓮、罐、豆等几种，其他器类及数量很少，或与遗址的性质和等级差异有关，其陶器风格与邢台地区曹演庄、东先贤等本地典型遗址较为一致，应属于商文化曹演庄类型。

　　由于赵村遗址地层关系简单，遗迹之间打破关系少，难以为分期提供依据，所以主要根据出土陶器进行分期。陶器的年代可大致分为四个时期。

　　第一期　出土的代表性器物有大中型陶鬲（Aa Ⅰ、Ab Ⅰ、Ba Ⅰ），小型陶鬲（A Ⅰ），深腹盆（A Ⅰ、B Ⅰ、C Ⅰ），浅腹盆（Aa Ⅰ、Ad、B Ⅰ），假腹豆（A Ⅰ、B Ⅰ），瓮（A Ⅰ），从陶器器型观察，这几类陶器大多可在洹北商城和东先贤遗址找到相同或类似者。如97洹北商城Aa型鬲，Ab Ⅰ式鬲[1]；东先贤Ⅰ式中型鬲，A Ⅰ、B Ⅰ式深腹盆，A Ⅰ式浅腹盆，Ⅰ式小口瓮等[2]。豆的形制与小双桥Aa、Ab型[3]相似，但盘腹明显较浅，时代应晚于这一时期。因此，赵村遗址第一期陶器年代大致在洹北商城早期相当，晚于二里岗上层二期。

　　第二期　代表性器物有大中型陶鬲（Aa Ⅱ、Ba Ⅱ、Bb Ⅰ），深腹盆（A Ⅱ），浅腹盆（Aa Ⅱ、Ab Ⅰ、Ac、B Ⅱ），假腹豆（A Ⅱ、B Ⅱ），瓮（A Ⅱ、Ba Ⅰ）等。相似器型仍可见于洹北商城、东先贤遗址，如98洹北商城甲类Ab Ⅰ式陶鬲、甲类B型陶鬲、Aa Ⅱ式深腹盆、D型与Ba型浅腹盆、Aa Ⅰ式豆[4]，东先贤Ⅱ式小口瓮，陶器年代接近洹北商城晚期。

　　第三期　本期代表性器物有大中型陶鬲（Aa Ⅲ、Bb Ⅱ、Fa Ⅰ、Fa Ⅱ、Ea Ⅰ），小型陶鬲（D型），深腹盆（A Ⅲ），瓮（Ba Ⅱ、C），假腹豆（Aa Ⅲ、B Ⅲ）。这一期的器物均可在殷墟一期找到年代相近者，如苗圃一期的Ⅰ式、Ⅲ式鬲，殷墟一期晚段的

①　中国社会科学院考古所安阳工作队：《河南安阳市洹北花园庄遗址1997年发掘简报》，《考古》1998年第10期。

②　邢台东先贤考古队：《邢台东先贤商代遗址发掘报告》，《古代文明》（第1卷），2002年。

③　河南省文物考古研究所，郑州大学文博学院考古系，南开大学历史系博物馆学专业：《1995年郑州小双桥遗址的发掘》，《华夏考古》1996年第3期。

④　中国社会科学院考古研究所安阳工作队：《1998～1999年安阳洹北花园庄东地发掘报告》，《考古学集刊》第15集，文物出版社，2004年。

Ⅰ、Ⅱ式鬲及Ⅲ式豆[①]，东先贤二期Ⅲ、Ⅳ式中型鬲，AⅡ式深腹盆及BⅡ、BⅢ式假腹豆[②]等，故此期年代应不出殷墟一期。

第四期　这一时期以大中型陶鬲（BaⅢ、BbⅢ、EaⅢ、EbⅢ），深腹盆（AⅣ、CⅢ、F），假腹豆（AⅣ、BⅣ），真腹豆（AⅠ、AⅡ），瓮（AⅢ、AⅣ）为代表。该期陶器形制多可见于殷墟二期，如殷墟二期早段Ⅰ式鬲、Ⅱ式鬲、Ⅰ式豆及殷墟二期晚段Ⅱ式鬲[③]，东先贤三期Ⅴ式中型鬲、AⅢ式深腹盆、Ⅳ式小口瓮等[④]，代表性陶器之外的少量陶器具有稍晚期的特征，故该期年代应与殷墟二期相当，下限可能稍晚。

此外，G1、H39和祭祀坑H32还选取了三例样本寄送到美国Beta实验室进行了AMS[14]C测年，测年结果如表1所示：

表1　赵村遗址[14]C测年结果

实验室编号	样本	单位	[14]C年代	树轮校正后年代	
				1σ（68.2%）	2σ（95.4%）
Beta-470313	碳化小麦	G1	2990 +/-30 B.P.	1266—1192（54.9%）	1301—1118（92.8%）
				1144—1131（7.3%）	1374—1356（2.6%）
Beta-470316	牛骨	H39	2960 +/-30 B.P.	1219—1125（68.2%）	1263—1056（95.4%）
Beta-470315	狗骨	H32	3000 +/-30 B.P.	1282—1195（64.6%）	1304—1126（89.4%）
				1141—1134（3.6%）	1377—1348（6%）

根据类型学分析和AMS[14]C测年结果，赵村遗址本次发掘中发现的遗迹G1、G2及不规则形状大灰坑H13（H19），H37、H45、H47（H71）出土遗物时代跨度较大，可横跨东先贤一期至殷墟二期，可以确定其被填埋的年代在殷墟二期，但形成年代有可能较早。H3、H6、H24、H25、H39、H54、H55、H58、H59、H70等灰坑以及H17、H19、H20、H21、H29、H30、H32、H34、H72九处动物祭祀坑，打破不规则形大灰沟和大灰坑，年代应不早于殷墟二期，从出土遗物以及H39、H32的测年结果来看，年代基本都不晚于殷墟二期，少量遗物年代接近殷墟二、三期之间，所以这些遗迹整个形成—使用—废弃过程的年代基本均在殷墟二期之内。H44、H50、H52、H53、H65、H66几处形制规整的灰坑出土遗物年代则集中在殷墟一、二期，不见更早的遗物。

因此，赵村遗址本次发掘的遗迹年代以殷墟二期为主，而从出土遗物来看，除殷墟期遗物外，洹北商城期的遗物也占据较大比例，所以赵村遗址早在中商时期应已经有商代先民在此生活，而到晚商时期特别是殷墟二期时人类活动更加频繁，这一时期赵村

---

① 中国社会科学院考古研究所编著：《殷墟的发现与研究》，科学出版社，1994年。
② 邢台东先贤考古队：《邢台东先贤商代遗址发掘报告》，《古代文明》（第1卷），2002年。
③ 中国社会科学院考古研究所编著：《殷墟的发现与研究》，科学出版社，1994年。
④ 邢台东先贤考古队：《邢台东先贤商代遗址发掘报告》，《古代文明》（第1卷），2002年。

商代先民进行了生产生活、祭祀等活动，大量的灰坑、祭祀坑多在这一时期形成与使用，而殷墟二期之后的赵村遗址可能被废弃，相关的遗迹遗物十分少见。

（二）意　　义

本次发掘作为赵村遗址的首次发掘，目前尚难以对遗址总体文化内涵有一个完整的认识，但遗址中大量中、晚商时期遗存的发现，有助于邢台地区及整个冀中南地区中、晚商考古学文化编年体系的进一步完善，同时也对了解这一时期文化面貌与社会性质有所帮助。

从邢台地区的商代遗址地理分布情况来看，七里河流域和其北部的泜河流域是两个商代遗址分布较为密集的区域，其中，七里河流域经过发掘的商代遗址较多，并以曹演庄为中心，与周边的西关外、东先贤、葛家庄、贾村、南大郭村、尹郭村等遗址构成了一个比较密集的遗址群，也建立起了比较完整的商文化年代序列，而泜河流域目前已进行发掘并发表报告的遗址只有临城古鲁营[①]和补要[②]两处，目前尚不清楚这一流域的聚落结构，也不确定是否存在中心聚落。值得注意的是，赵村遗址西部不远处的补要村遗址发现了祭祀坑、冶铸作坊活动面和青铜容器残件、青铜觚铸范，表明补要村可能有高等级人群居住[③]，但其周边遗址目前所掌握的材料不多，难以对这一聚落群的结构、文化面貌以及其与曹演庄为中心的聚落群的关系有一个清晰的认识，而赵村遗址的发掘可以为此提供研究资料，对邢台地区商代考古研究有一定意义。从年代上来说，泜河流域商代遗址以殷墟期为主，尤其是殷墟四期的遗存最为丰富，而赵村遗址的发掘提供了大量洹北商城期至殷墟期的遗存，为这一地区商代考古学文化序列和编年增添的新的资料。此外，赵村遗址也是目前邢台地区少数进行了系统的动物考古、植物考古的商代遗址，为该地区商代生业经济的研究提供了丰富的材料。

因此，赵村遗址的发掘不仅是对泜河流域这一小区域商文化编年体系与商文化面貌的完善，对邢台地区乃至整个冀中南地区商代聚落结构、商文化区域特点的研究及年代学研究也都具有重要的意义。

---

① 　河北省文物研究所：《河北临城西古鲁营商代遗址发掘简报》，《文物春秋》2016年第1期。

② 　北京大学考古文博学院、河北省文物局、邢台市文物管理处、临城县文化旅游局：《河北临城县补要村遗址北区发掘简报》，《考古》2011年第3期；北京大学考古文博学院、河北省文物局、邢台市文物管理处、临城县文化旅游局：《河北临城县补要村遗址南区发掘简报》，《考古》2011年第3期。

③ 　北京大学考古文博学院、河北省文物局、邢台市文物管理处、临城县文化旅游局：《河北临城县补要村遗址北区发掘简报》，《考古》2011年第3期。

附录1 河北柏乡赵村遗址动物遗存鉴定报告

王 华[1] 王红英[2] 耿晓宁[3]

（1. 山东大学文化遗产研究院；2. 山东大学历史文化学院；3. 柏乡县文物保管所）

赵村遗址位于河北省邢台市柏乡县，2015年7—9月，由邢台市文物管理处和柏乡县文物保管所组成的联合考古队对赵村遗址进行了发掘。本次发掘共发现灰坑56个，灰沟2条，祭祀坑7处，墓葬8座，水井1座，灶址1处。发掘出土的遗物包括陶器、石器、骨器、蚌器、铜器，时代主要是商代中期到晚期。同时也注意收集了动物骨骼与碳化植物遗存，为我们了解当时的生业状况提供了丰富的材料。

本文主要对该遗址出土的动物骨骼进行了鉴定和分析，鉴定工作主要是参照山东大学动物考古实验室的现生动物标本以及《动物骨骼图谱》[1]。测量主要是根据安格拉·冯登德里施的《考古遗址出土动物骨骼测量指南》（马萧林译）确定的测量方法与标准[2]。

一、动物骨骼出土概况

赵村遗址共出土动物骨骼2012件，其中哺乳动物的骨骼有1906件，鸟类骨骼有1件，贝类遗存有105件。哺乳动物遗存中可鉴定标本有1578件，占标本总数的82.79%，主要动物种属有牛（bos）、羊（ovis）、猪（sus）、犬（lupus）、鹿（cervus）、狗獾（meles）。不能确定种属的有328件，包括大型哺乳动物、中型哺乳动物、小型哺乳动物和啮齿类动物，占总数的19.74%。由上述数据可看出，可鉴定标本的比例非常高，说明了受发掘方法的影响，一些小的骨骼在手检的过程中未被收集，故而本文所统计的动物种属比例可能会有些偏差。下面将对哺乳动物的具体种属作简要分析。由于灰坑地层中的动物骨骼所反映的是人们的日常生活的情况，祭祀坑中的动物骨骼则是人们有意识的放置。所以本文将对灰坑地层中的动物骨骼和祭祀坑中的动物骨骼分别统计分析。

---

① 伊丽莎白·施密德著，李天元译：《动物骨骼图谱》，中国地质大学出版社，1992年。

② 安格拉·冯登德里施著，马萧林、侯彦峰译：《考古遗址出土动物骨骼测量指南》，科学出版社，2007年。

二、种属与相对比例

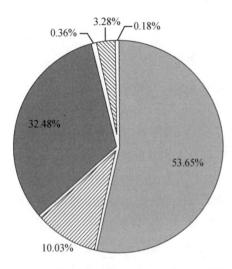

图1　赵村遗址哺乳动物数量分布示意图
（灰坑、地层）

■黄牛　☑犬　■猪　□羊　■鹿　□狗獾

赵村遗址哺乳动物的骨骼共有1906件，灰坑地层中有876件，祭祀坑有1030件。其中灰坑地层中可鉴定标本有548件，占灰坑地层标本总数的62.55%，祭祀坑中的标本全都可鉴定。

灰坑地层中，牛的骨骼有294件，占可鉴定标本的53.65%，根据角判断，赵村遗址中的牛为黄牛；羊的骨骼有2件，占可鉴定标本的0.36%；猪的骨骼有178件，占可鉴定标本的32.48%；犬的骨骼有55件，占可鉴定标本的10.03%。鹿类骨骼共计18件，占可鉴定标本的3.28%；其中大型鹿的骨骼有3件，占可鉴定标本的0.55%，可能为麋鹿一类的鹿；中型鹿的骨骼有9件，占可鉴定标本的1.64%，可能为梅花鹿一类的鹿；小型鹿的骨骼有3件，占可鉴定标本的0.55%，可能为狍子、獐一类的鹿。狗獾骨骼1件，占可鉴定标本的0.18%。

不能判断体型的鹿类骨骼有3件，占可鉴定标本的0.55%（图1）。

综上可知，哺乳动物遗存中，黄牛的可鉴定标本最多，其次是猪、犬、鹿，羊和狗獾最少。赵村遗址为商代遗址，猪、牛、羊、犬应该都为家养动物，而且所占比例非常高，鹿和狗獾则为野生动物遗存。上述比例反映了赵村遗址的先民主要通过家养动物来获取肉食，辅之以少量的野生动物资源。

三、主要种属

（一）黄　　牛

1. 黄牛的部位尺寸表（见附表1）

赵村遗址黄牛的各个部位测量数据太少，不能做系统的数据分析，现将测量数据置于附表之中，以期未来能够与其他遗址进行比较，做进一步的研究。

2. 黄牛的年龄结构

认识动物的饲养方式是动物考古学家的重要目标之一，而这一目标可以通过重建动物的年龄结构来实现。通常，骨骼部位的愈合和动物牙齿的萌出与磨蚀是建立年龄结构的两种常用方法。由于该遗址中黄牛的上下颌骨太少，不能做牙齿的萌出与磨蚀的年龄结构分析，故而通过骨骼的愈合情况构建。本文中共用了87件黄牛的骨骼愈合标本。表1为赵村遗址黄牛的骨骼部位愈合年龄及数量统计表，根据silver确定的方法[①]，我们先对黄牛每个骨骼部位愈合状况作了数量统计，然后根据愈合情况将每件骨骼确定到具体的年龄，最后根据年龄的分布情况划分年龄段。

通过表1可以看出，黄牛的部位愈合被划分为四个阶段。其中黄牛的第一趾骨、跟骨、掌骨、跖骨、趾骨等部位的近端愈合在第一阶段，代表着初生阶段的牛。股骨的远端、桡骨的近端、第一趾骨的远端愈合在第二阶段，代表着12—18个月龄的牛。胫骨、掌骨、跟骨、跖骨等骨骼部位的远端愈合在第三阶段，代表着24—36个月龄的牛。跗骨的近端和远端，股骨、尺骨、肱骨、胫骨等部位的近端，股骨、桡骨等部位的远端愈合在第四阶段，代表着36—48个月龄的牛。

通过图2可以看出，大约有95%的黄牛活过了初生阶段，意味着5%左右的黄牛在初生阶段死亡，这个阶段的牛的死亡不一定是人的屠宰造成的，可能是年龄的幼小造成的自然死亡。而第二阶段则没有死亡率，说明人们并没有利用12—18月龄的牛，也不排除由于标本数量少造成的高存活率，但笔者认为这个比例也具有一定的代表性。第三阶段的存活率仍然很高，大约有79%的黄牛活过了24—36个月，第四阶段的存活率则为29.65%，有一个明显的减少，说明2—4岁是黄牛死亡的一个高峰。

表1 赵村遗址黄牛的骨骼部位愈合年龄及数量统计表

阶段	部位	愈合年龄（月）	完全愈合	未愈合	正在愈合	未愈合比例	存活率（%）
一	P第一趾骨	初生	5				
	P跟骨	初生	3	1			
	P掌跖骨	初生	1				
	P掌骨	初生	1				
	P跖骨	初生	3				
	P趾骨	初生	9				
	总计	初生	22	1	0	4.35%	95.65%

---

① Silver, I A. The ageing of domestic animals, In D. R. Brothwell and E. S. Higgs (Eds.) Science in archaeology: A survey of progress and research. New York: Praeger Publishing, 1970: pp. 283-302.

阶段	部位	愈合年龄（月）	完全愈合	未愈合	正在愈合	未愈合比例	存活率（%）
二	D肱骨	12—18	6				
	P桡骨	12—18	2				
	D第一趾骨	18	5				
	D趾骨	18	6				
	总计	12—18	19	0	0	0%	95.65%
三	D胫骨	24—30	5	2	1		
	D掌跖骨	24—30	1				
	D掌骨	24—30	2	1			
	D跟骨	27—36	3	1			
	D跖骨	27—36	9				
	总计	24—36	20	4	1	16%	79.65%
四	P跗骨	36—42	1				
	D跗骨	36—42	1				
	P股骨	42		2			
	P尺骨	42—48	1				
	P肱骨	42—48	1				
	D股骨	42—48		3			
	P胫骨	42—48		4			
	D桡骨	42—48	6	1			
	总计	36—48	10	10	0	50%	29.65%

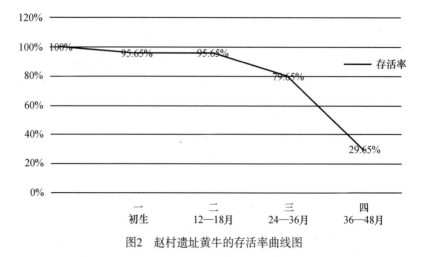

图2　赵村遗址黄牛的存活率曲线图

3. 黄牛的骨骼部位分布

表2 黄牛的部位数量统计表（探沟、灰坑）

上颌骨	白齿	前白齿	牙齿	寰椎	枢椎	下颌骨	肱骨
4	11	3	5	1	1	33	12
桡骨	尺骨	胫骨	盆骨	跟骨	掌/跖骨	掌骨	跖骨
14	5	18	12	7	3	7	13
蹠骨	距骨	指/趾骨	第一趾骨	第三趾骨	牛角	股骨	—
2	1	11	5	1	29	12	—

从表2和图3可以看出，后下颌骨保存得最好，然后是前下颌骨、距骨远端、趾骨、肱骨远端、桡骨远端、胫骨远端、跟骨等，其他保存较少。骨骼的保存状况受很多因素的影响，埋藏学、骨骼的密度、发掘的精细化程度，风化程度、食肉动物和啮齿动物的啃咬以及人类对特殊部位的利用，如截取掌跖骨制作骨器等都会影响骨骼部位的频

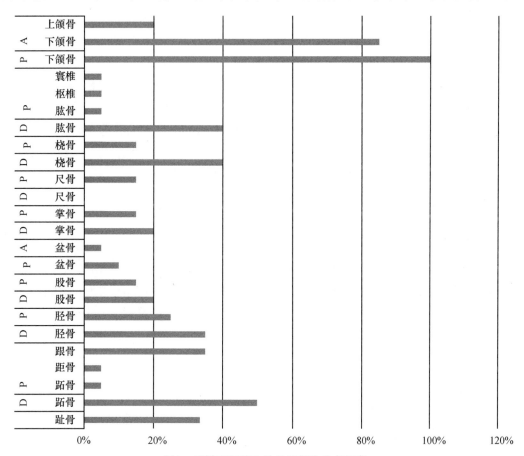

图3 赵村遗址黄牛的骨骼部位分布频率

率分布。赵村遗址中黄牛的下颌骨、跗骨远端、跟骨等保存较好，可能是因为这些骨骼密度大，不易破坏。而肱骨、桡骨、股骨、胫骨等的部位近端与远端分布比例不平衡。如，肱骨、桡骨、胫骨、股骨的远端分布频率高，而近端分布频率低，也可能与骨骼部位的密度有关，多数骨骼部位远端的密度比近端的密度大，当然也不排除发掘时在手检的过程中遗漏了。

（二）猪

1. 猪的部位尺寸表（见附表2、附表3）

赵村遗址猪的各个部位测量数据较少，不能做系统的数据研究，将其置于附表之中，以期未来能够与其他遗址进行比较，做更深入的研究。

2. 猪的年龄结构

猪的年龄结构主要是通过骨骼的愈合状况和牙齿的萌出与磨蚀状况来构建。其中猪的骨骼愈合的年龄统计方法也是根据silver[1]的方法，先对猪的每个骨骼部位愈合状况作了数量统计，然后根据愈合情况将每件骨骼确定到具体的年龄，最后根据年龄的分布情况划分年龄段。牙齿的萌出与磨蚀参照的是Grant[2]的方法。

通过骨骼的愈合情况构建年龄。由表3可以看出，猪的骨骼部位愈合被分为三个阶段。其中，掌骨近端、肱骨远端、桡骨近端愈合在第一阶段，在初生到12月龄之间，代表着婴幼儿和青少年阶段的猪。胫骨远端、掌骨远端、跟骨远端愈合在第二阶段，为24—30月龄，代表着近成年的猪。尺骨、肱骨、股骨等部位的近端，股骨、桡骨等部位的远端愈合在第三阶段，为36—42月龄，代表着成年阶段的猪。

由赵村遗址猪的存活率曲线（图4）可以看出，第一阶段的猪的存活率比较高，代表着23%左右的猪死于这个阶段。第二阶段猪的存活率缓慢减少，代表着很少一部分猪死于这个阶段。第三阶段猪的存活率为12.5%，反映了大量的猪死于这个阶段。第三阶段的猪为36—42月龄，为成年阶段的猪。这个阶段的猪已不容易自然死亡，多是人们的屠宰行为造成。表明赵村遗址的先民们主要利用成年猪。而猪在36—42月龄，肉量供应较佳，所以，第三阶段的猪的屠宰主要是为了满足人们的肉食需求。

---

① 　Silver, I A. The ageing of domestic animals, In D. R. Brothwell and E. S. Higgs (Eds.) Science in archaeology: A survey of progress and research. New York: Praeger Publishing, 1970: pp. 283-302.

② 　Grant, A. 1982. The use of tooth wear as a guide to the age of domestic ungulates. In: Wilson, B, Grigson, C and Payne, S (ed). Ageing and Sexing Animal Bones From Archaeological Sites, BAR British Series 109: pp. 91-108.

表3 赵村遗址猪的骨骼愈合年龄及数量统计表

阶段	部位	愈合年龄（月）	完全愈合	未愈合	正在愈合	未愈合百分比	存活率
一	P掌骨	初生	2				
	d肱骨	12	4	3	2		
	P桡骨	12	2				
	总计	初生—12	8	3	2	23.07%	76.93%
二	d胫骨	24	2	2			
	d掌骨	24	2				
	P跟骨	24—30	2				
	总计	24—30	6	2		25%	75%
三	P尺骨	36—42		1			
	P肱骨	42		5	1		
	P股骨	42	1	6			
	d股骨	42		6			
	P胫骨	42		2	1		
	d桡骨	42		1			
	总计	36—42	1	21	2	87.5%	12.5%

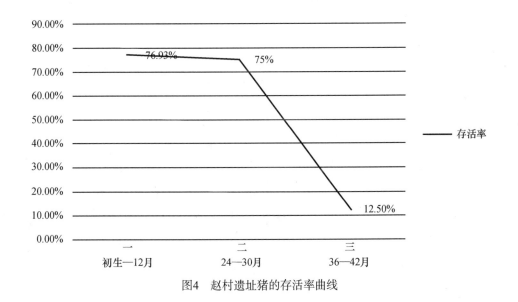

图4 赵村遗址猪的存活率曲线

通过猪的牙齿的萌出与磨蚀构建年龄。此处利用的标本包括猪的下颌骨、上颌骨。需要说明的是，由于游离的牙齿可能会造成标本的大量重复，因此并没有计算在内。在重建年龄结构的过程中，先用了Zeder的方法进行牙齿磨蚀等级记录，然后按照

Grant的方法划分年龄阶段①。

通过表4和图5可以看出，由牙齿的萌出与磨蚀所反映出来的猪的年龄结构，在第二阶段（0—6个月），死亡率很低，存活率较高。第三阶段（6—12个月）和第四阶段（12—18个月）阶段，存活率有了一定程度的下降，但仍然很高。第四至六阶段（18—36个月）的猪的存活率明显地减少，说明1岁半到3岁是猪死亡的一个高峰。此阶段主要是近成年和成年阶段的猪，自然死亡率低，且基本达到了肉量供应的最佳时期，说明18—36月龄猪的死亡是人们的有意识的屠宰，主要是满足人们的肉食需求。

表4　赵村遗址猪的年龄等级数量及死亡率统计表

阶段	数量	死亡率	存活率
一	0	0	100%
二	2	3.17%	96.83%
三	8	12.7%	84.13%
四	8	12.7%	71.43%
五	21	33.33%	38.1%
六	21	33.33%	4.77%
七	3	4.76%	0.01%

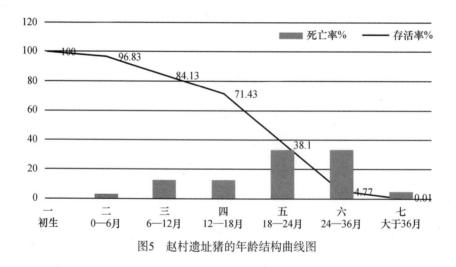

图5　赵村遗址猪的年龄结构曲线图

综上两种构建年龄的方法，通过骨骼的愈合建立的年龄结构与通过牙齿的萌出与磨蚀建立的年龄结构总的趋势大体相同，都是主要屠宰成年阶段的猪。但细节之处稍有

---

①　Grant, A.1982.The use of tooth wear as a guide to the age of domestic ungulates. In: Wilson, B, Grigson, C and Payne, S (ed). Ageing and Sexing Animal Bones From Archaeological Sites, BAR British Series 109: pp. 91-108.

不同，如通过骨骼愈合建立的年龄结构主要是屠宰已经成年阶段的猪，近成年的很少。通过牙齿的萌出与磨蚀建立的猪的年龄结构不仅有成年阶段的猪，也包括大量的近成年阶段。考虑到愈合阶段的骨骼更容易破碎，不易保存，所以通过骨骼愈合所建立起来的年龄结构误差可能更大。而通过牙齿的萌出与磨蚀所建立起来的年龄结构可能更能反映人们对动物的利用情况。

3. 猪的骨骼部位分布

由表5和图6可以看出，猪的下颌骨前端分布频率最高，然后是下颌骨后端、上颌骨、肱骨的近端和远端等分布较多，其他分布较少。其中，猪的上下颌骨的高分布频率可能与骨骼的密度有关，而距骨、脊椎等发现较少可能与发掘过程中的遗漏有关。

表5　赵村遗址猪的部位数量统计表

上颌骨	下颌骨	门齿	犬齿	寰椎	枢椎	肩胛骨	肱骨
20	56	12	11	3	1	7	15

桡骨	尺骨	股骨	胫骨	盆骨	跟骨	掌/跖骨	—
2	5	6	7	3	1	1	—

（三）狗

其中带有砍痕的有4件，均出土于灰坑、探沟中。部位集中在肱骨，桡骨，下颌骨，而且肱骨、股骨均为多肉的部位，说明狗作为当时人们肉食资源的一部分（表6）。

表6　狗的骨骼部位分布表（灰坑、探沟）

上颌骨	下颌骨	肩胛骨	肱骨	桡骨	尺骨	胫骨	掌跖骨	掌骨2	前臼齿
2	21	1	7	7	6	2	3	3	2

四、牲坑动物遗存分析

赵村遗址共发现牲坑10个，埋葬的动物有猪5个个体、羊4个个体，狗1个个体。从各个牲坑动物的骨骼部位来看，各个部位几乎都有，其左右对称，只缺少少数部位，推测可能是发掘的过程中遗漏了，而且每件骨骼上均无人工痕迹。所以笔者根据骨骼部位的分布情况和人工痕迹的观察结果，推测牲坑中埋葬的都是整只动物。

其中T10G1埋葬了一只猪，其位置在墓葬M4的北方，根据其骨骼愈合状况，其年龄为1岁左右；T10H32埋葬了一只狗，其位置在墓葬M4的东北方，根据骨骼愈合状况鉴定，其年龄为1岁半以上；T11H34埋葬了一只猪，其位置在墓葬M4的南方，经过鉴定，其年龄不到1岁；T12H29埋葬了一只羊，其位置在墓葬M5的西方，经鉴定其年龄阶段为未成年；T14H17埋葬了一只羊，其位置在墓葬M3的东北方，经鉴定其年龄阶

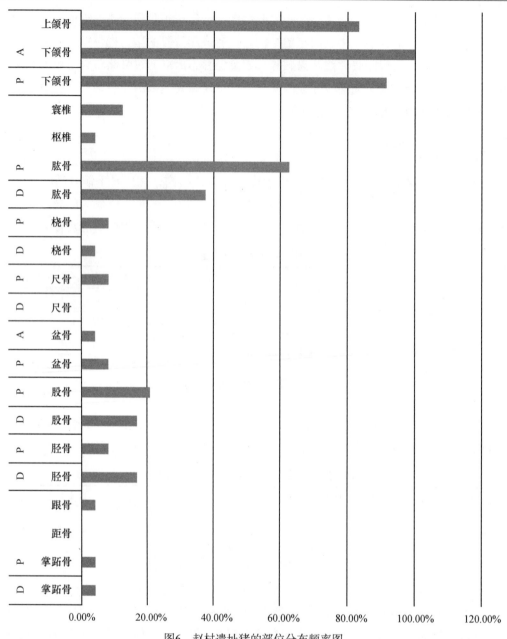

图6　赵村遗址猪的部位分布频率图

段为未成年；T14H21埋葬了一只猪，其位置在墓葬M3的东北方，根据牙齿的萌出与磨蚀，鉴定其年龄为2—3岁之间；T5G1H72埋葬了一只猪，其位置在墓葬M3的北方，墓葬M1的东北方，根据牙齿的萌出与磨蚀，鉴定其年龄为1岁半到2岁之间。T6H19埋葬了一只羊，其位置在M1的北方，M3的西北方向，根据其骨骼愈合状况判断其未成年。T7H30埋葬了一只羊，其位置在M5的西南方，根据其骨骼愈合状况判断其未成年。T13H20埋葬了一只猪，其位置在M3的东北，M5的西南，即M3和M5的中间位置，根据其牙齿磨蚀状况判断其年龄为2—3岁。

综上所述，牲坑中埋葬的动物种类有猪、羊、狗，其中猪的数量最多，其次是羊，反映了猪在赵村遗址的祭祀仪式中占有重要地位。从埋葬的位置来看，均在墓葬的周围，且各个方向都有。从年龄来看，猪的年龄近成年到成年阶段都有，羊的年龄都处于未成年阶段，狗的年龄则为成年阶段。结合之前的分析，猪、羊、狗都是赵村遗址先民们肉食资源的一部分，所以笔者推测墓葬周围埋葬猪、羊、狗可能是供死去的人享用，反映了赵村遗址先民们事死如事生的观念。由于狗在各个时期人们的生活中扮演的功能比较多，根据T10H32埋葬的狗在墓葬的东北方，推测此处埋葬的狗也可能是担任着守卫的功能。

五、小　　结

综上所述，赵村遗址是河北地区从中商到晚商的一处重要遗址，其出土遗物丰富，是研究河北地区商代生业经济的重要材料。本文对该遗址出土的动物骨骼进行了分析鉴定，希望能为以后更深入的研究提供更多的信息。

赵村遗址出土商代动物骨骼2012件，包括牛、羊、猪、犬、鹿、狗獾等种类的动物。根据对探沟灰坑中出土的动物骨骼的分析，赵村遗址的先民主要通过家养动物来获取肉食，辅之以少量的野生动物资源。通过对牛的年龄结构的分析，发现赵村遗址的先民主要利用2—4岁年龄阶段的牛。通过对保存的牛的骨骼部位的分析，发现赵村遗址牛的骨骼部位的保存受骨骼密度、埋藏学、发掘的精细化程度等因素的影响。对猪的年龄结构的分析则通过骨骼愈合状况和牙齿的萌出与磨蚀两种方法，两种方法都显示赵村遗址的先民主要利用成年阶段的猪，且屠宰主要目的是为了满足肉食需要。但通过骨骼愈合建立的年龄结构主要是屠宰成年阶段的猪，近成年的较少，而通过牙齿的萌出与磨蚀建立的年龄结构也包括大量近成年阶段。鉴于通过骨骼的愈合建立的年龄结构缺陷更大，所以通过牙齿的萌出与磨蚀建立的年龄结构可能更能反映先民们对动物的利用情况。通过对猪的骨骼部位的分析，结论与牛的一致。通过对狗的骨骼部位的分析以及人工痕迹的观察，发现狗也作为赵村遗址先民肉食资源的一部分。

通过对牲坑中的动物骨骼的分析，在赵村遗址的祭祀礼仪中猪占有重要的地位。以往的研究显示，牛在商代的信仰物化形式里占有重要地位[①]，但赵村遗址的牲坑中并没有发现牛的骨骼，或与其聚落等级有关。从埋葬的位置来看，均在墓葬的周围且各个方向都有。从年龄来看，羊处于未成年阶段，猪和狗处于近成年或成年阶段。从埋葬目的来看，可能是供死者享用，反映了赵村遗址的先民们事死如事生的观念。

---

① 李凡：《商代牛类遗存研究》，郑州大学硕士学位论文，第71页，2012年。

附表1 牛的部位尺寸表（探沟、灰坑）

种属	部位	出土背景	测量尺寸（毫米）
牛	尺骨	T23H41：2	DPA：73.40；BPC：56.60
	第一趾骨	T37②：22	GL：76.1；BP：35.05；Sd：31.34；Bd：34.02
		T29H37：4	GL：67.65；BP：32.93；Sd：30.35；Bd：33.85
		T4G1：13	GL：67.62；BP：33.88；Sd：29.86；Bd：31.85
		T5G1：24	CLpe：67.08；Bp：31.16；SD：27.41；Bd：27.07
		T20H31：9	GLpe：69.09；Bp：31.39；Bd：29.97；SD：28.72
		T14G1：6	GLpe：69.72；Bp：32.23；SD：29.26；Bd：30.18
		T12G1：16	GL：71.41；BP：30.51；Sd：27.41；Bd：31.11
		T12G1：17	GL：62.2；BP：28.48；Sd：27.22；Bd：30
	跗骨	T20H31：4	GB：63.39
		T4H3：6	GB：61.1
	跟骨	T2H11：3	GB：45.42
		T20H31：5	GB：38.15
		T12G1：20	GL：157.77
	肱骨	T6G1：3	Bd：86.88；BT：82.11
		T6H16：2	Bd：78.42；BT：71.73
		T29H37：3	Bd：107.99
		T12G1：19	Bd：89.69
	寰椎	T15G1：1	BFCR：98.86
	胫骨	T7G1：8	Bd：62.39
		T14G1：10	Bd：76.79
		T13G1：6	Bd：67.11
		T10G1：1	Bd：66.78
	下颌M3	T7G1：13	L：37.30；B：16.03
	盆骨	T5G1：36	LA：76.24
		T37G2：13	LA：76.93
		T29H37：6	LA：77.4；LAR：62.26

种属	部位	出土背景	测量尺寸（毫米）
牛	桡骨	T5G1：11	Bd：69.60；BFd：56.90
		T23H41：3	Bp：97.01；BFp：88.38
		T29H39:2	SD：33.55
		T6H16：1	Bd：95.45；BFd：79.47
		T4H3:7	Bd：67.51；BFd：61.97
		T14G1：9	Bd：86.41；BFd：81.90
		T29H37：2	Bd：87.99
		T12G1：18	Bd：89.76
	枢椎	T37G2：23	BFcr：92.38
	下颌骨	T5G1：16	1：395.22；2：409.02；3：130.26；4：269.31；5：262.67；6：333.11；7：134.16；8：82.89；9：50.83；11：115.93；12：181.44；13：169.81；14：231.62；15a：76.84；15b：59.82；15c：39.86
		T5G1：27	9：59.81；15b：41.77；15c：32.51
		T6G1：1	0：09：29
	掌跖骨	T13G1：7	Bd：57.79
	掌骨	T5G1：12	Bp：64.90
		T29H39：1	SD：28.61；DD：20.99
		T7G1：14	Bd：71.36
		T37②：17	Bd：62.33
		T12G1：20	Bp：75.35
	跖骨	T5G1：20	GL：253.40；Bp：53.95；SD：32.88；DD：29.42；Bd：60.78
		T5G1：21	DD：27.30；Bd：58365
		T14G1：12	Bd：64.63
		T18H9：2	Bd：60.73
		T37②：18	Bd：66.02
		T27②：19	Bd：62.67
		T13H15：1	Bd：67.47
		T29H37:7	Bd：59.23
		T9G1：4	Bd：66.73
	第二趾骨	T32H55：3	GL：43.94；Bp：32.05；SD：25.06；Bd：27.06
		T14G1：11	Bp：30.87
	第三趾骨	T4H3：12	DLS：73.75；MBS：25.66；Ld：58.45
		T4G1：17	DLS：71.82；MBS：21.79；Ld：52.62

附表2 猪的部位尺寸表（探沟、灰坑）

种属	部位	出土背景	测量尺寸（毫米）
猪	尺骨	T5G1：65	DPA：34.71；BPC：21.57
		T6G1：12	DPA：46.91
		T20H31：17	SDO：30.13；DPA：40.44
	跟骨	T5G1：66	GL：91.24；GB：24.25
	肱骨	T7G1：20	SD：13.17
		T14G1：15	Bd：47.26
		T13G1：23	SD：14.30
		T10G1：5	Bd：34.56
		T12G1：9	Bd：41.64
	股骨	T13G1：20	SD：16.74
		T13G1：24	SD：9.74
	寰椎	T6H16：9	GB：101.26；GL：57.38
		T13G1：26	GB：80.26；GL：45.14；BFcr：53.78；BFcd：48.55；GLF：40.39；H：42.92
		T37②：11	H：44.06；BFcr：44.78
	肩胛骨	T37G2：6	SLC：19.51
		T11G1：4	SLC：25.43；GLP：36.06；LG：29.05；BG：21.51
	胫骨	T5G1：2	Bd：25.53
		T10G1：8	Bd：28.08
	盆骨	T6H16：7	LAR：37.22
		T13H15：3	SH：20.07；SB：11.13；LAR：30.79
	桡骨	T5G1：64	Bp：31.72
		T15G1：6	Bp：27.36；SD：15.49
	上颌骨	T5G1：5	28：58.24；30：27.37；31：16.72
		T5G1：58	32：11.45
		T23H41：1	29：46.09
		T5②：6	28：49.59；30：21.92；31：16.12
		T6G1：8	29a：35.82
		T17H13：1	30：30.16；31：18.68
		T35H44：1	臼齿列长：59.04；M3长：29.51
		T29H37：9	M3长：28.38；宽：16.58
		T12G1：8	M3长：32.2；宽：17.92
	枢椎	T13G1：22	LCDe：38.57；LAPa：46.06；BFcr：46.45；BPacd：30.86；BPtr：34.31；SBV：26.64；BFcd：26.37；H：59.14

续表

种属	部位	出土背景	测量尺寸（毫米）
猪	头骨	T13G1：30	M3长：29.79；宽：19.89
	下颌骨	T5G1：1	4：153.42；6：119.38；7：116.47；7a：99.81；8：64.63；9：54.90；9a：33.70；10：B：14.97；L：29.68；11：37.91；12：51.05；16a：45.74；16b：37.98
		T5G1：3	16a：42.72
		T5G1：4	12：58.65；17：35.49；21：10.13
		T5G1：53	9：44.39；9a：31.80；11：26.68；16b：34.01；16c：33.74；21：12.19
		T5G1：54	9：43.98；9a：33.96；16c：37.04
		T5G1：55	10：L：32.67；B：15.16；16a：46.13
		T5G1：56	9：53.39；9a：36.97；12：41.07；16b：34.62；16c：32.91
		T6G1：6	10：L：37.55；B：15.65
		T37G2：3	9：54.14；9a：34.67；16b：39.20
		T35H44：2	M3长：28.86
		T14G1：22	9：47.28；9a：33.71；11：30.30；16b：35.23；16c：32.99；17：29.41；21：13.12
		T14G1：24	9：49.31；9a：35.69；16b：36.57；16c：38.34
		T13G1：26	M3长：29.67；宽：16.37；③：69.06；13：92.89；16a：45.2
		T13G1：27	M3长：36.52；宽：16.47；⑧：68.39；16a：44.74；16b：37.53
		T13G1：28	M3长：37.01；宽15.98；⑧：73.47；16b：40.39
		T13G1：29	M3长：35.24；宽：16.55；⑧：66.57；16a：42.84；16b：40.24
		T17G1：31	M3长：32.71；宽：15.5；⑧：66.46；16a：43.14；③：66.92
		T17G1：41	M3长：28.28；宽16.34；⑧：60.68；16b：39.99；7a：96.39；9a：33.31
		T11G1：1	⑥：123.37；⑦：119.66；⑧：52.93；⑨：51.19；7a：102.73；9a：34.44；21：13.09；16a：46.9；16b：41.24；16c：42.37
		T13H15：4	M3长：37.85；宽：15.23
		T9G1：1	M3长：34.82；宽：14.63
		T12G1：7	M3长：31.99；宽：13.54
	掌跖骨	T14G1：20	GL：76.76；LeP：74.11；Bp：15.17；B：12.36；Bd：15.28
	掌骨3	T10G1：10	GL：61.47；BP：15.95；B：14.8

附表3 猪的上下颌臼齿尺寸表

背景	部位	左右	M1	M2	M3
T15G1：4	上颌骨	L	长13.79；宽14.75	长16.94；宽17.37	长32.59；宽17.18
T23H41：1	上颌骨	L	长14.84；宽14.71	—	—
T6G1：6	下颌骨	R	—	—	长36.83；宽16.03
T6G1：8	上颌骨	R	长13.42；宽14.85	—	—
T35H44：1	上颌骨	L	长12.74；宽15.42	长15.92；宽16.49	长28.66；宽16
T35H44：2	下颌骨	L	—	长16.26；宽13.06	长28.18；宽14.7
T29H39	下颌骨	L	长13.54；宽11.39	长19.19；宽14.9	正在萌出
T4H3：1	下颌骨	L	长14.57；宽11.03		
T17H13：1	上颌骨	R		长18.05；宽19.68	长31.54；宽18.59
T5G1：53	下颌骨	L	长13.71；宽10.98	长18.56；宽13.45	正在萌出
T5G1：54	下颌骨	L	长13.98；宽10.48	长17.88；宽12.78	—
T5G1：55	下颌骨	R	—	长17.96；宽14.17	长31.8；宽15.51
T5G1：60	上颌骨	R	长12.35；宽12.59	—	—
T7G1：19	下颌骨	L	长14.18；宽11.1	—	—
T7G1：19	下颌骨	R		长19.52；宽13.9	
T37G2：1	上颌骨	L	长12.57；宽14.15	长16.55；宽16.49	正在萌出
T37G2：3	下颌骨	R	长12.47；宽10.75	长18.32；宽14.22	—
T37G2：4	下颌骨	L	长13.11；宽10.45	长17.1；宽13.79	正在萌出
T14G1：23	下颌骨	R	长13.88；宽11.37	长18.01；宽14.03	正在萌出
T14G1：24	下颌骨	R	长14.77；宽11.03	长17.83；宽13.31	
T14G1：25	下颌骨	R	长13.92；宽11.22	—	—
T5G1：1	下颌骨	L	长14.81；宽11.94	长17.26；宽14.44	长31.2；宽15.44
T5G1：1	下颌骨	R	长13.58；宽11.82	长17.62；宽14.07	长31.03；宽15.47
T5G1：3	下颌骨	R	—	—	长31.43；宽14.15
T5G1：5	上颌骨	R	长11.47；宽12.37	长15.74；宽15	长27.24；宽16.05
T12G1：7	下颌骨	L	—	—	长32.08；宽13.91
T12G1：8	上颌骨	L	长13.5；宽13.89	长16.82；宽17.18	长32.25；宽16.94
T13G1：26	下颌骨	L	—	长18.54；宽13.85	长29.59；宽15.59
T13G1：27	下颌骨	R	—	—	长34.66；宽16.33
T13G1：28	下颌骨	R	长14.62；宽10.75	长17.22；宽14.4	长36.85；宽16.54
T13G1：29	下颌骨	L	长13.73；宽11.22	长17.13；宽14.01	长33.02；宽16.44
T13G1	下颌骨	R	长14.46；宽11.56	长17.74；宽14.46	—
T13G1：30	上颌骨	L	长13.65；宽15.29	长16.64；宽17.31	长27.34；宽18.5
T13G1：30	上颌骨	R	长13.78；宽15	长16；宽17.19	长29.54；宽18.61

续表

背景	部位	左右	M1	M2	M3
T13G1：31	下颌骨	L	长14.18；宽10.52	长17.44；宽14.1	长32.38；宽15.14
T13G1：41	下颌骨	L	长13.91；宽11.35	—	—
T13G1：41	下颌骨	R	长13.96；宽11.36	长16.47；宽14.21	长29.87；宽16.06
T9G1：1	下颌骨	R	—	—	长34.67；宽15.67
T4G1：1	下颌骨	R	长14.09；宽10.11	长17.72；宽13.69	—
T4G1：2	下颌骨	R	长13.69；宽10.06	长16.02；宽12.83	—
T4G1：3	下颌骨	L	长13.75；宽10.05	长17.74；宽13.82	—
T11G1：1	下颌骨	R	长13.16；宽10.39	长17.8；宽14.14	长32.14；宽15.56
T29H37：9	上颌骨	R	长13.17；宽14.13	长17.56；宽16.52	长29.13；宽16.83
T13H15：4	下颌骨	L	长15.01；宽11.07	长19.41；宽14.5	长35.73；宽16.33

附录2　河北柏乡赵村遗址出土商代植物遗存研究

王　祁[1]　史云征[2]

（1. 中国社会科学院考古研究所；2. 河北省柏乡县文物保管所）

　　就商代农业研究现状而言，虽然甲骨文材料提供了较为直接的与农业经济有关的证据，但甲骨文是占卜的材料，甲骨文中的农作物结构是否能够反映真实农业状况，这是需要我们使用考古材料进行甄别的。可是，相较于新石器时代，已经发表的商代浮选材料并不算太多，这对我们重建商代农作物结构是个不小的遗憾。所以，在较为充足的浮选材料基础上讨论商文化农作物结构，不仅是有必要的，且是商代农业史研究急需进行的课题。本文公布的河北邢台赵村遗址浮选数据可以为商代农作物结构研究提供新的材料。

　　赵村遗址位于河北省邢台市柏乡县政府西约5千米处，其主体堆积为洹北商城时期，延续到殷墟早期，与小麦测年数据1301—1118cal B.C.（试验编号：Beta-470313）大体相符。此遗址20世纪80年代初发现，近年由于当地经济建设和农民住房扩建，致使遗址的损坏程度不断扩大。2015年夏，为保护赵村遗址，柏乡县文物保管所和邢台市文物管理处一起对赵村遗址进行发掘，发现灰坑、墓葬、动物牲坑、灰沟多种遗迹，出土了一批陶器、石器、骨器标本。本文的浮选样品即来自2015年夏天的发掘。

一、采集与浮选

　　本次浮选28份土样，全部土样来自五个单位：3个灰坑、1个地层、1个灰沟。各单位取样数量不等，少者一袋，多者十袋，土样量合计1062升。现场取土后，用小水桶法进行浮选，收取轻浮的分样筛规格为80目。轻浮部分阴干后被送到山东大学第四纪环境考古实验室，完成炭化植物遗存的分析鉴定和统计工作。鉴定使用尼康SMZ100显微镜，炭化植物种子拍照使用了尼康数字相机系统（DS-5M-L1）。鉴定时参考了现代种子标本和相关文献[1]，并得到山东大学文化遗产研究院陈雪香师指导。

---

① 刘长江、靳桂云、孔昭宸：《植物考古——种子和果实研究》，科学出版社，2008年；赵志军：《植物考古学：理论、方法和实践》，科学出版社，2010年。

二、浮选结果及分析

本次浮选植物遗存主要包括炭屑与炭化植物种子两部分，植物种子又可据用途粗略分为农作物、果实和杂草。植物种子尽量鉴定到种属，部分无法确定科属者归为未知，而残破不全没有鉴定特征者归为不可鉴定。结果如表1所示。

表1　2015年赵村遗址浮选结果一览表

		单位	T6②	T11H68	T34H66	T32H71	G1
		土样量（L）	9	9	36	107	901
		炭屑（g）	2.289	2.278	3.894	6.782	20.436
农作物		粟 *Setaria italica*	248	213	779	1963	1331
		黍 *Panicum miliaceum*	7	4	6	35	16
		大豆 *Glycine max*	16	12	28	10	201
		小麦 *Triticum aestivum*	1			1	15
		水稻 *Oryza sativa*					1
果实		果壳			2		1
		葡萄属 *Vitis* Sp.					1
杂草	黍亚科 Panicoideae	狗尾草 *Setaria viridis*	44	44	20	670	21
		马唐 *Digitaria sanguinalis*	4	3	13	2	23
		其他黍亚科			55	425	
	豆科 Leguminosae	胡枝子 *Lespedeza bicolor*	75	20	185	256	188
		草木樨 *Melilotus officinalis*	5	8	11	80	25
		黄芪 *Astragalus melilotoides*				2	
		其他豆科					8
	藜科 Chenopodiaceae	藜 *Chenopodium album*			4	6	6
		猪毛菜 *Salsola collina*			1	16	
	锦葵科 Malvaceae	锦葵 *Malva cathayensis*	3	1	5		11
	唇形科 Labiatae	水棘针 *Amethystea caerulea*			2		1
	石竹科 Caryophyllaceae	繁缕 *Stellaria media*				1	
	菊科 Compositae	苍耳 *Xanthium sibiricum*					3
	蓼科 Polygonaceae	酸模属 *Rumex* Sp.				1	
	苋科 Amaranthaceae				1		
	莎草科 Cyperaceae						1
	未知		2	5	10	14	18
	不可鉴定		88	8	18	78	98

1. 炭屑密度与种子密度

赵村遗址浮选所得大于1毫米炭屑35.679g，炭屑密度为0.142g/L；发现植物种子7190粒（不包括不可鉴定者），种子密度约为28粒/L。炭屑密度与植物种子密度直接关系着采样遗址的性质，参考三代时期黄河流域的部分遗址的炭屑密度与植物种子密度（表2），我们可以看到不同时间、空间遗址的炭屑密度与植物种子密度可以差异很大，其中赵村遗址的炭屑密度与种子密度是相当低的。

表2 黄河流域几处遗址浮选材料的炭屑密度与种子密度

	炭屑密度（g/L）	种子密度（粒/L）	出处
陕西扶风周原遗址王家嘴地点2001年度（先周时期）	0.094	3.6	《文物》2004年第10期
偃师二里头遗址2000—2006年度	0.145	56	《二里头（1999—2006）》
济南大辛庄遗址2003年、2005年度		7	《东方考古》第4集
高青陈庄遗址2009年度		69	《科学通报》2011年第35期
赵村遗址	0.034	6.8	

表2并不能反映某一遗址内部不同单位炭屑密度与种子密度的差异，如二里头遗址的平均炭屑密度是0.145g/L，但中值仅有0.046g/L，差异之大是因为部分单位炭屑过多。具体到赵村遗址的相关单位（表3），这种差异也是存在的。表3显示，炭屑密度与种子密度似乎与土样量成反比，这或许与各个单位的性质有关。如G1取样最多，但炭屑密度和种子密度都极低，其原因在于G1不是热烧单位，所以炭化物不会很多。

表3 赵村遗址浮选单位炭屑密度与种子密度

单位	土样量/L	炭屑密度（g/L）	种子密度（个/L）
T6②	9	0.25	45.0
T11H68	9	0.25	34.4
T34H66	36	0.11	31.2
T32H71	107	0.06	32.5
G1	901	0.02	2.1

2. 植物种子

赵村遗址五个浮选单位都出土一定数量植物种子遗存，这些种子遗存大致可按照属性分为农作物、果实、杂草和不可鉴定四部分，其中农作物、果实和杂草是本文需要讨论的部分，合计约7100粒。各类种子遗存的数量百分比和出土概率如表4所示。

表4　赵村遗址出土植物种子遗存一览表

植物名称及分类		出土数量（粒）	数量百分比（%） n=7190	出土概率（%） n=5
农作物	粟	4534	63.06%	100.00%
	黍	68	0.95%	100.00%
	大豆	267	3.71%	100.00%
	小麦	17	0.24%	60.00%
	水稻	1	0.01%	20.00%
果实	果壳	3	0.04%	40.00%
	葡萄属	1	0.01%	20.00%
杂草	黍亚科 狗尾草	799	11.11%	100.00%
	马唐	45	0.63%	100.00%
	其他黍亚科	480	6.68%	40.00%
	豆科 胡枝子	724	10.07%	100.00%
	草木樨	129	1.79%	100.00%
	黄芪	2	0.03%	20.00%
	其他豆科	8	0.11%	20.00%
	藜科 藜	16	0.22%	60.00%
	猪毛菜	17	0.24%	40.00%
	锦葵科 锦葵	20	0.28%	80.00%
	唇形科 水棘针	3	0.04%	40.00%
	石竹科 繁缕	1	0.01%	20.00%
	菊科 苍耳	3	0.04%	20.00%
	蓼科 酸模属	1	0.01%	20.00%
	苋科	1	0.01%	20.00%
	莎草科	1	0.01%	20.00%
	未知	49	0.68%	100.00%

　　需要说明的是，表4中的"出土概率"仅是针对五个遗迹单位而言的，统计对象太少，但依旧可以作为参考数据。下面对各类植物遗存进行简单介绍和分析。

　　（1）农作物。

　　赵村遗址农作物共计4887粒，分五种：粟、黍、大豆、小麦、水稻。粟、黍是北方旱作农业的典型作物，此次赵村遗址发现相当数量的炭化粟和黍。其中，粟的出土数量达4534粒，占农作物比例的92.8%，占炭化植物种子数量的63.1%；出土概率100%，证明粟在赵村遗址出土农作物中占有绝对地位。粟是一年生禾本科狗尾草属的一种，俗名"小米"。赵村遗址炭化粟特征明显：略呈圆球状，表面较光滑，背部较平，部分炭化粟上依旧保留麸壳；多数粟的直径在1—1.5mm之间，胚部占粒长的2/3，呈U形，因烧烤而爆裂呈沟状（附图，1）。

与粟一样，黍也是小粒作物，俗名"黄米"。本次浮选得到的炭化黍共68粒，占全部农作物的1.39%，占全部植物种子遗存的0.95%；黍的数量虽然不多，但出土概率也是100%，证明黍也是赵村遗址重要农作物之一。赵村遗址炭化黍的特征是：形态呈现椭圆球形，比粟的个体要大，直径一般在2毫米左右，表面较粗糙；胚部爆裂呈V状，长度占粒长的1/3左右（附图，2）。

大豆，古人称之为"菽"。赵村遗址出土炭化大豆267粒，占全部农作物的5.46%，占全部植物种子遗存的3.71%；炭化大豆出土概率达到100%，说明赵村遗址的大豆也是重要的农作物之一。大豆容易炭化，也容易破裂，本次发现绝大多数的大豆都是破碎的，少量完整大豆展现了较为明显的大豆特征：长椭圆形，弓背，表面因为大豆高油脂而黝黑光亮，长度在4—5毫米（附图，3）。

小麦和水稻是本次浮选重要发现。赵村遗址出土小麦遗存17粒，占农作物的0.35%，占全部植物种子遗存的0.24%，出土概率是60%。从形态上看，赵村遗址小麦遗存籽粒饱满，背部凸起，腹沟清晰，长度在4毫米左右（附图，4）。赵村遗址出土水稻遗存仅有1粒，且是残块，但特征较为清晰：一端成梭形，表面有纵棱，内部紧密（附图，5）。赵村遗址小麦和水稻遗存虽然很少，依旧有着重要学术价值，它们的存在对于说明商代邢台地区农业状况有着重要意义。

（2）果实。

赵村遗址出土果实4枚，占全部植物种子遗存的0.05%，其中可以鉴定种属的仅葡萄属一种。此粒葡萄属特征较为明显：整体呈圆球形，一端尖嘴状；腹部有沟，沟两侧靠近尖嘴状一端各有一道陷缝，可以据此判定为葡萄属，整体长度不到3毫米（附图，6）。无法鉴定种属的果实有3枚。

（3）杂草。

农田杂草组合对说明当时的环境与生业现状有着重要意义[①]，赵村遗址出土杂草种子共计2299粒，占全部植物种子遗存的32%，其中包括未知种种属的49粒。在杂草种子遗存中，黍亚科是大宗，总共1324粒，占全部杂草种子数量的57.59%，占全部炭化植物种子数量的18.42%。赵村遗址黍亚科遗存多呈梭形，背部微凸，腹部较平，胚部尺寸较小。在可以确定种属的黍亚科中，狗尾草（附图，7）和马唐（附图，8）是最多的。狗尾草遗存出土799粒，占全部炭化杂草的34.75%，出土概率为100%。马唐遗存45粒，占全部炭化杂草的1.96%，出土概率为100%。另外还有480粒黍亚科遗存，不好做进一步坚定。

豆科杂草是另一类常见的田间杂草，赵村遗址出土豆科遗存仅次黍亚科的杂草类

---

① 刘兴林：《农田杂草考古研究的意义》，《古今农业》2016年第2期。

遗存，合计863粒，占全部植物种子遗存的12%，占全部杂草种子遗存的37.54%。赵村遗址豆科遗存形态差异较大，可鉴定种属者有胡枝子（附图，9）、草木犀（附图，10）和黄芪（附图，11），另外有8粒无法确定种属的豆科遗存。赵村遗址出土较多胡枝子，共计724粒，出土概率是100%；其次是草木犀，共计129粒，出土概率是100%；黄芪的数量最少，仅有2粒，也仅出自一个单位。

藜科杂草也是赵村遗址较为常见的田间杂草，共计33粒，占全部植物种子遗存的0.46%，占全部杂草种子遗存的1.44%。藜科种子主要有藜（附图，12）与猪毛菜（附图，13）。藜出土16粒，出土概率为60%；猪毛菜出土17粒，出土概率为40%。

除以上几种杂草，赵村遗址出土较多的杂草还有锦葵科的锦葵（附图，14），共计20粒，占全部杂草种子的8.8%，出土概率为80%。其他杂草种子，如唇形科的水棘针（附图，15）、石竹科的繁缕（附图，16）、菊科的苍耳（附图，17）、蓼科的酸模属（附图，18）、苋科（附图，19）与莎草科（附图，20）等，数量都很少，多者不过二三粒。另外还有少量未知种属者（附图，21）。

三、赵村遗址浮选结果对认识邢台地区商代农业的意义

邢台地区是商代考古的重镇之一，《史记·殷本纪》谓"河亶甲居相，祖乙迁于邢"，《汉书·地理志》"襄国"（即今邢台）下有"故邢国"。因为曹演庄①、东先贤②等重要遗址的发掘，考古学家倾向认为祖乙所迁之"邢"就在今天的邢台市③。从古文字上看，1978年河北省石家庄市元氏西张村出土"臣谏簋"有"井（邢）侯搏戎"，古文字学家据此认为古邢国就在今邢台市④。如果祖乙所迁之"邢"确在今天邢台市，那么商代的邢台有何条件可以成为商人迁都的选择？古人以农业立国⑤，我们认为赵村遗址浮选结果可以为解决上述问题提供新的线索。

赵村遗址地处邢台市，时间从中商跨到晚商早段，符合"祖乙迁邢"的时空范畴，其农业结构在周围相似地貌的前提下具有代表性。从赵村遗址的浮选结果来看，赵村遗址的饮食结构以粟为主，辅之菽、黍、小麦、水稻四种谷物，可谓"五谷俱全"。这证明赵村遗址所在地区土壤肥沃、农业发达。

赵村遗址农业较为发达，这点从该遗址出土的杂草也可以看出。《孟子·尽心

---

① 河北省文物管理委员会：《邢台曹演庄遗址发掘报告》，《考古学报》1958年第4期。

② 李伯谦、段宏振、牛世山等：《邢台东先贤商代遗址发掘报告》，《古代文明》（第1卷），2002年，第371—451页。

③ 邹衡：《夏商周考古学论文集》，科学出版社，2001年，第192—193页。

④ 李学勤、唐云明：《元氏铜器与西周的邢国》，《考古》1979年第1期。

⑤ 赵志军先生已经论证过多种农作物组合对于早期文明的重要性，见赵志军：《中国古代农业的形成过程》，《第四纪研究》2014年第1期。

下》"恶莠恐其乱苗也"，可见农田杂草与农作物相伴，这是大量农田杂草出现于生活灰坑的原因之一。赵村遗址不仅出土大量农作物，也出土一定数量的杂草，且这些农作物与农作物往往同出。从杂草组合上看，黍亚科杂草是赵村遗址数量最多者，其丰富程度与遗址中出土的炭化粟相当。杂草组合中豆科组合较次之，巧合的是，该遗址大豆出土数量也仅次于粟。赵村遗址这种农田伴生杂草的繁盛，说明该遗址是一个以农业生产为主导的聚落，遗址中的农田杂草很可能来自谷物加工过程。

虽然目前邢台地区植物考古工作开展不多，但甲骨文中有部分相关材料，可以证明赵村遗址浮选结果的可信性。甲骨文中有"井"，似乎与商人关系密切，如：

□□贞：刜在井，羌方弗翦。（《屯南》2907）

"井"即是"邢"，这条卜辞是商王为邢地发生的战争进行的占卜。

"井"地之女嫁于商王为妇者即为妇妌[1]，卜辞有大量与妇妌有关的记载，且多与农业生产有关，如：

贞：妇妌不受年。（《合集》9756）

贞：妇妌黍，受年。

贞：不其受年。（《合集》5977+《合集》9974）

辛丑卜，殷贞：妇妌呼黍于丘商，受年。（《合集》9530正）

甲骨文中"妇"很多，但参与农业生产者则十分稀少，"妇妌"无疑是其中佼佼者，我们认为这或许与"妇妌"娘家地或封地"井"（邢）有关。似乎正是因为井"（邢）地农业发达，商王才会对该地的农业状况十分关注，多次占卜"妇妌"是否受年[2]；也因此，"妇妌"才可以熟悉农业生产，并成为商代王后中极其少见的可以参与农业生产的人物。

从这个角度上说，甲骨文中与"邢"有关的记载也可以提供一种线索，证明邢台地区确实如赵村遗址浮选结果显示的那样，该地区农业较为发达。这大约是古邢台可以作商都的条件之一。

四、关于商文化区农作物结构的研究

目前，经过系统浮选工作的商文化遗址主要集中在商文化的中部或中部和东部地区，邢台赵村遗址是唯一一例经过浮选工作的商文化区北部遗址。

---

① 关于"妇妌"，可参考李学勤：《谈新出现的妇妌爵》，《文博》2012年第3期。

② 甲骨文中的"井"是否是妇妌的封地，尚未可知，但二者关系密切则是确定的，所以这里借助二者的联系，推论如是。

在商文化的中部地区，河南登封王城岗遗址[①]、登封南洼遗址[②]、河南洛阳二里头遗址[③]、河南郑州东赵遗址[④]、郑州商城遗址[⑤]、新密古城寨遗址[⑥]的浮选材料涉及较多的商代遗存。总的来说，这些遗址中商代遗存出土的粟都处于一个绝对的主导地位，但各个遗址又都有各自的浮选特点。二里头遗址与古城寨遗址中商代浮选材料较为单纯，黍仅次于粟，其他谷物遗存数量不多；南洼遗址、东赵遗址中黍的数量与出土概率都仅次于粟，但小麦和大豆数量也不少；郑州商城中的水稻和小麦的地位都比较高，仅次于粟，而高于黍；王城岗遗址中小麦的数量一直较多，仅次于粟。可见，商文化区中部地区商代遗存中的小麦处于一个较高的地位，这是需要注意的。

在商文化的东部地区，山东济南大辛庄遗址[⑦]和刘家庄遗址[⑧]都是高等级商代聚落，且都经过系统的浮选工作。这两处遗址的浮选结果大同小异：相似点都是以粟为主，以黍、大豆为辅；不同点在于大辛庄遗址也出土了相当多水稻，但这并不意味着水稻在大辛庄遗址中的重要性就高于黍、大豆，而更可能是由于发掘单位特殊背景导致的[⑨]。济南刘家庄遗址还进行过人骨同位素分析[⑩]，结果显示该遗址居民主要以C_4类植物为主，同时摄入一定比例的C_3类植物，与该遗址浮选结果一致。

将商文化中部和东部的浮选结果与北部的邢台赵村遗址作对比，可以很明显看出，赵村遗址的浮选结果略与东部大辛庄、刘家庄两处遗址的浮选结果较为相似，而与中部的王城岗遗址、南洼遗址、东赵遗址、郑州商城遗址略有差异。小麦是产生差异的

① 赵志军、方燕明：《登封王城岗遗址浮选结果及分析》，《华夏考古》2007年第2期。

② 吴文婉、张继华、靳桂云：《河南登封南洼遗址二里头到汉代聚落农业的植物考古证据》，《中原文物》2014年第1期。

③ 中国社会科学院考古研究所：《二里头（1999～2006）》，文物出版社，2014年，第1295—1313页。

④ 杨玉璋、袁增箭、张家强，等：《郑州东赵遗址炭化植物遗存记录的夏商时期农业特征及其发展过程》，《人类学学报》2017年第1期。

⑤ 贾世杰：《郑州商城炭化植物遗存研究》，中国科学技术大学硕士学位论文，2011年。

⑥ 陈微微、张居中、蔡全法：《河南新密古城寨城址出土植物遗存分析》，《华夏考古》2012年第1期。

⑦ 陈雪香：《从济南大辛庄遗址浮选结果看商代农业经济》，《东方考古》（第4集），科学出版社，2008年，第47—68页；宫玮：《济南大辛庄、刘家庄商代先民食物结构研究——植物大遗存与碳、氮稳定同位素结果》，山东大学硕士学位论文，2016年，第27—29页。

⑧ 宫玮：《济南大辛庄、刘家庄商代先民食物结构研究——植物大遗存与碳、氮稳定同位素结果》，山东大学硕士学位论文，2016年，第54—55页。

⑨ 大辛庄遗址2010年度浮选出水稻高达1161粒，但其中883粒均于H918，若排除这个特殊值，2010年度浮选出的水稻比重要远低于黍和大豆。

⑩ 宫玮：《济南大辛庄、刘家庄商代先民食物结构研究——植物大遗存与碳、氮稳定同位素结果》，山东大学硕士学位论文，2016年，第76—78页。

重要原因，东部和北部地区的小麦遗存较少，而中部地区的小麦遗存较多，且出土概率也较高。从地图上看，济南与邢台的纬度接近，较洛阳、郑州、登封等区域更为偏北，或许是地理环境的因素导致了商代小麦更适合在商文化中部地区生存。无论如何，根据现有材料将可以大致看出商文化各地区农作物结构并不完全一致，它们的特点可以用"大同小异"来概括。

五、结　　论

河北邢台赵村遗址浮选出数量较多的植物遗存，是我们分析邢台地区商代生业经济的重要材料。仅就农作物而言，赵村遗址出土的谷物遗存中以粟、黍、大豆为主，也有一定数量的小麦，还出土水稻，显示该遗址是典型的旱作农业。有趣的是，该遗址虽然仅出土的1粒水稻遗存，但依旧可以表明商代水稻遗存的北界至少推进到邢台一带。"五谷丰登"的浮选结果暗示，赵村遗址所在区域也是重要的农业区域，这为我们提供了解"祖乙迁邢"的新视角。

经过与商文化区内其他遗址浮选材料对比，我们可以知道商文化区是典型的粟作农业，粟在农作物中的地位是主导性的，这一结论也可以从河南安阳殷墟[①]、山东滕州前掌大[②]等遗址人骨同位素结果中得以证实。不过，即使商文化区总体作物面貌相似，不同区域农作物结构也并不完全一致，小麦在商文化中部地区更加重要，而在东部和北部地区的地位似乎不是很高。所以，本文认为商文化区内农作物结构有着"大同小异"的特点。

说明和致谢：本文没有涉及晚商甲骨文中农作物结构，这是一个有争议的课题，需要详细的考证，限于篇幅，作者将在其他文章中专门论述。另外，感谢宋晓航提供赵村遗址小麦的测年数据，感谢陈星灿师在本文写作过程中提供的修改意见。

---

① 张雪莲、王金霞、冼自强、仇士华：《古人类食物结构研究》，《考古》2003年第2期；张雪莲、徐广德、何毓灵、仇士华：《殷墟54号墓出土人骨的碳氮稳定同位素分析》，《考古》2017年第3期。另外，唐际根先生在《殷墟：一个王朝的背景》一书中公布了5例殷墟人骨同位素材料，这5例数据的结果也都表明殷墟居民以C4类植物为主。

② 张雪莲、仇士华、钟建、梁中合：《山东滕州市前掌大墓地出土人骨的碳氮稳定同位素分析》，《考古》2012年第9期。

附图

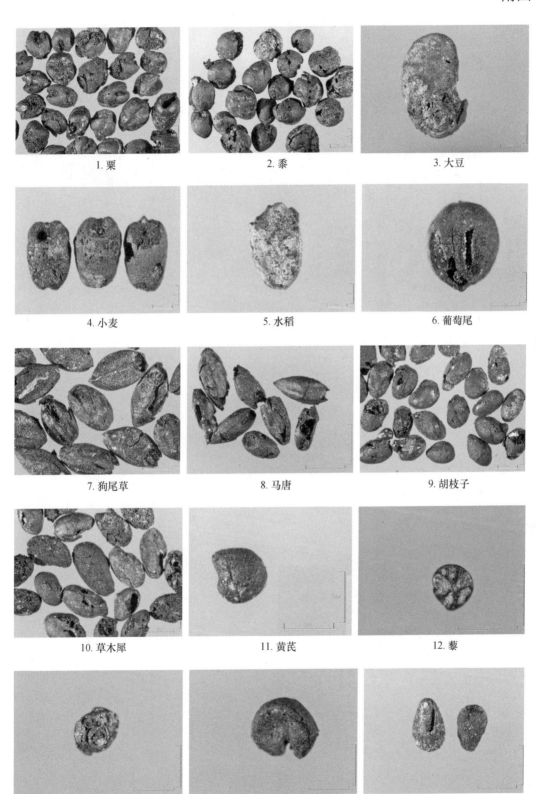

1. 粟

2. 黍

3. 大豆

4. 小麦

5. 水稻

6. 葡萄尾

7. 狗尾草

8. 马唐

9. 胡枝子

10. 草木犀

11. 黄芪

12. 藜

13. 猪毛菜

14. 锦葵

15. 水棘针

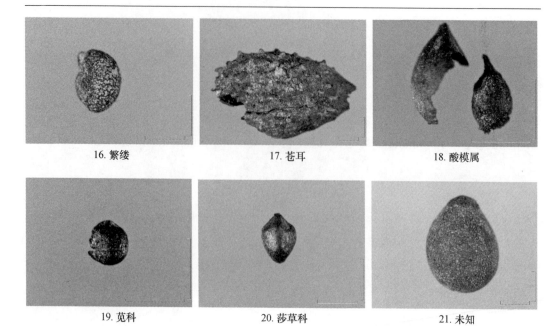

16. 繁缕　　　　　　　　17. 苍耳　　　　　　　　18. 酸模属

19. 苋科　　　　　　　　20. 莎草科　　　　　　　　21. 未知

柏乡赵村战国墓

李恩玮　史云征

赵村遗址位于柏乡县城西赵村村北侧，20世纪90年代初全国"二普"时发现。2015年初夏，为配合当地生产建设，经河北省文物局批准对此遗址进行了考古发掘。本次发掘除揭露商代文化堆积之外，还清理了两座战国时期墓葬，两座墓葬在发掘资料中编号分别为M7、M8。现将两座墓葬及出土遗物介绍如下。

一、墓葬及出土遗物

（一）M7

1. 墓葬情况

M7位于遗址东南部。此地早年地势较高，由于当地生产建设上部地层已被挖掉，墓圹上部遭到破坏。M7开口耕土下，墓室直壁，平底，长方形竖穴土坑墓。墓向10度。坑口至地表25厘米，坑口至坑底90厘米，墓室长300厘米，宽180厘米。墓室四壁下部有生土二层台。东西两侧土台宽12厘米，南北两头土台的宽度不规则，取中间值为16厘米，土台高42厘米。墓内葬具一棺，棺长175厘米，宽54厘米，由于腐蚀严重，棺木只显示木质纤维痕迹（图1；图版14，1）。棺内骨架一具，头北脚南，由于骨架腐朽严重，性别与年龄不详，但可以看出墓主为仰身屈肢葬。在棺与二层台之间的墓主头部，放置11件随葬陶器。其中鼎2件、壶2件、盖豆2件、球腹豆1件、匜1件、盘1件、碗1件、鸭形尊1件。11件陶器均彩绘装饰，出土时色彩艳丽、纹饰清晰夺目，遇空气后干燥失色。

2. 出土遗物

M7：1，陶盖豆。泥质灰陶。圆形盖，球形腹，喇叭形足，豆柄残断，豆盖与豆腹用子母口咬合。通高23厘米，腹径20厘米。器表磨光，器型规整，制作精细。盖纽上部彩绘一周黄色云雷纹，边缘绘一周红色弦纹同心圆。盖面与腹部分别饰有红、黄色相间的纵向云气纹饰带，腹下用一周红色弦纹同心圆锁口。下足用红色云雷纹装饰。陶豆整

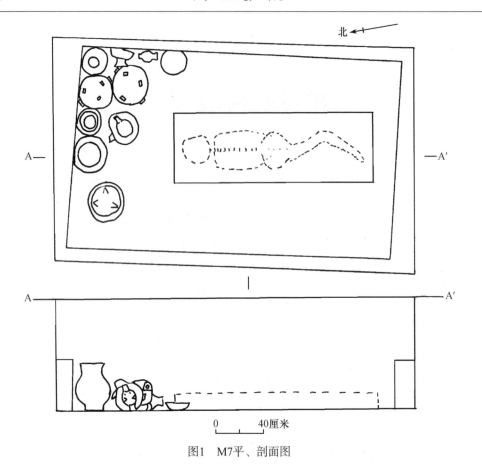

图1　M7平、剖面图

体绘有六层彩绘，红、黄两色交替运用（图2，1；图版15，2）。

M7：7，陶盖豆。泥质灰陶。器型完整。M7：7与M7：1形制、大小、纹饰相同，两者应是一对器物（图2，4；彩版8，4）。

M7：6，陶鸭形尊。泥质灰陶。陶鸭双足、长颈作引首展翅状，双足残断，上喙残失，鸭背开圆形尊口，弧形盖，桥形纽。腹部空腔，口腔与脖颈空心并与腹腔贯通。通高32厘米，长45厘米。器表磨光处理，通身绘饰黄色羽状纹，纹间点缀少量红彩，颈部绘饰两周白色条状纹带。器型规整，制作精细（图2，7；彩版9，1；图版15，4）。

M7：8，陶匜。泥质灰陶。侈口，平足，带流。残损。口流直径17厘米，高6厘米。内壁饰满不规则红色云雷纹，外壁素面（图2，2；图版16，3）。

M7：9，陶碗。泥质灰陶。直口，弧壁，平足。口部嗑损。口径15厘米，高5厘米。内壁饰满不规则红色云雷纹，外壁素面（图2，5；图版16，1）。

M7：10，陶盘。泥质灰陶。侈口，圈足。器型完整。口径28.5厘米，高5厘米。器表磨光处理，器沿面饰一周黄色云雷纹，内壁饰满不规则红色云雷纹，外部光素（图2，3；图版16，2）。

M7：11，陶球腹豆。泥质灰陶。圆形盖，口微侈，高领，球形腹，喇叭形足。器

图2　M7出土陶器

1、4、6.豆（M7：1、M7：7、M7：11）　2.匜（M7：8）　3.盘（M7：10）　5.碗（M7：9）
7.鸭形尊（M7：6）

型完整。通高18厘米。器表磨光，器型规整，制作精细。盖面中心彩绘黄色变形柿蒂团形纹，外侧饰一周红色云雷纹。腹部用三周等距刻划弦纹将豆腹分成上中下三等份，彩绘分别饰于三个区域内。上部绘有一周红色纵向云气纹；中部绘有一周红黄二色卷云纹；下部与上部纹饰相同；足部饰红色卷云纹。黄色部分脱彩严重，部分红彩遗迹尚存（图2，6；彩版8，2）。

M7：2，陶鼎。泥质灰陶。圆腹，弧形盖，双附耳，圜底，三兽足。器表磨光处理，器型规整，制作精细。鼎盖与鼎腹用子母口咬合。器盖与双耳残损。通高25厘米，耳径35.5厘米。盖面塑有三个等距桥形纽，盖面中心绘有红色卷云纹；盖面三纽之间各绘有两组红黄二色纵向云气纹带；下部用红黄二色绘有变形三角形纹饰带；盖纽外侧各绘一组红色卷云纹；双耳外侧绘有红色网格纹；腹上部用红黄二色绘有一周纵向云气纹带，腹下部用红黄二色绘有一周云雷纹；三兽足外侧各绘有红色卷云纹。整个器身涂装八个层面（图3，2；彩版8，3）。

M7：3，陶鼎。泥质灰陶。鼎盖残损，三足残断。形制、大小、涂装与M7：2基本一致，只是器盖彩绘与M7：2略有差别。M7：3器盖由中心向外分别绘制四层彩绘纹饰，第一层绘有红色变形柿蒂团形纹；第二层用红黄二色绘有一周卷云纹；第三层用红黄二色绘有一周纵向云气纹饰带；外侧用一周红色云雷纹锁口（图3，4；图版15，3）。

M7：4，陶壶。泥质灰陶。侈口，长颈，溜肩，鼓弧腹，平足，弧形盖，盖面塑有五个等距莲花瓣。壶盖与壶口用子母口咬合。口部与器盖残损。通高53厘米。器表磨光处理，器型规整，制作精细。壶身通体彩绘18层纹饰，壶盖彩绘三层纹饰。彩种可分三种，重点纹饰使用红黄二色，白色使用较少仅用于局部勾勒与点染。壶盖中心绘有红色柿蒂团形纹，外部绘饰红黄二色卷云纹。壶身用四组云气纹和一组卷云纹、二组奔鹿纹构成主体花纹布局，其间用白色波浪纹作穿插隔断。奔鹿纹绘在壶的颈部和腹下两个带区。颈部有12只奔鹿首尾相连，均作回首状，头上长角，用红黄二色间隔区分。腹下图案与颈部相同，只是黄色鹿作回首状，红色鹿首作前驰状。画面活泼，动感十足（图3，3；图4；图版15，1）。

M7：5，陶壶。泥质灰陶。壶口与壶盖残损。M7：5与M7：4形制、大小、涂装纹样相同，两者应是一对器物（图3，1；图5；彩版8，1）。

（二）M8

M8与M7相邻并排，墓圹上部已被破坏。开口耕土下，墓室直壁，平底，竖穴土坑墓。墓向13度。坑口至地表20厘米，坑口至坑底60厘米，墓室长326厘米，宽186厘米。墓内葬具一棺，由于腐蚀严重棺木只显示木质纤维痕迹。棺长190厘米，宽80厘米。棺内骨架一具，头北脚南，仰身直肢葬。骨架腐朽严重保存较差，性别与年龄不详（图6；图版14，2）。随葬陶器11件放置在棺外脚部。器型有鼎2件、壶2件、鸭形尊1件、

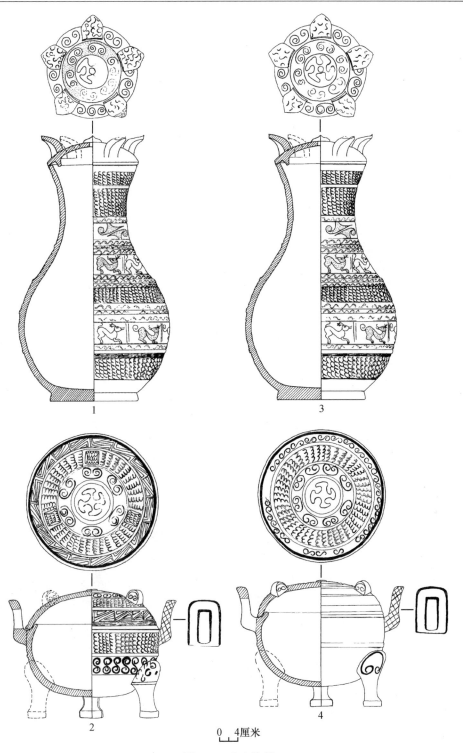

图3　M7出土陶器

1、3.壶（M7：5、M7：4）　2、4.鼎（M7：2、M7：3）

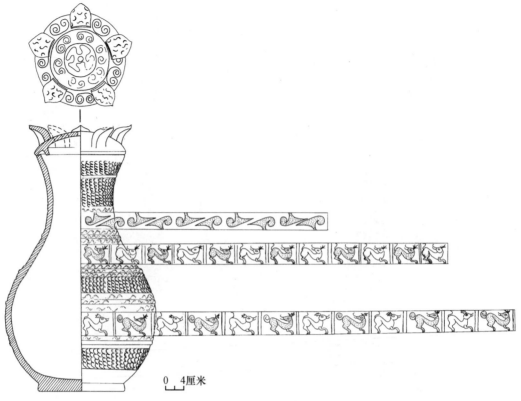

图4　M7出土陶壶（M7∶4）

盘1件、匜1件、盖豆2件、球腹豆1件、碗1件。11件陶器均彩绘装饰，出土时色彩艳丽，纹饰清晰，遇空气后干燥失色。

　　M8∶1，陶壶。泥质灰陶。侈口，长颈，溜肩，鼓弧腹，平足，弧形盖，盖面塑有五个等距莲花瓣，器身磨光处理。壶盖与壶口用子母口咬合。通体残损。通高42厘米。壶盖彩绘两层纹饰。纹饰颜色可分三种，主要部分使用红黄二色，白色使用较少，见于局部勾勒与点缀。壶盖中心绘有红色变形柿蒂团形纹，外部用红黄二色绘饰云雷纹。壶身用三组图案构成主体花纹布局。颈部使用红黄二色绘有一周云气纹；肩部绘12只首尾相连的奔鹿纹，奔鹿均作回首状，头上长角，用红黄二色间隔区分。腹部纹饰与颈部纹饰相同（图7，1）。

　　M8∶4，陶壶。泥质灰陶。侈口，长颈，溜肩，鼓弧腹，平足。失盖，壶口残损，器身磨光处理。残高38厘米。M8∶4与M8∶1形制一致，彩绘图案相同，应是一对器物（图7，2）。

　　M8∶2，陶鼎。泥质灰陶。圆腹，弧盖，双附耳，圜底，三兽足。器表磨光处理，鼎盖与鼎腹用子母口咬合。器盖残损，双附耳与三兽足残断。通高18厘米。盖面塑有三个等距桥形纽并刻划三个弦纹同心圆，盖纽之间用红黄二色绘有三组云气纹，鼎腹部用红黄二色绘有一周云气纹饰带，三足外侧各绘有红色卷云纹（图7，4）。

图5 M7出土陶壶（M7∶5）

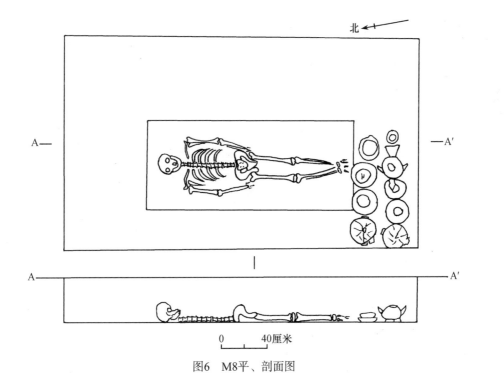

图6 M8平、剖面图

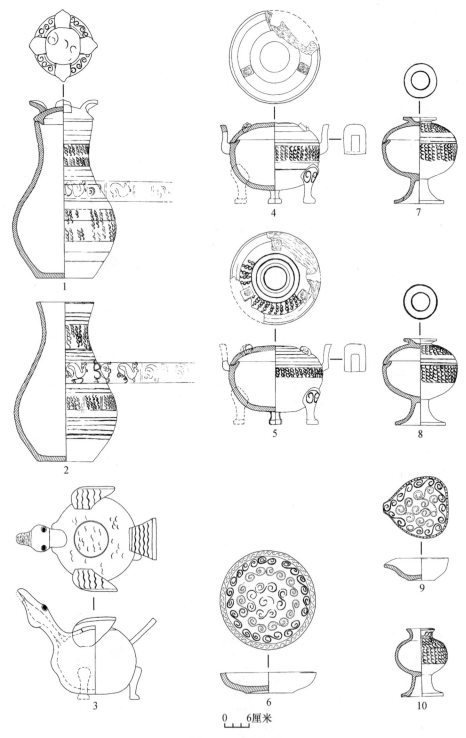

图7　M8出土陶器

1、2.壶（M8：1、M8：4）　3.鸭形尊（M8：7）　4、5.鼎（M8：2、M8：5）　6.盘（M8：8）

7、8、10.豆（M8：3、M8：6、M8：10）　9.匜（M8：9）

M8：5，陶鼎。泥质灰陶。圆腹，弧形盖，双附耳，圜底，三兽足。器表磨光处理，鼎盖与鼎腹用子母口咬合。器盖残损，右附耳残失。M8：5与M8：2形制大小一致，彩绘图案相同，应是一对器物（图7，5）。

M8：3，陶盖豆。泥质灰陶。圆形盖，球形腹，喇叭形足，器表磨光处理，豆盖与豆腹用子母口咬合。通体残损。通高20厘米。盖面用红黄二色绘有一周云气纹，腹部彩绘与盖面纹饰相同，器足素面（图7，7；彩版9，4）。

M8：6，陶盖豆。泥质灰陶。圆形盖，球形腹，喇叭形足，豆盖与豆腹用子母口咬合，通体残损。M8：6与M8：3形制大小一致，彩绘图案相同，应是一对器物（图7，8；图版16，4）。

M8：7，陶鸭形尊。泥质灰陶。陶鸭三兽足、长颈作引首展翅状，脖颈与右翅残断，下喙残失。鸭背开圆形尊口，弧形盖，腹部空腔，口腔与脖颈空心并与腹腔贯通。通高25厘米，长34厘米。鸭身与翅、尾彩绘水波纹，由于脱彩严重，从局部可以分辨出彩绘使用红、黄、白三种颜料（图7，3；彩版9，2）。

M8：8，陶盘。泥质灰陶。侈口，平沿，方唇，平足内凹。器型基本完整。口径23厘米，高5厘米。内壁绘满红色云雷纹，外部光素（图7，6）。

M8：9，陶匜。泥质灰陶。侈口，平沿，方唇，带流，平足内凹。残损。口流直径16厘米，高5厘米。内壁绘满红色云雷纹，沿面饰红黄色块，外壁素面（图7，9）。

M8：10，陶球腹豆。泥质灰陶。圆形盖，口微侈，高领，球形腹，喇叭形足。器型完整。通高17厘米。盖面绘有红色卷云纹，颈部绘一周黄色波浪纹，肩部用红黄二色绘一周云气纹，腹部用红色绘制一周云气纹，通体彩绘四层纹饰（图7，10；彩版9，3）。

M8：11，陶碗。泥质灰陶。直口，平沿，方唇，弧壁，平足。完整。口径14厘米，高5厘米。沿面饰红黄色块，内壁饰满红色云雷纹，外壁素面。

二、结　语

赵村战国墓，北距境内"古鄗城址"的直线距离10千米，南距隆尧县境"柏人城址"直线距离12千米，西距临城县境"柏畅城址"直线距离15千米。三座古城在战国时期均是赵国北疆的重要军事防御屏障，也是这一地区政治、经济、文化交流中心。柏乡赵村的地理位置在这一历史时期的价值和作用，显得尤为突出和重要。近年，随着田野考古工作的不断增多和诸多遗存的出土，为了解这一地区历史文化面貌和信息提供了机遇。

赵村墓葬出土的随葬陶器是以鼎、豆、壶、盘、匜、尊、碗为基本组合的常见器型，这种组合在冀南的邢台、邯郸包括石家庄地区时有发现，代表了这一时期丧葬制度的基本形态和区域特点。见于正规发掘报告的有内丘张夺战国墓[①]、邯郸百家村战国墓[②]、唐县高昌战国墓[③]以及邢台钢铁厂北生活区战国墓葬群等。尽管他们之间随葬品的数量和种类不尽相同，但总体面貌涵盖了这一时期的基本文化特征。从各地公布的材料来看，柏乡赵村墓葬的器物组合更加严谨，数量更大，彩绘纹样也更加丰富，并具有自己特点。根据材料比对，赵村墓葬的年代应在战国中期偏早阶段较为恰当，M7与M8两者的下葬时间差距应该不大。

M7为带二层台式竖穴土坑墓，墓主仰身屈肢葬，随葬品放置在棺外的头部。M8是竖穴土坑墓，墓主仰身直肢，随葬品放置在棺外的脚部。两者头向一致，墓向均在10度左右，随葬品的器物组合、数量和种类完全相同。两座墓室结构与葬式、葬俗在当地常见，并延续时间较长。两墓随葬陶器的质量存在明显不同，M7出土质地坚硬，烧制火候较高，胎体制作细腻、规整，器表全部磨光处理，施彩厚重，尤其黄色彩料发亮醒目。M8出土陶器质地疏松，制作粗糙，纹饰简略，器物尺寸明显小于M7。从两座墓葬的墓室结构和随葬陶器可以看出，墓主身份地位与尊卑等级存在一定差别。由于骨骼腐朽严重难以判别墓主性别，推测两者应是夫妇合葬墓，属贵族阶层。

纵观两座墓葬陶器彩绘纹饰，以云雷纹、卷云纹、云气纹和奔鹿纹为主要题材，绘制技法娴熟，风格洒脱奔放。施彩为红、黄、白三种颜色，黄色细腻明亮，犹如漆画，脱落亦相对较多。红色浓艳深沉，颜料附着力强，脱彩相对较轻。白色使用较少，彩料淡薄，但着色牢固，保存相对较好。三种颜色均为矿物质料，遇水色彩深沉艳丽，干燥色调浅淡。出土的陶器均是仿青铜礼器，它是上层社会丧葬制度中寄托思想情志的一种冥器，显现出礼乐制度衰落时期的文化痕迹。陶壶纹饰繁缛华美、富丽堂皇，虽笔触繁复，但仍不失清丽活泼、舞动昂扬的特质与气场，在整个陶器群中最具代表性。云纹在这一时期处于早期发展阶段，图案寓意注重人文情愫的表现，以简约抽象的流动线条，表现出生机勃勃的雄浑气象，彰显了东周时期风起云涌、逐鹿疆场的时代精神。鹿纹在陶器群纹饰中最为突出，体现出墓主生前的高贵与显要。鹿纹装饰在较早时期的青铜器上就有反映。清乾隆时期古籍《西清古鉴》中著录一件西周早期青铜提梁卣，资料显示这件铜器早年出土安阳地区，其纹饰与赵村战国墓陶壶鹿纹布局相同。两者鹿纹的形态虽有差别，但在时间段上存在早晚变化的关系。现存美国明尼阿波利斯艺术博物馆的西周"史父癸"青铜盉，身上的羽状纹（又称鳞纹）与赵村战国墓鸭形尊身上的羽状纹同样存在着前后演变关系。这件青铜盉早年出土山东滕州。可见赵村战国墓陶器纹饰中的诸多文化元素，在中原地区的黄河流域都能找到文化渊源，这种动物装饰题材的运用是这一地区的文化特点。

---

① 李恩玮、李军、石丛枝主编：《内丘张夺发掘报告》，科学出版社，2011年。

② 孙德海：《河北邯郸百家村战国墓》，《考古》1962年第12期。

③ 南水北调中线建设干线建设管理局等编：《唐县高昌墓地发掘报告》，文物出版社，2010年。

柏乡东小京战国墓

史云征　李振奇

　　1986年7月，柏乡县东小京村农民取土时挖出一批战国文物。我们在现场调查以后，征集了出土文物。现将情况简报如下。

　　柏乡县地处河北省南部，县城北17千米处是战国时期赵国的鄗城遗址。文物出土地点在鄗城遗址东2千米的东小京村西400米处。据取土者介绍，文物散布在约10平方米的灰土中，伴有人骨，没有砖石。据现场调查，这批文物出土于离地表深4.2米处，周围地段均为红壤土，未见葬具残迹。但根据此地多古墓的情况，推测这批文物可能是一竖穴土坑墓中的随葬品（图1）。这批文物共113件，其中陶器很少，骨器、铜器较多，特别是象牙干支筹和矩形饰，有很高的学术价值。

　　陶罐　3件。泥质灰陶，大小、形制基本相同。侈口，尖唇，高直领，球形腹，平底内凹。通体饰绳纹。高25厘米，腹径24厘米（图2）。

　　铜镜　3件。均残。2件锈蚀严重，纹饰难以看清，直径约12厘米。1件为羽状纹地四山四叶纹镜，体薄，高沿，三弦纽。直径10厘米，沿高0.5厘米（图3）。

　　铜印　3枚。桥形纽，印呈立方形，边长1.5厘米。锈蚀严重，印文不清。

　　铜磬形饰　4件。分三式。

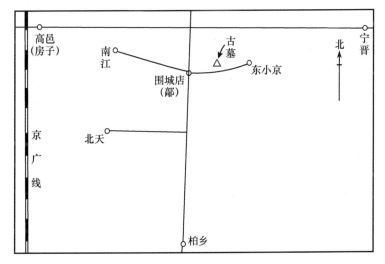

图1　东小京战国墓位置示意图

图2　陶罐

图3　铜镜

Ⅰ式：2件。质薄，一面周缘凸起，两端内角方折，顶端有桥形纽（残）。面饰卷云纹。高6厘米，长13厘米（图4，7；图5）。

Ⅱ式：1件。质薄，顶端有桥形纽，面较宽，面饰几何纹，跨度小。高5厘米，长12厘米（图4，9）。

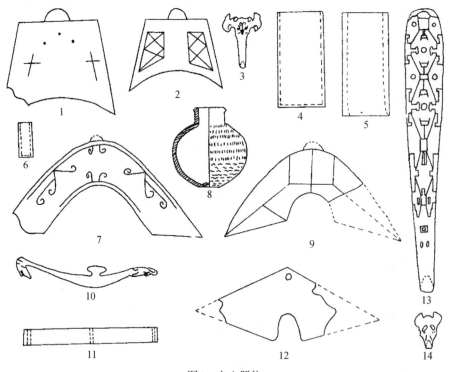

图4　出土器物

1、2.铜铃　3、14.Ⅰ式铜带钩　4、5.象牙管饰　6.象牙圆柱饰　7.Ⅰ式铜磬形饰　8.陶罐
9.Ⅱ式铜磬形饰　10.Ⅱ式铜带钩　11.象牙矩形饰　12.Ⅲ式铜磬形饰　13.Ⅲ式铜带钩

Ⅲ式：1件。质薄，整体呈菱形，上部有圆穿，素面。高5厘米，长12厘米（图4，12）。

铜铃　2件。铃身较厚，呈梯形，舞部有半环形纽，方折肩，于上弧。一件铃身饰乳钉纹和十字纹，内有舌，高3厘米，舞宽2.5厘米（图4，1；图6，右）。另一件铃身饰两组几何纹，舌残。高1.6厘米，舞宽2厘米（图4，2；图6，左）。

图5　Ⅰ式铜磬形饰

图6　铜铃

铜带钩　4件。分三式。

Ⅰ式：2件。器身扁平，整体呈兽面状，椭圆形纽，钩残。一件长3厘米，宽2.5厘米（图4，3）。另一件长2厘米，宽1.5厘米（图4，14）。

Ⅱ式：1件。器身扁长，钩作鸭首状，钩首部呈龟头形，圆纽。长9.5厘米，宽1.5厘米（图4，10）。

Ⅲ式：1件。钩残，圆纽，钩体弧度较大，曾镶嵌松石，并有错金，出土时已脱落。长18厘米，宽3厘米（图4，13）。

铜镦　3件。大小相同，呈圆筒状，素面，其中2件一端封口。长6厘米，直径3厘米（图7）。

铜蹄形足　2件。马蹄状，上部有一圆柱形横插。长4.5厘米，宽3.5厘米（图8）。

布币　3枚。均为方肩尖足布，锈蚀严重，币文不清。长5.5厘米，肩宽2.5厘米。

象牙干支筹　11枚。大小相同。分别线刻干支名，上端用汉字数目编号，下端饰一组圈点纹。器表极为光滑，当为实用之物。长12.8厘米，宽2厘米，厚0.5厘米（图9、图10；彩版12，2）。

图7　铜镦

图8　铜蹄形足

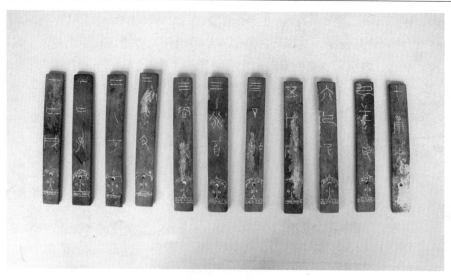

图9　象牙干支筹

图10　象牙干支筹拓片

图11　象牙矩形饰

象牙矩形饰　64件。其中10件每面施白色涂料，饰圈点几何纹。长2.4厘米，宽1.3厘米，厚1.3厘米（图11）。其余为素面，分四种规格。其一，24件，绿色，长2.4厘米，宽1.2厘米，厚1.2厘米；其二，20件，长2.4厘米，宽1.5厘米，厚1.5厘米；其三，8件，白色，长2.8厘米，宽1.6厘米，厚0.7厘米（图12）；其四，2件，两端与中间各有一穿孔，一面横向有十笔朱砂墨迹，2件均在中间穿孔处残断，长9厘米，宽1厘

图12　象牙矩形饰

米，厚0.5厘米（图4，11）。

象牙圆柱饰　2件。纵向中间有未穿透的孔。长2.3厘米，直径1厘米（图4，6）。

象牙管饰　6件。圆筒状。其中2件一端磨得较锐，内用刀削成的锥体骨塞堵塞。长7厘米，直径2.5—2.8厘米。另4件不规整，似自然形成，均为黄色，器表滑腻，富有光泽。1件端部微刻一"子"字（图13）。长5.6—6厘米，直径3—3.2厘米（图4，4、5）。

琉璃珠　3件。分二式。

Ⅰ式：1件。圆角长方体，中间有一穿，上有多组圆形绿地蓝花饰。长2.3厘米，穿径1厘米（图14，左）。

Ⅱ式：2件。球体，中心有一穿，绿色，内有波纹。直径2厘米（图14，中、右）。

柏乡县东小京古墓出土的这批文物中，象牙矩形饰和干支筹等为过去所罕见，后者可能为数术家所用。此墓的年代及相关问题，依出土器物可作如下推断。

3件绳纹平底陶罐大小、形制一致，风格相同，陶胎中略夹砂，火候较低，吸水性大，或为明器。羽状纹地四山四叶纹铜镜轻巧别致，镜面略呈弧状，光可照人。陶罐和铜镜的造型、纹饰风格与湖南益阳楚墓所出同类器物基本相同。Ⅰ式琉璃珠最早见于春秋早中期，战国中后期较为盛行，如中原地区的中小型战国墓、冀南地区临城的战国墓中都出土较多。铜铃和磬形饰在本地及其他地区的战国墓中常有出土。Ⅰ式铜带钩作兽面状，纽居钩体尾部，为战国时期带钩的特点。象牙干支筹铭文中，许多字体与春秋、战国时期的彝文相同或相似。所以，我们认为此墓应为战国中晚期墓葬。

象牙干支筹文字，笔画圆转纤细，结构紧凑，字体长短比例为1：1—1：1.5，其风格与侯马、温县盟书相似。对照罗福颐《古玺文编》一书，不少干支筹文字字形与三

图13　象牙管饰

图14　琉璃珠
（左：Ⅰ式　中、右：Ⅱ式）

晋的玺文相同或相似。战国中后期，鄗为赵国著名城邑，也常是赵国与中山国的争战之地。周赧王五十七年（前258年）秦、赵两国大战。魏信陵君窃符救赵，赵王感恩，曾以鄗城为汤沐邑相赠，魏公子在此隐居多年。当时战乱频繁，各国人员流动大，文化交流广，因此，象牙干支筹的国属有待深入研究。

（原刊于《文物》1990年第6期）

柏乡东小京汉墓

史云征　李振奇

1986年夏，河北省柏乡县东小京村农民在村西砖厂附近取土时发现一座古墓，县文物保管所闻讯后随即派员前往调查。赶赴现场时，墓室已遭全部破坏，随葬器物大部被村民取回家中。墓周仅存墓砖和残碎陶器，故葬式、葬具及随葬品摆放位置不明。据现场调查，此墓为一单室砖墓，墓壁以青条砖垒砌，墓室长3.5米，宽1.5米，墓底距现地表2.5米。所出遗物均已全部收回所内，现就出土器物介绍如下。

墓中共出土文物22件。除铧为铁质，带钩、铺首、钱币、镜为铜质外，余皆为陶器。

陶范　1件。泥质灰陶，呈半球形体。范内纹饰可分两组，内区中心饰锯齿纹及弦纹。外区饰锯齿纹及栉齿纹。范外径18厘米，内径15厘米，高5.3厘米（图1，10）。

陶器盖　6件。均泥质灰陶。呈半球形体。就纹饰可分四种。第一种2件。宽沿，球形纽，内区饰柿蒂纹及两周弦纹，外区一周带状锯齿纹及栉齿纹。盖径15厘米，高4厘米（图1，9）。第二种1件。窄沿，圆纽。饰弦纹、松针叶纹、锯齿纹及栉齿纹。盖径10厘米，高4厘米（图1，7）。第三种2件。宽沿，圆纽。纽上下饰一龙一虎，龙作仰面长上状，其体卷曲，虎呈回首奔驰形。龙虎身部饰以圈点纹。边缘饰栉齿纹。盖径12.5厘米，高4厘米（图1，6）。第四种1件。尺寸、形制与纹饰和同墓出土的陶范相同，应为此范的翻模品。

陶仓　2件，形制相同，均为泥质灰陶。筒式，敛口，直壁，平底。仓身饰三组栉齿纹。口径6.5厘米，腹径12厘米，高15厘米（图1，11）。

陶拍　1件。夹砂灰陶，素面，呈倒蘑菇状，柄残。陶拍内为一圆饼状石核，外一层夹砂泥而烧为一体。拍径15.5厘米，残高6厘米（图1，3）。

另外尚出土鼎、壶、罐等器，素面灰陶，均残碎。

铁铧　1件。深銎，中部起脊，尖部微曲，体呈三角形。长30厘米，最宽26厘米，最厚10厘米（图1，8）。

铜带钩　2件。1件为曲棒形。鸟首形钩首，圆钩纽居钩体正中部。长10.4厘米（图1，1）。另一件呈琵琶形。鹅首形钩，椭圆形钩纽居钩体后部。长5.6厘米（图1，2）。

铜镜　1件。星云纹饰。连峰式纽，圆纽座。纽座外一周凸弦纹。主纹以带座四

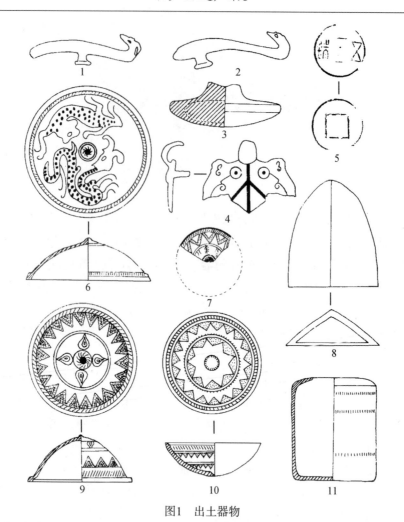

图1 出土器物

1.曲棒形铜带钩 2.琵琶形铜带钩 3.陶拍 4.铜铺首 5.五铢钱拓本 6、7、9.陶器盖 8.铁铧
10.陶范 11.陶仓

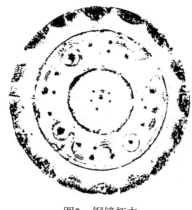

图2 铜镜拓本

乳配列四方。乳间各置一组四星式小乳钉，云形曲线缠绕其间。边缘饰内向十六连弧纹。直径10厘米（图2）。

铜铺首 2件。形制相同，均呈鹰状。因锈蚀严重，细部纹饰难以辨别，主要纹饰有眼睛、羽毛等。高3.4厘米，宽4.9厘米（图1，4）。

钱币 3枚，形制、尺寸相同。钱径2.5厘米，穿径1厘米，郭厚1.5厘米。背为素面，正面有篆文"五铢"，五字交叉两笔较直，朱字方折，边轮较窄（图1，5）。

　　东小京汉墓出土遗物不甚丰富，多为陶器，但纹饰繁缛，且具特色。锯齿、栉齿、弦纹及龙、虎纹装饰器物图案正是战国、汉代的一大特色。这种纹饰繁简结合，层次突出，代表了这一时期民间美术的装饰风格。所出陶范胎体致密厚重，烧成温度极高，纹饰沟槽深刻、规范、精致。范体带有明显磨痕，且又伴随相同器物出土，当为使用之物。陶拍内石外陶，使拍体加重，增加了器物在制作过程中的坚固性，其设计合理，制作科学，为陶拍中不多见之例。铺首造型别致，就其造型看是一幅雄鹰展翅图，又似一幅鹰首像。前者尾巴与后者鼻子形象而巧妙地合为一体，似是而非，独具匠心，显示了汉代工匠的艺术水平。

　　东小京汉墓为单室砖墓，与之相邻的冀南临城县时有发现，墓中曾出土陶钫、陶灯及昭明镜，此种墓葬应属西汉时期流行的一种形式。墓中所出星云铜镜亦属西汉中晚期的一个品种，烧沟一、二期墓葬中曾有发现，其时代大致相当于西汉中期或稍后[①]。所出五铢钱、铁锛与满城汉墓所出五铢钱、铁锛相同[②]。这种钱币一直流行使用到西汉末年，新莽时方有改变。故此，东小京汉墓的年代应为西汉中晚期。

　　柏乡为古鄗邑之地。东周已成著名城邑，秦置鄗县，西汉因之。东小京汉墓距古鄗城仅2千米，城周必然设置制陶作坊，以满足城内日用品的需要。近年，东小京村西曾发现战国墓葬[③]，汉墓又发现于此，推测此地应为一处战国、汉代墓群。目前，柏乡发现的汉墓不多，东小京西汉墓的发现为了解这一地区的历史文化提供了新资料。

（原刊于《考古与文物》1994年第4期）

---

① 洛阳考古发掘队：《洛阳烧沟汉墓》，科学出版社，1959年。

② 中国社会科学院考古研究所、河北省文物管理处：《满城汉墓发掘报告》，文物出版社，1980年。

③ 史云征、李振奇：《河北柏乡东小京战国墓》，《文物》1990年第6期。

柏乡县市中村古墓发掘简报

刘福山　史云征

1991年4月，河北省柏乡县市中村南古墓群，在村民取土时受到破坏。遵照河北省文物局指示，由河北省文物研究所与柏乡县文物保管所对其中两座（M1、M2）面临危险的墓葬进行了抢救性清理发掘。

一、墓区概况

古墓区位于柏乡县南马乡市中村南约300米处的高地上。墓区东临乡间柏油路，其他三面均为耕地，占地面积约3000平方米。墓区高出地表约1米，在其中部偏北有元代石碑一通，碑座为长方形，碑身通高1.45米，宽0.78米，厚0.19米，碑刻内容两侧均为李姓家族人员名称，按辈分排列有序。

二、墓葬结构

M1位于墓区石碑北侧约5米处，方向北偏西5度，为圆形砖室墓，由墓道、墓门、墓室三部分构成。墓道呈斜坡状，长3.5米，宽1.6米，墓门为拱券式，拱高0.42米，拱脚1.2米，宽1米（图1）。墓门甬道进深0.6米，墓门建有门楼，由门楣、门簪、出牙砖等结构组成，立门墙砌叠涩状斜向墓室顶券处，墙顶中部砌有浮雕花瓶四尊，横排于正面（图2）。

墓室平面呈圆形，条砖平砌而成，穹隆顶，通高3.02米，直径2.72米。墓室为仿木结构建筑，墓壁砌有角柱、间柱、斗拱、门阙，间内砌有仿木家具，其中有桌、凳、案、灯架等。墓内葬具有棺、棺床、残镬头铁块，棺木已朽烂，仅发现棺的部分棺钉及朽木块。棺床以铺地砖代之，用条砖平砌三层，高0.25米。墓内发现人骨架2具，已朽烂，其中1具游离于棺床边沿处。

M2位于石碑东南约8米处，此墓为方形砖室结构，亦由墓道、墓门、墓室三部分构成，墓道呈斜坡状，因被破坏扰动，其数据不详。墓门为拱券式，通高1.26米，宽0.84米。甬道进深1.2米（图3）。门楼为仿木结构，门楣用横立砖细磨加工后贴砌，上浮雕牡丹花卉并彩绘，门簪亦雕成花朵状，门边两侧砌磨砖对缝立面砖，上彩画植物花纹

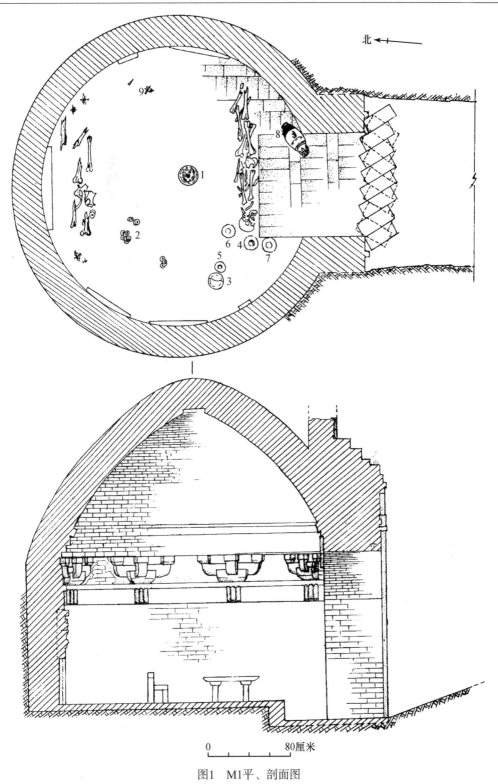

北

图1 M1平、剖面图

1.铜镜 2.铜钱 3.深腹瓷盘 4—7.浅腹瓷碗 8.四系瓷瓶 9.棺钉

图2　M1墓门南立面示意图

（图4）。

墓室平面近方形，边长2.55米，通高2.4米，墓壁以条砖平砌为主，攒尖顶，墓壁中下部分均为仿木结构建筑形式，砌有角柱、间柱、斗栱、瓦檐等。间内砌有门阙、仿木家具、桌凳、灯架。室内上半部以白粉涂刷，下部用褐、绿、黑三色彩画、描边，彩画内容以荷花、植物花卉为主。墓内发现人骨架2具，头西脚东，骨架保存完整，棺床系用条砖平砌而成，高0.15米，棺木已朽烂，仅发现部分朽木及棺钉。随葬品分布在棺床东南角处。

三、随葬遗物

两墓随葬器物种类基本一致，仅其纹饰和数量略有不同。

1. M1

铜镜　1件。M1：1，圆形，桥形纽，纽高0.7厘米，窄棱边镜缘，径19.9厘米，厚0.4—0.7厘米，镜背饰四夔、四凤、四鸟及云纹交错环绕的纹饰，其外围饰一周联珠纹（图5）。

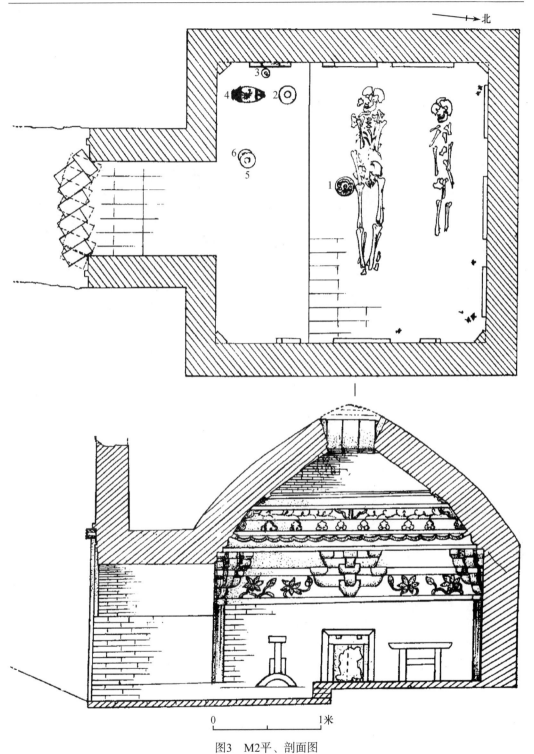

图3　M2平、剖面图

1.双鱼纹铜镜　2.深腹瓷盘　3.盏形瓷碗　4.四系瓷瓶　5、6.浅腹瓷碗

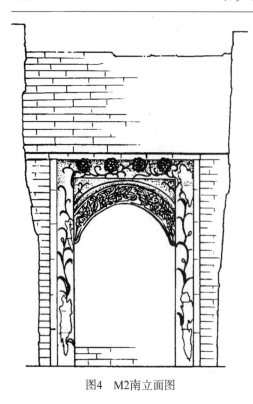

图4　M2南立面图

图5　夔凤纹铜镜拓片（M1：1）

铜钱　19枚。M1：2，锈蚀严重，较完整者12枚，仅能辨认的9枚，其中"宣和"钱1枚，"元丰"钱5枚，"熙宁"钱2枚，"圣宋"钱1枚。

两釉四系瓷瓶　1件。M1：3，小口，竖颈，圆唇，颈部有对称莲花形四系，圈足，底部露胎，质粗，器表通体施釉，上部白釉，下部施酱色釉，上部以黑褐色点绘花瓣三处，肩部绘三道弦纹。口径5厘米，足径9.9厘米，通高30.3厘米（图6，1）。

深腹瓷盘　1件。M1：4，原残，白釉，灰白胎，矮圈足，通体施釉。口径21.6厘米，足径14厘米，通高4厘米（图6，2）。

瓷碗　6件。M1：5，可分三式。

Ⅰ式：4件。浅腹，敞口、圆唇、矮圈足，口径16—16.5厘米，足径6.5厘米，通高3—3.8厘米。外部通体施酱色釉，内为白釉泛黄（图6，3）。

Ⅱ式：1件。深腹，敞口，圆唇圈足，器表外施白色半釉，白胎泛青。口径9.6厘米，足径4.5厘米，通高3厘米（图6，4）。

Ⅲ式：1件。敞口，尖唇，壁斜直，足较高，施黑色半釉，质粗，内刮釉露胎。口径9.2厘米，底径4.7厘米，通高3厘米（图6，5）。

2. M2

双鱼大定钱纹镜　1件。M2：1，圆形，半球状纽，纽高0.8厘米，宽平镜缘。径

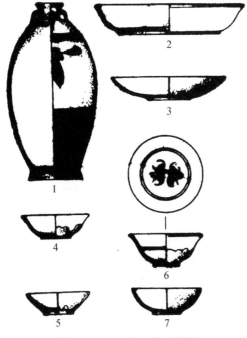

图6 M1、M2出土典型器物

1.四系瓶（M1：3） 2.瓷盘（M1：4） 3.Ⅰ式碗（M1：5） 4.Ⅱ式碗（M1：5） 5.Ⅲ式碗（M1：5）

6.Ⅰ式盏形碗（M2：5） 7.Ⅱ式盏形碗（M2：5）

17.8厘米，厚0.3厘米。镜背饰双鲤纹，左侧近纽处有"大定通宝"钱纹。据观察分析，钱纹和铜镜是同时铸成，即在镜范上先制出钱模印纹而后再行浇铸（图7）。

两釉四系瓷瓶 1件。M2：2，口部残缺，小口，竖颈，圆卷唇，莲花瓣形四系，腹呈椭圆形，圈足露胎，釉面细腻，上部施白釉，下部施黑褐釉，白釉处以蓝青色绘花瓣三处，肩部绘三股弦纹。

深腹瓷盘 1件。M2：3，敞口，圆唇，矮圈足，釉面较粗，通体施白釉，釉面泛青，口径19.2厘米，足径14厘米，通高4厘米，同M1瓷盘。

图7 M2铜镜拓片（M2：1）

浅腹瓷碗 2件。M2：4，敞口，尖唇，沿微敛，矮圈足，通体施两色釉，内为白色泛黄，外施酱色釉。口径14.5厘米，通高3.3厘米，同M1之两釉碗。

盏形瓷碗 2件。M2：5，可分二式。

Ⅰ式：1件。敞口，圆唇，深腹微鼓、圈足、白釉，外施半釉，釉面泛黄，白胎泛青，碗内底部绘铁锈花双蝶纹，腹壁绘有双股弦纹。口径10.4厘米，足径3.8厘米，通高4.5厘米（图6，6）。

Ⅱ式：1件。素胎，敞口圆唇，深腹微鼓，圈足，护胎釉，胎质白色泛青。口径10厘米，足径4.2厘米，通高3.5厘米（图6，7）。

四、小　结

通过对市中古墓的调查和清理，初步确定了此墓区是金、元时期的李姓家族墓地。墓区所立李姓家族谱系碑，为我们考证两座墓葬的年代及墓主人提供了依据。

（1）墓地李姓家族谱系碑，是由李姓第五代后人李仲恕等立，时在元至大三年（1310年）。按此计算距元初仅30年左右。而李姓之高祖、曾祖等无疑当属金末时期。

（2）根据碑刻所立位置及两座墓葬地点，可确定两座墓主关系。M1在碑刻北侧5米处，恰与石碑相对，并在清理墓道时，在墓道东壁发现另一座券室墓的边缘（未做清理），为此首先确定M1为李姓之高祖。另发现的券室边缘墓当为李姓之曾祖的墓室。M2在石碑东南约8米处，按碑刻谱系及两墓相距位置排列顺序，此墓当属李姓第四代李仲恕之父李忠的墓室。

（3）鉴于两座墓的年代，据随葬品中有纪年的双鱼纹镜，上有"大定通宝"钱纹，当是典型的金代遗物。两墓形制结构又与河北平山县西石桥，东冶村宋墓[1]均有共同特征，在河北赵县宋村宋元墓葬中[2]出土的两釉四系瓶和市中村墓葬出土的基本相同，均属磁州窑系产品。故两座墓葬的时代，其上限不早于金大定末年（1189年），下限不晚于元代至大三年（1310年）。

（原刊于《河北考古文集》，东方出版社，1998年）

---

① 郭瑞海、李恩佳：《河北平山县发现宋墓》，《文物春秋》1989年第3期。
② 《河北省赵县宋村宋元墓葬出土文物》，《文物》1978年第6期。

古鄗城往事证说

史云征

　　古鄗城遗址，位于柏乡县城北约12千米的固城店镇。遗址北部约1千米是发源于太行山区作东西流向的"古槐河"，俗称"北沙河"。这里地理平坦，土质肥沃，人口密集，属北方地区典型自然生态农作区域。古鄗城旧称"鄗县"，是柏乡县的前身，它始建于春秋盛于战汉，东汉之后逐渐衰落并荒废。《汉书》地理志记载：鄗春秋时属晋。贞定王十五年（前453年），三家分晋鄗归赵。秦昭襄王四十九年（前257年），秦攻邯郸，魏信陵君窃符救赵，赵孝成王曾将鄗城赠信陵君为汤沐邑。柏乡县《乾隆旧志》载：周显王四十四年（前324年），齐魏伐赵，中山乘机袭鄗，并引槐水围取鄗城，秦昭襄王五十五年（前251年），燕国栗腹率40万军侵赵。赵将廉颇率守军20余万于鄗城"固壁坚守"，相持月余。燕军厌战日渐，赵兵倾城杀出，燕终不于敌，廉颇斩栗腹于鄗城脚下。汉高祖三年（前204年）赵王歇军井陉新败，溃至鄗南被汉军围歼，赵王歇被擒。更始二年（24年）正月刘秀以破虏大将军的身份北巡蓟州，王朗诏河北各郡县而围剿，刘秀率部与李恽军战于鄗门，李恽被斩。《后汉书·光武帝本纪》记载：更始三年（25年）"光武于是命有司设坛场于鄗南千秋亭五成陌。六月己未，即皇帝位。燔燎告天，煙于六宗，望于群神……"

　　翻开古鄗城历史典籍，通篇充满征伐与杀戮，满目赤裸的血腥。不知缘以何由，这种战争的涂炭往往在历史典籍中浓墨重彩，人类文明的构筑总是伴随着"征服"与"主宰"得以巩固与发展。管窥鄗地既往，古代的柏乡并非世外"清静"之地，历史的背后隐藏着许多鲜为人知的故事。从20世纪80年代初，我们就开展对古鄗城遗址的考古调查，并通过对城池残存的文化遗迹和出土文物的研究，试图探索这座千年古城的历史秘密。柏乡县民国旧志记载：古城平面布局呈矩形，东西约2.5千米，南北约1.5千米。根据始筑年代的建制和遗存规模，城池的原始形态应该有外城和内城，由于历史的久远现仅见外城遗迹。1986年的调查显示，在南城区与北天村接壤地段尚有一截东西约80米长的城墙遗存。城墙为夯筑结构，夯层厚重，不甚规整，夯层间有穿杠接连遗迹。这段城墙应是始筑年代的遗留，昔后来当地生产建设使之损毁。现今地面上能见到的只有东城区与北小京村接壤的一段城墙，南北长约55米，高约5米，宽约4米。该段城墙为夯打版筑结构，夯层厚10厘米左右，筑层光洁规整、垣体坚实紧密。这段城墙应是后时代补筑的遗存，补筑时间应在战国晚期或西汉早期（图1）。

图1　古鄗城城墙

城内西部地势高耸，瓦砾遍野，当地人称其为"金殿岗"。对金殿岗遗址的调查显示，耕土下就是古代文化层。上层多为西汉时期建筑瓦砾堆积，见有板瓦、筒瓦、云纹和文字瓦当及陶质生活器皿，这里应是内城衙署区域。在城池外域的西北与东南方向有两处墓葬区。根据近年对墓地的调查和出土遗物可知，两处陵区均为战国和西汉时期鄗城居民墓地。东南墓区出土遗物规格较高，有青铜器、兵器、玉器等，且墓区规模较大，应是一处贵族陵寝。西北的墓区规模相对较小，出土遗物品级相对较低，多见青铜带钩、铜镜等日常用品。城区地表所见春秋与战国时期遗物较少，多是西汉遗物，这是城池的地层叠压关系所致。古鄗城厚重的文化积淀和特殊的历史地位，近年引来不少学者的关注。有研究认为，古鄗城盛于东汉初期，并称金殿岗是刘秀在鄗登基之后构筑的"宫殿"遗址，刘秀当年曾在这里处理朝政。这种观点的依据不知出自何处，但这种说法与刘秀在鄗登基的时局背景大有失实之处。公元前1世纪晚期，随着新莽时期的社会动荡与前帝国的崩溃瓦解，天下陷入战争割据时代。仅在中原地区就有多支义军揭竿聚首，均扯旗号称汉朝宗室自立门户，刘秀便是其中的一支。在当时的战乱形式之下，刘秀于鄗南称帝的举措在某种意义上是为了战事的需要而采取的一种策略行为，用以笼络人心，聚义各路力量博弈天下。这种谋略在其之后的局势平定和政权建设中发挥了重要作用。实际刘秀政权在鄗期间的体制建设还没有形成一个统一、完备、系统的国家机器，真正国家意义上江山社稷的构筑尚未完成，所谓"坐宫理政"是不存在的，更不可能在战事吃紧的形势之下置大敌当前而不顾，去修建宫殿郊庙。刘秀在鄗停留的时间是很短暂的，六月未即皇帝位十月便定都洛阳，没有时机在此大兴土木。真正影响其新政前途命运的还是在"坐鄗"之后的几场重要战役的大捷，为其之后贵为天子的统治地位奠定了基础。当然，作为带甲百万的一方统领，驻扎鄗城作息于旧宦官邸是极有可能的。西城区的金殿岗遗址应是西汉赵王在鄗地几任"侯爵"的宅邸或施政场所，被后人讹传为朝廷宫殿实属野史中的不实之词，刘秀政权在鄗城没有留下标志性的宫廷建筑遗迹。古鄗城作为一个经济、政治、军防体系，真正发挥作用的时段是公元前5世纪到公元前1世纪中叶。在古鄗城遗址少见东汉时期重要遗迹的原因与上述历史事实有直接关系。刘秀在鄗南这场登基祭典仪式是以"郊祭"的形式出现的，祭祀对象是天地六宗。根据汉代祭祀礼制，这场祭礼时间应为七天，当然祭祀内容不排除有"時祭"存在的可能。关于这场祭祀的规模、范围和祭祀场地遗迹布局，以及古鄗城金殿岗的文化性质和内涵，将在今后考古发掘中得到进一步揭示。刘秀鄗南称帝只是一个历史节点，它是依托古鄗城的历史地位而产生的另一个不同时代的文化结果。这种不同时代的文化遗存和典故，将拓展我们对两汉文化的认知视野。

两千多年的历史风尘覆盖了古鄗城昔日的辉煌，今天寻找过往失落的记忆似乎遥不可及，蓦然回首又近在咫尺，站在城垣脚下揭开地下30厘米的耕土，就是那座城池的文化面貌。提档近年在古鄗城出土的历史文物资料，亦可告诉我们这里既往曾经发生的史事。

一、"半两"钱范

时代：西汉。质地：滑石。形制：长29厘米，宽12.9厘米，厚3厘米。用途：制造钱币的范模。出土地点：1990年出土于古鄗城池南侧。级别：二级。收藏单位：柏乡县文物保管所。

这是一个长方形母范的范底，底面雕刻4排10列38枚"半两"铭钱模。上左侧由于形制的限制仅刻有2枚钱模上下对称，其他36枚分9列布局，每列4枚。中间有一浇道将4排钱模分为上下2个区域，每区2排18枚。浇道与钱模之间由凹槽连接。这样浇筑钱币时范底与范盖合并（范盖丢失）扎紧，铜液从浇口注入浇道经凹槽流入钱模。浇铜冷却后模、范分离，取出钱币经打磨修整进入流通使用。这一时期的铸钱范模有石质、铜质、陶质三大类。由于铸造技术的关系和社会对钱币使用量的需求，钱币的铸造往往是由一个庞大的官府机构来承担。对铸币机构的管理，不同时代有着不同的方法和制度。古代政权的经济运行是以金属（铜）重量为货币单位来支撑的，人们的价值交换是以铜的等值关系来实现的。在国家层面上这种珍贵的合金青铜材料又是铸造国之"礼器"和战争使用的冷兵器的重要资源。一个国家金属铜的储备不仅是综合财力和文明进步程度的标志，同时彰显着武器装备的强大与贫弱，金铜材质的特殊作用决定了一个国家的前途命运。公元前8世纪楚武王能从一个西南蛮夷迅速扩张崛起并雄踞大国之首，是其控制的大冶铜绿山铜矿起到了决定性作用。历代皇帝均注重对铸币工作的管理，这不仅是便于对经济运行的有效把握，更是对国家安全管控的一个重要举措。汉高祖初期，为了抚平连年战争的创伤使民休养生息，官府允许私铸钱币。这种政策带来的社会矛盾和问题就是众多不够计量单位的缩水钱币泛滥，造成了严重的货币通胀问题。大量的榆荚钱和剪轮钱在这一时期出现，为社会带来诸多弊端。到了汉武帝时期，钱币统一有官府制造，对造币的监管和钱局的设置均有了严格的规制。鄗城遗址出土的钱范币种是四铢"半两"。"半"字上部方折挺拔，结体严谨，钱模雕琢精细，字口深峻，币纹规范，广穿无郭，是典型的武帝时期官置钱局遗物。武帝政权在鄗城设置钱局发行食货，不仅是当地经济繁荣的需要，同时彰显出古鄗城在西汉时期重要的社会地位，对研究西汉货币制度改革和社会体制的运行具有重要意义（图2；彩版12，1）。

图2　　"半两"钱范

二、蜻蜓眼玻璃珠

　　时代：战国。质地：玻璃。形制：高2.5厘米，孔径2.2厘米。用途：佩饰。出土地点：1986年出土于古鄗城东南墓区战国墓葬中。级别：二级。收藏单位：柏乡县文物保管所。

　　这是一个近圆形的棕色玻璃体，正中有一圆孔贯通，用于系挂与佩戴。器表多处用蓝色玻璃镶嵌出圆形花骨朵，由于玻璃质感的晶莹效果和瑰丽幽深的色彩，整体看起来像蜻蜓的眼睛，故学界称"蜻蜓眼式玻璃珠"。这种玻璃又称"琉璃"，战汉时期称"流离"。它的主要成分是铅钡，是一个集矿物冶炼加工镶嵌于一体的文化复合体。根据考古资料，此物多出土于湖北、湖南、陕西、河南以及河北南部地区，在战国时期的地域分布范围包括了楚、秦、齐、魏、赵国等地。它的历史渊源目前还不十分清楚，国内还没有发现制作这种玻璃的作坊遗址。根据其制作工艺和装饰风格，专家普遍认为它是西域波斯伊朗或地中海沿岸地区的外来物种。《汉书·西域传》记载：（罽宾）"出珠玑、珊瑚、虎魄、流离"。这种外域的奇珍异宝是古代通过贸易途径传入内陆的，再由各地的文化交流，包括战争、贸易、人员流动等诸多因素而传播开来。这种中西文化的交流与河西走廊的开通有着密切联系。这种奢侈品主要流行于战国至西汉中早期的士大夫阶层，西汉晚期或东汉之后就不见踪影。这种变化瑰丽的外域玻璃珠进入中国后，多与本土出产的多彩玛瑙以及水晶珠粒组成串饰披挂使用。这种带有异域文化色彩的时尚消费品，受到了王公贵族的极度喜爱并成为身份与权力、地位的象征，在当时上层社会产生了广泛的需求。古鄗城出土的这件宝物是公元前5世纪前后中外文化、贸易交流的物证。物质文明的传播彰显出民族文化的亲和力与包容性，折射出古鄗城高度的历史地位和社会进步程度（图3）。

图3 蜻蜓眼式玻璃珠

与它同墓出土的饰品中还有红色缠丝玛瑙珠、六面体蓝色玻璃珠等。缠丝玛瑙，是古代饰品中的上品。它是由地质熔岩流动形成的一种天然矿产宝石，我国古代主要产地在河北宣化、云南保山与吉林四平等地。它以血红色彩为主，间有丝线状乳白色带缠绕其中，开采后经切割、打孔、研磨、抛光加工成环、珠、粒状作为佩饰。饰者多作项带或腰饰，与玉佩组合使用，有着同工异曲之妙。所谓君子倜傥，俗尚满佩，举止步摇，魅力无穷，反映出这一时期贵族阶层的生活需求。这种形式的妆佩时尚能在当时大行其道，主要迎合了人们精致、细腻、含蓄的精神追求，这种思想情感的构建与儒家文化一脉相承。

三、长条形刻字干支筹牌

时代：战国。质地：骨。形制：长12.7厘米，宽2厘米。厚0.3厘米。用途：数术。出土地点：1986年出土于古鄗城东南墓区的战国墓葬中。级别：二级。收藏单位：柏乡县文物保管所。

这是一组用象牙制作的长条形筹码，共11支。每支上端刻有汉字计数编码，中部刻有两个“干支”对应汉字，下端刻有一组几何形圈点纹装饰。根据编码和“干支”对应结果，原物应该是以12支为一组（套）的实用数术工具，墓葬中起码原始葬有两组（套）24支筹码，由于墓葬早年遭到损毁，现仅发现11支。“数术”又称“术数”，是汉民族传统文化“五术”中“命、卜、相”三术的总称。“数术”是以阴阳五行“生克制化”的理论来推测自然、社会、人事“吉凶” 的传统方法，属《周易》研究范畴主流中的一个支派。“数术”起源于先秦的“巫术”，到了汉代“数术”在人们意识形态中以更加丰富多彩的形式与思想内容而存在，并在社会活动中逐步形成了一个新的道学“方术”。所谓方术，是“术数”和“方技”的统称。“术数”是研究 “天道”的学问，包括天文、历法、五行、占卜等；“方技”则是研究生命科学的理论，包括医药、房中术、炼丹术等。这种“方术”在汉代被统治集团作为一种观相工具用来研究自然界发生的物理现象与人类之间的相互关系，推测人与国家的气数和命运。这种“黄老”思想对我国古代政治、军事、文化、科技曾产生过广泛而深远的影响。鄗城墓葬出土的这种筹码，不仅是道家预测人事吉凶的侠义图解，更深刻的意义在于对权杖、策谋、治国方略的诠释。从这种意义上讲"干支筹码"曾在鄗城的政治、文化、军事活动中发挥过重要作用。筹码表面极其光滑，磨损痕迹突出，显然是使用了很长一段时间，象牙材质的制作更加突显了它的重要地位与价值。"干支筹码"与"蜻蜓眼玻璃珠"同出自一座墓中，这座墓葬的主人一定是一个位高权重的统治阶层人物（图4）。

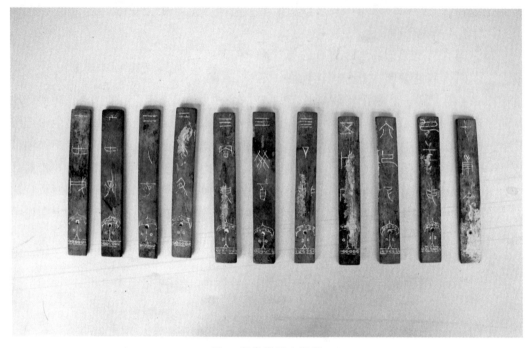

图4　长条形干支筹码

四、石　人

时代：西汉。质地：石质。形制：残高125厘米，围246厘米。用途：翁仲。出土地点：2005年出土于古鄗城遗址南部。级别：二级。收藏单位：柏乡县文物保管所。

这是两节由红色沉积岩雕成的人物形象。其一为上肢形体，雕琢四肢不分，面部扁平，头戴委貌冠，缨结于额下。其二为下肢形体，肢体呈跪姿，高135厘米，周长267厘米。二者形态憨稚，刀法简练浑厚，气度博大奔放。以圆雕技法通过身体各部位顺势夸张起伏的变化，表现出一种虔诚、内敛、忏悔的情感状态。体表虽多有剥蚀与漫漶，但生动意达，神韵犹存，通体洋溢出原始古拙的精神姿态，具有典型西汉特征（图5）。考古资料显示，我国西汉时期大型石刻雕像十分罕见，尤其陵前遗物仅存陕西汉武帝茂陵之孤例，其他地区未见先例。北魏郦道元《水经注》记载：鄗南"千秋亭有石坛坛有圭头碑其阴云常山相狄道冯龙所造，坛庙之东枕道有两石翁仲相对焉"。今天见到的石人就是上述文献中提及的原置于古鄗城南部千秋亭"坛庙"之东墓冢前的石

图5 石翁仲（石人）

"翁仲"。墓冢坐落在前渤海村东，原有三座，高有三丈。20世纪60年代村中儿童常钻到洞开的墓冢内嬉戏玩耍。墓室中间有厅堂兼左右耳室，相互之间甬道连通，应是一座"亞"字形结构墓室，惜20世纪70年代初被挖毁。在1991年对此墓冢遗址调查时还曾发现了西汉时期的"陶楼"遗物残片。根据汉代陵寝规制，这种大型坟冢及石刻翁仲的主人，只有当地最高统治者才有使用资格。西汉时期鄡地的最高统治者只有"侯爵"一级。考其《汉书王子侯表》，西汉在鄡地封侯的刘氏宗族只显示四人。既武帝元朔三年（前126年）四月甲辰封易安侯刘平，二十年薨。武帝元封五年（前106年）康侯种嗣（即刘种）。昭帝始元元年（前86年）侯德嗣（即刘德）。另有鄡侯刘舟，刘舟具体册封时间不详，但刘舟在武帝征和四年（前89年），因涉嫌"巫蛊诅咒"事件被武帝处刑腰斩。检索上述四位列侯均为赵敬肃王刘彭祖的宗族支系，四侯的历史背景唯刘舟与石人的关联更为接近。祭坛东侧的坟冢，应该就是鄡侯刘舟的终寝处。冢前置放的石翁仲应是刘舟被处决的形象表述，含有赎罪与警示后人的寓意，具有特殊意义。"巫蛊诅咒"事件是武帝晚年视为其最痛心彻骨的一件大逆不道之事，刘彻在对这宗事件的整饬与肃纪过程中曾诛杀了包括刘氏宗族在内的朝野官员及连带眷属达十多万人。从刘舟的丧殓形式可以看出武帝对"巫蛊"事件的治理决心与强硬手段。审视石人的物理现状，两俱均横向断开，断茬整齐如同刀切。根据石人胸围与高度的结构比例，排除后时代对其有损伤的可能，应是汉武帝时期制作的原始形态。基于东汉建武元年（25年）刘秀在此地登基即位的事实，后人在野史中衍出刘秀诛王朗至鄡南"而夜迷，忽闻路旁有人低语，便问'南至柏乡几里？'不答，刘怒拔剑斩之曰：'吾岂问石人乎？'视之见人头堕地身首分离，果石人也。"人们将西汉时期刘舟墓前的这一石翁仲与东汉时期刘秀在鄡南的政治活动联系在了一起，实属传说之口误。柏乡县旧志记载了这一传说，北宋时期的周辉也在其《北辕录》中也描述了这一动人故事。2005年秋，石人重新在光武庙遗址南门出土，这里应该是石人被发现的第二文化现场。根据史料推测，石人是在北宋天禧二年（1018年）光武庙一次大修时被运到了庙前被人们供奉纪念的。这一时期"汉光武斩石人"的传说故事在当地已经形成并广为流传。到了明清时期，石人在当地人们心目中更加神圣不可侵犯，并被视为神祇，成为消灾降福的"灵应石"。20世纪90年代县文物所在光武庙旧址发现一通清代嘉庆年间刊立的"灵应石碑记"石碑。碑铭记有"帝庙（光武庙）由来已久，良以斩断石人乃古今希奇之事。有疾者祈求疾病恒愈，抗旱求之而风调雨顺"云云。在它身上繁衍出的这些传说虽不足为信，但这种口头非物质文化在当地家喻户晓并产生了深刻的社会影响，体现出柏乡人们的家国情怀。石人是依托古鄗城的历史背景而产生的，它的文化血脉根植于当地人们的情感之中，柏乡人无论走到哪里，都会追寻这个故事找到回家的路。

　　石人虽其貌不扬，正是这种雄浑、伟岸与内敛的精神气质造就了柏乡后人质朴、憨厚、勤劳、顽强与睿智，从它的身上也找到了大汉民族古老的文化元素。

柏乡元代碑刻综述

史云征

元代，是我国北方草原游牧民统治集团建立的国家，存在于1206—1368年，历时162年。通鉴中国古代史，但凡由外戚民族统治集团建立的政权，其文化思想与观念均呈现出鲜明的特点与个性，对汉民族历史文化产生了深刻影响。今天我们能见到的这段历史文化遗存相对稀少，所见遗物都呈现出多彩而缤纷的文化印记，故元代文化遗存在大民族历史文化遗产中显得尤为重要和珍贵。柏乡地区现存元代遗物类别主要是墓葬碑刻和翁仲石刻，其中碑刻6通，各式翁仲30余尊，墓葬由于历史的原因均已遭到盗掘破坏。蒙元时期，柏乡县域获朝廷命官的历史人物有4位，这些人物都是当时的杰出人才和国之栋梁，他们主要活动在元代中、前期时段，生前在各地做官，死后归葬故里。他们的历史功绩，通过身后丧葬的形式得以体现和保留。墓前碑刻，以文字镌刻的形式直接记录了历史的真实信息，客观地反映了事件的发展过程和内容，为研究元史弥补了文献缺失的不足，为人们认识古代少数民族文化的发展与演变提供了宝贵的实物资料。现将6通元碑及其相关内容综述如下。

（1）《赵郡贾氏先茔之碑》。此碑由吴澄撰文，刘庚书丹，郭贯篆额，贾庭瑞于泰定元年八月立石。此碑蟠螭首，龟趺座，碑高460厘米，宽152厘米，厚54厘米。碑额篆书"赵郡贾氏先茔之碑"，二行八字，碑额残失"氏""碑"二字（图1）。

（2）《贾母贞节碑记》。此碑由杨载撰文，赵孟頫书丹，贾庭瑞于元延祐二年立石。蟠螭首，龟趺座，高356厘米，宽105厘米，厚41.5厘米。碑额篆书"贾母贞节碑记"，二行六字（图2），碑额残失。

（3）《贞节堂记》碑。此碑由杨载撰文，赵孟頫书丹，贾庭瑞于元延祐四年正月立石。此碑圆首，方形座。碑首阳面阴刻龙凤牡丹祥云纹，碑额篆书"贞节堂记"二行四字，碑阳边饰阴刻缠枝牡丹纹。碑高232厘米，宽102厘米，厚29厘米（图3）。

（4）《柏乡尹张君德政之碑》。此碑由元明善撰文，赵孟頫书丹。元延祐四年三月立石。此碑蟠螭首，下部残失。碑残高223厘米，宽98厘米，厚36厘米。碑额篆书"柏乡尹张君德政之碑"，三行九字（图4）。

（5）《董公世德之碑》。此碑由张养浩撰文，张珪书丹，董讷于元泰定四年九月立石。蟠螭首，龟趺座，通高392厘米，宽94厘米，厚66厘米。碑额楷书"董公世德之碑"，二行六字（图5）。

图1 《赵郡贾氏先茔之碑》

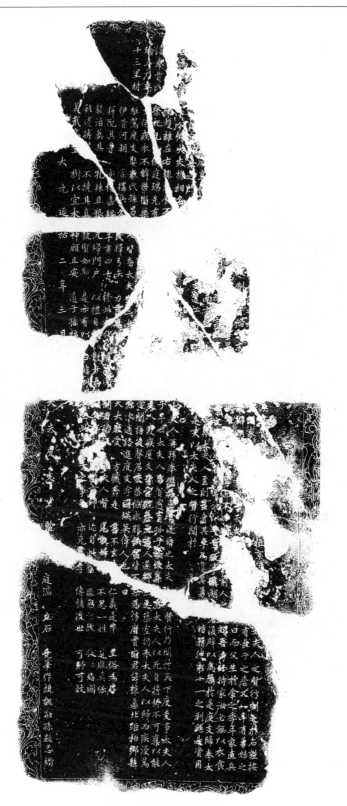

图2 《贾母贞节碑记》

图3　《贞节堂记》碑

图4　《柏乡尹张君德政之碑》

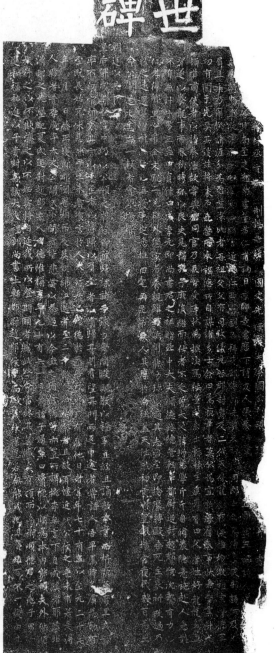

图5　《董公世德之碑》

图6　虞集撰《清河郡侯张公神道碑》

（6）《清河郡侯张公神道碑》。此碑由虞集撰文、蔡文渊书丹，郭贯篆额，张居敬于元至元二年九月立石。此碑蟠螭首，失座。碑高326厘米，宽112厘米，厚74厘米。碑额篆书"清河郡侯张公神道碑"，三行九字。上述碑刻书、撰、立石者涉及13位重要历史人物。这些人物在元史上个个功绩卓著、赫赫有名，有的历史贡献巨大，曾对我国民族文化产生过积极重要影响（图6）。

吴澄（1249—1333年），字幼清。抚州崇仁（江西）人，元代杰出理学家、政治家。入元官至翰林学士，曾多次被荐入官，由于憎恶时弊，仕途不畅，上任不久便辞官。泰定帝时主持修《英宗实录》，1324年，初开经筵，与张珪、邓文渊为讲官，其德才深得元明善、董士选赞誉并得其师承。吴澄世代业儒，学界声望甚高，一生著录甚丰。从碑文可知，吴氏受皇帝也孙铁木尔旨意撰文，彰扬朝廷对扬州路总管贾庭瑞祖父、父母封赠的荣典。此人元史有传（图7）。柏乡《赵郡贾氏先茔之碑》碑文在钦定四库全书《吴文正公集》中收录。

杨载（1271—1323年），字仲弘。元代著名诗人，祖籍福建浦城（图8）。《元史·杨载传》："初，吴兴赵孟頫在翰林，得载所为文，极推重之。由是载之文名，隐然动京师，凡所撰述，人多传诵之。其文章以气为主，博而敏，直而不肆，自成一家言。"可见其文名倾动当时。杨载年四十未仕，户部贾国英数荐于朝，以布衣召为国史院编修官，修《武宗实录》。调管领系官海船万户府照磨，兼提控案牍。仁宗延祐二年

图7　吴澄图册刊

图8　杨载图册刊

（1315年）复科举，登进士第，受饶州路同知浮梁州事，迁儒林郎，官至宁国路总管府推官。今见著述有《杨仲弘诗集》八卷452首、《诗法家数》等（图9、图10）。杨载以文交友甚广，师从关系有赵孟頫，文从关系有虞集、范梈、杜本、揭傒斯，书画圈有黄公望、曹知白等。

赵孟頫（1254—1322年），字子昂，号松雪道人。浙江吴兴（今浙江湖州）人，元初著名书画家。至元二十三年（1286年），赵孟頫被举荐忽必烈，历任集贤直学士、济南路总管府事、江浙等处儒学提举、翰林侍读学士等职。累官翰林学士承旨、荣禄大夫。赵孟頫系北宋皇室后裔，他博学多才，能诗善文，懂经济，工书画，擅金石，解鉴赏。特别是书法和绘画成就最高，开创元代新画风，其篆、隶、真、行、草书，尤以楷、行书著称于世。其书风遒媚、秀逸，结体严整、笔法圆熟，创"赵体"书法美誉，与欧阳询、颜真卿、柳公权并称"楷书四大家"（图11、图12）。

虞集（1272—1348年），字伯生，号道园，世称邵庵先生。元代著名学者、诗人。成宗大德初，以荐授大都路儒学教授，历国子助教、博士。仁宗时，迁集贤修撰，翰林待制。文宗即位，累奎章阁侍书学士。领修《经世大典》，著有《道园学古录》《道园遗稿》。虞集素负文名，与揭傒斯、柳贯、黄溍并称"元儒林四家"，诗与揭傒斯、范梈、杨载齐名，人称"元诗四家"（图13、图14）。1127年，随着北宋帝国的灭亡，著名国宝"秦代石鼓"从京都汴梁被金人劫掠北上而遗失。1300年，时任国子监教授的虞集在北京的荒郊淤泥中发现"石鼓"，后迁往文庙大成门内保存，平安经历了元

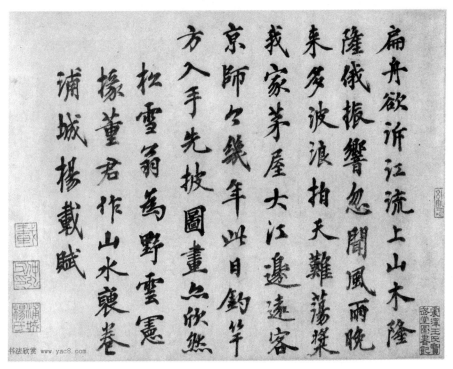

图9　杨载书法《跋赵孟頫双松平远图》（藏美国大都会艺术博物馆）

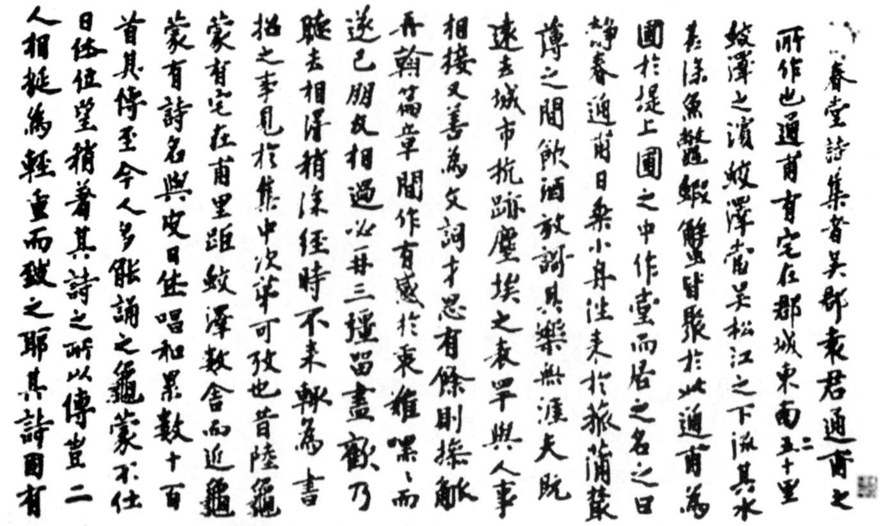

图10　杨载书法《静春堂诗集》序（藏故宫博物院）

图11　赵孟頫行书长卷《闲居赋》（藏故宫博物院）

图12　赵孟頫《红衣罗汉》图卷（藏故宫博物院）

明清三个朝代至今。虞集为"秦代石鼓"的二度发现与保护做出了历史性重大贡献，留下了崇高的美誉。《清河郡侯张公神道碑》在康熙《柏乡县志》卷八收录。

张养浩（1270—1329年），字希孟，号云庄，又称齐东野人，山东济南人，元代著名散曲家（图15）。诗、文兼擅，而以散曲著称。代表作有《山坡羊·潼关怀古》等。少年知名，19岁被荐为东平学正，官历堂邑县尹、监察御史、翰林学士、礼部尚

图13　虞集图册刊

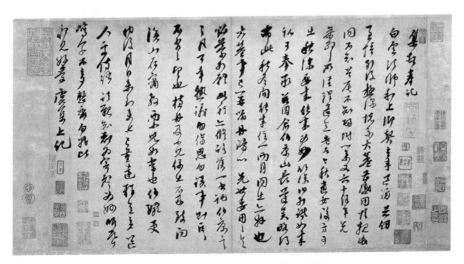

图14　虞集《白云法师帖》（藏故宫博物院）

书、参议中书省事等官职。著录有《归田类稿》四十卷、《云庄闲居自适小乐府》。张氏为官清正、关心民苦，敢于直言犯谏。其文学作品宜关注民瘼，情调多悲凉沉郁，文字流白，情感醇厚，少有雕镂。柏乡《董公世德之碑》刊刻于泰定四年（1327年），即张养浩起身赴任陕西赈灾前两年。此时正是张氏辞官闲居故里，全心进行散曲创作的高峰时期，文中张养浩一改传统碑帖撰文格律，不署自己任何官衔，只在自己名前冠签授委"友人"二字。此举大胆悖逆、情怀高洁，足见作者性情耿直、不媚权贵的强烈个性与文人情操。碑文显示，柏乡董讷，北滑村人，因官居三品，祖父母、父母两代受朝廷封赠。为彰显董公世德，特请友人张养浩撰文，在其祖茔刻石树表。碑首高浮雕六螭缠绕，形象凶猛剽悍，生动奔放；碑体呈近方形，雄伟高大，如同汉阙，通体彰显出北方蒙古民族与中原文化相结合的时代风貌。碑体两面行文，语言晦涩，文字艰深，与其散曲文墨浅显、质朴重拙的文学面貌两重天地，体现出张养浩文学思想的另一侧面和他这一时期复杂的内心世界。柏乡《董公世德之碑》碑文收录于四库全书《归田类稿》。

元明善（1269—1322年），字复初，大名清河（今属河北）人。元代著名政治家，北魏拓跋氏后裔，以文章名于时（图16）。元仁宗未登基前，擢元明善为太子文学。仁宗即位，改翰林待制，修成宗实录。升翰林直学士，赠资善大夫、河南行省左丞，追封清河郡侯，谥曰文敏。《元史本传》多有载记。元明善与张养浩同朝为官，二人品行高洁，政见一致，在位多有合作，友情深厚。至治二年去世，张养浩泰定二年为其作《元公神道碑铭》。元明善与张养浩、曹元用并称"三俊"，不仅政绩杰出，其文望与诗文创作成就也为时人交口称赞，推崇备至。见有《清河集》行世。

图15　张养浩图册（元刊本《张文忠文集》）

图16　元明善图册刊

张珪（1263—1327年），字公端，自号潜庵，卫州人，祖籍河北定兴（图17）。大德三年（1299）拜江南行台御史，延祐二年（1315年）拜中书平章政事，封蔡国公。张珪工书法，风格端重严劲，腕力尤健，泰定四年十二月去世，终年65岁。事见《元史》卷一百七十五本传。著有《图绘宝鉴》《画史会要》《绘事备考》《道园学古录》。张珪祖孙三代均元朝高官，为元初政权的建设做出了重要贡献，元史均有传记。元代后期，由于统治政权内部的残酷争斗使之后代仕途坎坷。张珪官僚世家，政绩盖世，引后人瞩目，而书法及文学艺术成就却被历史瀚海沉沙。《董公世德之碑》笔力透骨，行运稳健，结体厚重，金石趣味盎然夺目，为历代金石法帖之精品。

刘赓（1248—1328年），字熙载，河北洺水（威县）人。元代书法家、政治家，曾从师翰林学士王磐。官累太庙署丞、太常博士、监察御史、国子祭酒、礼部尚书、集贤大学士、翰林学士承旨荣禄大夫知制诰兼修国史。刘赓学识渊博，书法精湛，朝廷颁发诏书圣旨多出其手。延祐五年（1318年），刘赓曾为著名《快雪时晴贴》奉敕题跋。天历元年卒，年八十一。刘赓以年耆宿德，为朝廷所重用，元史有传。

图17　张珪画像（旧藏）

郭贯（1249—1331年），字安道，清苑县（今河北保定）人，政治家。累官集贤大学士、翰林学士承旨、河东廉访副使、嘉议大夫、中书参知政事、礼部尚书。至顺二年（1331年）病故，追赠光禄大夫、河南行省平章柱国，追封蔡国公，谥文宪。郭贯博学，擅书法精于篆、籀，当朝国家重要册宝、著名佛法道场碑额多出其手，元史有传。

贾庭瑞，生卒年代不详。柏乡驻驾铺村人，元泰定帝时任扬州路总管。历任检校都事、枢密院都事、兵部郎中、度支少监、扬州路总管等。文献记载中没有显示贾庭瑞的学识名分，最初出来做事是受到了顺德王（邢台的世袭爵位）哈剌哈孙的重视，后一生追随哈剌哈孙为官。哈剌哈孙为蒙古贵族，由于曾祖启昔礼本搭救成吉思汗有功被封世袭顺德王，袭号答剌罕。大德七年（1304年）哈剌哈孙任中书右丞相，同年十一月成宗皇帝驾崩，皇后准备立安西王阿难答为朝廷，但哈剌哈孙极力阻止，并以右丞相的身份将朝野百官的印符统一收缴，由他封锁库存保管，称病不出门，暗地却秘密派遣使臣去南方迎接仁宗，到北方又去迎请武宗，最后成功促使武宗即位皇帝，化解了一场政治危机。碑中记述"大德季年，赞丞相定国大计"所指即此事，可见贾庭瑞参与了这场政治斗争或为此做出过特殊贡献。贾庭瑞不是科举出身且能身举三品要职，大概就是因为贾庭瑞是哈剌哈孙封邑内的人口，其个中原由只能用个人关系来解释。扬州自古富甲天下，至南宋时期政治经济文化达到历史高峰，能在这里任职总管绝非等闲之辈。庭瑞早年父亡，因孝敬母亲而被乡里称赞。贾庭瑞被朝廷封赠二代，祖父封赠亚中大夫、追封武威郡侯；父赠嘉议大夫，追封武威郡侯。祖茔在柏乡驻驾铺村南，墓茔早年被毁，茔前有《赵郡贾氏先茔之碑》，现存驻驾铺村贾氏墓地。茔前碑刻虽名为"先茔之碑"，但主要内容却记述了贾庭瑞的经历和仕途政绩及两代祖的封赠情况，这可能与贾氏先祖履历平平有关。《贾母贞节碑》是贾庭瑞为其母亲于延祐二年三月树立，此碑原在其母茔冢前，20世纪60年代"破四旧"被毁，残碑现藏柏乡县文物保管所。《贞节堂记》碑，是贾庭瑞延祐二年正月立石于世族家庙的遗物，以彰显其母滑氏贞节之德。此碑"文革"间被破坏，碑身残断两截并被作为房基石埋入地下，1986年挖出修复后入藏柏乡县文物保管所。《柏乡尹张君德政之碑》，是贾庭瑞为颂扬时任柏乡县令张辑的政绩于延祐四年三月刻立。此碑原树立在柏乡县北部的"古鄗城"内，20世纪80年代初，全国第二次文物普查时被发现，碑下部残失，现藏柏乡文物保管所。贾庭瑞官位虽不十分显赫又名不见史传，但能招致多名当朝顶级官员、理学家、艺术家为其树碑立传，仅见赵孟𫖯三次为其挥毫泼墨，杨载二度为其撰写碑文，可见其人有着特殊的个人能力。贾庭瑞子嗣情况不详。

董讷，字仁甫，生卒年代不详，柏乡北滑村人。此人资料仅见《董公世德之碑》碑铭和赵州柏乡县旧志。元代正史未见传记。董讷主要社会活动在元武宗、仁宗、英宗及泰定时期。累官江西宪副、吏部侍郎、左司郎中、礼部尚书、江西湖东道肃政廉访使，任内数次迁转。《董公世德之碑》由董讷于泰定四年刻立于柏乡北滑村董氏族茔。碑文内容主要记述了朝廷对董氏先祖的封赠情况和世祖德盈乡里的事迹。董讷曾祖父董增，少年学习刻苦，处处注意自修。祖父董元，勇猛有力，因为仁孝，乡里归心。柏乡一带在金末曾遭遇兵乱，董家二兄外逃避险，董元独自在家养亲，虽遇兵荒马乱，但总能弄来珍馐颐养双亲，并组织乡里民众团结一致，抵御外扰，深得乡里称赞。碑记中对其祖父品性赋墨褒奖。隆庆《赵州志》卷七有小传："董讷，柏乡人，祖元，以仁孝著乡里，父进，有德。讷以儒业进，拜监察御史，练达时宜，熟识政体，累官至吏部尚书，益务衡鉴，虚心用人，世其公平云。"祖父董元赠亚中大夫，顺德路总管轻车都尉，追封赵郡侯。董进以子贵封嘉议大夫、礼部尚书、上轻车都尉、赵郡侯。董讷与张养浩、张珪同朝为官并有交往，是当时有一定影响的名人，惜流传资料不多。

张居敬，生卒年代不详，柏乡县八里庄人。元代末顺帝至元太中大夫、济南路总管兼府尹本路诸军奥鲁总管管内劝农事，升嘉议大夫、蕲州路总管。碑文显示：张居敬五代祖在金代为郑州节度使。四代祖张金为地方豪杰，倜傥好义，善骑射，柏乡人咸依以其为主。1214年蒙古军进攻金朝南下，由于战乱当地没有官府统治，各地能人勇士组织起来招兵买马实施自保。木华黎（碑文中提到的太师国王）经略中原，这些地方豪士多投降蒙古军，被委任为当地的各种官职并世袭，被称为"世侯"，当时张金被收编后委以柏乡县尹。三代祖张元是一个世袭的小世侯，为柏乡主簿。此人轻财好施，赒恤视旧，扶植单弱，遇荒岁，就出粟以贷贫乏并焚其券，赖以生存者非常之多，在当地人们眼中有很好的口碑。父张珪，性高隐，不乐名宦，淡漠名利，常隐居丘园，读书教子，乡邻称为善士，享年八十七岁。著名学士刘赓、吴澄曾为其作诗以赞美寿考，时人以此为荣。张居敬任内恪尽职守，政绩显耀，职级多有迁升。朝廷根据张居敬的职阶官位封赠两代。封其祖父为中顺大夫、兵部侍郎、上骑都尉、清河郡伯；父亲张珪封为亚中大夫、顺德路总管、轻车都尉、清河郡侯。墓茔在柏乡县西赵家庄村南，墓茔早年被毁，旧有石刻翁仲及《清河郡侯张公神道碑》，石碑、翁仲现在柏乡县文物保管所收藏。

根据考古资料和文献记载，柏乡地区在金元时期是历史文化的荒芜时段，没有留下重要的遗迹遗物，这与历史大环境有直接关联。13世纪，由于北方游牧民和草原文化的崛起，汉文化自北宋之后逐渐失去了在中原地区的统治地位，各地充满了征伐与暴掠。柏乡却能在这个乱世之秋高官频出，显赫一时，这一文化现象是由特定历史环境决定的，所谓"乱世出英雄"的历史节点奠定了柏乡地区这一时期的文化格局。考订这四位名宦的身世背景，无一位是书香科举出身。尽管他们的历史背景都与当朝大儒有密切关联，但观其后嗣无一有大成就者，祖辈功名也都是受皇帝"子贵父荣"的典章制度而受封赠的爵位和荣耀。冀南地区在金元时期一直动荡不堪，战乱频发，灾害连年，民不聊生。据柏乡县旧志和赵州旧志记载，元末明初，由于战乱全县人口仅存1800余口。在这样一个大的社会政治环境中，想要独善其身而励志学业是不可能的，但通过碑文所透露的信息足以感受到当时人们对尊儒尚学、笃情翰墨的渴望与敬重。古代茔前碑刻，是我国丧葬文化的一个重要组成部分，它的历史成就和作用与古代官宦制度及政治体系的构成紧密相连，是儒家思想治国理论的体现，也是华夏多民族特有的一种文化载体和窗口。

如果说元代柏乡籍名宦的身世背景具有绿林色彩，那么明清时期柏乡"魏氏"家族的崛起，就经过了传统优学取仕的科班路径。清初丞相魏裔介，自十一世先祖于元代末期由巨鹿迁居柏乡后，就世代书香，家学渊源。明正德三年（1508年）魏寿为汶上训导之后，后世多以科举入仕，前后共有八代十一人为朝廷命官，成为当地著名的官宦世家。未取仕者亦厚程朱理学，笃情翰墨，著述甚丰，文风蔚然。当地这种后世多文学、富宦官的历史现象，除社会安定环境之外与当地优越的地理环境不无关系。柏乡地势平坦、土质肥沃，自古农耕发达。考古调查发现，仅在县城南不足100平方千米的范围内，发现先秦时期文化遗迹30多处，并且始终保持了文化发展的连续性。这样的一个天然富庶宝地孕育了当地崇尚翰墨、仕途至上的人文精神。

柏乡属地虽弹丸之区，却浸润了深厚广袤的文化汁液。根据碑铭记述，元代柏乡四位官宦的在职黄金时段，从至元二年（1265年）到泰定四年（1327年）约有60年之久。这段时间从世祖忽必烈到泰定帝也孙铁木儿历经了六位皇帝执政，可见元代朝政乱局的严重性。上述碑刻真实记录了柏乡地区元代人文信息，同时也承载了更为博大的民族文化内涵。今天我们要加强对元代文化遗存的研究与保护，重新发掘与认识元代文化遗存的价值，全面看待这一历史成就对民族文化的贡献，优秀传统文化才会真正回归到我们生活中来。

《贾母贞节碑记》因损毁严重，碑文缀不成句，释文从略。现将其他碑文释录如下（附录1至附录5）。

附录1　《赵郡贾氏先茔之碑》

录　文

赵郡贾氏先茔碑

翰林学士太中大夫知制诰同修国史吴澄撰

翰林学士承旨荣禄大夫知制诰兼修国史刘赓书

集贤大学士荣禄大夫清苑郭贯篆额

扬州路总管贾庭瑞蒙

　　恩封赠其祖父母父母将勒石先茔以扬天子宠光谓太史吴澄曰庭瑞家赵州柏乡县祖父讳受不仕祖母鲁氏李氏父讳谅以学业为乡里师不幸早逝母滑氏自誓靡它父母不能夺其志长育不肖孤教之以父书比长出而从事为故丞相顺德王答剌罕所知始终服属未尝离去丞相行湖广省事时任检校又任都事丞相行江浙省事时任都事如在湖广逮丞相入朝总百揆庭瑞主事刑部迁吏部继除枢密院都事户部员外郎大德季年赞丞相定国大计丞相既终除宣徽院判除兵部郎中除同金宣徽院尚书省废除度支少监以忏近侍弃官养亲居母丧庐墓三年服阕除扬州路总管又以不能妩媚去职遭遇圣时锡命及二代祖父赠亚中大夫顺德路总管轻车都尉追封武威郡侯祖母并追封武威郡夫人父赠嘉议大夫礼部尚书上轻车都尉追封武威郡侯母前时尝以贞节旌表今追封武威郡夫人窃惟国家之厚于臣子盖以励忠孝顾庭瑞何以报称然君赐之荣世世子孙弗敢忘吾子界一言文诸碑以恔先灵以观来裔庭瑞之愿也按贾侯字国瑛既廉且平刚直不挠莅官能为人所不能见义勇往不避强御甚有惠政及民事丞相最久知无不言言必见用谠论嘉猷化而为沛泽渗漉天下生灵者多矣非上世所积而然欤遂摭其概而为之诗诗曰

洵直贾侯	如百炼金	遇事谔谔	愧彼瘖瘖	昔忠愍王	天下名相	维侯是好
好莫或尚	鑴司挟怨	置人于辟	侯往平反	冤者获释	官给民盐	数重难酬
侯为减杀	民瘼以瘳	鄂营梵宫	畚土跻山	逆耳苦谏	念民孔艰	布十五万
一邑困瘁	恳请上闻	三免其二	佐杭保厘	政治靡堕	使闽通变	邦用靡亏
修堤展期	农不失时	督征发隐	贵不得私	运值危疑	孰匡社稷	国倚元臣
侯赞密画	钟亡弦在	鄞没斤存	牙音奚聆	石能曷伸	强暴侵陵	恶必惩□
径达帝聪	岂橛权势	浮冗蠹耗	职务节缩	俯竭愚忠	遑计身辱	作牧淮海
兴利除害	公论去思	棠有遗爱	侯谓子今	先庆所积	为子为孙	欲报罔极
煌煌宠锡	光彻九泉	爱斲坚珉	刻诗墓前	皇泽如天	臣拜启首	永世弗谖
式燾尔后						

大元泰定元年八月　　日
中议大夫扬州路总管贾庭瑞立　　尧峰作头魏融孙显志镌

附录2　《柏乡尹张君德政之碑》

录　文

柏乡尹张君德政之碑

中奉大夫礼部尚书元明善撰

翰林学士承旨荣禄大夫知制诰兼修国史赵孟俯书并篆题

柏乡小县当燕赵之之重驿至□□天下之半供亿诛求吏乘作奸民力日困不有□张楫由潞县主薄以承事□□尹是县三载代去县民相率连走大府乞留恒□二政之在人者邑士扬州路总管贾君庭瑞来言其事曰尹下车问父老以民病□亟力强弱升斗之直一□之力必亲征所书吏不得舞所谓丁□者婵□乡不蔽数□宽急操纵悉厌□□民输庸丝绢于库库氏不□辄曰不入等民曰已过尹矣□有时诸纵□□□食苗苗主不□御或躯之造县即□夺□尹暮使人坐城门□□□至今□□□敢下道暇即从一童挈壶殚于桑于田质农勤惰而赏而罚晏即□县□□□之讼者至庭为问□诘辩立与决遣或单辞待对署其牒田□尔社长母□□□县狱及□吏者目不绝尹曰人饱暖不学将负□□□□乃同邑学农隙亦劝趋社学躬为训道率能修礼□□遵度者挞之以敬其乡□百废次第举一不民害而所建皆成久利尹自至至去不取人一钱直无一□□□曰生未百年无如我尹贤愿尹去为大官第我民不能忘尹德其言如此贾□□

呜呼张君	实临柏乡	柏乡小邑	民既用□
无德不克	允由典则	破其极牙	剡其蠹蚀
时之雨风	以获嘉宝	童童美树	荫于道周
我屋以丰	我仓以盈	而役有程	赋有常征
馈之鸡酒	吏不敢受	孰谓三年	□如我□
我尹去矣	遣惠在民	遗惠在心	□不□陈

延佑四年三月吉日树

附录3　《贞节堂记》碑

录　文

贞节堂记

　　夫人以节称亦既不幸矣岂乐得是名哉虽然不幸之中独有幸存焉共□□□母郑夫人每道其夫之遗言以敭厥子而成其名盖人之情唯有所恃则易纵己□□□□难虽有□人之才狃于富贵甘于豢养终不能自奋羁穷寥落之余中之以一言□□□□□动其心□如诸侯自战其地散兵投之于敌人之境其心既危则人自为战执□□□妇人□□闺之□婉婉姝姝一旦行野问揽蘽薄搴寒菰兵雪满地顾影自怜谁与□□□是时□□□及□□烈丈夫之操亦何以殊而养人之亲抚人之孤一姓之绝续一□□兴废于己□□□□□守以贞固卒誐初志□非不幸中之幸与故予于赵郡贾侯母夫人滑氏之□□□□□贾氏之先仕宋有为显官者其□世寝微至贾府君独以□□□于乡里府君卒子尚幼夫人事舅姑尽孝谨家甚贫抽丝续纑于劳事无所避或□采掇于野以自给遗其子从师告之曰而父当□我言意奇汝也不幸不克逮而父之训今我为汝母顾不能使汝成人何面目见汝父于□下贾侯闻此言日自奋□□□年而仕仕□年而为大夫夫人治家严僮御亦不敢妄笑□贾侯日已事归亟入侍左□□颜色然后敢言夫人辄戒之曰□不能知国事无已如家事□谨而已用是贾侯之在官□□以廉直闻夫人之行如此真无愧于古人矣使侯位益显□声加于时则夫人之善亦可□□□唯侯勉焉尝以诏书恩旌于门曰贞节之门里老人贺者咸曰□堂也亦宜以贞节名载与侯同游获拜太夫人与堂上观其气体之康强福德之隆盛□以荫字其子若孙者未可量也为之叹美遂退而书之以纪其事云大德十一年十二月九日浦城杨载记吴兴赵孟俯书并篆□

　　大元延佑二年正月　　日

　　中宪□夫度支少监贾庭瑞立　作头魏□镌

附录4　《董公世德之碑》

录　文

翰林承旨知制诰兼修国史光禄大夫蔡国公张珪□□并书

　　岁旃蒙赤奋若日南至吏部尚书董君仁甫讷自京师走书历下，谓友人张养浩：肇公迈迹，丘儌五褉，许企风仰烈，殆无虚朝巾车，既东忝荣，叨渥凡四转官，始由江西宪副召拜吏部侍郎，未几又拜左司郎中，今焉待罪吏部，顾何及人负且乘乃尔揆诸涯分为恶益深比者。吾祖父、父有司考仪光启郡封爵及三代，天休宠锡，存没惟均，微祖宗潜行冥功有开于先，奚其致兹？将表石先茔用本福德所自，谋诸多士，金曰属厥笔者莫公为宜，敢缘旧奉事状兼币熏沐九顿首肃使者以请。某故尝与公同官，乃反币受状为撰次焉。按董氏系出轩辕，至虞舜有曰某者性好龙，龙多与习，遂以豢龙事帝。春秋时狐以良史见称。孔子厥后继而仕者，史代有人。曾大父讳增，笃学斤斤，自修，子男三，孟曰贞仲，曰成，季元，即尚书君之祖，赠亚中大夫顺德路总管轻车都尉，追封赵郡侯。沈鸷有力，以仁孝得乡里心，罹金末乱，二兄辟外，独家居养亲，虽处兵间，能力珍羞以适其志。盗至即擒缚殴，垂死至哀祈改过，乃释之。远迩奢慑聚落恃以无扰，事定悉推田宅与昆弟族人，其厚于伦理盖天性然。至元二十一年云州置银场官，发民数百为工，命公卫送，比无一工轶者。会银场罢，朝廷以见民归皇后，俾岁输绵宫中，仍以公领之。岁余即辞归，课诸子致力问学，暇则教以稿事，且耕且诵。敦本实而枌厥华靡。里或有讼，率不白县，决平其言。以恚至者以怿归，以负至者以偿归，甚则有望其门而返中途者。尝语人：吾蚤属时多虞，为勚百至，既长始克休息，然平生未尝食言于人，失行于已，惭德于天，吾子孙或有奋他日者。享年七十有五，以至元二十九年某月日，终正寝。邻郡闻丧相吊，及葬，执绋泣送者至二千余人，祭于路者且数百崿。近代公侯之丧，未有若是得人伙者。昔李广卒，太史公谓天下闻者皆悲，尝以为过，以今征之，犹信。呜呼！亦岂所谓桃李无言，下自成蹊者耶？葬某邶先茔。妣夏氏，追封赵郡夫人，内德惟称，享年九十有六。一日，前语子妇辈曰：妇德以顺为本，内能顺夫，外能顺族，行之以不欺，济之以不妒，寿将自延。我所以年期颐者，职此。今命当终，其无憾矣。有顷而卒，以某年某月日祔顺德君之兆。子男四：进，和，福，佑。进以子贵，封嘉议大夫、礼部尚书、上轻车都尉、赵郡侯，中扃敏茂，外断断若无能，或犯且负，虽百不一校。由其子讷周践台阁，愈益务自贬损，人不知为官门。昆弟三人，皆循愿相友甚。妣赵氏，渊淑柔惠，克服家训，今春秋俱垂八裛，神观无少衰。则董氏之先储，休蕴懿源，深委长者，兆于斯矣。矧尚书君忠直有器干，比奉使山北，课最诸道，方器用于时，其所至殆未艾，子贵法，宜铭。铭曰：

维福若德，两有孔艰。德崇维人，福天所关。德苟崇矣，福斯丛矣。谓天人殊，影响从矣。于休董氏，代有阴隲。于前弗昭，緊后之赫。金季俶扰，盗起猬如。民命毫芒，遑恤室庐。惟公屹然，底柱弗动。有闯其疆，随意擒纵。用是百里，奠枕胥安。微公之英，几何不残。计兹所活，奚千亿啻。厥报有归，亦势必至。譬彼农者，穑穣必年。力如弗周，获亦靡坚。宜尔嗣孙，由儒而奋。厥声隆隆，台阁增峻。左司为职，士恒罔肩。非才精强，则易以颠。于焉恢恢，他可坐治，欲观人能，莫的于是。矧厥攸进，川至未涯。台衮之膺，伊迩匪遐。洪惟国经，酬庸以爵。三代疏封，可曰殊渥。子焉克孝，臣焉克忠。宜先之灵，覆露厥躬。溹水之阳，厥兆城许。何以贲之，录此石语。

泰定四年九月日尧峰石匠魏融□□

嘉议大夫江西湖东道肃政廉访使宜令董讷准此立

附录5　《清河郡侯张公神道碑》

录　文

大元清河郡侯张公神道之碑

奎章阁侍书学士、翰林侍讲学士、通奉大夫知制诰同修国史虞集撰

翰林学士资善大夫知制诰同修国史国子祭酒蔡文渊书

集贤大学士荣禄大夫太子詹事加授太子宾客郭贯篆额

金主由燕南迁于汴也，河北州郡豪杰起而据其城邑、保其民人君长之。柏乡张侯之先其预焉。案张姓，原出轩辕第五子，挥矢造弦，实张网罗，世掌官职，后为氏焉。万载之下，支流派分，散处四方，在在有之，世系不复可考。侯之高祖，尝仕金，为郑州节度使。生子金，倜傥好义，有膂力，善骑射，柏乡之人咸依以为主。于是，御外以安内，禁暴而戢奸。数年间，保养生息，民物滋庆。迨天兵南下，首率吏民而归于太师国王，王乃承制以为柏乡尹。有五子，长曰元，袭职佩金符，为柏乡簿，亦以材勇闻，轻财好施，赒恤亲旧，扶植单弱，遇荒岁，辄出粟以贷贫乏，而焚其券，赖以令活者甚众。生九子，仕者三：曰瑞，由柏乡丞累官至敦武校尉、辽州判官；曰瑛，承务郎、龙门尹；曰杰，承德郎、中山府判官；曰珪者，赠清河郡侯也。性高隐，不乐名宦，视世之荣利泊如也。尝曰：吾家父、祖作善，迄今百余年，吾门未尝有赫赫显于仕途者。吾闻之，积德者昌，天道昭著，不可惑也审矣。吾虽不仕，吾子其能免乎？乃晦迹丘园，读书教子，乡党称为善士，远迩化其德，而尊敬之。享年八十又七岁，步履康健，耳目聪明，中朝大夫士，如翰苑承旨刘赓、学士吴澄辈，作歌诗以美其寿考，粲然盈轴，时人以为荣。泰定三年七月十三日，终于正寝。葬之柏乡先茔，妻韩氏祔。二子：长曰让，真定等处管民千户；生男荣，敦武校尉，主上海县簿；次曰居敬，太中大夫、济南路总管；一女，适进义校尉、汴梁等处管民提领刘瑞。居敬以己官封赠二代，思彰父、祖积累之厚，欲荣其乡里，求铭焉。初，武宗皇帝潜邸，居敬以国语为必阇者，乃译书之吏也。历徽政院掾，升客省使，督军匠建冷泉浮图，除徽政院都事。武皇即真，分平江等八路贡赋以供兴圣太后，都事以其粟赈恤饥民，而徽政是之，乃赐侍燕锦绮之服。进拜周王司马，领军民建王台延禧寺，讫事，迁群牧少监。转殊祥院副使，监军匠三千人，修五台万寿佑国寺千余楹，增课二十五万缗，省岁调供给之半，以其功前后赏赉金帛，不可胜计。授中宪大夫、都漕运使，止支帖不经漕司者，为米四十万石，补纲户不任其役逃亡者六百石。卖纲船之旧渡者，以省虚费萆水土杂米之弊，公私便之。未几，授太中大夫、济南路总管。丁父艰，再除济南路总管，升嘉议大夫、蕲州路总管。赠大

父元中顺大夫、兵部侍郎、上骑都尉、清河郡伯；祖妣褚氏赠清河郡夫人，田氏赠清河郡君。父珪累封至亚中大夫、顺德路总管、轻车都尉、清河郡侯；母韩氏，赠清河郡夫人。妻高氏，封清河郡夫人。子二人：长曰益，字允谦，国子学生，早逝；次曰谦，字允恭，尚幼。居敏之所推恩也，清河上受积累之传，下膺禄养之贵，赫然乡邑之光华也。铭曰：伊昔柏乡，民庶且多。逢时多艰，日寻干戈。乃有豪杰，起为之长。以抚以绥，以休以养。大兵之来，大将孔仁。即审所归，有社有民。或长或佐，既历三世。乡里德之，子孙多贵。天鉴孔昭，俾尔遐祉。既寿而康，是生贤子。其子伊何？克大厥家。泽及存后，班爵是加。槐水之东，罐务之麓。庆流后昆，为赵望族。济上蕲阳，公平正大。累叶功名，方来未艾。柏乡之墟，马鬣之封。孰有贤子？着兹休功。

至元二年岁次丙子九月吉日太中大夫济南路总管兼府尹本路诸军奥鲁总管管内劝农事张居敬

尧峰石匠作头张彦

崇光古寺与唐代大佛

史云征

这里曾是当地历史文化的中心，塔铃清脆梵歌萦绕；一个辉煌年代的壮观景象，殿宇林立金碧辉煌；一座民族文化的宝库，在地下沉睡了千年之后又转世今生。

一、横空出世

2007年初，开发商要在柏乡县城东街崇光古寺旧址建设住宅小区。为使地下遗存佛教文物不受破坏，县文物保护管理所闻讯后主动找到开发商协调地下文物保护事宜，依法提出：对工程涉及地段要先期进行考古勘探发掘，然后建设施工。没想到这样的一种工作协调，竟历时近一年而无果。尽管双方谈判过程漫长而艰难，但文保工作人员仍以足够的耐心与信心与其进行了9次交涉与沟通。然而，前期的所有努力似乎都付之东流。11月18日，建设方不顾文管部门的执法意见，无视地下文物的安全而强行施工，并在2号楼槽挖掘中挖出一通明代《重建崇光寺碑记》石碑，并造成石碑严重损坏。至此，由于出现损坏文物的严重后果和文物部门对此事件的强烈反应，迅速得到了县委、县政府的高度重视。立刻责成县公安、城建、文化等执法部门依法查处违规事件，指出："中央名城住宅建设要妥善处理好地下文物的保护，建设单位要积极配合文保所做好地下文物的发掘工作。"迫于多部门联合执法和主要领导现场督察，崇光古寺遗址的发掘工作才得以顺利进行。2007年的岁末，天气异常沉闷压抑，连续13天的阴霾雾障让人窒息。2008年元旦清晨己卯，发掘工作刚刚开始，一个硕大的石佛头像首先面世。佛头螺发高髻，脸庞清癯，情感饱满，呼之欲出。佛头顶珠虽有残裂，但容貌皎洁、气质灵动、禅意盈盈，惊呆了在场所有人员。出土宝物的消息不胫而走，瞬间招来了东街众多乡邻前来围观，扶老携幼，啧啧称奇，其场面可谓万人空巷，热闹非凡。惊呼之后，我们仔细观察了佛像的质地，为青灰色沉积岩，雕琢技法与表现风格凸显盛唐时期的典型特征。石佛虽历经千载，其品相却出奇的完美，没有因年久而风雨驳蚀，形体硕大，清新如初，实属罕见。抚今追昔，感慨万千，回顾一年来的委屈与悲愤，不免潸然动容。整个元旦的上午，发掘工作始终沉浸在兴奋之中，不到两个时辰又出土了佛身部位。这是一尊释迦牟尼说法像，左手持禅定印，右手持触地印，身披贴身袒右袈裟，结跏趺坐。经确认大佛是在早年被人为损坏的，后因某种原因而被掩埋。根据造像制式，佛身的底部应该还有一个长方形束腰须弥石座，与佛像本身上下呼应，整体相依。佛教自东汉传入我国到唐代后期，经过了几百年的发展与融合，其造像形式逐步形成了一套独立完整的东方美学价值体系。这一时期的须弥坐骑，通常正面与两侧镂空雕琢金刚力士、护法雄狮、佛教故事及八宝陈设，造型模式代表了唐代中原地区大乘佛教的宗法礼制，并形成一个完美的艺术整体。为能找到原配须弥佛座，我们在建设工地连续挖掘了整整一周时间，挖遍了所有能发掘到的地段，均未发现遗踪。由于当时发掘工作属抢救性清理，没能大规模开展工作，加上年代的久远和寺庙原址的不确定性，最终给我们的寻找留下了遗憾。

释迦牟尼教经中的"释迦"语，在梵文里面称为"释迦家族"，"牟尼"译成汉语意为"圣人"。释迦牟尼（前624—前544年）原名乔达摩·悉达多，生于古印度迦毗罗卫国（今尼泊尔南部）。19岁出家修行，35岁修成正果，80岁于拘尸那迦城实现涅盘。释迦牟尼生前对人的生死因果关系透彻明了，他的教义核心就是让人们看透生命的虚弱本质和万事万物的自然规律，不再希求那些虚幻不实的"妄念"，放下各种贪图与争执，以平常心态去实现人生价值。它创造的教义理论与中国本土儒、道文化一道，为东方文明和人类的社会发展做出了巨大贡献。崇光古寺及其释迦大佛的出土，是党和政府对历史文化遗产高度重视的结果。今天在这里回顾往事，旨在倡导大家要尊重历史，敬崇先贤，发扬传统，坚定民族文化自信。

二、历史星火

据柏乡县旧志记载：崇光寺在县城东街，旧有明正统崇光寺碑记。碑记云：有古石佛穹然而高，左臂破裂。旧有石幢系开元二十五年建，作八棱形，周围皆刻陀罗被经，风剥雨蚀，残阙仅存百余字尚可辨识，书法最精最古。在这批出土文物中有一通石碑，碑额篆书"大明敕赐新建崇光寺记"。碑铭记："今天子十二年为正统丁卯夏六月十五司礼监少监臣孔哲言柏乡有寺曰宗圣寺创自古昔历岁既久渐已倾圮寺僧俗改作而力未至哲遂以己资募工伐石陶□冶铁各执乃事并齐举撤其旧而作殿堂门厩僧舍庖湢无不备佛之像饰以金碧光辉照耀焕然一新谨再拜稽手首请额以易旧名上赐额曰崇光寺……"从上述碑铭和文献记载可知，崇光寺原名"宗圣寺"，明正统十二年（1447年）由英宗朱祁镇内宫行诏撤旧立新，并新赐名"崇光寺"。当时有一个名叫孔哲的柏乡人，在朝内后宫任司礼监少监内侍（太监），他对家乡宗圣寺院的倾圮颓废十分关心，以己资募工修缮，使之焕然一新，并请皇上赐额。柏乡小邑能获"敕赐"之誉，孔哲应该从中起到了积极作用，但事情也并非碑铭记述的那么简单。明代前期的几任皇帝，由于受朱元璋利用宗教治理国家的思想影响，尤其从明成祖到明武宗时期，无论皇室还是民间，崇佛尊道风气日盛。从朱棣"大封武当"到湖北钟祥梁庄王墓出土的金铜佛像和河南荥阳周懿王墓出土的佛教故事壁画，均反映出这一时期明皇执政的思想倾向。明英宗能敕赐崇光寺额，与当时的治国思想及宗圣寺的历史地位和影响有直接关系。根据遗址出土其他石像的艺术风格、雕琢技法和造像铭文可知，宗圣寺创自北魏，历东魏、北齐、隋、唐五个历史时期，文化脉系连续传承。所以宗圣寺深邃的文化背景，应是事成敕赐崇光寺名的第二重要因素。在柏乡县旧志中提及的唐开元二十五年铭的陀罗尼经幢，发掘工作中没有发现。

崇光寺遗址出土的其他石像均残破严重，其残损程度令人不可思议，一躯高不盈尺的造像竟残断数十块之多，多数已成碎块状态。这一现象并非偶然，应与历史上著名的"三武灭佛"事件有着直接关系。在中国古代史上第一次灭佛运动是北魏太武帝拓拔焘（424—452年），这一时期是中国佛教发展史上第一个鼎盛时段。南北朝时期，由于中国长期处于战乱割据状态，百姓在遭受颠沛流离后于贫困中寻求新的期盼，士大夫们也在惊恐中渴望探索新的治国方略。这时传入中国不久的外来佛教文化，正迎合了人们的追求方向，所以这种虚幻的文化思想在这一时期迅速传播开来。由于田地分配制度的混乱和朝廷无度放纵寺院经济的发展，使这种崇佛运动既在北方地区迅速形成一种强大势力。上自天子下至庶民，无不设宅为寺、立山为窟，佛陀偶像穷资雕造。这种扭曲的社会现象严重影响了生产力与生产关系的协调发展，导致社会矛盾不断升级，也直接动摇了统治阶级的统治地位。于是魏太武帝于446年2月2日下诏"尽诛天下沙门，毁诸经像"，在全国开展了大规模灭佛运动，寺庙毁废、僧侣服役、偶像捣灭，给佛教传入东土后出现的第一个文化高峰以极大的创伤。柏乡宗圣寺出土的这批石刻造像中，最早的一躯雕琢于东魏武定二年（544年）。根据时段推测这次灭佛运动没有殃及柏乡佛像。应该说柏乡这批造像是北魏太武帝灭佛运动之后建造的新生偶像。可以说这批造像倾注了僧侣们大难之后的心血与虔诚，以及工匠艺术家的创造激情。第二次灭佛运动是北周武帝宇文邕（561—578年）时期。通鉴柏乡出土这批造像没有发现北周铭记，但有数躯北齐时期的造像断裂处有钻孔修补接痕，应该是周武法难祸及这批造像后，僧侣们曾将上述残像经修补再继续使用所留下的时代痕迹。第三次佛教法难是在唐武宗李炎时期（841—846年）。这次灭佛运动，破坏程度之大，波及范围之广，举世空前，致使当时佛教势力遭到了灭顶之灾，以至其后很长时间佛教势力一蹶不振。柏乡这批造像应是在唐武宗会昌时期被彻底破坏的，经过这次最惨烈、最彻底的毁灭后随即瘗埋。柏乡这批造像历遭两次法难已体无完肤，面目全非。根据二号坑石造像埋藏地层关系及器物类比学考证可知，出土的石佛造像时代最晚的是晚唐时期的作品。所以二号坑出土石像承载了东魏至晚唐三百年的历史文化信息。这批佛像虽残损严重，但从局部雕琢技法及形体线条和装饰手法，可以看出时代特点还是比较明显的。从雕塑艺术范畴及时代特征考察，魏时手法朴实、简洁、平静、永恒、安详。造型多"秀骨清像"，服饰"褒衣博带"，具有浓郁的异域风情。北齐造像形体饱满拘谨，挺拔有余缺少动感，衣着轻薄华丽如"曹衣出水"。唐代作品严谨洗练、质感强烈、体态丰腴、气势轩昂，极富世俗人性，足见雕塑作者深厚的文化修养与佛学生活基础。

柏乡崇光古寺，自始建至损毁可分两个重要阶段，第一阶段自东魏武定时期至唐会昌六年（846年），历时300年。这一阶段寺庙香火始终延续，尽管曾遭受灭佛运动的打击，但从其文化面貌来看未能断其传承，历史文脉清晰。这个时期是崇光古寺最鼎盛阶段，从其造像数量及制作质量来看，当年一定是一座规模宏大的重要佛事教场，尤其大石佛的雕凿，更加凸显这一时期寺院经济、佛事文化的繁荣景象。唐会昌法难之后，宋、元时期中原地区战争不断，柏乡亦深受其害。崇光古寺这时处于历史最低谷阶段，在发掘中未见到这一时期重要的遗迹、遗物，也是在情理之中的。到了明正统时期，柏乡地区社会稳定，经济发达佛事再起。崇光古寺深厚的文化积淀得到了明英宗朱祁镇的高度重视，併敕赐崇光寺名。这一阶段是崇光寺的第二个辉煌时段。出土的碑铭记述，这时崇光寺大兴土木修建殿堂，僧舍疱湢无不备佛之像，并饬以金壁，光辉照耀，焕然一新。在发掘清理中未见上述现象，可能是涉及发掘范围所限。在出土石刻造像文物中，有一尊明代正统时期的文昌帝君石造像，高80厘米。石像身着龙纹补服、腰饰玉带、手持佛法印相、长发须髯、赤足襟坐，集儒（官）、释、道三元文化于一身。这件造像的文化背景，应该是以英宗的文化思想为蓝本而设计雕凿的。明代帝王和皇室十分崇佛敬道，尤其朱棣夺权后对道教崇拜有加，曾举全国之力大封"武当"，并将武当名刹建成朱明王朝的皇家道观，其建筑规模超过北京故宫。这种崇佛敬道的执政思想，对明皇后世产生了深刻的影响。从文化学意义上讲，崇光古寺出土的这件石像，体现出这一时期宗教文化的包容性，同时反映了当地"仕途致尚"的世俗观念。这种宗教文化的派系流变，是与当时的社会变革和人们的思想追求密切关联的。明代后期，"三教同堂"的文化现象较为普遍，尤其在民间的历史遗存十分多见。这种文化现象从北宋时期就已流行，只是到了14世纪中叶，由于"朱程理学"的社会影响，这种文化现象才变得更加突出。这尊造像不仅代表了这一时期崇光古寺的最高文化成就，同时反映出当时人们意识形态中的价值取向。元末明初，柏乡地区由于战争和自然灾害的蹂躏，全县人口仅存一千五百余人。明永乐二年，山西移民来到柏乡。外来的生产力为当地经济的发展注入了新的活力，同时也带来了新的文化思想与观念。这一时期，柏乡大量的肥沃土地得到复耕，农业经济得到快速发展，经济的复苏使正统时期全县人口已近四千人。到明末万历时期，柏乡经济文化达到空前繁荣，全县人口增至一万二千余人。古代生产力的进步、经济的发展不仅表现在人口的迅速繁衍与增长，佛教寺院更是直接体现社会文明程度的重要载体。这一阶段，在柏乡县域二百多平方千米内，新建较大规模寺院七座，另有多处古寺庙得以重修。这时的佛教势力能迅速曼延，基于三个社会因素。一是在社会大经济富盈下寺院经济得到进一步扩充与提升；二是崇光古寺的历史背景得到了社会的认可；三是朱明王朝政教融合的执政思想，对当时的社会潮流起到了引领作用。近年对上述七处明代寺院遗址调查发现，每处都有大型石雕造像及较大规模的庙宇建筑，充分显现出这一时期牢固的社会经济基础。崇光古寺第二个辉煌阶段较短，至明末清初衰败，历时200年左右。清代虽继续使用，然香火微薄、规模骤减。其原因既有战乱灾荒的严酷打击，又有清政府对汉佛事物发展紧缩与节制，至清末崇光古寺方历史"圆寂"。

　　根据文献记载和地望观察，崇光古寺的旧址不仅局限于目前"中央名城"住宅小区的圈定范围，其遗存面积应该更加宽泛。在发掘中我们还在住宅小区东侧边沿，也就是柏乡旧城东门北侧城墙下面，发掘出3座北宋时期墓葬。可见柏乡县旧志标注的东城城墙，是在北宋之后修筑的。住宅小区之外的东部区域，由于其他居民住宅的叠压没有进行发掘，下面是否还掩埋着崇光古寺的文化遗存不得而知。据柏乡县旧志记载："崇光寺后有凤凰岗，俗以岗形似凤而名之，柏境地势平衍，无枝峰蔓谷，而独此隆凸高起。"凤凰岗遗址，由于近代城市建设早已不复存在，但地望显示其具体位置应在现电视台南侧，东边不逾旧城垣之界。东大街路南地势明显高于路北，地形落差三尺有余。这种北低南高等差式地理环境，在"五行"文化中视营建宅居为禁忌，故崇光古寺的旧址南界不会跨越东街主干。一千五百余年的朝代更迭、战乱焚毁、自然灾害等已使这座文化教场几经易所，但万变不离其宗，它始终不会偏离东街之阳"凤凰岗"之阴的主体方位，只是随着时代的变迁其规模与布局而有不同。今天我们所发现的崇光古寺文化遗存仅是其中的一小部分，更多的遗迹、遗物仍被其他民居建筑所叠压。正是这样一块风水宝地，聚敛了柏乡古镇的千年福祉，承载了当地社会发展文化繁荣的千年历史佳话。

三、文 化 渊 源

　　崇光古寺遗址及其大石佛的出土，展现了柏乡公元5—8世纪前后，中西文化交融的璀璨历史和辉煌成就，从人类社会学看崇光古寺的文化构建，与当地土著文化有着一定渊源关系，从近年柏乡考古资料可以看出它的衍变发展轨迹。

　　小里仰韶文化遗址，是柏乡地区首个人类活动居住点，距今已有6000多年的历史。2008年对该遗址进行的考古发掘，揭示了这一时期柏乡先祖的基本文化形态。遗址中出土的用于"祭祀"活动的"陶埙"与"陶鼓"乐器，就是原始柏乡人类进行"宗法"活动的最早实物证据。在新石器时代，音乐是人们祭祀活动的一种表达形式，是人们对祖先追忆的一种文化载体，他们的精神诉求是通过"乐舞"的行为方式来实现的，音乐的原本含义与今天有着实质的不同。对这种"巫术"和祭祀行为，我们称其为"原始宗教"。小里遗址，是柏乡人类的诞生地，也是本地"宗教"文化的摇篮，其文化土壤是后来柏乡佛教文化的发展基础。尽管佛教文化属西域舶来品，但其核心思想与立足附衍的东土文化有着同工异曲之道。本土宗法文明（儒家思想）与佛教主张有着较强的一致性，两者之间的文化共性成为后来民族文化发展的基础。从这种意义上讲，土著文化与外来文化有着"皮之不存毛将焉附"的辩证关系。到了商代，人类文明的脚步已跨进高度发达时期，人们的信仰追求变的现实与理性，出现了"神权"与"王权"集中统一的文化构成，历史学者称其为"政教合一"。这一时期，柏乡地区的宗法文明已突破了原始的朦胧和愚昧，显示出更为进步和发达。2007年在柏乡驻驾铺村东遗址，发现了这一时期由王权祭祀土地时使用的"玉琮"法器。这种高等级的祭祀用品能在这里出现，它与柏乡"尧城"的文化背景有着直接而重要的关连。2015年对柏乡赵村商代遗址的考古发掘，出土了多个祭祀牲坑和大量占卜用卜骨。这种"祀礼"活动的盛行，彰显出这一时期柏乡地区宗法文明的空前发达。战国时期，柏乡地区的"道法"文明受到"古鄗城"历史地位的影响，表现出更为浓郁的时代色彩。1978年在古鄗城遗址东南墓区出土的象牙刻字筹码"术数"工具，表现出人们的思维方式已经突破了"空幻"概念，更加关注自然科学对人们生存价值的影响，并将道学"方术"用于推测人与国家的命运气数。在天文、历法、五行、占卜等方面都有了新的突破。到了东汉初期，光武帝在柏乡登基即位并设立了大型祭祀坛场，以"郊祭"的文化形式将柏乡地区宗法文明推向了历史巅峰。柏乡各个历史阶段中的宗法文化遗存，是当时先进文化的代表，是社会进步的标志，是人类文明创造的结晶。这种本土宗法文明的历史积淀，是崇光古寺佛教文化输入柏乡的人文基础。从客观意义上讲，崇光古寺落户柏乡，又与境内"古驿道"的交通优势不无关系，并对崇光古寺后来的发展起到了积极的作用。每年的农历四月初八，是释迦牟尼的生日纪念，佛界又称"佛诞节""浴佛节"，它是佛教一年之中最大的节日。每逢这一时节，各个寺院都要举行礼佛庆典，对参加礼佛信众免费食宿，并开展周济贫困、救助危难等活动。对这种"寺庙法会"百姓俗称为"庙会"。柏乡县城现行的每年一度的四月初八日庙会的历史传统就是由此而来的。早在一千多年前柏乡大石佛落成后，崇光寺选在了四月初八这一天，举行了一次规模宏大具有历史意义的"浴佛"法会，为大石佛开光典礼庆生纳福。这一天，崇光古寺善信宾客慕名而结，高僧云集辩经论法，佛事规模历史空前，这也是崇光古寺历史上最灿烂的一刻。随着时代的演进和崇光古寺的历史沉浮，一年一度的佛法"庙会"被当地历代僧侣和百姓延续了下来，并以大众化、多元化、民俗化的形式演变成民间商贸交流活动，它的原本思想与今天的实际意义已经发生了根本的变化。今天的四月初八庙会，对于柏乡人来说既是一个商贸交流场所，又是一种"文化符号"，更是一个"失落的记忆"。它衍生于佛教文化归宿于大众生活，从一个精神层面的追求，转变为现实生活中的利益存在，为当地百姓带来了实实在在的福祉，真正实现了佛法奉行的"蜕变"与"升华"的理论终结。四月初八庙会与崇光古寺的文化纽带和因果关系，无论从民俗学或文化学意义上讲，均有着坚实的理论支持和科学构成，其文化意义和社会价值在当地产生了深远的历史影响。四月初八庙会最初的来历，早已被人们所遗忘，但文化血脉已深深根植在当地人们的生活当中。

崇光古寺这条佛教文化主线，从其诞生至今贯穿了柏乡地区1500多年的发展历程，当地的人文情愫和思想观念均受其浸染与影响，在政治、经济、文化、民俗领域都留下了诸多时代痕迹。柏乡地区的历史过往是当地的文化底色，不同时代中的文化特色与成就，渲染了柏乡社会文明进步的多彩历史画卷。

四、唐代大佛的价值评述

大石佛青石质，高3.25米，是一躯唐代中期大型佛像圆雕艺术作品，它代表了这一时期我国雕塑艺术的价值取向和艺术成就。造像形体丰腴，仪态稳健，面容华贵，情感丰富，眉宇间彰显着生命的活力，读来令人温馨和煦如沐春风，顿悟佛祖慈悲向善的内心怡悦之情。这种颇具人性的造像风格，是我国唐代中后期佛像雕塑艺术的时代特征，是中国古代佛教造像艺术史上的巅峰之作，反映了公元7世纪前后佛像雕塑"中国化、世俗化、生活化"的艺术思想。大佛以恬淡、宁静、愉悦的面部刻画与流动顺滑的禅衣袈裟，构成了作品主题思想与外在形式的完美统一，实现了佛学思想通过精神气质的感染而授受的造像功能。这种通过形体创造来完成对思想追求的作品，传递出中国古代雕塑大师专注、虔诚的心机与精湛的艺术表现功力。这种将超现实主义思想与雕塑艺术形式完美结合的创作理念，与其成像的社会背景和其构建的文化体系有着密切的关系。艺术源于生活，回归于生活，服务于生活，古今相同。创作者不仅是一位能熟练驾驭刀锤表现技法的艺术家，同样是一位具有高深佛学文化知识的佛教信徒。如果没有深厚的佛学生活基础，难以完成如此精湛的佳作。佛教的精髓在于对人生的解读，在于对人生价值观的超脱与解放。要通过大众普遍容易接受的偶像载体来传授这种理念，来规范人们的意识行为以完成自己对理想目标的终极实现，不是仅凭高超的艺术技巧所能企及的。其内在的功力，源于作者对佛学理论的透彻理解和对人生意义的确切把握，这种理论的构成正是这一时期民族文化博大精深的现实所在，是传统文化发展的理论根基。柏乡佛像所表现的思想内容，有着深厚的人生哲理和佛学教义，不同的人生态度均有着不同的解读方式，大千世界，云云众生，似乎在它身上都能找到适合自己内心世界的归宿。有人说这是佛法力量的感化，有人说是艺术魅力的感染，我想这种冲动是来自民族文化的本性，是精神力量冲破时空阻隔而迸发出跨时代的共鸣，是人类精神文明与物质文化的创举。柏乡大佛带给我们不仅是对佛学理论的精神感悟和艺术上的美好享受，同样冲击我们的还有大唐帝国的精神风貌和文化气息。唐代中后期是释迦佛教在东土发展的最鼎盛时段，综合国力自汉武帝以来第二次雄霸世界之首，无论社会经济和文化的发展都达到了一个前所未有的繁荣时代，是大时代的社会背景和民族思想创造了属于那个时代的大文化。千百年来，当地的人们对大佛情感深厚而笃情，其文化情结牢固而深远。在出土的明正统十二年的石碑上记载："寺有古石佛像穹然而高右像微湿津津然如汗有疾者濡之其疾即愈比年亢旱邑令具复祷于石像果大雨三日田野霑足禾黎倍收柏乡皆称佛之灵著。"柏乡大佛艺术价值千古一例，堪称国宝，目前我国如此精美的唐代单体大型佛教石刻造像十分罕见。2013年，河北省文物局文物鉴定委员会鉴定结论为一级珍品，无论科学价值、历史价值、艺术价值都弥足珍贵。世间轮回，梦回大唐，华丽转身，母仪四方。柏乡唐代释迦大佛，像正午的骄阳，光芒四射，将文明的炙热传到后世；它是历史的丰碑，亘古不变，将人文精神载入新的史册。

附图1 崇光古寺出土石碑（明代）

附图2　崇光古寺出土石佛（东魏）

附图4　崇光古寺出土石佛（北齐）

附图3　崇光古寺出土石佛（东魏）

附图5　崇光古寺出土石佛（唐代）

附图6　崇光古寺出土石像（明代）

小里遗址与原始音乐

史云征

  2010年初夏，为配合当地生产建设，邢台市文物管理处与柏乡县文物保管所合作，对柏乡小里村东遗址进行了考古发掘，遗址中出土了"陶鼓"和"陶埙"两种古代乐器标本（图1、图2）。2010年春，为配合南水北调建设工程，在对沙河高店遗址的考古发掘中出土了"陶鼓"标本（图3）。2014年夏秋之交，为配合石邢公路邢石线邢昔段建设工程，在临城石匣沟遗址的考古发掘中又出土了"陶埙"和"陶哨"两种古乐标本（图4、图5）。这种古代乐器的不断新发现，引发了人们对我区原始音乐的关注和思

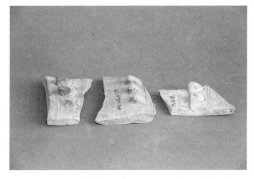

图1　柏乡小里遗址出土陶鼓腰残片（后冈一期）

图2　柏乡小里遗址出土陶埙（后冈一期）

图3　沙河高店遗址出土陶鼓腰残片（后冈一期）

图4　临城石匣沟遗址出土陶埙（先商时期）

考。目前，我国考古发现时代最早的古乐器实物是河南舞阳贾湖遗址出土的骨笛[①]（图6），距今已有8000年左右的历史。柏乡小里遗址出土的"陶鼓"与"陶埙"经^{14}C测年确定，距今6580±90年。贾湖遗址的文化性质属裴李岗文化系统[②]，而小里及高店、石匣沟遗址的文化性质是后冈一期文化系统[③]。它们是新石器时代两个不同区域、不同发展阶段、不同文化序列的历史遗存。从音乐发展史的角度看这两大文明的历史成就，对黄、淮地区的古乐发展均有着各自不同的价值和意义。临城石匣遗址和沙河高店遗址虽未经考古测年，但与柏乡小里遗址的文化面貌有着高度的一致性，同属后冈一期文化类型，在时间段上三者亦相当或接近，应当同时而论。

图5　临城石匣沟遗址出土陶哨（后冈一期）　　　图6　河南舞阳贾湖遗址出土的骨笛（裴李岗）

"陶鼓"，是我国打击乐中最古老的一种乐器，过去在黄河流域史前文化遗存中屡有发现，只是在对其认识问题上存有不同看法。诸如20世纪80年代在邯郸石北口遗址[④]中就出土过可供复原的"陶鼓"标本（图7），原报告将这种器物称为"缸"。高天麟先生经多年研究将这种新石器时代的陶器称为"鼓"，并定性为是我国最古老乐器中的一种[⑤]。这种观点随着近年学界研究的不断深入，得到了人们的普遍认同。从目前考古资料来看，这种古代乐器发源于黄河流域，除山西陶寺遗址[⑥]有"陶鼓"与"石磬"共存外，其他地方的埋藏形式多是独立或单一的，缺乏相关的辅助信息。这种原始信息的不确定性，给人们的认识带来了困惑，影响了人们对其性质、功能以及应用范围的判定。高天麟先生经对多地出土情况的梳理，将黄河下游的山东邹县野店大汶口文化遗址中出土的"陶鼓"标本（图8），视为我国年代最早的"陶鼓"实例，距今

①　河南省文物考古研究所：《舞阳贾湖》，科学出版社，1992年。

②　河南省文物考古研究所等：《河南新郑裴李岗新石器时代遗址》，《考古》1978年第2期。

③　张忠培、乔梁：《后冈一期文化研究》，《考古学报》1992年第3期。

④　郭瑞海、乔登云：《永年县石北口遗址发掘报告》，《河北省考古文集》，东方出版社，1998年。

⑤　高天麟：《黄河流域新石器时代的陶鼓辨析》，《考古学报》1991年第2期。

⑥　梁星彭等：《山西临汾下靳村陶寺文化墓地发掘报告》，《考古学报》1999年第4期。

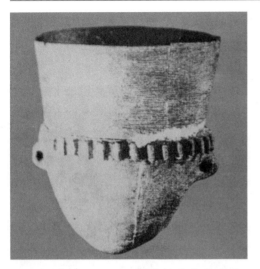

图7 邯郸石北口遗址出土陶鼓（后冈一期）

图8 山东邹县野店遗址出土陶鼓（大汶口）

5500—5200年[①]。柏乡小里遗址出土的"陶鼓"年代，显然突破了这一界定，并将我国"鼓乐"的历史提前了一千多年。其实，人们对"陶鼓"的熟知在古文献中多有记载，《礼记·明堂位》中就有"土鼓、蒉桴、苇龠，伊耆氏之乐也"的记载，揭示了古代先民在乐舞活动中已经使用陶制的"土鼓"。《吕氏春秋·古乐篇》中说尧的乐官质"以麇革冒缶而鼓之"。"缶"原本是原始人生活中储盛食物的陶器，蒙上兽皮，就成了可供击打的陶鼓。《周礼·春官》中所说的"土鼓"，郑玄注引杜子春曰："土鼓，以瓦为框，以革为面，可击也。"在《周礼》中人们将古乐器按发音质地分为八个种类，即所谓的"八音"："金、石、丝、竹、匏、土、革、木。"其中"革"即是鼓类乐器，"土"指陶埙乐器。"革""皮"古意相通，"土""瓦"同解，"陶"者多近人称呼也。这是人们最早对"土鼓""皮鼓"的有关记载。鼓作为"群音之长"，在我国新石器时代主要用于祭祀活动，它以雷霆之势象征春雷激励万物之生长，并以主导的地位发挥着沟通神灵、驱灾避邪的作用。所谓"有巫必鼓有鼓必舞"的宗教行为，成为原始人们生活和社会活动中的重要组成部分。后来人们为了部落之间的战争用鼓在战前雷鸣，鼓舞士气，脱离了鼓乐最初的文化含义。《说文解字》中还把乐字解释为鼓乐器的象形字，充分说明原始鼓乐对后世文化发展的影响是深远的。现在我们见到的这种出土的史前"陶鼓"，由于蒙面革皮的腐烂而仅存瓦框了。柏乡小里遗址中出土的"陶鼓"标本仅存腰部的残片，它是用于勾勒束扎鼓面革皮的部位，如不了解"陶鼓"的完整形态，仅凭这一残片不容易被人看懂，但是它在古人生活中是真实存在的。在劳动中欢唱，在庆贺中手舞足蹈是古人在生产活动中的文化印记，它承载着人们最古老的思想情愫和精

① 中国社会科学院考古研究所：《中国考古学中碳十四年代数据集（1965—1991年）》，文物出版社，1991年。

神欲望。"小里遗址""高店遗址"和"石匣沟遗址"的文化属性在考古学称为仰韶文化，在人类社会学中被称为母系社会时代，鼓、埙古乐的诞生为母系文化内涵增添了一抹靓色。

"陶埙"，是一种与"陶鼓"历史年代相当的吹奏乐器，在新石器遗址中亦有不少发现。对其用途过去有学者主张"玩具"说，提出新石器时代的"陶埙"仅是儿童玩具，用于启蒙与初教，不能归类乐属。另有研究认为，新石器"陶埙"是古人用来模仿动物吼叫的，是捕猎诱杀的一种仿声工具，没有音乐元素在里面。这两种观点的理论注脚，均是依据"陶埙"的外在形制和其发出的单一声部而做出的概念推理。小里遗址出土的"陶埙"有一个吹孔，两个音孔，能发出三个不同的声音。经吹试音色清醇，音域宽厚，声部明显，音阶变化突出，具有一定表现力。它的音程虽达不到八个高度，但已具有初级发展阶段的乐器功能，故上述两种否定埙乐的观点值得商榷。小里遗址鼓、埙相佐出土在同一坑穴JX3内，这种遗存现象不是偶然与巧合，应是一种文化意义上的客观反映。两种古乐器的共存表明，这时音乐不仅已经进入了人们的日常生活，而且具备了多器编配的使用条件，不排除这时已有鼓、埙混搭使用的可能。这枚"陶埙"完好无损，周身饰满指甲纹。出土时位于窖穴上部的正中位置，器物顶部朝上平放，周围填土纯净并伴有工具夯压痕迹。这种埋藏形式显然是正襟摆放，非随意丢弃，具有一定目的性。从出土环境可以看出，当时人们对其赋予了很高的关注程度。根据"陶埙"的演变规律，时代最早的只有一个吹孔没有音孔，吹奏时只能发出一个单音，吹不出音符的变化。随着时代的递进，逐渐演变为一个吹孔及多个变化不等的音孔，吹出的音符亦随之不断增多，表现能力亦逐步加强和提高。临城石匣沟遗址的"陶埙"出土在先商时期的地层堆积中，且只有一个吹孔和一个音孔，经试吹只能发出一个声音，显现出最初的原始形态。这件器物无论从表象装饰和功能构造，远不及小里"陶埙"的进步程度。两者类比似乎是一种文化倒置，出现了后期物质文明滞后于前期的错位现象。造成这种同期文化在不同地域表现出的差异，应是区域文化发展失衡或"单元"文化滞后的原因。这种差异，主要受制于地理位置及自然环境对外来文化传播及接受能力的影响。险恶的山水地理，不仅是阻隔物质文明传播的屏障，更是闭塞精神文明的天堑，这种现象在原始社会人类活动中表现得尤为突出。石匣沟遗址的"陶哨"出土在后冈一期的地层中，形体呈管状，一头开孔，另一头封堵。长3.2厘米，口径1.5厘米，泥质红陶，略残。吹奏时气流在管内的流程很短，所发出的音频较高，听起来声音尖锐刺耳，显示出简单、稚嫩的构造与发声方法。先商阶段的"陶埙"，虽然只能发出一个声音，但体积较大，腹腔浑圆空旷，吹奏时气流在腹腔中婉转回曲，所产生的音震频率较低，听起来声音低垂委婉。两者对比无论从形态、功能和构造原理上都有着明显的递进关系。从它们之间的演进变化，可以看出"埙"的源头应来自"哨"的灵感和启迪，两者之间的文化脉络清晰有序。从考古学意义论之，这是文化本体与变体的关系，是一种物质形态存在方式的延伸和拓展，这种延伸与拓展包含了人类的思维进化在生产实践中的递进与创造。石匣沟遗址本身的文化构成是由后冈一期和先商两个时段的历史堆积。从其遗址本身生成的个体小环境看，"陶埙"的演变路径是完全符合自身文化发展规律的，即由直管式"陶哨"发展到阔腔式"陶埙"。当然，从后冈一期到先商时期，中间还间隔着三千年的历史盲点，这种陶泥烧制的口吹式发声器具的形态变化，在这段历史盲区中应该还存有另外一个不同面貌的文化形象，它们（埙、哨）之间的文化弥合，将在今后的考古发现与研究中得到补充或续写。埙乐在我国古文献记载中似乎更为后人所眷顾，《诗经·小雅》中就有"伯氏吹埙，伯氏吹篪"的文字记载。《乐书》中亦有"埙之为器，立秋之音"之说。《周礼·春官·小师》："小师掌教鼓、鼗、柷、敔、埙、箫、管、弦歌。"郑玄注"埙"曰："……埙，烧土为之，大如雁卵。"郑玄所描述的"陶埙"与现在考古发掘出土的"陶埙"形状基本一致，均形如"雁卵"，"烧土为之"。至于郑玄所见到的"陶埙"是汉代的还是新石器时期的就不得而知了，推测应是汉代当时烧制的形制。埙由于特殊构造其音色幽深、悲凄、哀婉、绵绵不绝，具有一种独特的音乐品质。也许正是这种特殊音律，古人赋予了埙乐一种神圣、典雅、高贵的精神气质。所以埙以及埙乐从汉代就进入了宫廷并被视为雅乐。从宫廷庆典到祭祀仪式，八音古制致尊独享。目前，我们发现的后冈一期文化的"陶鼓"与"陶埙"实例并不是最初的原生形态，在其之前应该还有一个孕育缔造过程，这一时段推测应在8000年前的"磁山文化"①时期。虽然磁山文化遗址目前还没有发现"陶鼓""陶埙"的雏形实例，但两者孪生的文化背景应与农业的起源有着必然的关联。从文化学意义上讲，音乐的起源是与原始农业、巫术的发展历程相辅派生的，三者虽然在后时代有着各自独立的发展去向，但磁山文化的原生农业基础，是它们最初的派生温床。"陶鼓"与"陶埙"在后冈一期，已经脱离了"儿童玩具"与"捕猎仿生"的最初概念并进入了发展初期阶段，这一时期的"陶鼓""陶埙"已经被人们赋予了音乐性质（功能）的理念。

音乐是作为人们一种精神需求而产生的，它的原始功能是服务"祭礼""巫术"的一种表达工具，是与原始宗法活动伴生的一个文化综合体。先秦以后，音乐的社会属性随着"礼崩乐坏"时代的到来才脱离原本的文化意义，逐步形成一套自身独立的表达体系。今天的宗教仪礼和重要的祀礼活动仍离不开音乐的组织构成。乐器作为一种实现人们精神追求的"礼乐之器"，一直伴随着人类文明的发展进程。屈原在《九歌·东君》中感叹："緪瑟兮交鼓，萧钟兮瑶簴；鸣篪兮吹竽，思灵保兮贤姱。"不仅祭祀追忆款款寄情，同时反映出先秦时期音乐对人们思想意识的重要影响。《礼记·礼运》称："夫礼之初，始诸饮食。其燔黍捭豚，污尊而抔饮，蒉桴而土鼓，犹可以致其敬于鬼神。"可见在古代食祀活动中，敲击土鼓作乐，就能够把人们的祈愿与敬意传达给鬼神。在临城石匣沟遗址的新石器文化堆积中还出土了一件与之相关的"骨牌饰"（图9），这种雕琢神秘形象的佩饰件就是这一时期宗法文化的显著标志。目前，尽管我们

---

① 乔登云、刘勇：《磁山文化》，花山文艺出版社，2006年。

图9　临城石匣沟遗址出土骨牌饰（后冈一期）

还不能彻底解读这枚"骨牌饰"的表现内容，但其蕴含的巫学思想与崇拜理念是显而易见的。它以"图腾"的表现形式与祭祀音乐理念，共同构成了这一时期太行山地区人们的精神文化形态。

综上所述，柏乡小里遗址与沙河高店遗址、邯郸石北口遗址出土的"陶鼓""陶埙"实物，是目前我国鼓、埙乐器发展的鼻祖。两种古乐，自肇始至今历经了六千多年的历史发展，始终没有脱离原始母本的基本形态，尤其埙的外在形制与质地构造和特有的音色品质，与今天使用的"陶埙"没有发生根本的改变。目前还没有资料显示"陶鼓"与"陶埙"这两种乐器的早晚关系，现在也无法给出上述古文化遗址相互之间更为细化的绝对编年。

小里遗址与原始农业

史云征

2010年春夏，邢台市文物管理处与柏乡县文物保管所，对小里新石器文化遗址的考古发掘，揭示了六千多年前太行山脚下洨河流域古人类的社会形态和文化面貌。尤其就自然生态变迁与原始农业的发展等诸多课题研究实现了新突破，为人们对自身文化发展的认识拓宽了新视野。

小里遗址的文化属性在我国考古学领域被称为仰韶文化时代"后冈一期文化"系统[①]。根据此遗址的地层关系和出土遗物，我们将这一文化遗存的生成与发展过程分为了两个阶段，即第一期和第二期。关于两个阶段的年代问题，我们将遗址土出的两个碳样标本，分别选送美国Beta实验室进行了 ^{14}C测年确定。测定结果：第一期约在公元前4630±90年（经树轮矫正）。第二期约在公元前4105±125年（经树轮矫正）。根据两个测年数据的中间值分别计算，小里遗址的延续时间约500多年。这一测年结果与黄河流域已发现的其他同期文化遗址的测年结果基本一致[②]；文化面貌与其他已发现并公布的同期文化遗存相同[③]。至此，小里遗址的文化性质和年代问题，在我国新石器考古学文化谱系中得到了确立。遗址中共出土动物骨骸遗存2918件。种属有猪、狗、麇鹿、梅花鹿、狍子、獐、貉、狐、圣水牛、多瘤丽蚌、失衡丽蚌、洞穴丽蚌、剑状矛蚌、三角帆蚌、拟丽蚌、巨首楔蚌、圆顶珠蚌、白河丽蚌、鸟、兔、熊、鼢鼠、鼠、不明小型食肉动物、小型鼬科动物、鼋、鲢鱼、鲤鱼等三十余种。依据测量结果和比较研究，猪和狗多属于家养动物，也有少数猪的遗存标本为野猪，其他都是野生动物。从种属观察，小里遗存蚌类中丽蚌和楔蚌较多，丽蚌与楔蚌现均生活在淮河中下游和长江中下游地

---

① 中国科学院考古研究所安阳发掘队：《1971年安阳后冈发掘简报》，《考古》1972年第3期；中国社会科学院考古研究所安阳工作队：《安阳后冈新石器时代遗址的发掘》，《考古》1982年第6期。

② 中国社会科学院考古研究所：《中国考古学中碳十四年代数据集（1965—1991年）》，文物出版社，1991年。

③ 郭济桥：《后岗一期文化研究综述》，《文物春秋》1997年第3期；郭瑞海、乔登云：《永年县石北口遗址发掘报告》，《河北省考古文集》，东方出版社，1998年；段宏振：《北福地：易水流域史前遗址》，文物出版社，2007年；河北省文物管理处：《磁县下潘汪遗址发掘报告》，《考古学报》1975年第1期。

区，圣水牛、麋鹿等一些喜湿喜热的野生动物也是暖温带或亚热带气候下的特有物种。这些南方物种在北方地区遗存的现象与此遗址的生成环境和气候状态有直接关系。从遗存的动物生态习性可以看出，6000多年前当地的气候生态与今天有着较大的差异。小里遗址的自然生态产生时段，在我国古代地理环境领域被称之为"全新世大暖期"或"仰韶温暖期"[①]，它是人类在摆脱了第四纪更新世冰川期进入全新世中期的历史阶段。当时的华北平原处在南北"生态过渡带"区域，是气候温暖湿润、植被繁茂、动植物众多、水源充足的湖沼大发展时期。这时的年平均气温在14—18℃，比现在高出3—5℃，年降雨量高于现代450毫米[②]。在小里一期T4第四地层堆积中发现的水牛角，角根粗壮，角心横切面略呈等腰三角形，经种属鉴定为圣水牛。水牛的分布除现存江淮地区以外，自更新世在华北地区及黄河流域多有发现。在华北地区新石器时代遗址出土并见于发表的有内蒙古乌兰察布石虎山Ⅰ[③]、兴隆沟[④]，河北邯郸涧沟[⑤]，进入青铜时代的河北台西[⑥]、河南安阳花园庄[⑦]、安阳殷墟[⑧]等遗址均有报告。石虎山Ⅰ遗址与涧沟遗址分属于新石器时代早晚两个阶段，而小里水牛及其古生物遗存为新石器中期阶段，它的出土正好填补了这一时期在华北地区水牛及亚热带物种遗存的缺环，并与冀中南及豫北地区夏商时段古生物的遗存链相衔接。水牛、麋鹿及丽蚌、楔蚌这种热带物种在北方地区的消失，应该与商周之际的"全新世大暖期的结束、温暖湿润的环境向南推移有关"。形成现今这种南北物种的差异应是"全新世气候波动使自然生态发生变化的结果"。太行山东麓水牛的消亡有可能就发生在这一时期。北方地区的自然环境自西周以来基本处于目前这样一个相对稳定的状态[⑨]。小里遗存中，一到二期的家养动物都以家猪为主，家猪在哺乳动物遗存中占一期哺乳动物总数的57.97%。可以看出这一时期人们的肉食来源主要份额在家畜饲养，猪肉已成为人们蛋白质摄取的稳固途径。根据骨骼测量鉴别，

---

①　龚高法：《历史时期我国气候带的变迁及生物分布界限的推移》，《历史地理》1987年第5期。

②　竺可桢：《中国近五千年来气候变迁的初步研究》，《考古学报》1972年第1期。

③　黄蕴平：《石虎山Ⅰ遗址动物骨骼鉴定与研究》，《岱海考古（二）：中日海岱地区考察研究报告集》，科学出版社，2001年，第489—513页。

④　〔日〕西本丰弘：《兴隆沟遗址出现的家畜饲养的可能性及狩猎活动》，《中日共同研究中国东北地区新石器文化和列岛绳文文化的比较研究》，2003年，111页。

⑤　河北省文化局：《河北邯郸涧沟村古遗址发掘简报》，《考古》1961年第4期，第145—153页。

⑥　裴文中、李有恒：《藁城台西商代遗址中之兽骨》，《藁城台西商代遗址》，文物出版社，1958年，第181—188页。

⑦　袁靖、唐际根：《河南安阳洹北花园庄遗址出土动物骨骼研究报告》，《考古》2002年第11期，第75—81页。

⑧　杨钟健、刘东升：《安阳殷墟之哺乳动物补遗》，《中国考古学报》1949年第4期，第145—153页。

⑨　王娟：《中国上古时期水牛遗骸及相关问题研究》，中国科技大学硕士学位论文，2008年，Y1412508。

家猪的宰杀年龄有三分之二以上的数量在1—2岁之间，这正是获取肉食量和品质最佳阶段。由此看出，这一时期家畜圈养，已经成为人们的生活习俗。牲畜由野生到人工的饲养，它不仅改变了人们的生存方式，同时也促进了原始农业的发展与进步，孕育了农业经济的初级革命，实现了人类早期发展阶段的质变和飞跃。

在发掘工作中，我们还对一期遗存的部分遗迹单位的土壤进行了浮选工作，其目的主要是获取遗留在原始地层中的植物标本。根据H86、H65、H30重点单位浮选结果，共发现了3种农作物的炭化种子标本，即粟（谷子）、黍（黍子）和稻谷（大米）。其中，粟粒的出土数量明显高于其他农作物品种，占出土农作物总数的67.7%。黍次位，占出土农作物总数的26.8%。稻再次位，占出土农作物总数的5.5%。作为农产品，粟在小里遗址人们的粮食消费中占第一位，这种以粟谷为主的农作类型是古代中国北方地区传统农业的特点。浮选标本中稻谷数量虽然不多，但说明这一时期稻谷作物同样进入了人们的日常生活。根据出土农作物种类和进化程度，小里一期文化阶段，原始农业已经进入了初级发展时期。粟、黍、稻农作物已经完成了各自的野生驯化过程，进入了人工栽培阶段，人们由攫取经济向生产经济发生了根本转变。这种传统农业自肇始（新石器早期）一直延续至今，现在当地仍有一定规模的粟、黍种植习惯，人们的饮食结构仍离不开粟米的搭配。粟米以6000多年的栽培历史为北方人们的生命延续做出了卓越贡献。到了秦汉时期，农作物品种更加优化和丰富，《史记·封禅》中有明确记载："古之封禅必有鄗上之黍。"[1]可见粟、黍谷物在当地农产品中的厚重地位和优良品质，人们对粟黍谷物无论从身体需求还是饮食习惯都难以弃舍，北方饮食尚粟的习俗应与以邯郸磁山和柏乡小里为代表的栽培历史有关。关于种植结构，王星光和徐栩先生在论述中国史前农业南稻、北粟两大系统之后，将黄、淮之间的区域定位粟、稻混作区域，并以各地出土的实物标本情况，把我国史前粟、稻交汇区的地理范围划为："东起山东日照，西迄陕西扶风案板和西乡李家村，南到河南淅川黄楝树，北达河南渑池仰韶村。"[2]柏乡小里遗址的粟、黍、稻共存现象，显然突破了这一界定范围，并将我国"南稻"栽培的传播范围向北扩展到了冀南地区，并划定了新的区域坐标。在小里一期3个重点遗迹单位浮选结果中，狗尾草同样占有一定的比例，正是这种旱作农业固有的野生特性与粟、黍、稻共同推动了柏乡小里原始农业的发展进程。

同原始农作物有关的其他遗存也有不少发现，主要体现在石器生产工具种类的差别和遗存的数量比方面。石铲是小里遗址出土量最多的一种劳动生产工具，占出土石器总数的44.45%左右；石磨盘和磨棒这种粮食加工工具居出土数量第二位，约占出土石器总数的22.23%。石刀在石器类别中居第三位，约占出土石器总数的16.96%。石斧极其少见。从工具类型观察，石铲工具有扁、平、薄之特点，它的用途主要是对土地的开

① 古"鄗"地今为柏乡。见《说文解字注》《辞海》《中华大词典》。
② 王星光、徐栩：《新石器时代粟稻混作区初探》，《中国农史》2003年第3期。

垦与耕作，以改性土壤使其更适宜农作物生长。这里的石铲形制有大小之别，有重拙精巧之分，对农作物的管理也存在粗放与细致的差异。石铲数量的庞大和石斧数量的贫寡，说明当时的农业生产已脱离了刀耕火种的初期阶段，并进入了耜耕时期。磨盘、磨棒这种组合式粮食加工工具的数量与该遗址凸显的农业地位和种植结构是吻合的。磨盘与磨棒这种配套使用的工具全部为红砂岩质，质地粗糙，密度较小，很适宜对带壳谷物的加工研磨与脱粒。石刀是原始农作物收刈的主要工具，用来对谷穗的迁割和采摘。从小里遗址出土工具的量比构成和农作物遗存品种，可以看出这时的农业经济在社会发展中的主导地位已初步显现。

在小里遗址还发现了两座"半地穴式"房屋基址，房址地面上还留有灶迹以及人们食用后废弃的动物骨骼堆积。在室内地面出土了骨针、骨锥及石刀等遗物，这应是当时人们缝制衣物和生产劳作的直接遗留物品。根据遗迹判断这两座房子（编号F1、F2）相邻或相依搭建。在房子周围有很多的灰坑（垃圾坑）和窖穴（储存食物和用品）、窑址（烧造陶器）遗迹，尽管其形制并不规范和统一，但可以看出它们之间的相互关系和特殊意义。这种族群式的生活、生产遗迹布局，反映出当时人们已经获得了稳固的定居环境，并建立起了彼此之间相互依赖的纽带关系，这种生存方式及社会构成，是原始农耕文明的重要标志。

在小里遗址植物遗存中还发现有榛子、酸枣、樱桃、橡子等坚果和核果食物，这些果实的发现，说明小里遗址人们饮食结构的多样性。这种植物坚果个体虽小难以果腹，但它在人类早期发展阶段的营养均衡中起着扛鼎作用。人体必需的多维素和其他微量元素主要来自它们的提供，它们在史前人类食物链中的作用远大于现今干坚果对人们营养价值的贡献。这次发掘中没有见到胡桃的出土，可能与发掘位置有关，胡桃应是这一时期这一地区盛产的物种之一。这些植物干坚果，是当时人们食物链中不可缺失的重要补充食品。橡子是古代太行山地区遗存最为丰富的物种之一，它是一种栎树的果实，其果实籽粒饱满，营养丰富。现代科学对其营养分析测定，其水分含量为12.89%、脂肪含量0.88%，淀粉含量83.24%，蛋白质含量1.98%[①]。此外，橡子还含有丰富的钙、磷、钾和烟酸等矿物质及维生素。橡子在古代人们饮食结构中的地位，在古文献中就有记载。唐代皮日休在一首《橡媪叹》诗中写道："秋深橡子熟，散落榛芜冈，伛偻黄发媪，拾之践晨霜。移时始盈掬，尽日方满筐，几曝复几蒸，用作三冬粮……"从诗中可以看出在唐代末期，橡子还是人们日常生活中不可或缺的重要食材。小里遗址出土的橡子实物不是孤例，2014年夏天，在临城县石匣沟遗址考古发掘中的同期文化堆积中，同样出土了橡子遗物。可见橡子野果在古代人类食物链中的重要性和广谱性。史前人类的生活技能与生存法则离不开对自然环境的索取和依赖，他们的饮食习惯和用于维系生命的能量需求是与自己所处的自然环境融为一体的。这种能量的来源一方面是周边汦河水

① 魏练平等：《橡子营养成分及其加工利用研究》，《安徽农学通报》2007年第9期。

系中丰厚的鱼、蚌水产，同时野生动物种群的多样性，也为他们提供了更广泛的食用空间。这一时期人们的食物是以粮食为主，再辅以采集野果和狩猎动物等手段，三元架构共同承担并建立起了太行山东麓地区先民的饮食体系。这个结论在小里遗址的发掘过程中得到了充分印证和体现。

目前，我国北方地区原始农业起源的研究，依然立足于太行山东麓的邯郸"磁山文化"遗址的基础之上。在1976年对磁山遗址的考古发掘中，由于出土了大量粟粒遗物，首次引起学界对我国粟作农业起源问题的重视，并开展了多学科、多领域的探索与研究。在之后的几十年中，磁山文化遗址几经发掘均没发现与其他农作物共存现象，磁山文化的粟属农业类型得到了学界的普遍认同。柏乡小里遗址属粟、黍、稻混作农业类型，两者是在同一地域环境、同一自然条件下衍生出的两个不同发展阶段的原始农耕文明。农作物的种类变化，体现在从磁山遗址到小里遗址近千年的历史演变过程之中。这种变化轨迹与递进关系，经历了一个由"单一"到"多元"，由"起源"到"发展"的渐变过程。多元农业的出现，在改变人们日常生活的同时，对后期文化和生产力的发展也产生了重大而深远的影响。目前，磁山文化与后冈一期文化两者在文化面貌衔接上尚有缺环，但它们那种固有的"釜"与"支脚"复合式炊器的文化基因是一脉相承的，两者陶器的演变轨迹和姻连关系是有章可循的，两处遗存的文化表现和农业痕迹足以支持太行山东麓的冀南地区是我国北方农耕文明发源地之一的认识观点。

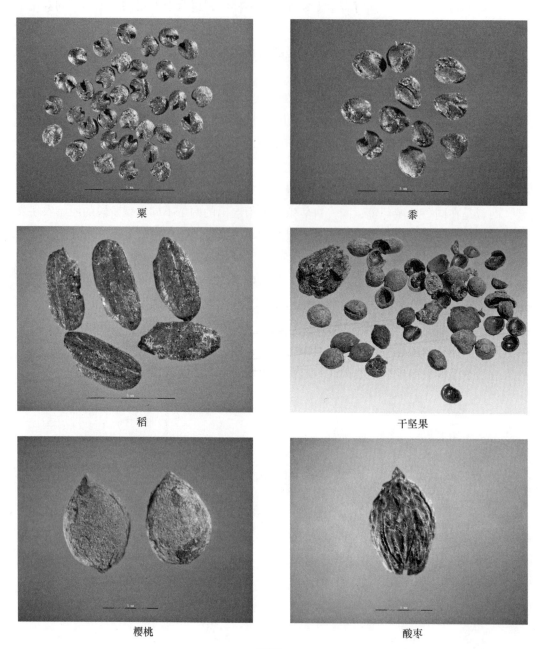

粟　　　　　　　　　　　　黍

稻　　　　　　　　　　　干坚果

樱桃　　　　　　　　　　酸枣

附图1

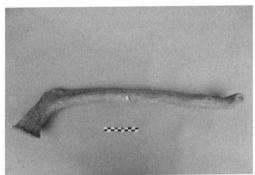

麋鹿角（ⅠT23H68）

水牛角（ⅠT2④）

白河丽蚌（ⅠT7H31）

失衡丽蚌（ⅠT26②）

圣水牛骨（ⅡT3②）

巨首楔蚌（ⅠT17T18G3）

附图2

石铲（ⅠH64：15）

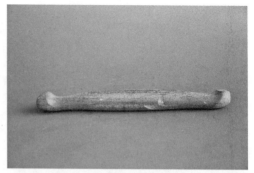

石磨棒（Ⅰ采：1）

石铲（ⅠH34：17）

石刀（ⅠH83：55）

麋鹿角（ⅡT3②）

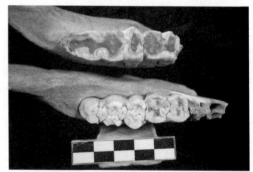

家猪（下）与野猪（上）（ⅡT3②）

附图3

柏乡魏裔介及其家族墓志综考

李建立　史云征

　　魏裔介，是清初顺治、康熙两朝名臣，累官至吏部尚书、礼部尚书、太子太傅（图1）。魏氏宗族墓地，在柏乡县县城外围四方之矩占有三个城角。魏裔介墓在县城西南角路村西北；魏纯粹（裔介祖父）墓在县城东北角凌家桥村东；魏裔鲁（裔介长兄）墓在县城西北角石家庄村南。从魏氏宗族茔寝布局可以看出，其墓域埂塬安排旨在实施"围邑"之兆域。只是县城东南方向，由于避讳南滑村的"鄗历王墓"而空缺。尽管鄗历王墓的真实性难以确考，但文献记述明确、坟冢凿凿，足以令魏氏家族难以涉足这一禁忌之地。三处茔寝唯裔介墓地规模较大，是一座大型墓园。园门旧有大型汉白玉石雕牌坊，园内丘冢累累，松柏盖天，翁仲列列，碑碣如林（图2）。现墓园已夷为平地，石刻全部埋入地下。"文革"期间柏乡县中学学生曾掘开部分墓冢，墓冢出土了大

图1　魏裔介画像（藏河北省博物馆）

图2　魏裔介墓前石翁仲（藏柏乡县文物保管所）

量金银器、瓷器、丝织品及六方墓志，在魏纯粹墓地还曾出土两具古尸。出土文物早年散失，墓志经搜集整理，分别是魏裔介墓志、魏裔介第五房妻王氏墓志、魏裔介四世堂祖魏谦吉及妻子李氏墓志、魏裔介长子魏襄及妻子杨恭人的合葬墓志、魏裔介长兄魏裔鲁墓志，墓志现藏柏乡县文物保管所。兹将六方墓志及据墓志结合史书考订的魏氏宗族情况、魏裔介事迹介绍如下。

一、魏氏墓地出土的六方墓志

1. 魏谦吉墓志

一盒。明嘉靖四十一年（1562年）刊刻。石灰石质，平口，正方形。边长70厘米，志盖厚14厘米，底厚24厘米。志盖篆书5行，行5字，阴刻"明嘉议大夫兵部右侍郎赠督察院右都御史槐川魏公墓志铭"25字。志文36行，满行48字，共1302字。楷书。袁炜撰文，高燿书丹，吕时中篆盖（附图1、附图2）。

2. 魏裔介墓志

一盒。刻于清康熙二十八年（1689年）。石灰石质，子母口，正方形。边长114厘米，志盖厚22厘米，底厚24厘米。志盖篆书6行，满行6字，阴刻"皇清诰授光禄大夫太子太傅保和殿大学士兼礼部尚书加一级贞庵魏公墓志铭"33字。志文68行，满行83字。楷书。由于志石曾作房基石使用，首部7行损泐严重，撰文、书丹、篆盖者均模糊不清。查《畿辅丛书·魏贞庵先生年谱》，得知撰文者为徐乾学，李天馥书丹，张士甄篆盖。志文残存3291字，如不损泐，当有4000余字。志石之大，文字之多，为历朝墓志所罕见（附图3、附图4）。

3. 魏襄及夫人杨恭人合葬墓志

仅见志底，盖失。刻于清康熙四十八年（1709年）。石灰石质，正方形。边长97厘米，厚18厘米。志文60行，满行58字，共2724字。楷书。王至枢撰文，郝琳书丹（附图5）。

4. 魏裔介妻王太夫人墓志

一盒，刻于清雍正七年（1729年）。石灰石质，子母口，正方形。边长86厘米，盖厚18厘米，底厚19厘米。志盖篆书6行，满行4字，阴刻"皇清诰封一品夫人魏母王太夫人墓志铭"17字。志文45行，满行44字，共1581字。楷书。沈德潜撰文，冀栋书丹，高维新篆盖（附图6、附图7）。

5. 魏裔鲁墓志

仅见志底，盖失。刻于康熙三十年（1691年）。石灰石质，子母口，正方形。边长91厘米，底厚19厘米。志文36行，满行69字。楷书。希徵撰文，朱綵书丹，鲁华篆盖（附图8）。

6. 魏谦吉妻李恭人墓志

仅见志底，盖失。刻于万历己丑年（1586年）。石灰石质，子母口，正方形。边长78厘米。志文38行，满行47字。楷书。梁梦龙撰文，许守谦书丹，杨綵篆盖（附图9）。

二、世族名门的魏氏家族

柏乡魏氏，原为巨鹿人。魏谦吉墓志称其为唐太宗时著名宰相魏文贞公魏征之后，但魏氏元朝以前谱牒失传，正史亦无记载，无从查考其先祖。自元末魏寒腊始，魏氏家族迁至柏乡。魏氏家学渊源，世代书香。自明正德三年（1508年）魏寿为汶上训导之后，世代多以科举入官，成为当地著名官宦世家。至清乾隆时期，魏氏入柏乡县乡贤祠者就有魏谦吉、魏纯粹、魏大成、魏柏祥、魏魁祥、魏裔介、魏裔悫、魏裔讷、魏甝等六代九人（图3）[①]。

魏寿之子魏严，号澄斋，终生未入仕途而致力于教子。魏谦吉墓志言："魏氏多文学士，顾皆业《易》《书》《诗》《礼》，未有以《春秋》显者。乃澄斋公独授公《春秋》"，与史书所言魏严"贾而不售，退发群蒙"互为印证[②]。

在魏严训导之下，其长子次子均以科举入仕。长子魏谦光，字子观，号慎斋，是魏裔介四世祖，即魏裔介墓志中所言"衡山知县"。辞官后居家著书，著有《四书周易备采》《五经摘》《大学衍义摘》等书[③]。次子魏谦吉，字子惠，别号槐川。生于明正德四年（1509年），卒于明嘉靖三十九年（1560年）。嘉靖十六年进士，历任云南道监察御史、右金都御史、右副都御史、兵部右侍郎等官。据墓志所载，他在任期间，弹劾贪官，赈济灾民，大兴学校，颇受嘉靖皇帝赏识。著有《春秋大旨》《周礼集略》《大学衍义摘要》《五经类语》《槐川文集》《三边奏议》等书[④]。

魏谦光之子魏大成，七次科举考试未曾及第，乃杜门著书，有《乐吾文集四卷》

---

① 乾隆《柏乡县志》卷2《学校》。
② 乾隆《柏乡县志》卷4《墓域》。
③ 乾隆《柏乡县志》卷6《人物》。
④ 乾隆《柏乡县志》卷10《著述》。

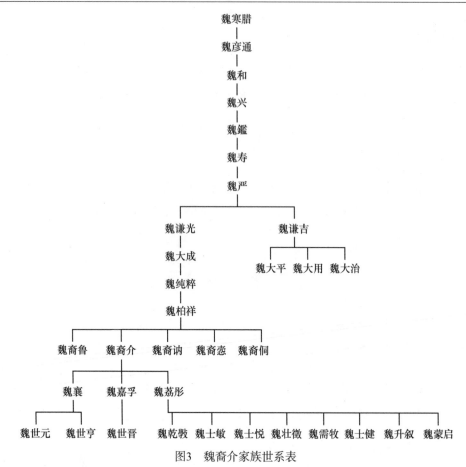

图3　魏裔介家族世系表

此表据魏氏三志、《乾隆柏乡县志》、《畿辅丛书·贞庵先生年谱》综合考定而成

等著书①。

魏大成仲子魏纯粹即魏裔介祖父，字乾仲，明万历年间进士。曾任阳武县令、永城知县、山西道监察御史。他为官清廉，十分注重垦荒务农，曾做《议开荒十二政》，专门讲述招抚流民开荒种稼之事，并付诸实施，使辖地人民获利甚丰。永城人民咏歌赞曰"魏公来时我有稼"，"魏公之泽真不朽"②。著有《阳武政略》《永城荒政》《事神人语》《嘉言类抄》等著作③。

魏裔介生父魏柏祥，为魏纯粹长子。明天启元年考授县令，未赴任。他"杜门著书，手不释卷"④，并勉励子弟勤奋读书。著有《四书日录》《选诗选》《李杜苏诗

① 民国《柏乡县志》卷9《著述》。

② 乾隆《柏乡县志》卷6《人物》。

③ 乾隆《柏乡县志》卷10《著述》。

④ 乾隆《柏乡县志》卷6《人物》。

选》《读史紫言》《柏乡县志稿》等著作①。

魏柏祥有子嗣五人，长子魏裔鲁，顺治年间曾任山东费县令、江西建昌县令、四川陇安郡郡守、山东盐运使等官。著有《蜀道吟》②。顺治、康熙时的名臣魏裔介是其仲子。三子魏裔讷，顺治十八年进士，任桃源令。裔讷"长于诗游，宦所至吟咏甚多"③。著有《蓬庵诗草》《逸休诗》《西游草》《南游草》《淮滨草》《狱渎吟》《宾筵赠答》《逸休居文集》《蓬庵宦草》等书④。四字魏裔悫，顺治十四年举人，授山西平遥令，迁平凉太守，后辞职还乡。为人性至纯孝，遇有雹灾，曾捐粟米千余石解救民灾⑤。酷爱读书，著书颇丰，有《史学汇纂》《名物蒙求》《性理字训》《四书集成》《极言数编》等书⑥。五子魏裔侗事迹史书无记载。

魏裔介有三子。长子即魏襄，字亮采，号苍霞，顺治六年（1649年）生，康熙四十六年（1707年）卒。据墓志记载，魏襄为裔介弟魏裔悫次子，因裔介年过三十尚无嗣子，过继给裔介。魏襄自幼聪颖过人，颇受裔介喜欢。在魏裔介亲自训导下，他"博习经史"，"旁通典故"。裔介病故后，他夜以继日校勘修订魏裔介著作，历时五年整理完毕。魏襄以父荫入仕途，曾任刑部员外郎及郎中、江西建昌府知府、湖广荆州府知府、陕西道按察使司副使等职。为官期间，他体察民恤，昭雪冤狱，筑建塘站，建仓储粮，周急赈灾，深受百姓爱戴。康熙二十五年荆江水患，堤坝决损，江监诸邑多遭沉溺，魏襄"捐资广募人船于惊波骇浪中，救人民以数千计"。从荆州离任之际，"民攀辕号泣者填塞道路"。著有《遗稚堂诗集》。魏裔介仲子魏嘉孚，为裔介第四房妻蔡氏所生，以明经授儒官，后任岳州知府。季子魏荔彤，裔介第五房妻王氏所生，十三岁入资为中书舍人，后任凤阳郡丞、漳州太守。荔彤聪敏好学，才气过人，博通经史，善作诗词，又兼修医学，著书甚多。著有《四书通解》《易通》《性理遵训录》《道德经注》《南华经注》《鬼谷子阴符经注》《灵枢经通解》《素问通解》《张医圣全书注解本义》《心经注解》《怀舫诗集》《续集》《别集》《纪恩诗》《怀舫词》《续词》《拟唐试帖》《续二十一史弹词》《封禅记》《传奇》《闽漳竹枝词百首》《江南竹枝词百首》《杂著》《批楚辞》《批杜诗》《梅定九历算全书三十种》《朱子四书全义》等书⑦。

至魏裔介孙辈，魏氏逐渐衰落。魏襄志言，襄生三子，俱早卒。王夫人志云嘉孚子世晋为岁贡生。乾隆、民国《柏乡县志》记魏荔彤子乾敔、士敏、士悦、壮徵、需

---

① 乾隆《柏乡县志》卷10《著述》。
② 乾隆《柏乡县志》卷6《人物》。
③ 乾隆《柏乡县志》卷6《人物》。
④ 乾隆《柏乡县志》卷10《著述》。
⑤ 乾隆《柏乡县志》卷6《人物》。
⑥ 乾隆《柏乡县志》卷10《著述》。
⑦ 乾隆《柏乡县志》卷6《人物》。

牧、士健等人，均寥寥数语，没有大政绩。著作亦只有魏需牧的《十六国春秋纂要》《四字鉴略注解》《资善堂诗稿》及魏乾戢著《纪恩传》几种。

三、清初重臣魏裔介

魏裔介，字石生，号贞庵，又号昆林。生于明万历四十四年（1616年），卒于康熙二十五年（1686年）。明崇祯十五年（1642年）中举，清顺治三年（1646年）中进士，选庶吉士，四年授工科给事中，六年转吏科给事中，同年归家服母丧。顺治九年服丧期满，复原职。十一年迁兵科给事中，十二年迁太常少卿，擢左副都御史，十四年擢左都御史，十六年加太子太保。康熙二年（1663年），迁吏部尚书，三年擢保和殿大学士，六年充纂修《清世祖实录》总裁官。《实录》告成加太子太傅。康熙十年辞官回乡，直到病逝。

自顺治三年至康熙十年，魏裔介供职24年。在任期间，他直言敢谏，上疏200余次，评价清政府在政治制度、军事策略、人民生活及督农劝学等方面的政策得失，并积极出谋划策，成为顺治、康熙二帝统治国家的得力助手，为清初国家统一、政治稳定、礼制确立、吏制建设及社会安定起到重要作用。墓志所载裔介事迹甚详，与史、志相吻合，主要有以下几个方面。

1. 消灭抗清武装，维护国家统一

顺治年间，尽管朝廷在京建立了大一统的封建王朝，但中原有河北、山东、山西的农民抗清武装，江南有朱由崧史可法的福王政权，两广有朱由榔的桂王政权，福建有郑成功的反清力量，川南、云贵一带有大西政权余部的孙可望、李定国、刘文秀与清政府抗衡。为了尽快剿灭各地反清力量，魏裔介多次为顺治帝献计献策。墓志记载他的奏议说："蜀为滇黔之门户，蜀即收而滇黔之势蹙，故蜀不可不先取。"对西则"宜令藩镇更番迭出，相机战守，扰其耕牧，则贼势自溃"。又言："此三方者，攻暇宜先粤西，粤西溃则可望胆落，滇黔亦不能不瓦解。"在战略上，他主张"大修战舰，诸路并力合剿，勿使事久变生"。顺治帝照此办法，很快剿灭了西南抗清武装。

康熙元年，吴三桂俘杀了桂王朱由榔，魏裔介感到云南虽已平定，但地处边陲，应有防备之师，以备不测。因此上《请驻兵荆襄以防要害疏》，提出："西南滇、黔、川、楚地方，如此其辽阔也。非有大兵镇守，倘或戎寇生心，鞭长莫及。"又言："荆襄乃天下腹心……祈择一大将领满兵数千常驻其地，无事则控扼形势，可以消奸宄之萌；有事而提兵应援，可以据水陆之胜。"[①]清王朝当时未采纳其言。至康熙十二年，发生"三藩之乱"，首起者正是镇守云南的吴三桂。而康熙帝采取的行动也正是派一大

---

① 《畿辅丛书》38函《魏文毅公奏议》。

将兼程荆州，控制形势。恰如墓志所言："人谓公为先见。"

2. 健全典章制度，注重吏制清明

清初政权建立不久，许多典章制度尚不完备，魏裔介对礼制、吏制建设相当重视，提出了许多有益的建议。如顺治五年，他提出应"及时讲学，肇举经延日讲，以隆万世之本。"使年轻的顺治帝能"少而勤学"，掌握经世治本之术。在裔介倡导下此后讲学成为定制。对皇帝视朝制度，他在研究了历代视朝制度后提出："今亦不必尽如旧制，惟是一月三朝，庶足副励精图治之至意。"顺治立行其说，"始定逢五视朝之制"。

魏裔介在吏部供职多年，对吏部建设更为关注。在用人制度上他认为："督抚封疆重臣当慎选择，不宜专用辽左旧臣"，而应任贤用能。顺治年间，户部曾商议入资补官事宜，他坚决反对，上疏言："此衰世苟且之政也，今纵不能加。小吏工食，奈何著为令甲，以资得官，使铨政由此而坏。"清初，官吏玩忽职守、贪赃枉法之事时有发生，"大臣阘茸以保富贵，小臣箝结而惜功名，纲纪日弛，法度日坏，贪官暴吏，转相吞噬"。对此，魏裔介"实忧之"。他数次上书"请增官吏俸禄，请禁金玉锦绣浮屠塔庙一切侈靡蛊耗之事"，"酌复五品以下官奉"，以此保证为政清廉。对不法官吏，他严厉弹劾，无所避讳。如顺治十一年，弹劾剿抚湖南将军沈永忠，在孙可望攻辰州时拥兵坐视不救，至使守城总兵官徐勇等战死，沈永忠被"罢任削爵"[①]。顺治十二年，疏劾福建提督杨名高玩忽职守，使郑成功占据漳州，杨名高"坐罢任"[②]。十三年，疏劾大学士陈之遴，"心术不端，营私植党。诏解任，发辽阳间住"[③]。顺治十七年，疏劾大学士刘正宗、成克巩"欺罔附和诸罪，……正宗获罪、籍没入旗，克巩革职留任"[④]。

3. 省刑罚免赋税，关心人民疾苦

魏裔介认为："天下未平，皆因征求太急，刑罚太繁……当奖进直言，激发唯诺，共尚宽大平易之术，勿为刻薄琐屑之计。"他多次上书主张崇节俭，勤圣学，度兵势，省刑狱，蠲免赋税，深受朝廷内外赞许。对此墓志多有记述。

清军入关后，大肆圈占土地，建立庄田。同时强迫汉人"投充"，沦为满族贵族的奴仆，许多庄奴不堪欺辱纷纷逃亡。清政府制定了"逃人法"，对逃亡庄奴治以重罪。"逃人"成为清政府严重的社会问题。顺治六年，魏裔介上疏"首陈宽逃人之

---

①　《国朝耆献类征初编》卷3。

②　《国朝耆献类征初编》卷3。

③　《国朝先正事略》卷3。

④　《国朝耆献类征初编》卷3。

法"，使政府一度"特宽其禁"。几年之后，魏裔介又上疏言以利害："墨勒根王时，隐匿逃人立法太严，犯者家长坐斩，天下嚣然，丧其乐生之心。后因言官陈说，始宽其禁，责成州县，其法至善。近复逃匿纷纷，良以前令□悬有司视为具文。……若舍此之外别有峻法，窃恐赤子无知陷于刑戮，下佛人心，上干天和，非寻常政治小小得知而已。"逃人问题虽到康熙中期以后才有缓和，但魏裔介的数次谏言在当时起到了一定作用。

魏裔介还主张裁减军费，减轻人民负担。顺治十四年，他上书皇帝："令南方专意招抚，固守险隘，撤还旗下戍兵，省数百万供亿之费。"受到顺治的赞许，"立即允行"①。顺治十八年，因云南、福建用兵，清廷财政紧张，辅政大臣议加派练饷五百万两。魏裔介上《计兵食以恤民力疏》，指出：各地百姓"人穷粮贱，剜肉医疮，其苦难之状，有难以笔舌形容者！若年年加派，稍遇凶荒，百姓之流离死亡，岂能支乎"②，力争停止加派。顺治采用其建言，"敕部综计军需，足用即停止加派"③。民心为此大悦。

灾荒之年，魏裔介题请蠲免灾民赋税，及时给予赈济。顺治九年，河北、河南、山东等地水灾严重，他提议："各州县间遇灾荒，即经报部，其例得蠲缓钱粮，即与停征，以杜吏胥欺隐。并就各州县有积谷及存储之银先行赈贷。"他的建议立即下"所司议行"④。到了顺治十一年，因灾荒连年，流民载道，众多灾民"有父母夫妻同日缢死者，有先投儿女于河而后自投者，有得钱数百卖其子女者，有刮树皮抉草根而食者，至于僵仆路旁为鸟鸢豺狼食者，又不知其几何矣"⑤。魏裔介再次题请赈济灾民，"言尤悚切"。顺治即下旨"出帑金二十四万两，分遣大臣十六人督赈，全数活十万人"⑥。

4. 仕途屡遭弹劾，告病辞官回乡

魏裔介在仕途24年，积极为清政府出谋划策，他的上疏或"著为律令"、"立见其施行"或"始讪于众议，后卒以公言为然"，成为顺治、康熙两朝皇帝的得力辅臣。但是，由于魏裔介议论政治和弹劾官吏无所避忌，"徒以直道，嫉妒者众"，不仅引起某些官僚的不满，也引起了两朝皇帝的猜忌，因之数次被贬斥。

顺治十四年，他与都察院左副都御史能图等人题请改革世袭官爵事，能图以"倡议变乱成例"罪被革职，裔介"坐附和，应革职，诏以宽留任"⑦。顺治十七年，御史

① 《大清畿辅先哲传》卷1。
② 《畿辅丛书》38函《魏文毅公奏议》。
③ 《国朝耆献类征初编》卷3。
④ 《国朝耆献类征初编》卷3。
⑤ 《畿辅丛书》38函《魏文毅公奏议》。
⑥ 《大清畿辅先哲传》卷1。
⑦ 《国朝耆献类征初编》卷3。

巡方"贪黩败检"，顺治帝以"魏裔介为台臣长，未曾据实纠参，殊负委任"①，削去他太子太保及所加的一级。同年，魏裔介弹劾刘正宗、成克巩"欺罔附和诸罪"，在未定二人罪时，顺治帝便"革裔介职"，定刘、成罪后才得以官复原职。

　　康熙九年，魏裔介遭受了一次更为重大的打击。御史李之芳疏劾魏裔介当会试主考官时私令家人通信。恩诏予荫时，以其子魏襄蒙混得荫（《国朝先正事略》《清圣祖实录》等书记载其子魏嘉，墓志及县志所载裔介子没有魏嘉者，所荫者为其长子魏襄，现据实改正），并利用职权为其族叔魏魁祥、兄魏裔鲁、弟魏裔讷等升转职务。最严重的是，是时康熙帝刚刚清除了"结党专擅"②的辅臣鳌拜及其党羽，而李之芳疏劾的主要内容就是魏裔介与鳌拜的亲信班布尔善"朋比相倚，各用私人"，"擅权害政"③。李之芳所劾裔介为亲属谋私之事确实存在，但因事在康熙九年五月赦前，可以"勿论"。而与班布尔善交往之事则纯属捏造。但吏部却认为"之芳弹劾有因，裔介应削秩罚俸"，后"上宽之，命供职如故"④。此后，裔介由吏部调至礼部。这次遭劾裔介深感仕途艰险，于是次年正月上疏，"亟请回籍养疴"，康熙允之。裔介自此退出仕途。

　　关于魏裔介弹劾官吏之事，墓志只字未提。魏氏屡遭贬斥，墓志亦寥寥数语，并不详加说明。个中原因，只有用"为亲者讳"来解释了。

5.晚年安居故里，潜心著书立说

　　魏裔介生平极爱读书，做官时"日夕读书，舆中辄携一卷"。退居家乡16年，更是孜孜不倦，潜心研究，著书立说。他学识渊博，对经史子集均有研究，著述甚多。墓志记载他著有《言约录》《知统翼录》《致知格物解》《论性书》《重定周朱程张正脉》《薛文清读书录纂要》《易经大全纂要》《四书精义汇解》《惺心篇捷解》《孝经注义》《经世编》《屿舫诗集》《屿舫近草》《兼济堂文集》《京邸集》《昆林小品》《昆林诗抄》《昆林下集》《稀贤录》等二十种。另见于著录的有《家语纂要》《鉴语经世编》《唐诗清览集》《今诗溯洄集》《始观集》《古文分体大观》《古文欣赏集》《燕台文选》《今文溯洄集》《卜子夏集》《阴符经注解》《黄石公素书注解》《太上感应篇注解》《环瑅佩语》《佳言玉屑》《酒史续编》《蝶庵忆记》《尺牍存余》《女戒》《女孝经》《女论语》《樗林三笔》《教民恒言》《巡城条约》《风宪禁约》《柏乡魏氏传家录附家约》《劝世恒言》《多识集》《雅说集》《牛戒续钞》《资尘新闻》《乡塾全书》《学规汇编》《明百家说》《左国欣赏集》《战国欣赏集》《两汉欣赏

---

① 《国朝耆献类征初编》卷3。
② 《清史稿·鳌拜传》。
③ 《清圣祖实录》卷33。
④ 《清史稿·魏裔介传》。

集》《六朝欣赏集》《唐文欣赏集》《宋文欣赏集》等40余种①，许多著述收入《四库全书》中。

　　魏裔介一生娶妻五房，均为世族名门之女。前四房妻韩氏、袁氏、傅氏、蔡氏俱早卒，只有王氏归葬于"太傅公之兆属"。王氏为明威将军王国顺之女，十五岁嫁于裔介做继室。她待裔介前妻子女如同亲生，深得裔介喜爱。她虽为名门之女，名将之妻，却"未尝稍自尊奉"，视荣华富贵若浮云。魏裔介弹劾刘正宗、成克巩时，"有以利害挠者"，而王氏认为："为国去蠹，宪臣贵也，何疑。"几个儿子先后任官，王氏每每教育他们要为政廉洁，说："我俭节劳动，足够一家食指，不愿尔曹寄一钱归也"，"能倍加樽节以成廉吏，是养我志也"。魏荔彤解官归家，她不以为戚，曰："容悴有时，尔其安安，我先归里，待尔躬耕负米，以终我余年可也。"在封建时代，一个贵妇人能有如此见识，确实难能可贵。

　　　　　　　　　　　　　　　　（原刊于《文物春秋》1996年第4期，现略有改动）

---

① 《大清畿辅书征》卷38、乾隆《柏乡县志》卷10《著述》。

附录1 魏谦吉墓志铭录文

［志盖］明嘉议大夫兵部右侍郎赠都察院右都御史槐川魏公墓志铭

［志底］明嘉议大夫兵部右侍郎赠都察院右都御史槐川魏公墓志铭

赐进士及第荣禄大夫少保兼太子太保户部尚书武英殿大学士知制诰会典大典总裁官慈溪袁炜撰

赐进士出身资善大夫太子少保户部尚书清苑高耀书

赐进士出身通奉大夫奉敕总督仓场督理西苑农事户部右侍郎前翰林院庶吉士清丰吕时中篆

公讳谦吉，字子惠，别号槐川，姓魏氏。魏出周毕公之裔，仕晋邑于魏，遂因为氏。至唐文贞公起巨鹿，相太宗子孙家焉。入国朝有名寒腊者，公七世祖也。寒腊生彦通，彦通生和，和生兴，兴生鉴，鉴生寿，为汶上训导。配雷氏，生儒官严，号澄斋，诰赠右金都御史。配赵氏，赠恭人，生子三，公其仲也。公早慧，性沉潜不好弄。魏氏多文学士，顾皆业《易》《书》《礼》，未有以《春秋》显者，乃澄斋公独授公《春秋》。公治《春秋》，为诸生高等，以贡入太学，联举乡会试咸魁选焉。公弟进士，褒然树奇操，即擢授云南道监察御史。初榷芦沟商税，府中官者黩货擅匿奇赢，公绳以法。继巡视中路，中路即岁嗛，民又苦吏虐。公至，斥贪厝枉奏，请发困以赈贫者，老赢欣欣。萌用大阉总兵赵氏党勋戚不法，人莫谁何，公抗疏劾下狱，中外翕然悚惧。巡磋河东，值三关警，乃缮筑隍堡，复□集迁氓补编列，而国课增人。寻被命巡按江西，务兴利刷弊，条上八事，以荒政为首。其赈恤如视中路时，所全活尤众。修复白鹿洞，规训迪生徒，自是明经士斌斌然。起至章程宪度，靡所贷贳，人不敢干以私。即乃，以疾乞养，居无何，遂罹亲变守制。制阕，起视京营。维时南北多事，师旅旁午，公典九门，奇正营规，则划防御，百尔饬然具举。复搜戎河西，往返数千里外，昼夜飚驰，不三月选军三千，悉如制。上嘉其功，赐宴赉马，旋刷卷京畿。考六年，最晋大理左右丞，随陟少卿，谳狱明允，庭中称平。甘肃者，三边巨镇也，巡抚必简大僚。公以右金都御史往开府置部曲，谨斥堠，选阅将士必以律。复图上方略三事。居二岁，以斩获功多，进右副都御史，转抚山西。公感上知遇，愈益奋志经理，陈军国大计八，无不协于机宜。数月，上功首虏数益倍。遂特敕公总督三边军务。会番虏齮龁不靖，公闻命兼程抵镇，亟檄乘障，侦逻视昔尤谨慎。中夜遇警报辄起坐，帐中石画至废寝食。先期条防守要务十事，战守便宜九事暨有司三弊，语在公奏疏中。举矢忠竭诚毕议审处，岂拘时牵制偏指不参之见哉。于是上益重公，赐金缯增俸，以左侍郎召回部视事。行次孟津中暑。卒庚寅[①]六月三日也，距生正德己巳十一月一日享年五十有二。讣闻，上嗟悼久

---

① 庚寅应为庚申之误笔，查正德己巳年（1509年）至嘉靖庚申年（1560年）恰好51年，与墓志"享年五十有二"之说相符，若为庚申年则与死者岁数不合。

之，赠右都御史，谕祭建茔，荫一子大平入监，皆殊典也。公自入官跻显，小心勤恪，其治务大礼不苟小，交游饮人以和，肫肫有至意。事父母极孝，太恭人遘疾，躬侍汤药不解带者弥月。澄斋公相继逝，公哀毁瘠立尤恸，执古丧礼，往来山陕间，必奉二亲像以俱。岁时设祭拜，一饭一羹必以荐。事伯兄、抚诸弟爱敬备至。盖笃于孝友，其天性也。所著有《四书春秋大旨》《周礼纂要》《大学衍义补摘要》诸书藏于家。嗟乎，公以文章致身通显，扬厉内外，悉心体国，进贰夏卿，骎骎柄用矣，使天畀之寿，不可以追周必公唐文贞之芳躅耶？而功业弗究，悲夫！公三子，长即大平，次大用、大治，皆配封恭人李氏出。大平娶南宫刘参政次女，继娶枣强屈同知际昌女。大用聘新河聂金事瀛女。大治聘定州张都御史涣女。女四，长适唐山百户赵思，次适神武右卫指挥徐思，次适国子生张汝敬，次适赵州国子生侯爵公。以嘉靖四十一年十二月二十二日葬于城西南族茔之左。公与余同年进士，又雅善余，余故志其事而铭之。铭曰：

桓桓魏公，邦家之光，颖脱巍科，为圭为璋，筮仕柱史，肃将风纪，继陟廷平，刑清讼理，维帝曰忠，爰命司戎，出抚边傲，累奏卢功，乃召还京，俾贰司马，倚毗方股，胡天不假，如骥中蹶，如凤铩翰，公业未竟，公名则传，有崇者阡，□王伊始，我铭不磷，乘千万祀。

附图1　魏谦吉墓志盖

附图2　魏谦吉墓志底

附录2　魏裔介墓志铭录文①

［志盖］皇清诰授光禄大夫太子太傅保和殿大学士兼礼部尚书加一级贞庵魏公墓志铭

［志底］（前5行全部损泐，自第6行中部起）

　　下士干学□且□□□公生平有成命，遂弗获辞。公姓魏氏，魏万之后。公奋□□□者居鄗南之圣德村，是为柏乡。始迁之祖，数传至孝廉寿，其后世次乃可得祥焉。寿生严，严生衡山知县谦光，□□□□高祖□□□□□□封文林郎、永城知县□□□祖考纯粹，万历甲辰进士，山西道监察御史。考柏祥，天启辛酉考授知县，未仕。自永城而下皆以公贵，赠光禄大夫太子太保内秘书院大学士加一级。妣□□□□□□□□□□□□□□□□□□□□□□□□□终日端坐，严由守精，心□内外□□□远□，会□□□岁有兵乱，父子俱走避西山，游骑邀劫之力□得免乱兵□□□□□□岁又大侵人方食，因而□□□□□□□□□□□寇盗纵横，生民涂炭，将何□而诛□，盖天下已任之意隐然见于此矣。壬午举于顺天。大清定鼎，中顺治三年进士，选庶吉士，改授工科给事中，时为顺治四年。逾一年，升吏科右给事中。丁艰，回。九年补故官。明年转工科左给事中，又明年，升兵科都给事中，十二年，内升太常少卿提督，□□□未几□□□擢都察院左副都御史；十四年擢左都御史，加一级。坐事当落贱，仍视。明年复遇恩诏，还职。己而，以公建言多裨国是，加太子太保。十六年□月，世祖章皇帝下罪己之诏，令群臣亦各自陈。公疏上，削去宫保及所增秩，官如故。其后，上疏请□□□以公纠参不早，并下吏议。旋以指陈有据，当还故官。盖终世祖章皇帝之世十三、四年间，公历官谏丞御史台，今上御极之初，复居御史台，逾年改元考绩，复官保，陟□□。康熙三年，人赞机政，尝以□□告迁丧事。事峻，趣还朝。十年，以疾乞归。优诏许之，公在言路最久，先后二百余疏，或立见其施行，或始诎于众议，后卒以公言为然，因着为律令，其书俱在，可得而考也。在工垣时，世祖章皇帝已御极五载，公言："少而勤学，古人比之日出之光，窃恐年岁既盛，嗜欲日开，宜及时讲学，举经筵日讲，以隆万世。"治本又言："燕赵之民，椎牛裹粮，首先归命。此汉高之关中，而光武之河内。屡奉诏书蠲赋，独于畿内未沾实惠，宜切责奉行之吏，彰信兆民。"其应诏陈言谓："今君□时事亦孔亟矣，民不聊生亦日甚矣。山左萑苻未靖，畿辅因以燎原，江右叛将甫擒，云中忽见豕突。巴蜀湖湘，游鬼遗

---

① 魏裔介墓志，《国朝耆献类征初编》卷3有记载，所述事迹与志文大体相同，但行文及家庭成员有所差别，本文系按志石原貌录文，未依文献记载补正。

孽所以廑九重之霄，旰者举不足虑。惟是上下之情未通，满汉之气中阂，大臣阃戎以保富贵，小臣箝结而惜功名。纲纪日弛，法度日坏，贪官暴吏，转相吞噬，以鸣得意。臣实忧之。欲改弦易辙，尽反其平日所为，非精心熟虑，未有能得其要领，宜召对群臣虚心咨访。仍令史官记注，以求救时之实。"制下，立行其说。时匿逃之律甚峻，因廷臣入对谏言，特宽其禁，中外大悦，既而□□，内外叹服。除公在吏垣，言："督抚封疆重臣当慎选择，不宜专用辽左旧人。"又言："墨勒根王时，隐匿逃人其法太严，犯者家长坐斩，天下嚣然，丧其乐生之心。后因言官陈说始宽其禁，责成州县，其法至善。近复逃匿纷纷，良以前令□悬有司视为具文。今宜严行申饬，诙州县每月察解若干记录，失察夺俸，多则降秩。若舍此之外别有峻法，窃恐赤子无知，陷于刑戮，下佛人心，上干天和，非寻常政治小小得失而已。上受天之眷命而抚绥斯民，在各旗亦宜仰体圣意，遇下以恩义，则彼虽奴隶岂无恋主之心，而纷纷鸟兽□之，不暇胡为也。"时朝仪未定，公又言："深居高拱，不如访询臣邻；批答祥明，不若亲承颜色。稽之故实，有朔望之朝，有三六九之朝，有早晚之朝，有内朝外朝，今亦不必尽如旧制，惟是一月三朝，庶足副励精图治之至意。"自是始定逢五视朝之制。直隶河南、山东水灾，公言："勘报移覆，尚需时日，议蠲议赈，稍缓须臾，无救死徒。"言冗悚切。会有诏访明季京城殉难诸臣，公疏举大学士范景文等三十人。略言："运际升平，则良臣奏绩；时逢板荡，则烈士腐心，故刎襟血裙，焚身湛族，慷慨从容，不必一致，要皆乾坤之正气，与日月而争光。乞下所司详加体访，如果□言不□，乞宣付史馆显加褒录。"于是景文等先后得旌录与祭谥焉。世祖章皇帝敬天恤民，每遇水旱饥馑，谕群臣条奏兴革事宜，直言无隐。公时复在工垣，所言崇节俭、勤圣学、度兵势、省刑狱及天下大利害，咸中款要。其时，因岁荒流民载道，出帑金二十四万两，分命大臣十六员赈济畿辅，全活数十万人，皆自公发之。在兵垣综合军政，所识拨皆为大将，奉召令内外大小臣士精思职守。公陈用兵大势，言："往事诚无及矣。今者刘文秀复起川南，孙可望窃据于贵筑，李定国伺隙于西粤，张明振流氛于海岛，连年征讨，尚稽天诛。为目前进取之计，蜀为滇、黔之门户，蜀既收而滇黔之势蹙，故蜀不可不先取。此西南之情形也。粤西稍弱，昨岁桂林之役，未之大创，必图再犯，以牵制我湖南之师。宜令藩镇更番迭出，相机战守，扰其耕牧，则贼势自溃。此三方者，攻暇宜先粤西，粤西溃则可望胆落，滇、黔亦不能不瓦解。乃若鲸波未息，则设斥堠，绝其觊觎，大修战舰，诸路并力合剿，勿使事久生变。"其后诸路进兵，卒如公言。又请录用建言，得罪诸臣。请仿唐李吉甫元和国计，薄令度支，岁计出入盈缩。进呈御览，请增官吏俸禄，请禁金玉锦绣浮屠塔庙一切奢靡蠹耗之事，请立劝农官，请自今流人勿发宁古塔冰雪昏雾之地，请遣大臣督视河工，言皆剀至。公为副宪，方议吏员纳银事例。公言："此衰世苟且之政也，今纵不能加。小吏工食奈何着为令甲，以资得官，使铨政由此而坏。"其领御史台也，凡以举旧典、通雍积、核奸弊、励臣节、善风俗、兴学校、与夫田赋、财用、兵制、屯政，关国计民生之大者，无不条分缕折、指次如掌。遇日食，陈言经传："月食者，日光过望遥夺月光，是为阳胜阴也；日食者，日月同会月掩日精，是为阳不胜阴也。今五月朔日食，在易卦为妒阴微而即抗阳，其变非细于五月望后。月食为日月交食，月食至既亦属灾变。此在汉唐，令主尚能恐惧修省，况敬天勤民尚德缓刑，如我皇上修救之实，可弗讲乎？"历举两汉日食诏书及光武时大中大夫郑兴所云："国无善政，谪见日月，要在因人之心择人处位，留思柔克之政，垂意洪范之法，愿广开言路，停罢土木，宽守令考成参罚释解冤滞，矜恤鳏寡孤独，酌复五品以下官俸。"并令南方专意招抚，固防险隘，撤还旗下戎兵，省数百万拱亿之费。待岁稔财充，决意大举。春月，侍经筵，听讲汉文帝春和之诏，公因举仁政所先者四事。即日以闻云南平，请蠲无名赋税，以慰新附之氓；荐地方人材，以收严穴之士；恤投诚文武，以来□敏之彦；宽一切禁纲，以安溪峒之蛮。其因事纳忠多此类。京师人生女多弃不举，公请严禁恶俗。上宣示讲筵，命阁臣纪其事，正阳门外菜园，居民稠密，为前朝嘉蔬圃地，所司檄还之官。公过其地，百姓遮道诉。公入言，立以予民。公言："天下未平，皆由征求太急刑罚太繁，以致良法美意不能遍及穷檐，今当奖进直言，激发唯诺，共尚宽大平易之术，勿为刻薄琐屑之计。"有旨令对状，终以其言直，不问。世祖章皇帝尝召至中和殿谕之曰："朕擢用卿，非有人荐达。"公稽首谢曰："敢不竭孤忠以报知遇。"值南苑阅武，赐宴行宫，应制赋诗，上喜甚。一日侍坐，问民间收成，公曰："畿内百姓困苦，丰年所收，仅供官税。"上称唐太宗英主，对曰："晚年无魏征苦谏，遂兵高丽，至贻后悔。是时，恩赉丰貂名马金币之属甚多。"世祖章皇帝南苑别殿夜半阅明孝宗实录，有召对兵部尚书刘大夏、都御史戴珊事，心喜曰："朕所用何遽不若大夏、珊。"明日，宣真定尚书今大学士梁公与公诣行帷备顾问，其蒙恩眷如此。今天子冲龄践□，辅政大臣议加练饷五百万，公疏争之力，中旨停罢。云南初定，兵戎未还，公请罢云南大兵，兼宜亟防荆襄要害，以杜乱萌。后滇南变乱，人谓公为先见。公在政府，张弛宽猛，调剂异同，密勿从容，协和寮寀，单辞片语，解纷决策。慧星见，尚书龚公请赦辅臣，曰："古之有乎？"公条举故事以对且曰，世祖章皇帝亦行之。辅臣叹服，朝野阴受其福而有所不尽知。皇上亲政，深感两朝恩遇，夙夜匪懈。徒以直道嫉妒者众，亟请回疾养疴，上以其恳切，不强留也。公服官，日夕读书，与中辄携一卷。及奉身而还，优游林泉，紬绎经史百家，拳拳服膺于穷理尽性之义，益复精进，有所深省，独得而不能以告人者。其见于所著书及语录，有《约言录》内外篇、《圣学知统录》二卷、《知统翼录》二卷、《致知格物解》二卷，晚岁又着《论性书》二卷。所纂述有《复位周程张朱正脉》《辞文清读书录纂要》。其经学则有《易经大全纂要》《四书精义录解》《惺心篇捷解》《孝经注义》。其史学则贯穿全史上下数千年成败得失，录其要而论断之，以附《左氏外传》之例，曰《经世编》凡七十二卷。生平赋诗数千首，有《屿舫诗集》《屿舫近草》。为文六千余首，有《兼济堂集》《京邸集》《昆林小品》《昆林论钞》《林下集》二卷，共五十卷。其他著述尚多。又着《希贤录》一书，分五门二十五目，以括格致诚正修齐治平之要。诗以陶韦为宗，文出入于昌黎庐陵。其于科举之文，亦必规先正大家，而尤恶近日之雷同剿袭浮蔓之离。故庚戌南宫为主司，文体为之一变云。公孝行纯笃，与人交质直无城府，久要不忘，尤善奖掖后进。其于急人之难、周人之急，不啻饮食嗜欲。悬车十六年，督课农桑，循行阡陌，混迹于田夫野老，人不知其为旧相也。尝自作赞："生平响慕留侯二疏及裴晋公白乐天之为人，其出处略相类云。"公生于万历之丙辰，卒于康熙之丙寅，享年七十有一。原配内邱韩氏，别驾梦愈女。继室高邑袁氏，文学燧女，俱赠一品夫人。续灵寿傅氏，宣威将军维楷女。续宛平蔡氏，迪功郎允中女。俱先逝。续宛平王氏，明威将军国顺女。子三人。曰襄，弟壸之子也。始生之曰，公以父命，命蔡夫人之子，以荫，仕至江西建昌府知府。娶杨氏，鉅鹿督捕右侍郎时荐女。曰嘉孚，候补国子监典薄，蔡夫人出。娶真定梁氏吏部左侍郎清宽女。曰荔彤，候补内阁中书舍人，王夫人出。娶保定于氏大理寺卿嗣登女。女四人，皆适名族。孙男二人，长世晋，嘉孚出。聘李氏，岁贡生恭女。次世元，襄出，幼未聘。孙女四人，三襄出，一嘉孚出，俱幼未字。襄等以己巳年四月葬公于路村之原，以某夫人祔。

铭曰：

从盈必大，始赏天启，参国韩赵，蕃昌施祉，高平郑国，频复其始，绵延蕴崇，笃生夫子，翊我兴运，官用儒起，道弘言传，匡辅乡理。移病致位，佛倏年齿，星终逾四，徜徉闾里，急流勇退，自赞云尔，稽古典学，着厥统纪，寿考弥性，聩予仰止，赤志商封，铭藏傒委，宅兆食墨，固安归体，利其后人，绥福百祀。

康熙二十八年岁次己巳春二月吉

附图3 魏裔介墓志盖

附图4　魏裔介墓志底

附录3 魏襄及夫人杨恭人合葬墓志铭录文

［志盖］（缺失）

［志底］皇清诰授中宪大夫整饬陕西临洮道兼管平庆临巩等处驿传事物按察使司副使加十级苍霞魏公暨原配杨恭人合葬墓志铭

赐进士出身通议大夫内阁学士兼礼部侍郎奉命编辑《历代纪事年表》丙戌科武会试正主考仍充文武殿试读卷前官前日讲官《起居注》詹事府少詹事兼翰林院侍讲学士乙酉科江西乡试正主考翰林院侍读学士侍讲学士侍经筵左春坊左庶子掌坊事兼翰林院侍读侍会讲翰林院侍读提督云南等□学政翰林院侍讲左春坊左赞善右春坊右赞善并兼翰林院检讨原《大清会典》《三朝国史》《朱子全书》《类函渊鉴》纂修官翰林院检讨戊辰科会试同考翰林院庶吉士年通家眷世侍生定州王之枢拜撰

赐进士出身巡视东城察院江南道监察御史年家眷世晚生张琏顿首拜篆

赐进士出身礼科掌印给事中前吏部文选清吏司郎中年家眷弟郝琳顿首拜书

公讳襄，字采亮，号苍霞，直隶柏乡人也。余家定州去柏仅十舍，又忝托世讲之未知。公之文章声誉克承先绪，孝友懿行茂着乡邦，及历官之清操实政又播闻朝野，是以中心窃为向往也。戊子春，令子需牧以公及元配杨恭人行述讲于余曰："先大夫鞠躬尽瘁，未竟所施，遽尔萎折。先恭人淑德令仪，亦先数年见背。两亲梗槩恐岁月迁流，浸以湮没，今将以己丑岁二月二十六日奉枢合葬于柏邑西南路村之原先王□墓之昭，敢请所以勒幽宫垂不朽者。"余辞不获已，爰取行述所载，参以所知，而为之志曰：公系本钜鹿，世有显者。始祖寒腊公始居柏乡，九传而至大令公大成，为公高祖，生前甲辰进士。御史公纯粹为公曾祖。御史公生大令公柏祥，是为公祖。大令公生五子，其仲郎丙戌进士，诰授光禄大夫、太子太保、保和殿大学士兼礼部尚书加一级，又加太子太傅公，讳裔介，是为公父。高曾祖三世皆以宫傅公贵，赠光禄大夫，如宫傅公官。公以宫傅公季弟平凉太守公讳裔悫仲子承继，是为宫傅公长子。公自幼聪颖过人，受宫傅公之庭训，博习经史，旁通典故，凡历代理乱得失、古今人物□否邪正如烛照数计，而于宋儒诸书更能别其源流、探其阃奥，故其发为文章制艺而外，如诗词赋颂，瑰玮雅丽，动合古法，四方文人学士过河朔者皆想望丰采，愿一见以为快。自宫傅公秉国钧、为元臣，事业勋名，彪炳当代，维时名公哲将多出门下，而公朝夕与为周旋，获益日深，故以旷达之才，发一言行一事莫不俊伟。光明筋咏之际，天真烂漫，慷慨悲歌，常自命为燕赵古狂。然于立身行己之道、纲常名教之大尺寸不敢逾。虽谨守绳墨之士，尝谢不及其奉子职也。宫傅公与公本生父平凉太守公友于之爱最笃，公于宫傅、太守之前两尽其诚，以遂天伦之乐。凡宫傅公所指授，退即笔之于简，遇有葳诚之词，力行终身无惑。

谕而所得手笺，虽片纸只字，必珍箧笥，集为家录，镌示群季。其居宫傅公丧，哀毁骨立，几至灭性。经营大事克尽其礼，尝数日一省，墓门彷徨，哀戚不忍去。宫傅公生平著述最富，公每以未及授梓为念，虽理繁治剧之时，或坐舟车，或当丙夜，兢兢校订，分为三十二卷，付之剞劂，积五载而始成。尝谓人曰："吾自恨学疏识暗，弗可阐扬先烈，今抚手泽，得以竭蹶峻事，稍慰先灵于九原，且使读是书者有以见先宫傅一生文章德业，允堪不磨，斯足幸尔。"公之至性过人如此。因其纯孝之心推之□气，油油蔼蔼，相勉以义，诸季莫不悦服。因以推之宗族，推之姻娅。乡党朋友有不能，曰："我教之有不足"，曰："我助之有纷争"，曰："我解之有患难"，曰："我救之以是远近亲疏"类，多以公以济也。公以门荫，服官二十余年，始终持己以廉，秉心以公，敷政以宽，断事以明，临民以惠，故所在皆有贤声。其始人刑曹也，由四川司员外郎迁贵州司郎中，有疑狱必力争于当事，多所平反。一日，有野老数人自天津扶杖至国门，迎公马首曰："闻公数雪冤狱，特欲一睹颜色。"言讫，相与谛视而去，究不知其姓名也。寻除江西建昌府知府。建昌当兵燹之余，榛芜满目，公正己率属，省徭役，招流移，镇抚而安全之者不一。事时有裁兵之议，营将奉行过急，一军大□，郡民奔窜。公曰："健儿无异谋，志在得饷耳，不急抚，祸且燎原。"辄单骑出谕之，乱卒帖然。未几，以忧归服阕，补湖广荆州府知府。荆州岁支驻防兵饷四十余万，公督办毫无匮乏，复请于当事建仓百五十间，储糈充牣。兵既感悦，满汉和辑，无异一家。所辖江陵监利二邑，宿逋累□，奸滑侵隐，守令挂误，后先接踵。公设立科条，亲为劝勉，除无艺之征，严包揽之禁，是以民乐输将。三载之内逋负澄清，有尾数无追者捐俸代偿之，从此官民释累矣。荆地滨江倚堤，埭为保障。丙子秋，江流骤涨横堤，柴纪堤一时冲决，江监诸邑多遭沉溺，公捐赀广募人船，于惊波骇浪中救人民以数千计。急为陈请入告，得蒙蠲赈，旋即估土□工，侨宿溃口，不避风雨泥淖督修之，五阅月而堤成。迄今水患永除，万姓食德。莅荆既久，民间利病无不兴革，绝无立异沽名之心。与民相安，无异家人父子。每出，尝与田夫野老立谈移刻，人不知其为太守也。以是累蒙重臣题荐，特擢陕西临洮道。去荆之日，民攀辕号泣者填塞道路。及抵兰署，剔厘区□，倍加谨饬，一切陋例悉除之，属吏交际亦槩行屏绝。□以世受国恩，躬承特简，故益励洁清以图报称。兰为西徼通衢，公酌调烦简安，设塘站以苏劳役、以供驰驱，四年之间络绎往来者皆歌颂之。要之公移孝□忠，夙夜匪懈，出以仰副圣主知遇，人以勿坠宫傅家风。故于豫章，则受知于总制于公成龙；于楚，则受知于总制吴公□、郭公诱、抚军年公遐龄；于秦西，则受知于抚军齐公世武。此数公者，皆严气正性，鲜所许可，而独与公契，破例题引殊礼优崇，盖公深有其可信者耳。癸未冬，翠华西幸回銮过柏，天语及公且及公之弟子，足见公令闻伟绩久达宸哀。若其克享大年，圣恩优渥正自未艾，乃遘沉疴，竟殁于官。公殁之后，兰之簪绅耆庶爱戴，弗忘祀公于名宦祠，祠其功也。公元配扬恭人，丙戌进士兵部侍郎鉅鹿扬公时荐女，夙禀贞静，自始嫔以迄终身，如宾之敬未尝稍驰。公之侍宫傅公于京邸也，别构书斋诵读，寒暑不辍，暇则与昆季师友相追陪，从未以室家事萦心。恭人敬慎壶仪，以事姑嫜，以和妯娌，又熟于书史，举古来烈女淑德懿范，皆心慕而身体之。虽生长名阀，而苹蘩之事、组纫之工皆所不废。闺中之政，条例秩然，无烦请命于公。故公得专心学问，以成令名。公淡泊为心，素鲜储蓄，亲故贫乏，或且待以举火，往往拮据无措，恭人脱簪珥以佐之。凡事必持大体，敬侍宾客惟恐不至，筵宴之设、缟纻之赠惟恐其或薄也。公宦迹所至，恭人曰："劝以爱养民生，矜全民命为务。"故公恤刑之政务多，民受公之福者亦隐受恭人之福焉。顾先公数年卒于荆署，灵轝北发，士民送者以万计使，非恭人助公之德及于民者普而感于民者深，何以有此。呜呼！公与恭人生平行谊如此，士民之歌颂、史氏之记载何不可以示后世而垂无穷乎！然必借余言以寿贞珉者孝子之志也。公生于顺治己丑年十一月十一日亥时，卒于康熙四十六年六月初一日午时，享年五十有九。累诰授中宪大夫。恭人生于顺治己丑年正月二十八日亥时，卒于康熙四十一年七月二十九日巳时，享年五十有四。累诰封恭人。子四，长子世元、次世亨，扬恭人出，俱早卒。次需牧，公季弟候补知府公荔彤子，以侄承继，聘梁氏大学士梁公讳清标侄孙女、梁公清宜孙女、保定府新安县教谕允庄女。次幼，未名，殇。女五，长适御史张公星法子、中书科中书舍人□，次适侍郎扬公时荐孙、行人司副回千子、岁贡生鹏健，次适顺德府知府殷公作霖孙、候选州同廷佐子、岁贡生璨，次许字工部尚书冀公如锡孙、候补中翰栋子方焆。俱杨恭人出。次幼未字，妾胡氏出。铭曰：

滹沱之南常山麓，挺出英姿振华族，相国家声绍无斁，文章政事千年馥，楚旬秦疆能化俗，胶宫俎豆春秋肃，恭人伉俪擅贤淑，相夫令德比于□，□□丝纶辉象服，承祧伟器同亲育，贞珉永寿牛眠卜，高门世守传家录。

康熙四十八年二月吉旦

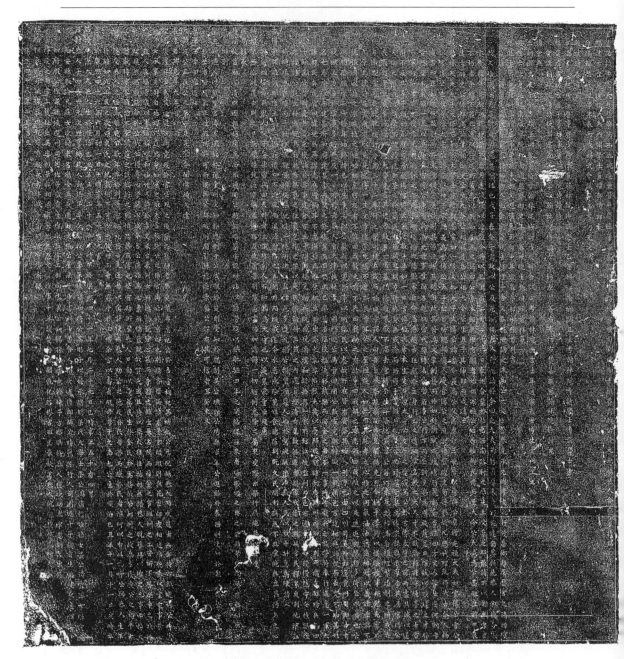

附图5　魏襄及夫人杨恭人合葬墓志底

附录4　魏裔介妻王氏墓志铭录文

［志盖］皇清诰封一品夫人魏母王太夫人墓志铭

［志底］诰封一品夫人魏母王太夫人墓志铭

　　　　江南苏州府长州□后学沈德潜顿首撰文

　　　　赐进士出身内府光禄寺卿前翰林院庶吉士愚子婿冀栋顿首书丹

　　　　赐进士出身内府吏科掌印给事中前翰林院检讨愚甥婿高维新顿首篆盖

　　康熙二十五年丙寅，柏乡太傅昆林魏公薨于籍，越三年赐葬路村，门下士大司寇健庵徐公志其墓。雍正三年，乙巳，太傅公继配诰封一品夫人王太夫人卒，距太傅公三十有九年。时嗣君宪副公念庭以□，大吏被劾，羁滞海外，闻讣不得归，擗踊号乎几绝者数矣。丧逾常节，婴委痹疾，历四年稍愈，负累亦稍释。乙酉冬，将归葬太夫人于太傅公之兆属，德潜志墓道之石，抚膺而恸曰："我何能悉陈吾母行，今所述者，特梗概也。"言已复恸。德潜，考诸生也，且不文恶，敢以志石自任，而副宪公督之再三不能已也，感其诚不敢以贱辞。按王氏世为前明勋卫家，京师太夫人为诰封明威将军讳国顺女，母邓恭人。及笄，归太傅公为继室，时太傅公任给谏时也，相庄者几三十年。后为慈母，理家政者又四十年。称大家壸范之冠，云方太夫人之来归也。原配诰封一品夫人袁太夫人既卒，遗子若女关太傅公心。太夫人以养以教，慈爱恳到倍于所生子，若女不觉为异母也。太傅公喜曰："善相我。自是得尽瘁事国，历掌垣、陟冏卿、擢宪府、晋冢宰、简纶扉，左右世祖圣祖两朝，功在台鼎，奏议在史官。"迄今数本朝元老，必首推柏乡相国者，由无内顾忧间其寅亮燮理之心也。泊予告归田，益深穷理尽性之学，虽逍遥林壑而系苍生望者十六年，由太夫人善体公心，教诲式□，经营婚嫁，事事有法。俾太傅公学道不倦，得以存顺没宁也。太傅公未薨前，长君次君已出政，季即宪副公，后亦相继理民。凡将之任，太夫人辄以廉谨相诫曰："我节俭劳动，足供一家食指，不愿而曹寄一钱归也。"后宪副公分守京口，极与迎养，躬被章服，奉觞上寿，闻者叹为光荣，而太夫人不以为喜，曰："先宫傅辅政时，我未尝稍有尊奉，况今官俸淡薄，家计穷蹙，能倍加樽节以成廉吏，是养我志也。"及宪副公去官侵陵，选至□不能堪，而太夫人不以为戚，曰："荣悴有时，尔其安之。我先归里，待尔躬耕负米，以终我余年可也。"呜呼！太夫人之为令妻也，太傅公理学为名，公卿固不待夹辅而成，而太夫人有以赞之。太夫人之为贤母也，诸嗣君恪守前绪，恐失庭训，有待于母氏之董率尔。于其进也，太夫人有以勉之；于其退也，太夫人有以慰之。呜呼！懿行如此，是可传也已。太夫人性忠孝，虽未及事舅姑，而祭祀必诚恪，父母没已，受命服□，礼行三年，丧当三蘖，畔时每夜烛香祝天，愿国祚巩固，海宇太平。康熙癸未冬，圣祖幸陕，驻跸太傅弟，眷念旧臣，太夫人率诸孙跪迎圣驾，奏对尽礼。后遇圣祖升遐，虽年逾八旬，哭临几废寝食，谕家人曰："大行皇帝深仁厚泽六十余年，凡有血气莫不沦浃，我家世受国恩，尤不敢忘也。"从前遇章皇帝丧、太皇太后丧亦然，此其忠爱之大者。至其敦诗习礼、和内外、睦宗族、助婚者、给葬者、周急难者、长齐乐善、贵而不娇、耄而能勤，妇行之淑□者或能之，故弗讨论。太夫人生崇祯十四年辛巳，卒时享年八十有五。遇覃恩诰封一品夫人。有子男三。襄，一品荫生，历任陕西临洮道，太傅公弟陕西平凉府知府涵一公次子，继太傅公后，娶杨氏，督捕少司马钜鹿杨公女，封恭人。次嘉孚，历任湖广岳州府知府，生母为诰封恭人蔡恭人，娶梁氏，少宰学士真定梁公女，封恭人。俱先卒。次荔彤，原任江南分守江常镇崇道按察司副使，太夫人出也，娶于氏，少司寇安州于公女，先卒，继王氏，蒙阴令威县王公女，俱封恭人。女子子四。长适候补七品京官杨迥千。次适翰林院编修、现任内府光禄寺卿冀栋。次适成安县教谕李云丽。次适新安县教谕梁允庄。孙男十人，世亨，国学生，早没，襄出。世晋，岁贡生，嘉孚出。干敳，原任行人司，今候补知府。士敏、士悦皆候补知府。壮征，雍正癸卯恩科举人。需牧，岁贡生，继襄后。士健，河工通判。升叙，正定府学拔贡生。蒙启，岁贡生。皆荔彤出。孙女九人。曾孙男十五人，曾孙女十四人。嫁娶姻戚，具行述中。墓在某乡某原具太傅公志中。初，太傅公为宪府时，以相臣刘正宗不忠，欲具疏论，人有以利害挠者。太夫人知之曰："为国去蠹，宪臣贵也，何疑？"疏上，几濒于危。赖天子谅公之忠，卒直公而斥正宗。予按《汉书·王章传》，章欲上封事，妻止之曰："人当知止，独不念牛衣对泣时耶。"此能知进退为一身谋者。而太夫人明大义，辨忠佞，置利害于不言，所见尤远且大也。兹以铭曰：

圣君御极，提□辅之，大人秉钧，姬姜助之，应图准史，忠孝律身，岂惟律身，诒而后昆，象服是膺，箕福是宜，翼训衔轨，垂为母仪，□□既封，巍然永久，铭辞勿渌，窃附以寿。

附图6　魏裔介妻王太夫人墓志盖

附图7　魏裔介妻王太夫人墓志底

附录5　魏裔鲁墓志铭录文

［志盖］（缺失）

［志底］皇清诰授中大夫、总理山东都转盐运使司兼盐法道运使魏公墓志铭

　　皇太子讲官、翰林院编修侄希征顿首拜撰

　　赐进士第、吏部考功司员外郎、年家眷世晚生鲁华盖顿首撰额

　　赐进士第、户部江西司郎中、门年眷侄朱彩顿首书丹

　　辛未岁□月上旬，秩庭侄至京师，手持一册谒余，未语先流涕不能自己，余惊叱问故，及检之，乃先伯曦庵公行状也，余亦流涕移时，其不能自己，与秩庭侄同。既而，余应曰："方今人文萃聚环列，□朝□不求能者用光幽宅，乃问我耶？"秩庭曰："此先祖之遗命也。先祖易箦时，抚侄谓之曰：'余年七十三矣，死无所憾，独身后铭词非山东子相□□□不瞑目，子相为人纯孝，发于天性。圣天子以孝治天下，异日必显贵子，苟得其双字予死不朽矣。'"余闻其言复流涕不自己。语云"士为知己者死"，先伯真子知己也。丙午年，先伯以济南盐法道运使代署枭篆事秋闱监临试事，检得余卷喜谓同僚曰："此山左名士也。"及榜发，果滥厕第一名。余走拜醴署蒙，携手如故，遂联宗谱之末。自是言□训诲备极。嘘，慎遇合既殊，叨情独厚，敢不以固陋之文而酬知遇，十九原况复有遗命呼。遂收泪濡毫，按状而述之。先伯讳裔鲁，字竟甫，别号曦庵，侍御史赠大学士干仲公之家孙，诰封给事中都察院左都御史赠大学士拙庵公之长子。故相国贞庵公、桃源令辩若公、平凉太守涵一公，兄弟联袂读书于桃花洞，拙庵公亲为督程，寒暑不辍。公等各能仰体父志力勤本业称克家也。一日，拙庵公招昆仲至前，拍案谓之曰："尔等皆有用材，惜不逢时耳，即以桃花洞为北海之滨，养晦以待天下之清，可呼？"岁在甲申，我朝定鼎。明年□乙酉开科贞庵公、辩若公、涵一公、皆以次登第，曦庵公仅中是科副车，人俱冤之，曦庵公曰"得蒙圣泽足矣，何高下之分也"。时以国初用人孔急，未经部铨，辄授山东兖州府费城令，旋丁内外艰。至壬辰，补江右建昌。阅三年，甲午，升江南淮安府河防同知，分守徐州。后以河工报最，晋秩四川龙安府太守。俸满，迁山东盐法道运使。家居十年。壬戌春，蒙圣眷复。补济南原职。未周岁，倦于政，致仕，以疾卒。今年十月中卜葬于城西北隅石家庄。噫，先伯抚希征若亲子侄，希征生未能报其德，卒不得临其穴，为希征终身之恨。□伯为人孝友天成。居乡时恂恂若不自胜，至遇事敢为裁断，刚决不避险阻，虽武夫悍将不及也。奉命之为费令时，朝政维新，小丑未殄，所在蚁聚，肆行攻劫，而兖州一带地方尤荼毒焉。先伯初临到任，招壮夫，激以忠义之言，各争先守御，是以贼骑不敢寇犯，□□无虞。及其在徐也，徐为四方水会，每遇秋霖，波涛汹涌，滨河居民葬于鱼鳖之腹者不可胜

计。公至而悯之，或排或决，或疏或浚（浚），水由地中且开渠灌田，岁获丰穰，不
□□受水害，兼得水利。至今徐人言及先伯，樵夫牧监未尝不流涕歌颂。建昌之剿除巨
寇，大约与费同。若至性仁爱，感动鬼神，独不似在陇安泽及枯骨之为可传记也。明末
张献忠杀戮无算，孤魂无栖，在在哀号，陇安尤剧。先伯收骸骼数万，瘗而祭之。梦寐
间叩头谢之者如林，先伯应之曰："吾职也，何恩之可谢？"既后，两任臬司兼□藩臬
之政，驿传粮储篆务，百废俱举，诸务肃清。则又公之余唾，何足数焉。藩人悦服，
万千为群，莫不俯首罗拜，鸣咦咦而鸣咦咦，番国语也，犹华之大呼而欢忭也，谁公比
哉？谁公比哉？先伯生于万历四十年十一月十二日卯时，卒于康熙二十三年正月初八日
寅时。原配宁晋刑部尚书冯公讳英之孙女、山西榆次知县讳道亨之长女，累封淑人。子
三：长讳勷，乙酉举人，候选知县，为冯淑人出。娶高邑庠生胡公讳增之次女；次勋，
早逝；次勆，官荫生，侧秦氏出，娶高邑江南淮海兵备道按察司佥事李公讳劼孙女、戊
子举人讳仙之女，继娶赵州进士来安知县杨公讳宗昌之女，又娶临清贡生彭公讳龄远之
女。女一，董出，适内丘庠生乔公讳铗之孙讳松赤，监生。孙男四：长世履，国子监监
生，娶宁晋丙戌进士睢陈道按察司佥事蔡公讳含灵之孙女、贡生讳瑶之长女；次世临，
庠生娶赵州山西灵石县张公讳曝之孙女，庚戌进士陕西安定知县讳尔玠之次女；三世
益，庠生，娶高邑大学士李公讳标之曾孙女、贡生讳恭之长女。俱勷出。世鼎，未聘，
勆出。孙女二：长适，束鹿山东都粮道布政司参议李公讳世洽之长孙，荫生，候选知
县讳疏梧之长子，讳时熙现任威县教育；次适南宫江南句容知县韩公讳有倬之孙、贡生
候补教育讳溥之子、讳世时庠生。俱勷出。曾孙男七：长沇，庠生，娶宁晋都察院左副
都御史赠右都御史谥□宪孙女，讳昌龄之曾孙，庠生讳□之长女；次溉，未聘；三沄，
隆平乙酉举人候选知县张公讳齐觊之孙女，庠生讳吉襄之女；四洛，早逝；五澧，聘宁
晋冯公讳鲁试之女、廪生讳濂之女。俱世勷出。济，幼，未聘，世益出。沂，幼，未
聘，世临出。曾孙女三，俱幼，未字，勷出二，临出一。五世孙曰梓，幼，沇出。噫，
希征受知于先伯垂今二十六年矣，忆昔莅吾山左时，策马登高，随在题咏，笔墨落纸缭
绕烟云，至评品文艺，如明镜在悬，妍丑自现。其德性醇厚涵养和平又如春风甘雨泽润
万有无不各得其愿而去。古所称曰"正己而物正"者，其公之谓欤！希征以草茅新进，
豢圣天子宠渥，超秩清宫为皇太子讲官□□。具性情浅率，学为疏薄，方依先伯暨者之
相引我于当道，以资启沃，何我生不辰，际公老而宾天也，将谁考德而问业哉？曰向秩
庭侄曰："公一生经济必多纂录于为我急□携入京展读之下默为启佑，虽不能日侍庭间
为亲炙之人，犹得私淑艾之而使我终身不至于颠踬也，其亦幸矣！"秩庭侄曰："我祖
著作高与身齐，侄等不能读叔能读之且能宲髉之而设施于当今也。我祖不朽，侄等亦幸
矣。"语及此，复相对流涕不已，遂挥泪而为之铭也：

大原膴膴，柏山之阳，灵钟川岳，间气苍茫，世济厥美，全得全昌，大江左右，
化雨洋洋，西蜀东齐，屡试干将，经纶沛四，国之膏露，文章黜六，代之秕糠，玉为质
兮金为相，荷为衣兮菊为裳，考令终兮寿而康，骖虬螭兮帝之乡，宠赍黄垆兮奕叶弥

光，勒显懿于贞珉兮，其斯为不磨之藏。

康熙三十年岁次辛未冬十月吉旦

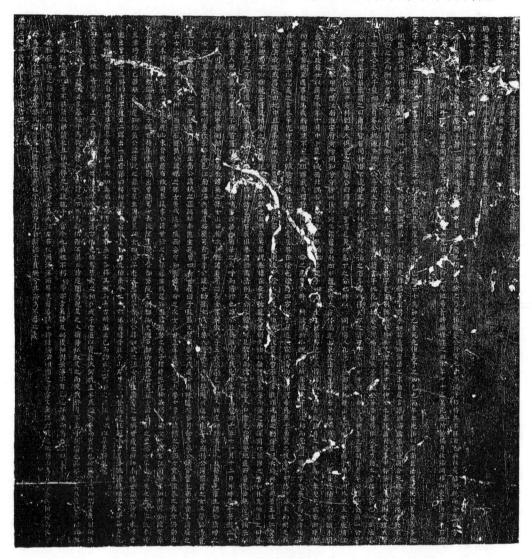

附图8　魏裔鲁墓志底

附录6 魏谦吉妻李恭人墓志铭录文

［志盖］（缺失）

［志底］明诰封恭人魏母李氏墓志铭

赐进士出身光禄大夫太子太保吏部尚书侍经筵致仕前翰林院庶吉士吏科给事中奉敕巡抚山东河南都察院右副都御史总督蓟辽保定等处军务都察院右都御史太子太保兵部尚书郡人梁梦龙撰

赐进士通议大夫兵部右侍郎前都察院右副都御史奉敕巡抚山西宣府食正二品俸郡人许守谦书

赐进士出身中宪大夫前奉敕提督鸿门等关巡抚山西都察院右佥都御史食三品俸赐燕礼部致仕郡人杨彩篆

万历己丑十一月七日，故少司马槐川公元配李恭人卒于正寝厥嗣太学生大平、邑庠学生大用擗踊哀默，曰："天乎！不肖两孤竟不能以身□天少延吾墓乎？"已而，忍恸桥颡，托侍御陈君搜拾微懿为状，征余铭。按状：恭人父景凤以庠生，晚授高年爵。张氏其母也。恭人生而聪敏端靓，不妄笑语，女红外无他嗜好。间尝听高年公读女史，能晓大义。母张特钟爱之。年十四归司马公，时始祖雷儒人即舅澄斋公姑赵恭人俱在堂。恭人介妇也，居常执□甑，有疾侍汤药，皆得其骧心。澄斋公每以孝妇许之。初，司马公为诸生，日与兄弟不惟发奋，恭人竟夕纺织，中外篱灯相映，以故司马公擅誉士林，春秋试俱魁选。公既登进士，授御史，督鹾河东，观风江右，恭人综家政，条理森然。公展体中外，寔得内助之力。已而由□尉持中丞节□巡张掖山右，晋贰夏卿，称贵显。矣恭人犹然御舟瀚之衣，啖脱粟之□，与寒素时无异，见者不知其贵显人也。及司马公秉成三边，洞书旁午，日惟劻勷，不遑顾其家。恭人独课诸子学，不少姑息，每呼太学生曰："尔父受疆□重寄，以身许国，尔辈当努力成名，无遗尔父内顾忧，而分公家念。"训诸女自妇功外，口授内则诸篇，故于归各宜其家，□女与季妇少寡，恭人每相持泣下，勉以从一之贞，二霜志矢靡他，习闻恭人之训也。司马公奉召还朝，以劳瘁军务，中途疾不起，恭人哀恸，欲以身从，因念三子俱在髫年，而典记者又睥睨无状，乃忍须臾死，苦心殚力，潜寝□谋。朝廷以司马公树立军功，卒于王事，命有司治丧事，赠二品，赐祭一坛，后以它事论罢之。恭人每言及此，泣辄数行下，日夜凡熊督太学生率二弟，刻志肄司马公旧经，博览百家，季子竟以此毙，而太学、邑庠二生咸蔚然负时，名称双壁，识者谓可立致青云，重光堂构，完司马公之缺典。奈何数上棘闱不售，徒令同修有刘蒉之叹，无亦大林当晚成乎？恭人性至孝，伏腊必设祖妣像，自治蒸尝，奠献哽咽，遇减获严而有恩，俾各任其业，有疾病曲加抚视，故人乐为之用。尤好礼善施，如姻党戚属喜有庆，忧有恤，岁时有馈，内外远近来以举火鼓腹展颜者，善未可缕数也。既老，于丝枲粱粢酒浆酏醴之属，凡力可胜者，犹不假人手。太学生以劳瘁进劝，则曰："住世一日当为一日之计，何可以不死之身求逸哉？"见诸妇着纨绮绣刺之衣，每曰："惜时惜福。"训诸孙每曰："尔所享用，皆自尔祖诗书中来□，须如尔祖勤劳，当供奉观世音像，晨昏朝礼。"及疾革，从容不乱，命沐浴，着素裳，手持数珠，击钵数声，曰："吾将游南海矣。"无亦笃信敬奉，故神与之游耶？呜呼！恭人涘□闺阁，称未亡人垂三十年，而内外斩然，家业日益恢大，咳唾不及阃履，□及廷，故恒阳颂壸，范足正是四国者，必首槐阳魏母焉。盖其堂机制变，明断兼长，雅有力量，虽口诗书、具须眉、称男子者，如恭人宁多得哉？初以司马公为御史，封孺人，耳封恭人，两受制辞，备并腴美。说者谓非溢云。生于正德八年九月二十五日，距卒得年七十有七。子三：伯，太学生大平，娶参政刘汀女。继曰□屈际昌女，再继庠生高坤女。仲，邑庠学生大用，娶参议聂瀛女。季，年邑庠□大治，娶御使张涣女，先卒。女四：长适百□赵□，次适都指挥使徐思，三适太学生张汝敬，四适太学生侯爵。孙男四：曰文煤，邑庠生，娶副使赵维卿女。曰文煌，聘副使□□□女。曰文烜，聘举人张汝雨女，俱大平出。曰文煜，邑庠生娶知州张极女，大用出。孙女五：出自大平者，适封太子太保吏部尚书先公第九孙、余弟太医院吏目梦熊之男，邑庠学生愚。出自大用者一，适副使肆年孙男□□一□□侍御孙男登云男君诰一，许聘张应麒汝雨男也。出自大治者，适四女之男，曰矦万年。曾孙一：曰中魏，则文煜所□者。□平等以明年三月十三日奉恭人枢，与司马公合圹于邑西南祖茔。□左铭曰：光德澄澄，共凤棱棱。阁师足矜，浚齐有章。家政蕃昌，坤道久藏。槐水□□，郁郁葱葱。永安玄宫，子孙绳绳。维水厥祉，载兴。

附图9　魏谦吉妻李恭人墓志底

柏乡宗教文化溯源

——兼论"崇光古寺"与"邢窑"文化之关系

史云征

宗教是人与自然、人与社会、人与人相处的道德规范和行为秩序的泛称，是人类社会发展到一定历史阶段出现的一种精神文明，是社会进步的标志。我国宗教文化的生成与发展经历了三个主要历史阶段：既原始宗教（前宗教）文明、外来输入性宗教文化与融合性民族宗教文化。我国宗教历史文化的脉系像老树虬枝，虽盘根错节却条理清晰、枝繁叶茂，有着多彩的区域特点和强大的生命力。这种自成体系的文化流变，其生成和传播与区域文化环境有着密切关系，其发展成就贯穿了人类进步的全过程，它是民族文化的重要组成部分。柏乡地域的宗教文明，从新石器时期就初步显露，历经了史前阶段的孕育和商代的破茧羽化，至东汉初期，达到了一个新的历史高点。北朝早期（公元5世纪）前后，印度教输入柏乡，使当地社会环境和人文思想发生了质的变化，到了唐代历经中外多元文化的碰撞、博弈与融合，最终完成了当地宗教文明三步走的历史进程。柏乡地区历史宗教文化遗存，近年在考古工作中屡有发现，诸多遗迹、遗物的出土，为当地宗教文化的起源与发展呈现出了一个粗线条的演变轨迹。

2010年春，柏乡小里村新石器遗址的考古发掘，揭示了6000多年前柏乡原始宗教文明形态。发掘资料显示，这一时期的社会发展已经进入文明发展初期，农耕生产、定居生活与手工业的进步，显现出当地宗教文明的曙光。发掘中虽未见到宗教活动遗迹，但出土了"陶鼓"与"陶埙"两种祭祀用的礼乐之器（图1），为这一时期宗教文化的存在提供了依据。研究认为，我国原始时期的乐声之器是用于宗教活动的一种表达工具，它是一个与巫术、祭祀活动伴生的文化共同体。每逢重要时节，人们要在礼乐声中去完成一个与神灵礼遇、沟通、祈求的仪式过程。小里遗址出土的陶鼓与陶埙实物，就是在这种文化氛围之中诞生并使用的。这一时期的陶制古乐器在我国黄、淮地区多有发现。小里遗址一期文化遗存中出土的陶釜盖上，有一种简约的刻划纹饰格外引人关注（图2）。这件炊器为夹砂红褐陶，器盖的中间塑有圆形纽，纽周围刻划出经纬几何图形。对这样的图纹组合，我们解释为"田地"与"太阳"的寓意含义。这种推论的依据是这里已经出现了粟、黍、稻农作物的种植与生产，粮食作物已成为人们饮食中的主要物种。这种直接影响人们生存发展的物质基础，必然会在意识形态中得到反映，体现

图1　小里遗址出土新石器时期陶埙

图2　小里遗址出土陶釜盖（H32∶1）

出人们最初的信仰与崇拜。小里先民的祭祀和信仰对象应是"太阳神"和人们的先祖，这种以太阳主宰万物的精神构成，是与其生产力发展水平相适应的，也是文明曙光时期人们的精神诉求。在小里遗址发掘中出现了很多大型灰坑遗迹，这种灰坑深4米多，直径2米以上，坑内存留大量植物灰烬，质地纯净松软，层次分明，应是多次填充焚燃的结果。对这种现象，我们认为它是当时人们保存"火种"留下的遗迹。古老的钻木取火是一项极为吃力的生活技能，人们在实际操作中由于技巧和体力的差异往往难以成功，对火种的保存就显得极其重要，所以小里先民对火种的使用贮存和对食物的获取更加关切。人们信仰的确立来源于对生活、生存的需求，祭祀的主体和对象往往与此相关。根据上述遗存现象推测，小里先民祭祀先祖与太阳神灵以求火种生生不熄、子嗣繁衍、粮食丰收。当然，实际内容可能更为多样，包括"水"与"天象"等等。一方水土养一方人，一方文化奉一方神。小里先民与太阳火种的情结一直被后人传承延续至今，现在小里村民每年都要举行一次大规模祭祀"火神"活动，并以相互轮番的传接方式，使火种日夜焚燃、长年不熄。这一历史文脉虽历经了六千多年的传承发展，但仍保留了原始的核心内容，目前这一文化传承被列为河北省非物质文化遗产。

史前宗教文化遗存，在冀南太行山地区的永年、沙河、临城均有发现，对这一时期人们的宗教理念及其行为，我们称其为"原始宗教"，即"前宗教"，又称"宗法文明"。原始宗教是人类对自然现象的神化与理解，是对超自然体之神灵的信仰及崇拜，人们将自然物象赋予了一种主宰生命的精神力量，从中去寻找生存与发展的空间。原始人类精神力量的构建，是指人性本能的进步欲望和对自身价值求变的反应。实现这种理想，在新石器时期主要寄希于天地、山河、风雨、雷电等自然力量的帮助，以图求自身的改变与升华。这种推动社会进步的能动力量，在这一时期是通过巫术与祭祀的宗法形式来实现的。原始宗教是古人精神欲望的追求和寄托，是人类走向文明的一大进步。

随着社会的进步，宗教色彩在人们生活中变得更加浓厚，其行为逐渐具象化、普遍化与神权化。殷商时期，是我国社会发展中的一个重大转折点，它突破了人们原始的朦胧和愚昧，使宗教的意义和作用在这一时期更加凸显、张扬和政治化，并强化了宗教

图3　柏乡驻驾村遗址出土先商玉琮残片

活动对人的精神掌控和行为奴役。2007年第三次全国文物普查时，在柏乡驻驾村东发现了一处距今4500—3500年的龙山文化到先商时期的古代人类居住址，从中发现了一件用于祭祀土地的玉琮标本（图3）。玉琮是一种用玉石制作的外方内圆而中空的异形祭祀用礼器，它是通过"物载法理"的思想理念去实现祭祀目的。在黄河流域最早发现玉琮的是山西"陶寺遗址"的"尧都"，它的时间段与柏乡玉琮大体一致或相当。柏乡的玉琮是在"尧城"遗址发现的，柏乡尧城与山西陶寺遗址的尧都之间是个什么关系，应引起我们高度关注。《周礼·大宗伯》记载："以玉做六器，以礼天地四方，以苍璧礼天，以黄琮礼地，以青圭礼东方，以赤璋礼南方，以白琥礼西方，以玄璜礼北方。"古人认为，只有玉石这样的物种精华，才能传递人们对神灵敬畏与祈福的情感信息，并将其制作成六种不同形态的祭祀礼器对应天地四方。在商代时期，只有"王权"和"神权"才能使用和拥有这种玉制"法器"，所以这一时期的王权既是掌控乾坤的精神领袖，又是奴役人们行为的最高统领，彰显出至高无上的荣耀与地位。人们对美玉的认知要早于青铜，它的温润、细腻、内敛而灵动的物理特性，几千年来一直影响着人们的价值观，对其文化崇拜从来没有间断，并将其引入宗教文化领域。祭祀礼器，是国之重器，它的制作往往举全国之力穷资而为。玉质礼器与青铜礼器，无论从物质形态还是精神领域，都代表了商王朝统治时期的最高文化成就。柏乡驻驾村玉琮的发现，其价值和意义不言而喻。目前，这一文化遗址还没有进行正规考古发掘，其文化内涵还不十分清楚，但祀礼天地的宗法遗物的发现，为其文化属性的确立提供了重要依据。2015年，柏乡赵村商代遗址的考古发掘，更加显露出宗教活动在人们日常生活中的地位和影响。赵村遗址是一处商代中、晚期阶段的古人类居住址，其文化时段与商王殷墟二期相当，距今已有3000年左右的历史（3000±30 B.P.）。遗址中出土的大量祭祀遗迹、遗物，为这一时期的宗法形态，呈现出了一个全新的文化面貌。在300平方米范围内，集中出土了10座祭祀"动物牲坑"和5座"人牲坑"。这些动物牺牲均是整体活埋的家畜，每座坑内埋有一牲，有的四肢被捆绑呈现出痛苦挣扎的形态蜷缩在坑内（图4—图6）。其中猪牲5座、狗牲1座、羊牲4座，另有1座猪牲肢骨零乱不全。所有牲坑均在同一地层，平面布局呈现出集中性、统一性和目的性。在5座"人牲"坑中，有4座遗骸肢骨凌乱不全。其中M1头颅和右趾骨残失；M3左趾骨残失、双臂捆绑；M5为双人合葬，其腿骨均被肢解；M6双臂残失，右腿被肢解。这些"人牲"应是杀殉残害的结果，体现出商代祭祀文化中"人殉"制度的残酷一面。研究认为，这是当地商人在某一时间，为了某一事件而举行的一次重大祭祀活动的埋葬遗

图4　赵村遗址祭祀羊牲H19（东—西）

图5　赵村遗址祭祀猪牲H20（北—南）

图6　赵村遗址祭祀羊牲H17与人牲M3的关系（西北—东南）

图7　赵村遗址祭祀人牲M6（南—北）

图8　赵村遗址祭祀人牲M1（东北—西南）

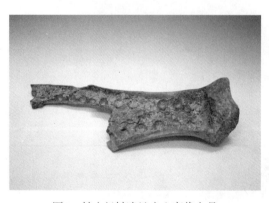

图9　柏乡赵村遗址出土商代卜骨

迹。由于发掘面积的原因，我们没有找到祭祀主体对象，但这样的一次性献祭十牲的规模和"人殉"现象，应是当时人们社会活动中的一次重大事件。《左传·成公十三年》记载"国之大事，在祀与戎"，对这种祭祀活动的背景，我们推测应与战争有关，杀殉的牺牲应是战俘或奴隶（图7、图8）。祭祀殉兽现象在其他地区亦有发现，如郑州荥阳"关帝庙遗址"，邢台"曹演庄遗址""东先贤遗址"，临城"风景岗遗址"，邯郸武安"赵窑遗址"等，均是以小型家畜为主，应是当地奴隶主贵族的祭祀活动遗迹。安阳殷墟的王陵祭祀活动，多殉牛马大型牲畜和一次上百人的"人殉"陪葬。在其他方国地区的"人牲"现象也有发现，如山东益都"苏埠屯大墓"、河北藁城"台西遗址"等。赵村遗址"人殉"现象的实际意义目前尚不清楚，有待深入研究。除此之外，我们还在8个遗迹单位发现了30多枚商人占卜使用过的卜骨（图9）。这些卜骨多为牛、羊、鹿的肩胛骨或龟的腹甲，每只卜骨的背面均留有钻、灼痕迹，正面存留卜兆。占卜是我国古代尤其是商人宗法活动的重要形式之一，每逢重要事节，人们总要利用献祭牲畜的骨头，经修正打磨后在背面钻出圆形坑窝，然后在坑窝内施火灼烧。由于炙烤的温度作用，骨质正面就会出现兆裂现象，巫师再根据裂兆纹路的卦象判定吉凶与成败。通常占卜完成后再将求卦的事由包括时间、地点以及验证结果都刻记在卜骨另一面，这样便形成一篇完整的占卜辞。这种形式的铭刻卜辞，被后人称为"甲骨文"。商人占卜，有一套完整的仪轨制式，施法操作由"巫师"司掌。宫廷占卜涉及所有与王室职能有关的活动：诸如祭祖、祭神、出征、任命、临朝、农事、气象、疾病、远行、生子、未来旬等，这些内容在安阳殷墟王陵区出土的卜辞中均有记述。带有卜辞的王室甲骨属国家档案，由专职管理。民间占卜多涉及日常生活的方方面面，只是没有刻骨铭记。商代卜骨占卜的具体方法及卜兆卦象的识别，目前学界仍不十分清楚，诸多判别均为推断分析，各方研究始终没有形成一个笃定的结论。历代文献对占卜方法也没有留下详细记载，《诗经》和《易经》中虽有涉及但均不能具体解读。卜骨占卜最早发现于山东日照龙山文化时期，商周之际盛行于中原地区。卜骨占卜与玉琮"六器"祭祀的生成时段大体相当，西周之后这种宗法形式已不存在，卜骨占卜亦随之退出了历史舞台，玉器祀礼也逐步脱离了原有的文化属性而独立演变成为另外一个（唯美）文化系统。在商代考古中经常发现卜骨遗存，遗憾的是由于它文化链条的缺失，而导致不能完整获取原本存在的真实信息。商代占卜问卦之风深入人心，从王室到民间、从国家大事到民间生活劳作无所不为、无所不问。

　　卜骨问卦习俗主要流行于黄河中下游地区及周边辐射地带，这种浓重的宗法色彩是商代奴隶社会的主要文化特征之一。

　　东周、秦汉时期，是我国文明史上最璀璨的历史阶段，儒家文化思想体系的建立，使人类宗法文明又迈向一个新的历史高度。这一时期，人们的信仰与追求经过诸子百家的激烈变法，彰显出异常活跃的氛围，人们的精神诉求亦变得更加强烈与渴望。然而，两汉之际的战乱与动荡不但没有给人们的愿望带来福祉，却给人们的现实生活造成了极度恐慌与不安。汉光武帝刘秀在柏乡"鄗南"的光复之举，正迎合了这时人们对安邦建业安身立命的心理祈求。在这样一个大的历史背景之下，汉光武帝在柏乡古鄗地举行的"开国"郊祭典礼活动，是以国家最高宗法礼制的形式呈现的。这样的一个大规模高等级祭祀活动，对当地人们的思想解放必将产生深刻的影响。六十年之后的汉章帝，在先帝登基祭祀的原址上又诏令封神建庙（既光武庙的始建），从形式上更进一步强化了当地宗教文化的价值存在。这种国家层面宗法环境的营建和儒家思想体系的构成，为后来印度佛教在当地的传播奠定了坚实的人文基础。"崇光古寺"能在北朝早期落户柏乡，与上述浓郁的宗法文化环境有直接关系，或直接受到了"光武庙（祠）"在当地社会地位和人们意识形态中的影响。从这种意义上讲，佛教的输入并得以迅速发展，其社会原因是人们"思安求变"的一种心理需求。从地缘关系分析，崇光古寺落户柏乡得益于境内"古驿道"便捷的交通优势，正是这种地理环境和文化氛围奠定了崇光寺在柏乡的落户和发展基础。东汉之后，随着外来释迦教的输入，对传统文化确实产生了重大影响，在政治、思想、艺术、民俗等领域兼容并蓄，带来了一系列变化。但从"光武庙"遗址出土的北宋石幢铭文可知，当时庙内的供奉对象仍是"皇帝"与"皇后"，没有发现释教渗透的文化迹象，这可能与其历史地位和文化影响不无关系。光武庙（祠）经过两千年的坚守至清末损毁，始终保持了传统文化的正宗体系。可见"皇天后土"的君臣理念及儒家治国方略，在当地人们思想中的根深蒂固或是难以泯灭的，其宗法文化的厚重和久远也是名副其实的。

柏乡"崇光古寺"始建于北朝时期，古寺出土文物中有东魏"武定二年"的铭文纪年，综合其他遗物判断，此庙始建年代应在北魏早期。这是柏乡地区最早一个有明确纪年的外来文化输入实例。佛教的输入，给当地的政治、经济、文化生态带来了一系列变化，区域经济快速发展并形成规模，人民福祉得到提升。"柏乡镇"这个新兴的经济文化中心迅速形成。到了隋代开皇十六年，柏乡镇的"城邑"形态已经构成，官府首次在这里建立了"柏乡县"行政区划并设立制所，经济、文化、政治中心的位置由"古鄗城"向南发生了转移。"柏乡镇"这个名不见经传之地的崛起，从魏武帝到隋代开皇时期，前后时间不足百年。它快速发展的社会背景和动力源流，是外来佛教文化的促进和拉动。可见先进文化的历史作用，足以影响一个地区社会发展进程。

唐代，是我国民族文化发展史上又一个历史高点，其综合国力自汉武帝以来第二次雄霸世界之首，无论政治、文化、经济都达到了一个前所未有的繁荣时代。这一时期的历史成就，归功于大唐帝国面向世界的开放政策。资料显示，在玄宗时期仅首都长安的常住人口（包括外国使节与商人杂居）就过百万之众，是当时世界一流大都市。就柏乡地区而言，"崇光寺"自北魏时期到唐代中期，经过300多年的发展变化，无论经济实力和文化成就都达到了历史巅峰。这种发达、繁荣的大好局面与周边邢州瓷窑经济环境的地缘优势不无关系。邢州瓷窑位于内丘、临城县域东部一带，其经济区域与柏乡县域接壤。自北朝时期，邢州瓷业就依托太行山东麓优质的瓷土、水源、林木资源发展瓷业生产，到了唐代早、中期，邢州瓷窑以新的科技手段烧造出了一流的白瓷产品而著称于世。"类雪类银"的优质白瓷的巨大市场需求，使其迅速形成了强大的生产规模，并逐渐成为支撑朝廷经济的重要产业之一。产品不仅供给整个中国大部地区，并被纳入朝廷贡品，同时外销东、西亚的日本、斯里兰卡、印度、阿拉伯、埃及、伊朗和巴基斯坦等国家。至今在邢州当地唐代墓葬中，不断出土西域高鼻深目大胡子形象的胡人陶俑及骆驼载物陶俑，这些遗物真实地反映了当时中外瓷业商贸活动的盛世景象（图10—图13）。邢州瓷器产品的输出有水陆两个途径：西边由于太行山屏障的阻隔，需走东部的李阳河、泜河两个水道。陆路经由内丘县城东部的"古驿道"南北分流，南路经"邢州""邯郸"过黄河至南方大部地区；北路由"古驿道"过柏乡全境，再经"古鄗城"第一隘口而北上，跨槐河、滹沱河进入燕京地区，亦可顺两条古水道东下至"古运河"。中外商客，从这里将瓷货贩卖到全国乃至世界各地。独有的地理位置，依托瓷业贸易商队的消费辐射，使柏乡地区经济环境得到长足发展。资料显示：这一时期

图10　内丘出土唐代胡人陶俑

图11　威县出土唐代胡人陶俑

图12　任县出土唐代载物卧式骆驼陶俑

图13　威县出土唐代载物立式骆驼陶俑

图14 崇光古寺出土唐代大石佛

柏乡地区除本阜农耕扶桑之外，其主要经贸活动即辅助邢州瓷业的物流输出，当地人扮演了马帮与脚夫的角色。崇光古寺的辉煌及其大石佛的诞生，就得益于邢瓷经济带区的影响。崇光古寺大石佛从材料的开采、运输到雕凿安置使用，应是一笔庞大的费用开支（图14）。唐代通过丝绸之路外销的货物主要是瓷器、丝绸和茶叶。从地理环境考察，唐代邢州太行山东麓地区，是我国古丝绸之路上"瓷货"的重要来源地，贯穿柏乡全境的"古驿道"是古丝绸之路上主要的一条输出干线，它曾承载了唐代黄金之路经济源流的半壁江山。这条瓷路的外销终点正是西域佛教文化的发源地区，两地经贸互通的同时也推动了中西文化的双向交流和佛事的发展。根据崇光寺当时的规模、实力、地位及其社会影响，不能排除时有住留西域僧人传播佛法的可能。根据近年邢台地区考古调查，邢窑周边的唐代寺院除崇光古寺外，另有柏乡城西的赵村"玉台寺"，现在仍保留了一通唐乾符六年《大唐玉台寺碣文碑》（图15）。在柏乡南部的宣务山有"隆胜寺"极其石窟。隆胜寺位于隆尧"尧山"故城北部的泜河北岸，它始建于隋代，盛于唐毁于五代战火，至今寺院遗迹尚存。再顺泜河沿岸上游西行至内丘属地的张村南侧，在唐天宝年间曾建有一座"千佛寺"，现在寺院遗址仍保留着明代时期的大型石雕"千佛阁"遗物。泜河流域这四座唐代寺院，承载了盛唐时期邢窑周边文化繁荣与经济发达的历史成就。崇光古寺能与邢瓷经济构建起纽带作用并呈现突出地位，与其悠久的历史地位和社会影响力有着密切关系。邢瓷产品输出西亚、北非各国，其路途遥远且几经水、陆辗转，吉凶难卜，有的路径跨越秦岭山脉，迂回河西走廊。途中货物全靠人畜载驮，一有不慎货毁人亡。瓷器又是易碎品，往往从出发地到终点所剩无几，甚至有去无归、命丧他乡。水路海运同样承受巨大风险，船只在海上长途颠簸，难以抵御风浪、暗礁与海盗的威胁，船毁人亡的事件时有发生。1998年，德国打捞公司在海上古丝绸之路的印尼海域打捞出水的中国唐代"黑石号"沉船，就载有瓷器货物6700多件，其中邢州瓷窑出产的白

图15 柏乡唐代玉台寺出土石碑

瓷精品就有350多件，其中不乏器底带有"盈"字款识的皇家贡品。根据研究，这是一条阿拉伯瓷器商船，搭载了外交使节或带有外交使命而携带的邢瓷"国礼"器具，行至途中随遭不幸而沉没。严酷的自然环境和巨大的风险与代价挑战着人们的承受能力，然而丰厚的财富诱惑，始终没有阻断这条黄金之路的冒险之旅，支撑人们前赴后继一如既往的精神源泉，来自执着而坚定的信仰和对财富不懈的追求。一批瓷货备齐之后或出发之前，最重要的仪式就是要到寺院拜祭祈福，以求佛祖的福佑和保全。这时也是商贾们施舍无限、最为慷慨的重要时刻，他们不惜倾注万贯，将成功的希冀和路途的安宁都押在了这个启程的前夜，拜在大石佛脚下，伏听祀礼奉献出笃情、虔诚与财富。这一时期的崇光寺门庭若市、车水马龙，中外宾客盛世空前，也是崇光寺历史上最为辉煌的一页。它的繁盛景象不仅反映了邢瓷贸易给地区经济带来的雄厚地位，同时体现出中西文化交流、民族融合、思想开放的历史成就。崇光寺是我国唐代丝绸之路上一颗璀璨的明珠。

崇光寺的寺院文化与邢窑经济的关系，不仅表现在中外贸易单一方面，与当地大众文化的精神需求同样有着密切的关联。近年在内丘唐代邢窑遗址考古发掘和基本建设中，出土了大量白陶佛像（图16—图18）。这种陶质佛陀高仅10—30厘米，以模制成型的素烧工艺制造，可批量生产，其材料均为当地的普通泥土，价值十分低廉。这种小型、低端、低成本的陶质佛教用品，在崇光寺出土遗物中也有不少发现。见有观音菩萨、善财童子、五尊制式佛龛等（图19—图21），其形制、尺寸和质地与邢窑址出土的

图16　内丘邢窑遗址出土唐代白陶善财童子像

图17　内丘邢窑遗址出土唐代白陶菩萨像

图18　内丘邢窑遗址出土唐代白陶佛龛

图19　崇光寺出土邢窑唐代白陶菩萨像

图20　崇光寺出土邢窑唐代白陶善财童子像

图21　崇光寺出土邢窑唐代白陶菩萨像

陶制佛像完全一致，如出一模。崇光寺出土的这类陶质佛像几乎囊括了邢窑生产的所有种类。这类产品的需求对象主要是社会底层百姓，授受群体普通而广大，代表了当时大众文化的消费主流。这种陶质佛像都是来自普通人家的捐赠施舍，每一件佛像的背后都蕴藏着人们喜怒哀乐的生活故事，是当地百姓精神与物质生活的真实写照。今天审视这些残破遗物，仍然感受到它的思想情怀是那样的鲜活动人。崇光寺中的石雕大佛与这种廉价陶制小佛像的同堂共存现象，折射出兼容并蓄的寺院文化形态与繁荣斑斓的社会景象。

　　柏乡地区的宗法文明，就相互依存发展过来的。从最初的自然崇拜→法度建立→信仰构成，逐步形成一套神祇文化体系，它是随着人类文明的进步逐步完善起来的，并成为一门充满智慧的哲学社会学科。柏乡宗教文化渊源是与华夏民族大文化一脉相承的，上述历史遗存虽不能代表民族宗教文化全貌，却真实反映了当地宗法文明的发展历程。柏乡古代宗教发展之路，就是当地人类文明构建之路。

觅说圭头碑

李恩玮

　　《水经注》二二〇页卷十《浊漳水·清漳水》：曰亭"有石坛坛有圭头碑，其阴云常山相狄道冯龙所造，坛庙之东枕道有两石翁仲相对焉"。这里有几个要点值得关注：①时间性。《水经注》是北魏晚期郦道元对《水经》的一部注疏，它是中国古代时代较早、全面而系统的一部综合性地理著作，由于史料真实可靠，历代学者多以此而引用之。②地域性。漳水（漳河）是冀南、豫北黄河泛区的地方性水域，它与柏乡境内的泜水、沮水（槐河）同属子牙河水系，文中的地理概况及历史遗迹均为这一区域。③指向性。文中"曰亭"，指柏乡古鄗城南"千秋亭"说。"石坛"，指刘秀登基即位坛。"圭头碑"，指三角形碑首的石碑。东汉时期的石碑碑首多是三角形状，碑额中间并有一穿孔。"常山相"，指常山郡首。汉代常山郡的治所在今元氏县封龙山一带。东汉建武十三年（37年）真定国并入常山郡，郡改称常山国。晋代，常山郡治所由元氏移置真定。"狄道"，古地名，位于今甘肃省临洮县，古称陇西郡。"石翁仲"，指的是现存柏乡县文物保管所内的石人。"坛庙"，这里是即位坛和光武庙的泛称。这一时期原有的坛庙建筑遗迹尚存。这句话的完整意思是：在柏乡县古鄗城南部的千秋亭即位坛，有一个三角形碑首的石碑，石碑的阴面镌刻有常山郡首（甘肃狄道县又称陇西人）冯龙所造字样，在即位坛、光武庙的东侧道边有两个石人。

　　近期读史获悉，元氏县封龙山"汉碑堂"存有一通石碑，此碑全称《汉常山相冯君祀三公山碑》，俗称《祀三公山碑》，东汉元初四年（117年）刻立（图1）。三公山即今河北元氏县仙翁寨山，位于封龙山西十里，是汉代常山郡祭祀、祈雨的重要场所。此碑内容记述了常山相陇西冯君到官后，适逢当地蝗旱饥荒，随带领吏民在三公山祀祷山神以企风调雨顺、国泰民安。根据《祀三公山碑》碑文的内容信息，再回看《水经注》中的"圭头碑"，发现两者有着密切关联。《祀三公山碑》文中记述的"常山相陇西冯君"与"圭头碑"碑阴镌刻的"常山相狄道冯龙"应是同一个人，两碑涉及的时间、地点、职宦与姓氏等信息完全一致。这种巧合并非偶然，应与两个石碑的历史文化背景有直接关系。东汉前期，柏乡一带隶常山郡管辖，辖区内遗存的先帝即位坛遗迹必然会引起地方官员的倾心与关注。由此推断，常山相首冯龙在东汉安帝时期曾到过柏乡古鄗城刘秀登基即位处，并在光武帝庙祭祀、拜谒过刘秀，同时留下了纪实刻石圭头碑。两碑刊刻时间不会相差太远，应是常山相冯龙在职的"元初"前后，两碑均为东汉

图1 《祀三公山碑》拓片

时期无疑。可见《水经注》"圭头碑"之说绝非史海演绎，它在汉魏时期确曾存世。圭头碑与《祀三公山碑》是我国汉学金石文化中的两枝姊妹花，其价值和意义在我国历史文化遗产中占有重要地位。通鉴我国现存汉代碑刻，从产生到流传，从遗失到发现→再遗失→再发现等等，每一个身后都有一串不凡的故事。这些优秀历史文化遗产的坎坷经历与其所处的历史环境有着必然关系。《祀三公山碑》同其他汉碑一样命运多舛，也曾多次被丢失、发现、著录与保护。"圭头碑"自东汉元初时期到《水经注》成书的400年间一直行世，北魏之后的历代典籍中才不见踪影。圭头碑失踪1500年没有再度复出，其原因是它遗失的时间太早、太久，没有给后世留下重新发现的机遇和关注的空间，致使今人对其历史地位和价值乃至文化面貌淡然而陌生。这是历史的遗憾，也是文化的幸运，历史风尘的埋没从客观上对圭头碑起到了长久保护的作用。光武庙是汉章帝在世祖爷登基即位的原址上封神始建的①，50年后地方官常山郡首冯龙在此地祭祀先帝并树碑立传。这段历史文脉清晰、明了、可靠，文化节点连贯而严谨，《祀三公山碑》与圭头碑是东汉安帝时期常山郡首冯龙留下的二通祭祀刻石，只是两者在后世传承中有着不同的命运。圭头碑的失踪应与战乱或自然灾害及光武庙的历代修葺有关。圭头碑是光武庙的附属遗物，后世的利用和传承均离不开原本生成地点环境，它很可能被遗失在了光武庙遗址下面某个角落，但不会被彻底毁灭。当然，由于年代久远圭头碑遗存位置的不确定性还是存在的。石翁仲的第一遗存地点是在十五里村北约150米处的汉代墓冢前面②。2005年此物在十五里村西侧出土（原光武庙南门），原因是光武庙在北宋天禧年间③的一次大修中人们将此物由原来的遗存地点移到了此地，便形成了石翁仲的第二遗存现场。移置的原因是"刀砍石人问柏乡"④的历史典故在当时当地已经产生了广泛的社会影响，石人被人们作为"圣物"才被运到了庙前供奉。圭头碑也有可能跟石翁仲的命运一样，已经发生了第二或第三个文化遗存现场。千秋亭、即位坛、石翁仲与圭头碑四位一体相互关联，它见证了一个传奇帝国的诞生，是柏乡历史汉学文化中的重要组成部分。

　　圭头碑在没有被重新发现之前，很难说清它的价值和意义，但从其他旁证材料仍可窥视一斑。一，历史价值。刘秀在古鄗城的政治作为古文献中记载非常简约，国史里面亦寥寥数语，致使后人对它的了解似雾里看花，难以透骨，历代研究囿于资料的短缺难以深入与突破。《水经注》中虽没有提及圭头碑碑阳镌刻的具体内容，但可以肯定它与光武帝在柏乡的社会活动有直接关联，或直接记载了光武帝在此地登基即位的重大

---

① 　《后汉书》卷三《章帝纪》记载：元和三年二月戊辰诏高邑令祠即位坛。

② 　本刊《古鄗城往事证说》一文。

③ 　1990年，柏乡县文物保管所在光武庙遗址北侧发现六座北宋瓦窑址，窑址出土崇宁通宝钱币。在窑址南部出土了北宋天禧二年铭修建光武庙时的布施石幢。

④ 　周辉：《北辕录》，《全宋笔记》第五编"九"，大象出版社，2012年，189页。

事实，它是揭示这一事件的重要材料，历史价值无可替代。二，文化价值。柏乡东汉历史文化的核心，是刘秀在当地的政治建树，它不仅为我国汉民族文化发展道路奠定了基础，同时对当地的社会进步、人文思想解放及民俗观念的建立，都产生过积极而深远的影响。圭头碑是体现这一文化价值的重要载体。三，艺术价值。汉代石碑，是我国以文字刻石记事的鼻祖，它不仅开创了这一传统文化的历史先河，同时承载了中国汉字隶书发展变化的历史成就，是汉字艺术发展史上一枝奇葩。无论汉代的刻石、简牍、墨书文书和其他媒介中的文字遗存，都是研究这一时期书法艺术的珍贵资料。

　　"圭头碑"，是我国汉民族历史文化遗产的瑰宝，是柏乡历史的见证，也是当地人文情怀的象征，更是我们当代后学的荣耀。寻找、发现"圭头碑"是每一位柏乡儿女的责任和义务，让我们共同努力使这一遗失千年的国宝早日回归家园。

附录　《祀三公山碑》译文

　　元初四年，常山相陇西冯君到官，承饥衰之后，□惟三公御语山，三条别神，向在领西，吏民祷祀，兴云肤寸，偏雨四维。遭离羌寇，蝗旱鬲我，民流道荒醮祠希罕，□奠不行，由是之来，和气不臻，乃来道要，本祖其原，以三公德广，其灵尤阙，处幽道艰，存之者难，卜择吉□治，东就衡山，起堂立坛，双阙夹门，荐牲纳礼，以宁其神。神熹其位，甘雨屡降，报如景响，国界大丰，谷斗三钱，民无疾苦，永保其年。长史鲁国颜浼、五官掾阎、户曹史纪受、将作掾王策，元氏令茅匡、丞吴音、廷掾郭洪、户曹史翟福、工宋高等刊石纪焉。

柏乡赵村商代遗址出土石器研究

李恩玮　史云征

一、基本分类

赵村遗址出土石制品共73件，但保存状况都不理想，大多破损较为严重，基本上见不到完整石器且能复原者极少。以石刀为例，出土33件，完整者仅2件。这些都为我们进行类型学划分和形态特征研究带来了很大麻烦。因此，以下分型并不是传统的型、式划分，更多的是形态上的区分。

从石制品中可以看出石料选用较为复杂，以砂岩为主，另有灰岩、板岩、玄武岩等。石料在选取上有一定的规律，如石刀、石镰以砂岩、灰岩为主，石铲多为泥岩夹砂岩。从制作方法上来看，主要包括打、琢、磨等，大多数石器都经过以上工序的加工，个别石器还经过钻孔。石器器形大多较为规整，如石刀多为半月形、长方形，石镰多为柳叶形。石器种类较为丰富，根据形态和用途的不同，可分为有刃和无刃两大类。以石刀、石镰最为常见，石斧、石铲也有一定比例。

（一）有　刃　类

58件。分别为刀、镰、锛、铲、斧等五种。

1. 石刀

33件。器体扁平。根据形态特征将其分为A、B两型（表1）。

A型　11件，呈半月形，直刃，拱背。完整器1件，其余均为残器，根据其刃部不同可分为Aa、Ab两型。

Aa型　9件。双面直刃。

T29②：1，细砂岩。器形完整，刃缘锋利，刃部有大量细小崩疤。长16、宽5.6、厚1厘米，重85克（图1，8）。

T5G1：14，细砂岩。左半部及右端首部残缺，刃部微偏。残长8.6、宽6.1、厚1厘米，重63克（图1，1）。

T26H39：4，粉砂岩。残存右下角，器表光滑，刃缘锋利，刃部微偏。残长4.6、宽4.1、厚0.8厘米，重19克。

T5②：3，砂岩。器体左端残缺，右端首部有大块崩疤。刃部微凸，有一缺口，器背留有打制时留下的大量崩疤。右端略厚于左端。残长9.7、宽5.8、厚1.3厘米，重117克。

Ab型　2件。单面直刃。

T5G1：18，变质细砂岩。右端近椭圆形。器身左半部残缺，正面背部有连续的大块崩疤，刃部保存较好。残长8.3、宽5.5、厚1.1厘米，重62克。

T26H39：2，页岩。器身左半部及右角残缺，残存背部有两处破损。残长6.8、宽6、厚0.8厘米，重52克（图1，2）。

B型　13件。通体呈长方形或圆角长方形，直刃。根据刃部形态不同可分为Ba、Bb、Bc三型。

Ba型　11件。双面直刃。

T5G1：17，粉砂岩。通体呈圆角长方形，左半部缺失。器身较光滑，表面可见有大量斜向磨痕。残长6、宽3.9、厚0.9厘米，重31克（图1，3）。

G1：3，细砂岩。两端缺失，背部留有大量连续崩疤，刃部微弧，有细小崩疤。器

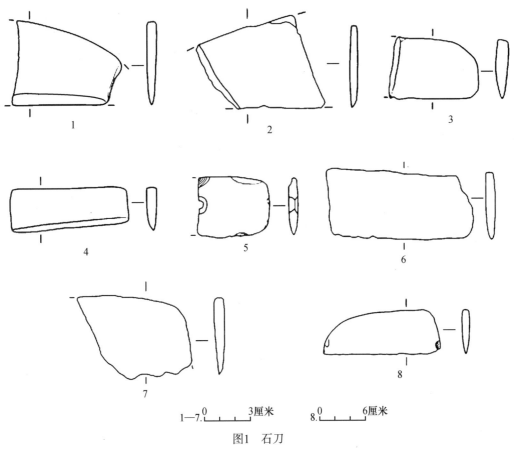

图1　石刀

1、8. Aa型石刀（T5G1：14、T29②：1）　2. Ab型石刀（T26H39：2）　3、5. Ba型石刀（T5G1：17、T2H11：1）　4. Bc型石刀（T4G1：4）　6. Bb型石刀（T21H52：1）　7. 其他（T14G1：1）

身可见有斜向磨痕。残长7、宽6.4、厚1厘米，重75克。

T37G2：3，细砂岩。通体呈圆角长方形，背部微弧。左端缺失，整体较宽，刃部有两个缺口。残长8.7、宽6.7、厚0.7厘米，重78克。

T2H11：1，粉砂岩。通体呈圆角长方形，左半部缺失。器身中部有一孔，对钻而成。刃部有较多崩疤。残长5.2、宽4.1、厚0.8厘米，重30克（图1，5）。

T4H1：1，细砂岩。两端残缺，破损较为严重。直背，刃部缺失，在刃部上方有密集横向磨痕。残长6.5、宽5.9、厚0.7厘米，重44克。

Bb型　1件。双面刃、侧边双面刃。

T21H52：1，粉砂岩。通体呈圆角长方形，左端残缺。右侧经过双面打磨，成为右侧双面刃。下边刃部有较多细小崩疤。背面微凹。残长9.3、宽4.3、厚0.7厘米，重57克（图1，6）。

Bc型　1件。单面斜直刃。

T4G1：4，粉砂岩。呈长条形，器体扁平，一侧略窄。磨制精细，器表光滑。长7.8、宽2.8、厚0.7厘米，重130克（图1，4）。

另有9件破损严重，难以归类，列举如下：

T18H9：4，细砂岩。整体形状应为近三角形，首尾两端均残。双面直刃，刃部破损严重，有连续崩疤。斜直背。正面上部有大块破损。残长9.2、宽4.5、厚1厘米，重60克。

T14G1：1，细砂岩。残存形状不规整，仅剩右侧部分刀背及侧边，刃部完全缺失。背部微拱。器表可见有较多细密磨痕。残长7.2、宽5.1、厚1.1厘米，重55克（图1，7）。

T12G1：5，细砂岩。残存形状近椭圆形，仅剩右侧部分，背部微拱，刃部完全损坏。器身中间厚两端较薄。残长5.1、宽5.8、厚1.2厘米，重54克。

表1　石刀测量记录表　　　　　　　　（单位：厘米）

标本号	型式	长	宽	厚	重（克）	岩性	特征
T29②：1	Aa	16.0	5.6	1.0	85	细砂岩	器形完整，刃缘锋利，刃部有大量细小崩疤
T5G1：14	Aa	残8.6	6.1	1.0	63	细砂岩	左半部及右端首部残缺，刃部微偏
T26H39：4	Aa	残4.6	4.1	0.8	19	粉砂岩	残存右下角，器表光滑，刃缘锋利，刃部微偏
T37②：8	Aa	残3.9	6.4	0.6	23	细砂岩	两端大部残缺，器体较薄，刃缘锋利
T5②：3	Aa	残9.7	5.8	1.3	117	砂岩	器体左端残缺，右端首部有大块崩疤。刃部微凸，有一缺口，器背留有打制时留下的大量崩疤，右端略厚于左端
T37②：7	Aa	残6.8	6.2	1.0	76	细砂岩	右半部残缺，左半部首端微残。刃部残损较为严重，有大量连续崩疤。器表可见有明显斜向磨痕

续表

标本号	型式	长	宽	厚	重（克）	岩性	特征
T3G1：16	Aa	残5.8	4.7	0.7	23	灰岩	左半部及右端首部残缺。刃部崩坏严重，有连续崩疤。器体较薄
T5G1：20	Aa	残4.8	4.8	0.9	23	细砂岩	仅剩左下角，且左角有残缺。刃部有大量细小崩疤
T9G1：2	Aa	残7.0	6.3	0.8	152	细砂岩	器形规整，左端断损，刃缘较钝，器表可见有明显磨痕
T5G1：18	Ab	残8.3	5.5	1.1	62	变质细砂岩	右端近椭圆形。器身左半部残缺，正面背部有连续的大块崩疤，刃部保存较好
T26H39：2	Ab	残6.8	6.0	0.8	52	页岩	器身左半部及右角残缺，残存背部有两处破损
T5G1：17	Ba	6.0	3.9	0.9	31	粉砂岩	通体呈圆角长方形，左半部缺失。器身较光滑，表面可见有大量斜向磨痕
G1：3	Ba	残7.0	6.4	1.0	75	细砂岩	两端缺失，背部留有大量连续崩疤，刃部微弧，有细小崩疤。器身可见有斜向磨痕
T37G2：3	Ba	残8.7	6.7	0.7	78	细砂岩	通体呈圆角长方形，背部微弧。左端缺失，整体较宽，刃部有两个缺口
T2H11：1	Ba	残5.2	4.1	0.8	30	粉砂岩	通体呈圆角长方形，左半部缺失。器身中部有一孔，对钻而成。刃部有较多崩疤
T4H1：1	Ba	残6.5	5.9	0.7	44	细砂岩	两端残缺，破损较为严重。直背，刃部缺失，在刃部上方有密集横向磨痕
T6G1：2	Ba	残4.8	6.1	1.1	42	粉砂岩	残存三分之一，仅剩右面小部分。右边呈弧形，留有大量打制痕迹，未经磨制修整，刃部有大量连续崩疤。器表有大量斜向磨痕
T8G1：4	Ba	残5.8	5.1	0.7	25	细砂岩	左部大部分残缺，通体呈圆角长方形。背部微拱，刃部有大块崩疤。器表有大量磨痕
T37②：9	Ba	残8.3	3.9	0.7	46	变质粉砂岩	通体呈长方形，刃部及背部微弧。背部有打制留下的崩疤，刃部较钝，器表光滑
T18H9：5	Ba	残5.7	4.7	0.8	29	细砂岩	整体呈圆角长方形，刃部微凸，左半部分缺失，刀背破损严重，右侧边有破损，刃部有细小崩疤，背面较不平整
T11G1：7	Ba	残5.3	4.2	1.1	29	粉砂岩	左右两端残缺。刀背微拱，中间较两端厚
T37G2：4	Ba	残7.6	5.3	0.7	41	细砂岩	整体呈圆角长方形，左端断损，直背，刃部微弧，破损严重，有大量连续崩疤
T21H52：1	Bb	残9.3	4.3	0.7	57	粉砂岩	通体呈圆角长方形，左端残缺。右侧经过双面打磨，成为右侧双面刃。下边刃部有较多细小崩疤。背面微凹

标本号	型式	长	宽	厚	重（克）	岩性	特征
T4G1：4	Bc	7.8	2.8	0.7	130	粉砂岩	呈长条形，器体扁平，一侧略窄。磨制精细，器表光滑
T18H9：4		残9.2	4.5	1.0	60	细砂岩	整体形状应为近三角形，首尾两端均残。双面直刃，刃部破损严重，有连续崩疤。斜直背。正面上部有大块破损
T14G1：1		残7.2	5.1	1.1	55	细砂岩	残存形状不规整，仅剩右侧部分刃背及侧边，刃部完全缺失。背部微拱。器表可见有较多细密磨痕
T12G1：5		残5.1	5.8	1.2	54	细砂岩	残存形状近椭圆形，仅剩右侧部分，背部微拱，刃部完全损坏。器身中间厚两端较薄
T12G1：6		残4.1	5.2	1.3	33	细砂岩	残存形状不规整，仅剩右侧小部分。弧边，背部微拱，刃部损坏严重
T35H44：2		残6.0	5.3	1.1	52	砂质页岩	残存右侧部分，风化较为严重。直背，弧边，双面刃，刃部有凹陷
T12②：1		残4.0	5.1	0.6	20	细砂岩	残缺严重，左右两端缺失。器体较薄，刃部有较多细小崩疤
T37G2：2		残4.8	6.0	0.9	32	变质细砂岩	整体呈圆角长方形，右端大部分残缺，仅剩部分刃部，背部残缺严重。器表磨制光滑，刃部有细小崩疤。背面微凹
T5G1：8		残4.3	4.7	0.8	28	变质细砂岩	残存形状不规整，仅剩右侧小部分。弧边，双面直刃，刃部有较多崩疤。器身凹凸不平
T37②：5		残6.6	3.8	0.6	24	变质细砂岩	整体呈长椭圆形，刃部及背部破损严重，器形较小，扁平

2. 石镰

8件。器身扁平，根据刃部和背部特征可分为A、B、C三型（表2）。

A型　2件。拱背，凹刃。

T37采：2，褐绿色含砾砂岩。通体呈柳叶形，拱背凹刃，后缘近直，尖端较圆钝，双面刃。背部打制后经过磨制。器身留有细密磨痕。长11.1、宽4.7、厚0.8厘米，重54克（图2，2）。

T5G1：15，泥岩。通体呈柳叶形，尖端已残，拱背凹刃，后缘近直，双面刃。中间厚，两端薄。残长8.6、宽3.8、厚0.9厘米，重39克（图2，1）。

B型　3件。背近直，刃部斜直微凹。

T11G1：9，细砂岩。首部残缺，后缘微弧，双面刃，刃缘锋利。残长8、宽4.2、厚1厘米，重48克（图2，3）。

T11G1：11，细砂岩。平面形状近三角形，尖端微残，后缘斜直，首部略微下垂，双面刃，刃缘锋利。长12、宽4.6、厚0.7厘米，重65克（图2，4）。

表2　石镰测量记录表　　　　　　　　　　　　　（单位：厘米）

标本号	型式	长	宽	厚	重（克）	岩性	特征
T37采：2	A	11.1	4.7	0.8	54	褐绿色含砾砂岩	通体呈柳叶形，拱背凹刃，后缘近直，尖端较圆钝，双面刃。背部打制后经过磨制。器身留有细密磨痕
T5G1：15	A	残8.6	3.8	0.9	39	泥岩	通体呈柳叶形，尖端已残，拱背凹刃，后缘近直，双面刃。中间厚，两端薄
T11G1：9	B	残8.0	4.2	1.0	48	细砂岩	首部残缺，后缘微弧，双面刃，刃缘锋利
T11G1：11	B	12.0	4.6	0.7	65	细砂岩	平面形状近三角形，尖端微残，后缘斜直，首部略微下垂，双面刃，刃缘锋利
T5G1：13	B	残9.5	6.0	0.8	78	细砂岩	首部缺失，后缘微残。刃部可见有大块崩疤，双面刃
T11G1：10	C	残6.2	3.5	1.0	32	蛇纹岩	残存部分首部，拱背，背部留有大量崩疤，双面凹刃，刃部较钝
T29H37：6	C	残6.2	3.0	1.0	24	细砂岩	首尾均残，拱背，双面凹刃，刃部较为锋利
T32H71：3	C	残9.5	5.0	1.0	78	砂岩	首尾均残，拱背，双面凹刃，刃部较为锋利

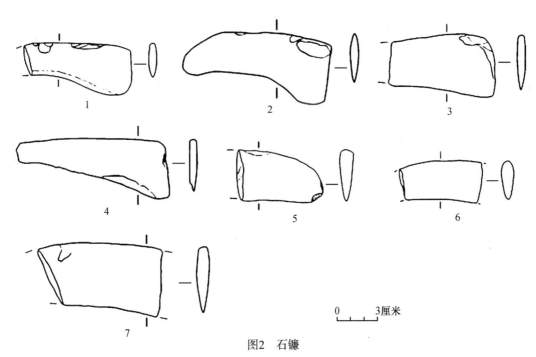

0　　3厘米

图2　石镰

1、2. A型石镰（T5G1：15、T37采：2）　　3、4. B型石镰（T11G1：9、T11G1：11）　　5—7. C型石镰
（T11G1：10、T29H37：6、T32H71：3）

C型　3件。拱背，凹刃。

T11G1：10，蛇纹岩。残存部分首部，拱背，背部留有大量崩疤，双面凹刃，刃部较钝。残长6.2、宽3.5、厚1厘米，重32克（图2，5）。

T29H37：6，细砂岩。首尾均残，拱背，双面凹刃，刃部较为锋利。残长6.2、宽3、厚1厘米，重24克（图2，6）。

T32H71：3，砂岩。首尾均残，拱背，双面凹刃，刃部较为锋利。残长9.5、宽5、厚1厘米，重78克（图2，7）。

3. 石锛

T26H39：5，板岩。上整体呈长条形，上端断损。双面直刃，刃部有大块崩疤，破损较为严重。残长9.6、宽8.6、厚1.7厘米，重150克（图3，3）。

4. 石铲

13件。皆破损较为严重，从形态上看可分为A、B两型（表3）。

A型　2件。整体呈长条形，单面刃，刃部微弧。

T9G1：7，泥岩夹砂岩。上端断损，刃部微弧，呈舌形，单面刃，且在靠近刃缘中部处有两道凹槽，器身磨制光滑。残长4.5、宽7.5、厚0.9厘米，重49克（图3，1）。

T37采：1，泥岩夹砂岩。上端断损，仅剩左边部分。刃部较窄，微弧，呈舌形，单面刃。器身磨制光滑。残长6.6、宽5.1、厚1.1厘米，重55克。

B型　2件。有肩，刃部不明。

G1：5，变质细砂岩。下部断损，仅剩肩部，顶端及肩的两侧均有打制痕迹。两侧边平直，横截面呈圆角长方形，器身扁平，磨制光滑。残长11.5、宽9.8、厚1.5厘米，重231克。

T14G1：6，变质细砂岩。下部断损，仅剩肩部，顶端及肩部留有打制痕迹。两侧边平直，横截面呈圆角长方形，器身扁平，磨制光滑。残长13.3、宽8、厚1.3厘米，重268克（图3，2）。

另有9件均为石铲断块，由于破损严重，无法对其类型进行分类，列举如下：

T37G2：1，板岩。打制而成，上部残损，呈半月形。器体较为扁平，右侧厚于左侧，弧刃，刃缘部位打制痕迹明显。残长9、宽14.1、厚1.6厘米，重351克。

T8G1：2，泥岩夹砂岩。边缘断块，器表磨制光滑，横截面呈圆角长方形。残长4.8、宽3.1、厚1.5厘米，重41克。

T10G1：2，泥岩夹砂岩。顶部断块，表面磨制光滑，横截面呈圆角长方形。残长4.7、宽2.5、厚1.3厘米，重27克。

T11G1：8，泥岩夹砂岩。边缘断块，表面磨制光滑，有大量磨痕，横截面呈圆角长方形。残长4.6、宽3.9、厚1.6厘米，重65克。

表3 石铲测量记表 （单位：厘米）

标本号	型式	长	宽	厚	重（克）	岩性	特征
T9G1：7	A	残4.5	7.5	0.9	49	泥岩夹砂岩	上端断损，刃部微弧，呈舌形，单面刃，且在靠近刃缘中部处有两道凹槽，器身磨制光滑
T37采：1	A	残6.6	5.1	1.1	55	泥岩夹砂岩	上端断损，仅剩左边部分。刃部较窄，微弧，呈舌形，单面刃。器身磨制光滑
G1：5	B	残11.5	9.8	1.5	231	变质细砂岩	下部断损，仅剩肩部，顶端及肩的两侧均有打制痕迹。两侧边平直，横截面呈圆角长方形，器身扁平，磨制光滑
T14G1：6	B	残13.3	8.0	1.3	268	变质细砂岩	下部断损，仅剩肩部，顶端及肩部留有打制痕迹。两侧边平直，横截面呈圆角长方形，器身扁平，磨制光滑
T37G2：1		残9.0	14.1	1.6	351	板岩	打制而成，上部残损，呈半月形。器体较为扁平，右侧厚于左侧，弧刃，刃缘部位打制痕迹明显
T8G1：2		残4.8	3.1	1.5	41	泥岩夹砂岩	边缘断块，器表磨制光滑，横截面呈圆角长方形
T10G1：2		残4.7	2.5	1.3	27	泥岩夹砂岩	顶部断块，表面磨制光滑，横截面呈圆角长方形
T11G1：8		残4.6	3.9	1.6	65	泥岩夹砂岩	边缘断块，表面磨制光滑，有大量磨痕，横截面呈圆角长方形
T14G1：3		残5.3	5.1	1.6	75	泥岩夹砂岩	顶部断块，表面磨制光滑，横截面呈长方形
T35H44：1		残4.8	4.0	1.5	59	黑色板岩	边缘断块，表面磨制光滑，横截面呈圆角长方形
T37②：6		残4.2	3.5	1.7	48	变质细砂岩	边缘断块，表面磨制光滑，横截面呈圆角长方形
T9G1：3		残5.2	3.1	1.4	43	泥岩夹砂岩	边缘断块，表面磨制光滑，横截面呈圆角长方形
T9G1：4		残3.9	3.2	1.1	23	泥岩夹砂岩	刃部断块，单面刃，表面磨制光滑，横截面呈圆角长方形

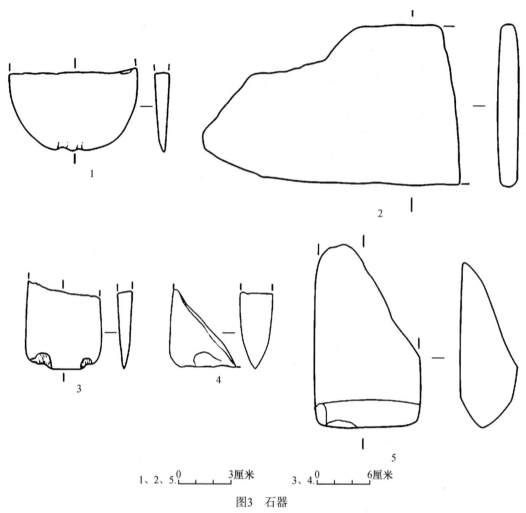

1、2、5.￼0 ￼3厘米   3、4.￼0 ￼6厘米

图3　石器

1.A型石铲（T9G1：7）　2.B型石铲（T14G1：6）　3.石锛（T26H39：5）　4.A型石斧（T26H39：6）
5.B型石斧（T28H38：1）

5. 石斧

　　3件。均残，根据刃部形态差异可将其分为A、B两型。

　　A型　1件。T26H39：6，辉绿岩。上端断损，仅剩部分刃部，双面直刃，刃部破损严重，有大量连续崩疤。横截面呈圆角长方形，器身磨制较为光滑。残长8.3、宽7、厚3.4厘米，重205克（图3，4）。

　　B型　1件。T28H38：1，玄武岩。上端断损，器身较A型更窄。双面直刃，刃部有大块崩疤。横截面近长椭圆形，器身琢制后磨制，留有琢坑，刃部精磨。残长8.5、宽5.7、厚4.4厘米，重300克（图3，5）。

　　另有一件因破损严重仅剩顶部无法分型，列举如下：

T10G1：4，玄武岩。下部断损，仅剩顶部。器身瘦长，弧顶，器表琢制后粗磨，留有大量琢坑。横截面呈长椭圆形。残长6.7、宽5.8、厚3.7厘米，重247克。

（二）无　刃　类

2件。主要包括磨石、磨棒等。

磨石　1件。

T2H12：1，细砂岩。整体形状近长方形，边缘不整齐。一面较光滑，没有明显的使用痕迹。残长20、宽6.7、厚5.4厘米，重1303克。

磨棒　1件。

T5G1：12，砂岩。一端断损，残存一端呈弧形。器身扁平，横截面呈圆角长方形，磨面平整较光滑。残长9.4、宽4.2、厚2.9厘米，重192克。

另有13件器物因破损严重，无法分辨器型，列举如下（表4）。

表4　残石器测量记录表　　　　　　　　　　（单位：厘米）

标本号	长	宽	厚	重（克）	岩性	特征
T10G1：4	残6.7	5.8	3.7	247	玄武岩	下部断损，仅剩顶部。器身瘦长，弧顶，器表琢制后粗磨，留有大量琢坑。横截面呈长椭圆形
T8G1：3	残10.2	5.4	4.3	313	玄武岩	上端残损，呈锥状，前端圆钝，横截面近椭圆形。器身经过琢制
T5②：2	残6.5	8.4	1.6	120	灰岩	上端残损，呈半圆形，弧刃。刃部破损严重，边棱原经过打磨，现崩坏严重
T1H10：2	残11.3	6.5	3.1	245	粉砂岩	边缘残块，平面近三角形
T1H10：1	残9.6	9.0	7.0	895	砾石	一端残损，平面近长方形，横截面呈圆角长方形，表面有灼烧痕迹
T32H71：4	残6.0	6.2	1.0	55	灰岩	两端残缺，横截面呈菱形，器身扁平，上宽下窄，两侧均为双面直刃，器表磨制光滑
T14G1：2	残8.1	5.0	0.7	34	灰岩	片状，近三角形。一面平整，保留有原弧边，为石器上剥落的残片
T5G1：10	残8.6	7.8	0.8	71	灰岩	石器残片，下端残损，残存两边为一直边一弧边，可能为石刀断块。磨制较粗糙，器表留有大量磨痕
T15G1：1	残6.4	4.3	0.9	37	砂岩	左端及右上部残缺，拱背，弧刃，刃部较钝，为双面刃
T13G1：3	残7.8	4.4	1.5	70	玄武岩	疑似石刀半成品，经过打制，呈长舌状，未经打磨，刃部较为锋利
T32H71：2	残4.5	6.1	0.8	40	砂岩	一端断损，残存形状近长方形扁片，两直边一弧边
T32H71：1	残4.3	4.7	0.6	18	玄武岩	两端断损，不规则形扁片，有两直边，经过磨制
T5G1：9	残4.2	3.4	0.7	18	灰岩	刃部断块，破损严重

通过图4可以看出石刀、石镰这类收割器物在赵村遗址中占有相当大的比例，且这些石器大多器形规整，磨制较为精细，石铲一般认为是掘土工具，它的出现也与农业有关。另外在较早的新石器时代遗址中经常出现的石球、石镞等渔猎工具在此遗址内没有发现，也从侧面说明狩猎采集的生活方式在赵村遗址中并不占据主导地位，赵村遗址应是一处以农业为主要生产活动的居住址，农业生产在赵村遗址的生产生活中占有重要地位。

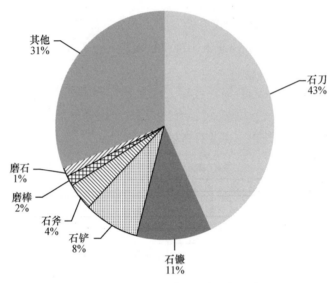

图4　赵村遗址各类型石器所占比例示意图

二、石料来源

赵村遗址位于河北省邢台市柏乡县王家庄乡赵村村北，地处太行山东麓。遗址内出土的石制品以磨制石器为主，从器型上看主要包括石刀、石镰、石斧、石铲等。通过分析各类石制品在石料上的选择情况，可以看出赵村商代先民在制作某类石器时，会有选择的选取不同石料以满足使用要求。在石刀、石镰这类工具中，以砂岩占绝对优势，另有小部分为灰岩、板岩制成。以砂岩为主要石料，应与赵村遗址的先民使用这类工具加工对象的硬度不大有关，另外砂岩耐磨、比较容易加工等特性应该也是选取的主要原因。由于石刀和石镰是遗址内出土比例最大的器物类型，且多以砂岩制成，因此有必要对石料的来源进行探究。

从地形上看，赵村遗址位于太行山东麓，地处华北平原，其北部和东部均为平原地形（图5）。从地层上看，该区域处于山西和华北平原分区交界处，山西分区出露有古老的中、上元古界下部层位，华北平原分区是新生代的强烈断陷，有巨厚的大面积新生界发育，地质构造关系清楚，地层序列完整。

根据已发表的地质资料，下面对遗址附近的岩石地层作简要介绍：

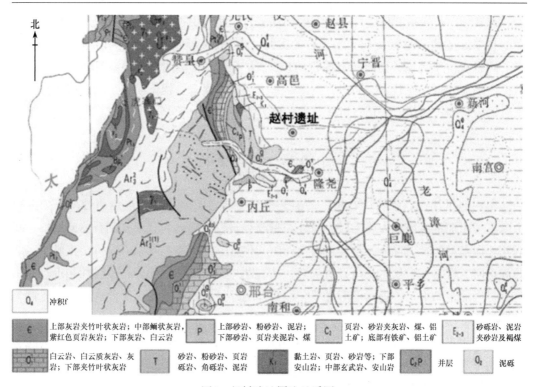

图5 赵村遗址周边地质图

寒武系：主要岩性上部为灰岩夹竹叶状灰岩；中部鲕状灰岩，紫红色页岩夹灰岩；下部灰岩、白云岩。

奥陶系：主要岩性为白云岩、白云质灰岩、灰岩；下部夹竹叶状灰岩（O_1^1）。

二叠系：主要岩性上部为砂岩、粉砂岩、泥岩；中部夹铝土矿；下部砂岩、页岩夹泥岩、煤、铝土矿（P）。

三叠系：主要岩性为砂岩、粉砂岩、页岩、砾岩、角砾岩、泥岩（T）。

第四系：主要岩性为泥砾（O_2^g）；砂、砾、沙质黏土、黏质砂土、黏土等（O_4^f）。

石料的获取方式主要包括河道内采集和山体开采两种。通过对遗址周边区域调查可知，遗址北部的午河是该区域内唯一一条河流。午河属海河流域子牙河水系，发源于河北省临城县，河道内有砂岩、砾石等石料，遗址内的石料可能有部分就来自河道采集。在遗址西部的太行山脉和南部的尧山应该是其石料来源的首选之地。尧山位于赵村遗址东南方12千米处，海拔157.6米，南北长约2.8千米，东西最宽处约1.8千米，总面积约4.8平方千米。由于开矿等原因，尧山山体目前被开发破坏严重，原表层岩石已不可见，现在裸露在外的岩石多为灰岩、白云灰岩等。根据地质资料显示，尧山山体主要形成于寒武系和奥陶系时期，寒武系时期形成的山体上部为灰岩夹竹叶状灰岩；中部鲕状灰岩，紫红色页岩夹灰岩；下部灰岩、白云岩；奥陶系时期主要岩性为白云岩、白云质灰岩、灰岩；下部夹竹叶状灰岩。而赵村遗址所用石料以砂岩、变质砂岩为主，另有灰岩、泥岩等，灰岩在赵村遗址中只占极小部分，因此尧山很可能只是石料来源地之一。在赵村遗址西侧，距遗址40千米左右的太行山东侧有以砂岩为主体的山地，如嶂石岩等。嶂石岩位于赞皇县西南，总面积约120平方千米。其主体为二叠系时期形成，主要岩性上部为砂岩、粉砂岩、泥岩，下部砂岩、页岩夹泥岩、铝土矿等，与赵村遗址内出土石器的岩性较为相似，其有可能是赵村商人开采砂岩的重要产地。

三、石料采集和复制实验

赵村遗址出土石器所用石料以砂岩、变质砂岩、灰岩为主，遗址所处位置为太行山东麓平原地带，地表为黄土层，遗址本身没有石料来源。为获取复制石器的原料，我们实地探查走访了附近隆尧县的尧山。尧山又称宣务山，属奥陶系，太行山支脉，东北西南走向，岩石多为灰岩及白云质灰岩，其岩性与遗址内所出部分石器岩性相近。尧山与赵村遗址距离很近，中间地形平坦，地势开阔，便于石料运输，因此这次石器复制与实验的样本均采自尧山。

由于近些年的开采，尧山山体大部分已被破坏，其表层岩石岩性已不可知。此次在尧山采集的石料为开山时崩落的石片，主要用来制作石刀，岩性为灰岩、白云质灰岩。复制实验所用磨制工具包括磨石、石英砂等，切割工具为片状石片，另有打磨机进行辅助加工。

关于微痕研究中一些术语的界定：

微痕：石制品在使用过程中与被加工物相接触，经过机械破损、摩擦和物质沉积，其表面会发生一些变化，刃口出现磨圆、崩裂、光泽等使用痕迹，由于这些痕迹大多比较微小，需要借助显微镜才能分辨其存在、形态、分布等情况，所以经常被称作微痕。

光泽：石制品使用过程中机械摩擦引起的刃部表面纹理的变化，形成不同的反光程度和形态，对于判断加工对象有较好的指示作用。

磨损：石制品使用中，与加工对象接触、摩擦造成的器物表面发生的变化。

磨圆：石制品刃缘由于摩擦与原来的锋利状态变为圆钝。

破损：石制品使用中，受到加工对象的反作用力，刃缘崩裂留下的微疤形态。

条痕：石制品使用过程中长时间摩擦形成的直线形条纹，是判断运动方向的依据。

低倍法采用的是8种不同加工对象的类别：软性动物类（肉、皮等）、软性植物类（草、蔬果等）、中软性植物类（新鲜树木枝等）、中性动物类（鱼软骨等）、中硬性植物类（干硬木、竹等）、硬性动物类（鲜骨等）、特硬性动物类（干骨、角等）、硬性无机动物类（岩石等）。

本次进行微痕观察所用的体式显微镜是Leica S9i连续变焦显微镜，加外接光源，具备显微观察和外接显示器拍照功能，放大倍率最高可达110倍。

四、出土标本的微痕观察

微痕研究的一个主要目的就是了解石器的使用功能，而石器的使用功能主要体现在其功能部位，功能部位的保存情况是微痕观察能够获取有用信息的主要因素。本次微痕观察尽量选用保存较好的石器，主要包括石刀10件、石镰5件、石斧2件，石铲等其他石制品因保存较差，主要功能部位基本丢失，因此不再进行观察。

观察前先用清水将需要观察的标本清洗干净，而后令其自然风干，以备观察。由于显微镜对观察对象的大小和表面平整度有一定要求，而石器在地下经长时间掩埋，表面附着有较多钙化沉积物，为避免因去除钙化物对石器表面造成二次损伤，所以石器表面的钙化沉积物并未强制去除，因此对观察结果可能会有一定影响。

1. 石刀的微痕观察

T5G1∶17，器身通体磨制，一端残缺，刃缘保存较好。肉眼下可观察到器身中部有斜向刃部的较为杂乱的条痕，条痕清晰且深，应为使用造成的痕迹（附图1，1）。刃缘平整，轻度磨圆，在肉眼下看不到条痕和崩疤，当显微镜在20倍率时，依旧观察不到条痕和崩疤的存在。

T5②∶3，器身通体磨制，首端残缺。刃缘总体保存较好，稍有崩损，刃部较为锋利。肉眼下观察不到条痕及崩疤存在。在20倍率下，可以看到刃部矿石颗粒圆钝明显，刃部轻度磨圆，观察不到光泽（附图1，2）。

T37②∶9，器身通体磨制，两端残缺。器身有杂乱的划痕，但并非使用造成的痕迹，可能为后期与其他硬物摩擦所致。刃部较为平直，刃缘稍钝，轻度磨圆，在20倍率下，可看到刃部有较为明显的点状光泽（附图1，3）。

T2H11∶1，器身通体磨制，一端残缺。10倍下在刃部右侧发现有连续的羽翼式和阶梯式片疤，30倍下在刃缘中部发现有磨圆，并伴有毛糙光泽，观察不到条痕（附图1，4、5）。

T5G1∶14，器身通体磨制，两端残缺。剩余刃部保存较好，20倍下在刃部可见有磨圆和毛糙光泽，观察不到片疤和条痕（附图1，6）。

T21H52∶1，器身磨制，一面较平整，一端残损，刃部保存较好，有侧边刃。20倍下可见刃部有轻度磨圆，在刃部左侧发现有一圆润的凹槽，显微镜下可见有点状光泽，可能为长时间摩擦造成。侧边刃在20倍下也有明亮光泽，不排除为矿石颗粒反光造成。器身有整齐的擦痕，可能为磨制造成（附图2，1、2）。

T26H39∶2，两端残损，通体磨制，刃部保存较好，器身在10倍下可见有一组斜向刃部的条痕，条痕整齐且较为密集，应为磨制时所造成，在20倍下可见刃部的矿石颗粒有轻度磨圆（附图2，3、4）。

G1∶3，器身磨制，两端残损，刃部保存较好，器身附着有大量钙化沉积物，20倍下刃部有明显中度磨圆，可见有连续分布的点状光泽，器身的大型片疤有翻越现象（附图2，5、6）。

T3G1∶16，器身粗磨，一端断损，刃部保存较差，破损严重，肉眼可见有连续片疤，显微镜下观察不到条痕（附图3，1）。

T37②∶7，器身磨制，一端断损，磨制不精，肉眼下可见刃部有大块且连续的片疤，器身有数组整齐的条痕，其方向基本相同，应为磨制时产生的划痕（附图3，2、3）。

2. 石镰的微痕观察

T11G1∶9，器身通体磨制，首端残损，刃缘总体保存较好，刃部锋利。肉眼下可模糊看到器身部分分布有斜向刃部的痕迹，但在刃部观察不到线状痕及崩疤的存在。当显微镜在10倍率时，能清楚看到器身部分正反两面有几组不同方向的痕迹，应为磨制产生的擦痕，刃部轻度磨圆。在20倍率下，刃部磨圆更加明显，点状光泽（附图3，4、5）。

T32H71∶3，器身通体磨制，两端残缺，刃缘总体保存较好，刃部较为锋利。在器身及刃缘观察不到条痕存在。20倍下，可见刃缘有中度磨圆（附图3，6）。

T29H37∶6，器身通体磨制，两端残损，刃缘保存较好，刃部较为锋利。器身不见有条痕，刃部不见有片疤分布，轻度磨圆。当显微镜在20倍率时，可看到刃部有轻微光泽，观察不到条痕和崩疤（附图4，1）。

T5G1∶15，器身通体磨制，首端残损，刃缘总体保存较好，刃部较为锋利，肉眼下能模糊看到器身分布有斜向密集条痕，当显微镜在20倍率时，能清楚看到斜向刃部的密集条痕，条痕细密且方向一致，应为磨制时产生的擦痕。刃部不见有片疤分布，轻度磨圆。在20倍率下可观察到点状光泽，光泽较强（附图4，2、3）。

T37采∶2，器身通体磨制，较为精细。肉眼下在刃缘附近观察不到片疤。在20倍率下，刃缘附近依旧观察不到条痕和片疤。此时在刃缘中部可见有磨圆和矿石颗粒突起，在几乎使用不到的端部则很少很少观察到矿石颗粒突起，说明该石器被使用过，内凹处是主要使用部位（附图4，4、5）。在后端观察不到捆绑造成的痕迹，说明这件石器可能是直接手持使用。

3. 石斧的微痕观察

T28H38∶1，玄武岩。顶部破损，通体磨制，器身留有密集琢坑，刃部磨光。中锋，直刃，刃部破损较为严重。

在石斧刃部有一长度大于3厘米的超大型片疤，片疤长度大于石斧刃部长度的2/3，另有一处长度超过1厘米的大型片疤。由于石斧表面附着有大面积钙化沉积物，对其表面的观察造成了一定影响。肉眼下可见石斧正面中部有较多条痕分布，因此用显微镜对此区域重点观察。观察点①位于石斧正面刃面处，10倍下可看到有近垂直于刃缘的条痕，条痕前段清晰且较深，中后段逐渐变浅且更加分散，较为模糊（附图4，6）。观察点②位于石斧正面刃缘中部，30倍下可观察到磨圆及毛糙光泽（附图5，1）。观察点③位于观察点②上方，在10倍下可观察到中型羽翼式片疤（附图5，2）。观察点④位于石斧背面刃缘处，在10倍下可见有大型阶梯式片疤（附图5，3）。

T26H39∶6，辉绿岩。破损严重，仅剩部分刃部，通体磨制，器表磨制精细。中锋，直刃，刃部破损也较为严重。

肉眼下可见在刃缘两侧有较多痕迹，其方向杂乱，深浅不一，且附着有许多钙化沉积物，看不清细部特征，无法判断是使用或者磨制留下的痕迹。在石斧侧面发现有模糊的斜向痕迹，在10倍下这组痕迹变得清晰，条痕整齐，颜色偏白，长度较长，再加上其位于石斧侧面，不属于使用部位，所以应为磨制或抛光时产生的痕迹。在20倍下，石斧刃部观察不到条痕存在。观察点①位于石斧正面刃缘右端崩缺口处，20倍下可见崩缺口处上部刃面有一定的磨圆，并有微弱光泽（附图5，4）。观察点②位于石斧正面刃缘中部，有连续的阶梯式片疤和羽翼式片疤（附图5，5）。观察点③位于石斧背面刃缘左侧，10倍下可观察到有大型羽翼式片疤（附图5，6）。

五、模拟实验与微痕观察

为了获取更多磨制石器使用痕迹方面的相关信息，我们还进行了模拟实验，通过对石刀的复制标本进行一系列使用实验，来了解磨制石器微痕产生的过程，以期为磨制石器微痕研究提供更多的有用信息。

1. 刮削干木材

标本4，灰岩，从较大的石片上剥片所得，以较为锋利的边为刃，直接磨制，以斜向刃部的方向进行双向磨制，40分钟后刃部磨光。器身以近平行于刃部的方向双向打磨。整体略成梯形，单面直刃。肉眼下可见刃部及表面有明显的斜向刃部的磨制条痕，较为整齐，颜色发白，且密集。

加工对象为干燥的树枝，直径约4厘米，长约80厘米。加工方式为右手执刀，左手执树枝，刃部斜面朝上，直面朝下，树枝与刃部直面呈锐角且垂直于刃部，单向运动来刮削树枝。实验共分为三个阶段，第一阶段1000次，第二阶段2000次（与前次相加共3000次），第三阶段3000次，三阶段累计总共6000次，每阶段完成后都用且清水清洗石刀表面，并在显微镜下观察。

第一阶段后，肉眼下可见刃缘上较大片疤产生，刃缘接触面略微平滑。在显微镜下观察，可见有大型折断式片疤；第二阶段后，刃缘磨钝较为明显，背面出现小型羽翼式片疤，正面大片疤面积扩大；第三阶段后，刃缘磨圆更加明显，有微弱点状光泽，正面和背面都出现大型折断式片疤和小型羽翼式片疤，没有观察到条痕。而磨制产生的白色条痕颜色则逐渐变浅。通过复制实验可知，使用石刀刮削干树枝十分有效，经过300～500次使用，即可较为轻易地刮去树皮，且对石器损耗较小（附图6、附图7；表5）。

表5　磨制石器刮削微痕对比表

实验对象	加工对象	加工阶段	时间	方法	效果
标本4	干树枝	第一阶段	8min，1000次	30°—60°角斜刮	刃缘中部出现数个片疤，较大，手指按压处磨圆较明显
标本4	干树枝	第二阶段	19min，2000次	30°—60°角斜刮	有疲劳感产生，加工速度下降。刮削过程中树枝被削下大量黄色碎屑，树枝关节处对刮削的阻力明显
标本4	干树枝	第三阶段	33min，3000次	30°—60°角斜刮	片疤继续增加，刃缘磨圆更加明显，形成折断式及羽翼式片疤；手指按压处磨圆明显，肉眼观察不到磨制时的条痕

2. 刮削新鲜杨树树枝

标本7，灰岩，从较大石块上剥片所得，打制后形状近三角形，选用锋利的长边为刃，直接磨制，磨制方向不定。磨制时间约130分钟，双面刃，刃部微弧，刃缘锋利。肉眼下可见器身分布有斜向刃部及平行于刃部的条痕。

加工对象为新鲜杨树树枝，直径约3.5厘米，长约60厘米。加工方式为右手执刀左手执树枝，刃缘与树枝呈锐角，单向运动来刮削树枝。实验共分为三个阶段，第一阶段1000次，第二阶段2000次（与前次相加共3000次），第三阶段3000次，三阶段累计共6000次。每阶段完成后都用清水清洗石刀表面，并在显微镜下观察。

第一阶段后，肉眼下刃缘部分观察不到太大变化，显微镜下可见有略微磨圆，刃缘起伏较为缓和，不见光泽产生；第二阶段后，刃缘磨圆更加明显，可见有微弱的点状光泽；第三阶段后，刃缘明显磨圆，光泽面积扩大，在刃缘附近只出现零星小型羽翼式片疤，观察不到使用产生的条痕（附图8、附图9；表6）。

表6　磨制石器刮削微痕对比表

实验对象	加工对象	加工阶段	时间/次数	方式	效果
标本7	新鲜杨树树枝	第一阶段	7min，1000次	30°—60°在树枝上刮削	刃缘略微磨圆，不见光泽产生
标本7	新鲜杨树树枝	第二阶段	15min，2000次	30°—60°在树枝上刮削	刃缘磨圆更加明显，有微弱的点状光泽
标本7	新鲜杨树树枝	第三阶段	22min，3000次	30°—60°在树枝上刮削	刃缘磨圆明显，光泽面积罗达，发现有小片疤

通过实验可知新鲜树枝与干树枝相比，更容易在较短的使用次数内产生光泽。但难以在石器上留下使用产生的条痕和片疤，不排除因树枝较嫩难以在石器上留下使用痕迹的可能。

3. 刮削兽皮

标本3，灰岩，从较大石块上剥片所得，整体较扁平，先选一长边修整出刃部，再以斜向刃部的方向进行打磨，刃部成型时间约45分钟，之后再对石器表面进行整体打磨，经80分钟后磨制成型。标本3平面形状近长方形，为双面直刃，刃缘锋利，肉眼下可见刃部及器身有斜向刃缘的条痕，条痕较密集。

加工对象为带有脂肪的新鲜猪皮，长约12厘米，宽约7厘米。加工方式为右手执刀，左手执猪皮，猪皮与刃缘呈锐角，单向运动来刮削猪皮上的脂肪。实验共分为三个阶段，第一阶段1000次，第二阶段2000次（与前次相加共3000次），第三阶段3000次，三阶段累计共6000次。每阶段完成后都用清水洗净石刀表面，并在显微镜下观察。

第一阶段后，肉眼下可见刃缘部分因油脂所沁颜色加深，显微镜下可见刃缘部分有略微磨圆，正反面刃缘均可见有零星点状光泽；第二阶段后，刃缘磨圆更加明显，光泽面积略微扩大；第三阶段后，刃缘明显磨圆，光泽面积进一步扩大，且背面光泽较正面光泽面积更大。但在刃缘两面均观察不到条痕和片疤（附图10、附图11；表7）。

表7　磨制石器刮削微痕对比表

实验对象	加工对象	加工阶段	时间/次数	方法	效果
标本3	新鲜猪皮	第一阶段	10min，1000次	60°—80°角在猪皮上刮削	受油脂所沁，刃部颜色加深。刃缘略微磨圆，刃缘两面均可见零星点状光泽
标本3	新鲜猪皮	第二阶段	22min，2000次	60°—80°角在猪皮上刮削	磨圆较为明显，刃缘两面光泽面积扩大
标本3	新鲜猪皮	第三阶段	35min，3000次	60°—80°角在猪皮上刮削	刃缘磨圆更加明显，光泽面积扩大，不见条痕和片疤

4. 锯兽骨

标本1，灰岩，从较大石块上剥片所得，整体较扁平。先选一长边修整出刃部，再以近平行于刃部的方向进行打磨，刃部成型时间约40分钟。然后再对石器表面进行整体打磨，经80分钟后基本磨制成型，但表面仍有部分地方凹凸不平，不影响使用。标本3平面形状近长方形，为双面直刃，刃缘锋利，肉眼下可见刃缘部分有近平行于刃部以及器表斜向刃部的条痕，条痕细密，成片分布。

加工对象为新鲜猪腿骨，长约20厘米，中间细部宽约3厘米。加工方式为右手执刀，左手执骨，石刀刃缘与骨长轴表面垂直，割据猪骨，做前后往复的纵向运动。实验共分为三个阶段，第一阶段1000次（一个来回记一次），第二阶段2000次（与前次相加共3000次），第三阶段3000次，三阶段累计共6000次。每阶段完成后都用清水洗净石刀表面，并在显微镜下观察。

第一阶段后，肉眼下刃部变化不明显，显微镜下可见刃缘部分略微磨圆，可见有模糊光泽；第二阶段后，刃缘中部出现较连续片疤，包括羽翼式和折断式片疤，有翻越现象，刃缘磨圆更加明显；第三阶段后，刃缘磨圆更加明显，片疤分布较为连续且紧凑，多大型折断式和羽翼式片疤，有微弱光泽。没有观察到使用产生的条痕存在（附图12、附图13；表8）。

表8　磨制石器刮削微痕对比表

实验对象	加工对象	加工阶段	时间/次数	方法	效果
标本1	猪骨	第一阶段	9min，1000次	80°—100°角在猪骨上往复运动	刃缘略微磨圆，效果不明显；猪骨上形成长约2厘米，深约2毫米的划痕
标本1	猪骨	第二阶段	20min，2000次	80°—100°角在猪骨上往复运动	刃缘出现较多崩疤，连续出现，片疤较大；猪骨上的划痕长约2.3厘米，深约3毫米
标本1	猪骨	第三阶段	33min，3000次	80°—100°角在猪骨上往复运动	片疤增加，形成连续崩疤，猪骨上划痕加深约4毫米，宽度增加

5. 刮削兽骨

标本2，灰岩，与标本1为同一块石块上剥片所得，整体较扁平。先选一长边修整出刃部，再以斜向刃部的方向进行打磨，刃部成型时间约50分钟。然后再对石器表面进行整体打磨，经95分钟左右基本磨制成型，表面仍有部分地方凹凸不平，不影响使用。标本3平面形状近长方形，为单面直刃，刃缘锋利。肉眼下可见刃部有斜向刃缘的条痕，条痕分布较为整齐，条痕细密且较为清晰。

加工对象为新鲜猪骨，长约20厘米，中间细部宽约3厘米。加工方式为右手执刀，左手执骨，刃部斜面朝上，直面朝下，刃缘与骨长轴表面呈锐角，做单向刮削的动作。实验共分为三个阶段，第一阶段1000次，第二阶段2000次（与前次相加共3000次），第三阶段3000次，三阶段累计共6000次。每阶段完成后都用清水洗净石刀表面，并在显微镜下观察。

第一阶段后，肉眼下刃部变化不明显，显微镜下可见刃部有略微磨损，刃缘略有磨圆，可见有微弱光泽；第二阶段后，刃缘中部原石料裂纹处出现大型崩疤，刃缘磨圆增加并出现零星光泽；第三阶段后，刃缘两侧均可见有点状光泽，且直面光泽多于斜面，刃缘磨圆程度加深。没有观察到使用条痕的存在（附图14、附图15；表9）。

表9　磨制石器刮削微痕对比表

实验对象	加工对象	加工阶段	时间/次数	加工方式	效果
标本2	猪骨	第一阶段	8min，1000次	40°—70°角在猪骨上做单向刮的动作	刃缘变化不大，略微磨圆
标本2	猪骨	第二阶段	19min，2000次	40°—70°角在猪骨上做单向刮的动作	刃缘磨圆度增加，出现零星光泽，裂纹处出现大型崩疤
标本2	猪骨	第三阶段	32min，3000次	40°—70°角在猪骨上做单向刮的动作	刃缘磨圆更加明显，光泽更加清晰明亮，没有观察到片疤和条痕出现

6. 收割鲜草

标本5，白云灰岩，从较大石块上剥片所得，整体较扁平。先选一长边修整出刃部，再以斜向刃部的方向进行打磨，刃部成型时间约40分钟。然后再对石器表面以平行于刃部的方式进行打磨，经90分钟左右基本磨制成型，石器表面仍有部分地方凹凸不平，不影响使用。标本5平面形状近柳叶形，双面直刃，刃缘锋利。肉眼下可见刃部附近有斜向刃缘的条痕，器身有平行于刃部的条痕，条痕成组分布，较为密集。

加工对象为新鲜杂草，收割部位在根茎上部，距地表5厘米左右处。加工方式为右手执刀，左手抓住草叶，做由外向内做略微向下的收割动作。实验共分为两个阶段，第一阶段5分钟，第二阶段5分钟，两阶段相加共10分钟。每阶段完成后都用清水清洗石刀表面，并在显微镜下观察。

第一阶段后，肉眼下几乎观察不到变化，显微镜下可见刃缘的起伏情况更加平缓，其表面的矿石颗粒比使用前略有磨圆，其上的斜向磨制条痕减弱，不见有光泽；第二阶段后，刃部磨圆更加明显，可以明显感觉到刃缘部分的矿石颗粒比前一阶段更加圆润，斜向的磨制痕迹消磨也较为明显，可见有模糊光泽产生。观察不到使用条痕及片疤的存在（附图16；表10）。

表10　磨制石器刮削微痕对比表

实验对象	加工对象	加工阶段	时间/次数	加工方式	效果
标本5	鲜草	第一阶段	5min，700次	由外向内略微向下的收割	刃缘略微磨圆，不见使用条痕和片疤
标本5	鲜草	第二阶段	5min，650次	由外向内略微向下的收割	刃缘磨圆更加明显，有模糊光泽，不见使用条痕和片疤

六、石器功能的认识

通过对以上复制实验进行总结，我们可以得出以下信息。

第一，用灰岩制成的有刃类工具，在加工新鲜树枝或干木这类中软性和中硬性植物时，经过一定程度的使用其刃部会有不同程度的磨圆产生，在刃部可能产生小型羽翼式及折断式片疤，刃缘附近会产生点状光泽。

第二，灰岩由于其岩性原因，硬度较大，在作用于软性动植物类、中软性动植物类时，其损耗很小，磨损速度较慢。

第三，灰岩制成的有刃类工具在收割鲜草或刮削兽皮等软性植物类、软性动物类时难以产生肉眼或体式显微镜可以观察到的条痕。

第四，磨圆和光泽是灰岩类工具加工软性动植物类及中软性动植物类的主要损伤形式。

第五，灰岩类工具加工兽骨等硬性动物类会产生羽翼式或折断式片疤，同时会有光泽产生。

以上结论均为以灰岩制成的石器经过实验所得，通过了解前人的研究成果可知不同种类岩性的石器其微痕情况会有所不同，因此本次实验只具有一定的参考性，不能代表不同种类岩石的不同情况。赵村遗址出土的有刃类工具以砂岩为主，而本次实验所用石料均为灰岩，因此在对这些石器功能进行判断时将会参考前人的研究成果。谢礼晔对二里头遗址砂岩类石刀的研究表明：

（1）无论使用哪种收割方式，收割都难以在刃角40°以上的砂岩收割工具上引起片疤之类的破裂性损伤，除非石器本身局部结构比较脆弱。

（2）磨圆和光泽是收割工具常见的损伤形式，在通常情况下，接触面的光泽比非接触面发达。

（3）尽管收割工具在使用过程中渐渐磨损，甚至因石料的损耗较快，但是其刃缘变钝的速度相对较慢。

（4）收割工具的微磨痕会随后来的刃部损伤而消失，从而使分析者失去捕捉这些信息的可能，这想必是所有工具使用痕迹形成过程中不可避免的现象。

（5）砂岩的光泽发生速度比较慢。

（6）收割在砂岩上难以产生肉眼或体式显微镜可见的条痕，连杆收割比摘取穗部的收割方式更容易产生条痕。

可以看出谢礼晔对砂岩类收割工具的研究结果，与本次以灰岩制成的有刃类工具的实验结果具有相当程度的吻合，说明本次实验对于判断砂岩类有刃工具的使用情况仍具有一定的可行性。

通过以上实验及对出土标本的微痕观察，再结合前人的相关研究成果，下面对赵村遗址石器功能进行初步判断。

1. 石刀功能的判断

主要观察了10件石刀标本，在这些标本上都发现了轻度或中度磨圆，并在一些标本上发现了毛糙或点状光泽，说明这些石器均经过不同程度的使用。T5G1：17、T5②：3、T37②：9、T5G1：14、T26H39：2、T21H52：1这6件石器标本除去因断损造成的破损外，显微镜下在其刃缘附近均未发现微型片疤及明显的条痕。以上信息说明这6件石器的加工对象硬度较低，本身难以对石器刃缘造成破裂性伤害，推测其加工对象应为软性动物类（兽皮、肉等）或软性植物类（草、蔬果、禾本植物等），由于没有观察到使用条痕，其加工方式尚无法判断。G1：3在显微镜下刃部可见有中度磨圆，有连续分布的点状光泽，刃部的大型片疤伴有翻越现象，表明其加工对象硬度可能较大，可能用来加工中软性动物类（兽皮、肉等）或软性植物类（草、蔬果、禾本植物等），由于没有观察到使用条痕，其加工方式尚无法判断。T2H11：1为有孔石器，其一侧刃缘片疤较多，应为与加工物接触面且多为弧形浅疤，另一侧有大型阶梯式片疤，其加工对象可能硬度较大，为中硬性植物类（干硬木），考虑到有孔石器的用法该石器可能用于刮削。T37②：7、T3G1：16两件石器刃部受损严重，有较多片疤，且片疤均集中于一侧刃缘，推测该侧为与加工物的接触面，另外这些片疤较大，多弧形片疤，说明加工物硬度很大，可能为硬性动物类（鲜骨等）或特硬性动物类（干骨、角等），由于未观察到使用条痕，其加工方式尚不明确，从片疤集中于一侧推测可能用于刮削。

2. 石镰功能的判断

主要观察了4件石镰标本，在体式显微镜下可见T32H71：3刃部有中度磨圆，T29H37：6、T5G1：15、T37采：2这3件石器刃缘也有轻度磨圆，说明这些石制品都经过不同程度的使用。另外，在其刃部都发现有点状光泽，除去造成石器丢弃的破损，在肉眼或体式显微镜下这5件石器的刃缘附近均未发现片疤，说明这些石镰的加工对象硬度不高，难以对石器本身造成破裂性损伤。通过对比本次实验及谢礼晔对二里头遗址石刀的研究，可以推测赵村遗址的石镰很可能用于加工软性植物类（草、蔬果、禾本植物等），由于未发现使用造成的条痕，其加工方式不能确定。在器身没有发现捆绑造成的痕迹，说明这些石镰可能是直接手持使用的。

3. 石斧的微痕观察

主要观察了2件石斧标本，可以看出超大型片疤是赵村遗址石斧破损的主要类型，而形成这种巨大损伤的原因主要可能为制作或使用，这些片疤大多为磨制之后造成的损伤，因此应该是使用造成的破损。其中T28H38：1刃部破损严重，显微镜下可见有近垂直于刃缘的条痕、大型阶梯式及中型羽翼式片疤，刃缘附近可观察到磨圆及毛糙光泽，表明其加工对象硬度较大。结合前人研究成果，其可能用于加工硬性动物类（鲜骨等）或特硬性动物类（干骨、角等），该石斧较厚且刃部较钝，又发现有近垂直于刃缘的条痕，其运动方式可能为横向运动，即砍砸使用。T26H39：6刃部同样破损较为严重，显微镜下在刃部可见有一定程度的磨圆，并伴随有光泽，刃缘附近有大型羽翼式片疤和连续的阶梯式片疤，说明其加工对象硬度同样较大。片疤集中于石斧刃缘中部，说明刃缘中部是该石斧的主要使用部位。再结合器形来看，该石斧刃部较宽且薄，刃缘锋利，杨鸿勋提出石斧应当刃薄而宽利于砍伐树木，笔者以为有理，因此该石斧的加工对象可能为中软性植物类（新鲜树枝等）或中硬性植物类（干硬木、竹子等），由于石斧上部残损，不能判断其是否绑柄使用。虽然未观察到使用条痕，但是其片疤的方向和类型说明这件石斧的运动方式同样应该是横向运动，及砍砸使用。

通过以上微痕观察和复制实验，结合前人的研究成果，我们对赵村遗址出土的3种石制品的功用和使用方式有了初步了解：石刀的使用对象比较广，可能用来加工软性动植物类（兽皮、肉、禾本植物等）、中软性动植物类（新鲜树枝等）、中硬性植物类（干木等）、硬性动物类（鲜骨等）和特硬性动物类（干骨、角等）；石镰可能主要用来加工软性植物类（草、禾本植物等）；石斧可能主要用来加工中软性植物类（新鲜树枝等）、中硬性植物类（干木、竹子等）、硬性动物类（鲜骨等）及特硬性动物类（干骨、角等）。

经过微痕观察和复制实验，我们对赵村遗址石制品的功用有了更深刻的认识，了解到一种石器的功用可能比较多样，从前人的研究成果也可得知，一种石器可能并非对应单一的加工对象，很可能存在"一器多用"的情况。由于本次实验条件所限，仅对小部分保存状况较好的石器进行了观察，实验仅对刮削、锯、割等运动方式进行了模拟，对于古人多样的使用方式还原还不够，使得认识不够全面；同时后期埋藏环境的变化对石器表面造成的影响如石器表面的钙化沉积物没能去除干净对此次观察也造成了一定影响。另外，由于条件限制仅使用了体视显微镜进行低倍观察，使得对加工对象的判断比较笼统，没能得出更具体的判断，如果能使用金相显微镜进行高倍观察，得出的结果则会更加令人信服，这也是本次实验最大的遗憾。

附记：赵村商代遗址出土石器研究同首都师范大学考古系合作进行，在此感谢徐宏杰先生的大力帮助。

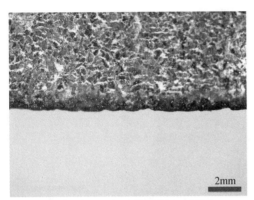

1. T5G1：17（器身正面中部　10倍）

2. T5②：3（刃缘正面中部　20倍）

3. T37②：9（刃缘正面右部　20倍）

4. T2H11：1（刃缘正面右部　10倍）

5. T2H11：1（刃缘正面中部　30倍）

6. T5G1：14（刃缘正面左部　20倍）

附图1

1. T21H52：1（刃缘正面左部　20倍）

2. T21H52：1（侧边刃正面中部　20倍）

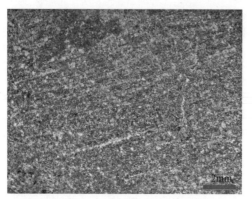

3. T26H39：2（器身正面中部　10倍）

4. T26H39：2（刃缘正面中部　20倍）

5. G1：3（刃缘正面左部　20倍）

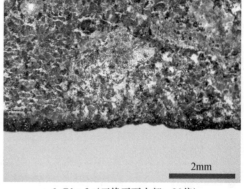

6. G1：3（刃缘正面中部　20倍）

附图2

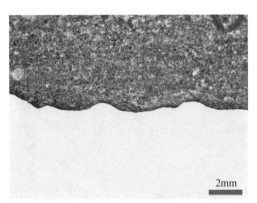

1. T3G1：16（刃缘正面中部　10倍）

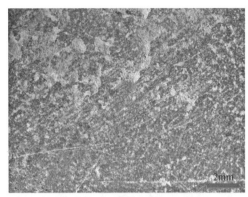

2. T37②：7（器身正面中部　7倍）

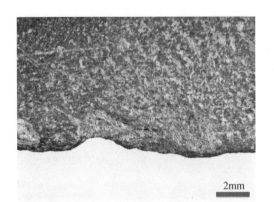

3. T37②：7（刃缘正面中部　7倍）

4. T11G1：9（刃缘正面中部　20倍）

5. T11G1：9（刃缘正面左部　20倍）

6. T32H71：3（刃缘正面左部　20倍）

附图3

1. T29H37：6（刃缘正面左部　20倍）

2. T5G1：15（刃缘正面右部　20倍）

3. T5G1：15（刃缘正面中部　20倍）

4. T37采：2（刃缘正面左部　20倍）

5. T37采：2（刃缘正面右部　20倍）

6. T28H38：1观察点①（刃缘正面中部　10倍）

附图4

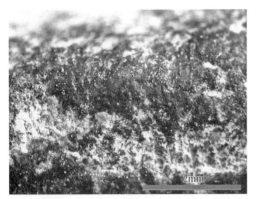

1. T28H38：1观察点②（刃缘正面中部　30倍）

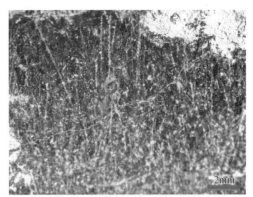

2. T28H38：1观察点③（刃缘正面中部　10倍）

3. T28H38：1观察点④（刃缘背面中部　10倍）

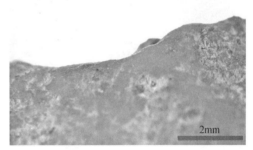

4. T26H39：6（刃缘正面右部　20倍）

5. T26H39：6（刃缘正面中部　20倍）

6. T26H39：6（刃缘背面左部　10倍）

附图5

1. 标本4第一阶段（刃缘背面左部　10倍）

2. 标本4第二阶段（刃缘背面左部　10倍）

3. 标本4第三阶段（刃缘背面左部　10倍）

4. 标本4第三阶段（刃缘背面左部　10倍）

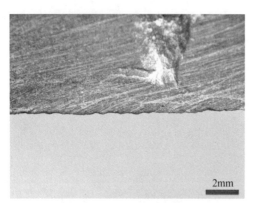

5. 标本4使用前（刃缘正面中部　10倍）

6. 标本4第一阶段（刃缘正面中部　10倍）

附图6

1. 标本4第二阶段（刃缘正面中部　10倍）

2. 标本4第三阶段（刃缘正面中部　10倍）

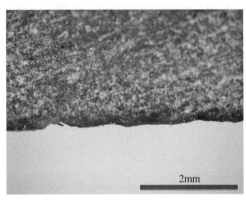

3. 标本4第一阶段（刃缘背面右部　30倍）

4. 标本4第二阶段（刃缘背面右部　30倍）

5. 标本4第三阶段（刃缘背面右部　30倍）

6. 标本4第三阶段（刃缘正面左中部　30倍）

附图7

1. 标本7使用前（刃缘背面中部　30倍）

2. 标本7第一阶段（刃缘背面中部　30倍）

3. 标本7第二阶段（刃缘背面中部　30倍）

4. 标本7第三阶段（刃缘背面中部　30倍）

5. 标本7使用前（刃缘正面中部　30倍）

6. 标本7第一阶段（刃缘正面中部　30倍）

附图8

1. 标本7第二阶段（刃缘正面中部　30倍）

2. 标本7第三阶段（刃缘正面中部　30倍）

3. 标本7使用前（刃缘背面左部　20倍）

4. 标本7第三阶段（刃缘背面左部　20倍）

5. 标本7第一阶段（刃缘背面左中部　30倍）

6. 标本7第三阶段（刃缘背面左中部　20倍）

附图9

1. 标本3使用前（刃缘背面中部　30倍）

2. 标本3第一阶段（刃缘背面中部　30倍）

3. 标本3第二阶段（刃缘背面中部　30倍）

4. 标本3第三阶段（刃缘背面中部　30倍）

5. 标本3使用前（刃缘背面左部　30倍）

6. 标本3第一阶段（刃缘背面左部　30倍）

附图10

1. 标本3第二阶段（刃缘背面左部　30倍）

2. 标本3第三阶段（刃缘背面左部　30倍）

3. 标本3使用前（刃缘正面中部　30倍）

4. 标本3第一阶段（刃缘正面中部　30倍）

5. 标本3第二阶段（刃缘正面中部　30倍）

6. 标本3第三阶段（刃缘正面中部　30倍）

附图11

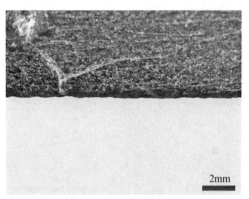

1. 标本1使用前（刃缘正面右部　10倍）

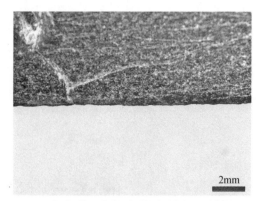

2. 标本1第一阶段（刃缘正面右部　10倍）

3. 标本1第二阶段（刃缘正面右部　10倍）

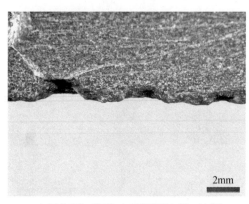

4. 标本1第三阶段（刃缘正面右部　10倍）

5. 标本1使用前（刃缘正面中部　30倍）

6. 标本1第一阶段（刃缘正面中部　30倍）

附图12

1. 标本1第二阶段（刃缘正面中部　30倍）

2. 标本1第三阶段（刃缘正面中部　30倍）

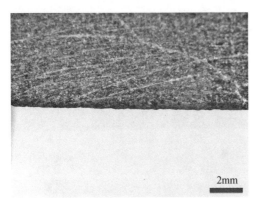

3. 标本1使用前（刃缘正面左部　10倍）

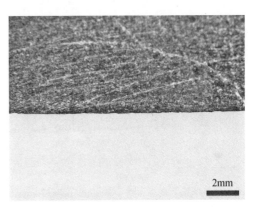

4. 标本1第一阶段（刃缘正面左部　10倍）

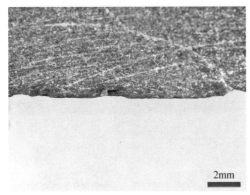

5. 标本1第二阶段（刃缘正面左部　10倍）

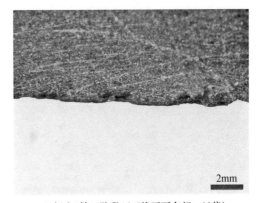

6. 标本1第三阶段（刃缘正面左部　10倍）

附图13

1. 标本2使用前（刃缘正面左部　30倍）

2. 标本2第一阶段（刃缘正面左部　30倍）

3. 标本2第二阶段（刃缘正面左部　30倍）

4. 标本2第三阶段（刃缘正面左部　30倍）

5. 标本2使用前（刃缘正面中部　30倍）

6. 标本2第一阶段（刃缘正面中部　30倍）

附图14

1. 标本2第二阶段（刃缘正面中部　30倍）

2. 标本2第三阶段（刃缘正面中部　30倍）

3. 标本2使用前（刃缘正面左中部　30倍）

4. 标本2第一阶段（刃缘正面左中部　30倍）

5. 标本2第二阶段（刃缘正面左中部　30倍）

6. 标本2第三阶段（刃缘正面左中部　30倍）

附图15

1. 标本5使用前（刃缘正面中部　30倍）

2. 标本5第一阶段（刃缘正面中部　30倍）

3. 标本5第二阶段（刃缘正面中部　30倍）

4. 标本5使用前（刃缘背面中部　30倍）

5. 标本5第一阶段（刃缘背面中部　30倍）

6. 标本5第二阶段（刃缘背面中部　30倍）

附图16

气贯千载　古今映辉

李恩玮

　　暑期闲居小舍，突接友人书函，开卷濡目，令人心动。由文物出版社出版的《汉阳陵》《青州龙兴寺佛教造像艺术》图录，书中收录有西安、青州等地出土的雕塑文物精品。从雕塑艺术的角度看两汉、南北朝时期的作品，确实达到了登峰造极、难以逾越的水平。这些经典作品之所以具有永恒的魅力，不仅体现在夸张多变的造型，繁赘清丽的修饰及其客观写实的物象上，更重要的是它承载着厚重的历史文化背景。

　　我们知道秦灭六国之后，使有数百年文化传统的六国旧贵族沦为下僚与奴婢，再经灭秦、楚汉之争，到了汉高祖时期，被推翻的前朝显贵及其眷属被诛为奴。这一群体随着改朝换代的政权更迭，形成了一簇新兴社会阶级。这些有文化知识的社会人群规模庞大，影响力强盛，承载了当时的社会文化主流。这些昔日显贵今天阶下囚的社会地位和生活形态，也成为新兴贵族随葬陶俑所表现的重要题材和内容。这一时期的陶俑形体端庄，动作收敛，面部表情冷漠、平静而含蓄，且灵魂压抑，神态温和而拘谨，借衣纹流畅、线条舒达的合理夸张，表现出一种强烈的理想主义倾向，闪烁出一种高贵灵魂的光芒，涌动着难以掩饰的情感的张扬。这种高贵灵魂与卑贱身份宿命的绞合，给今天读者的冲击力是撼动心灵的。艺术源于生活，创作需要激情、欲望与冲动。两汉侍从、婢女陶俑形象之所以是有强大的感染力，是这些昔日显贵今天卑奴自我命运情感的真实写照，表现出鲜明的时代特征和文化气息（图1、图2）。

　　南北朝时期，由于佛教的传入给人们带来一种全新的文化思想。作为这种文化载体的佛像雕塑，以空前绝后的艺术高度成为划时代的文化标志。这个时期的雕塑极富形神兼备之功，不仅在形态视觉上准确到位，还在于人物神韵即内心世界的着意刻画，达到二者和谐与统一。山东青州石造像无论是佛还是菩萨，那种君临天下的泱泱气度，不可言说的深意微笑，洞悉哲理的智慧神情，大慈大悲的超然境界，婉雅俊逸的洒脱风度呼之欲出，令人赞叹。这一时期的作品，没有世俗人物形象，缺少市井生活场景，大凡是意识形态超脱现实思想的虚拟再现。驾驭这种思想文化艺术的创作者，只有终生空门为传播而献身、虔诚佛尘为造化而行径，方能达到如此至高的境界（图3—图5）。

　　沉醉于这些早期历史经典作品，使人联想到柏乡地区遗存的元代墓茔前翁仲石刻雕塑。这些石刻造像有近百尊，均出自当地5位宦官的陵墓陪葬，其数量之大、品种之全、品位之高代表了这一时期丧葬制度中的人文思想。从文化艺术的角度审视这些

图1　汉阳陵出土西汉陶俑

图2　汉阳陵出土西汉陶俑

图3　青州石佛造像

图4　青州石佛造像

作品，能代表这一时期人们价值观的当属石虎（貔貅）雕塑。鉴赏这些文物，应从其诞生的时代和文化背景着眼，才能客观、深刻地评判它的历史价值。元代是一个少数民族统治集团治理的国家，其文化思想饱含着草原游牧民地方色彩，与中原汉文化有着别样的区别。尽管元代统治时间不过百年，但留下的文化痕迹和历史记忆是深刻的。柏乡元代石虎形体彪悍、造型拙赘、风格粗狂，艺术处理夸张，与汉俑及北朝石刻追求清高、圣洁、神秘的思想理念不同，有着它自己的思想内涵和文化特征（图6）。虎，在我国不同民族、不同地域和不同历史阶段都被奉为吉祥之物、崇拜之物，对虎形象的使用也更为广谱。柏乡元代石虎是通过肌肉的张力塑造，去表现一种信仰与崇拜观念，创作思想注重世俗理想主义的追求。在艺术范畴所呈现的物象作品抽象而离奇，使虎的形象脱离了原本王者的性格和风范，

图5 青州石佛造像

让人感觉有偏离现实生活倾向。后人将这样的作品往往归结于文化的差异，但通过表象可以发现其背后的文化成因不仅仅是如此。从柏乡遗存的这些虎形雕塑形态，很难看出其继承、发展和演变过程，存在一定的阶段性和独特性，但这并不影响不同文化在历史发展中的融合与嬗变规则。中华各民族的文化渊源，其相互之间均有着千丝万缕的联系，各路文化流派在几千年的历史长河中，不可能有唯一独大始终主宰历史的霸主，总会伴着统治政权的更迭而沉浮。柏乡石虎是蒙汉文化融合的产物，是在特定历史环境中绽放的瑰丽奇葩。要梳理柏乡雕刻艺术发展脉络和遗存文物的文化归属，不是本文所能解决的。柏乡元代石刻雕塑有着极强的地方特点和文化个性，寻找它的流变痕迹和发展去向仍离不开当地的社会土壤和文化底色，只是这一时期的社会动乱，遗留下来的东西零乱而无章律，给人们对自身文化发展的再认识增加了难度。但也正是这些地域性的文化差异和变化，造就了中华民族大文化的多姿多彩。

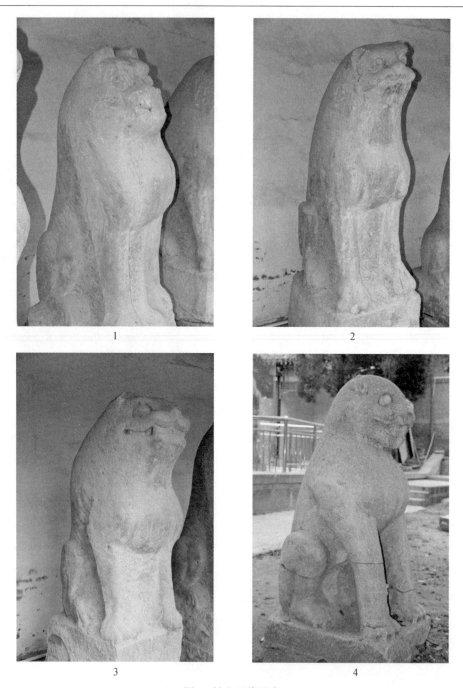

1　　　　　　　　　　　　　　　　2

3　　　　　　　　　　　　　　　　4

图6　柏乡元代石虎

后　记

　　柏乡历史文化遗产之丰富之深厚为学界瞩目，其遗存明确、文脉清晰、发展有序、保存完好，反映出当地历史文化遗产的科学性、真实性与代表性。《柏乡文化遗产研究》的推出，旨在挖掘当地历史文化资源，弘扬人文创造精神，优化柏乡文化环境，推动经济与社会全面发展。其实这一想法在多年前就已产生，只是条件不成熟没有成行。近年，随着柏乡区域田野发掘项目不断增多且收获丰硕，客观上给这一计划带来了契机。从20世纪80年代的调查发现，到近年的田野发掘以及对发掘资料的整理和研究都能亲历而为，不能不说是幸运和机遇。

　　卷中内容都是当地"土特产"，都与柏乡历史发展紧密相连。对发生在当地并对柏乡社会发展进程有重要影响的一些历史节点或事件，做了重点介绍与背景解析。以遗迹、遗物为依据线索，提纲挈领展开讨论，力图做到发掘资料与文献资料相吻合，引经据典，标明出处。对一些缺乏旁证或文献记载不详的内容事件做了合理推论，诸多观点都是建立在考古发掘资料的基础之上。可谓倾尽心志，不敢懈怠，深知学术研究中的社会责任重大。

　　书中有少部分内容是早年在国家核心期刊发表过的文章，这次拿来重新使用，旨在汇集当地资料和研究成果，以便查阅和检索。对于过去的旧作，基本保持了文章原貌，由于撰写时间较早，文中存有结论单薄之弊。

　　《柏乡文化遗产研究》的撰写与编纂并非专题任务，完全出于对工作的热忱和责任感。多年的工作积累及研究成果如不适时推出，将会随着人员的退休而被搁置，这样会给政府资源带来很大浪费，也会直接影响整体工作进程。卷文格式没有统一体例，资料零散，内容欠丰富是一大遗憾，愿关注柏乡文化遗产研究的朋友以此为鉴，在补续（二）编时斧正。

　　在本书即将付梓之际，我们谨向关心编纂出版工作的领导和朋友们表示诚挚的感谢，特别感谢邢台市文物管理处、柏乡县教育文化广电体育和旅游局的领导以及文物保管所同仁的大力支持和协助。由于水平和资料的局限，文中论证观点可能存在不少问题，如有谬误之处请大家提出批评指导。

编　者

2019年9月1日

1. 小里遗址全景

2. 小里遗址损坏情况

小里遗址

1.小里遗址发掘现场

2.河北省文物局副局长韩立森到发掘工地检查指导工作

小里遗址发掘情况

1. 中国社会科学院考古研究所专家到发掘工地指导工作

2. 小里遗址发掘现场

小里遗址发掘情况

1.炊器组合

2.A型钵（H5：6）

3.A型钵（H64：1）

4.B型盆（H56：1）

5.埙（JX3：44）

小里遗址出土陶器

赵村遗址发掘探方航拍图

1. 赵村遗址祭祀羊牲（H17）与人牲（M3）的关系

2. 赵村遗址探方发掘现场

3. 赵村遗址遗迹发掘现场

赵村遗址发掘现场

1. B型Ⅲ式陶鬲（T13H15∶18）

2. B型Ⅰ式深腹陶盆（T24H45∶3）

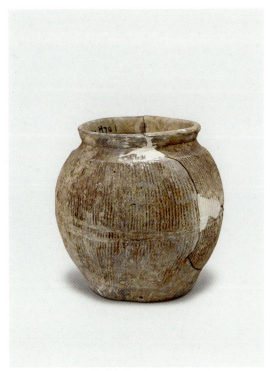

3. A型Ⅱ式陶瓮（T37H70∶1）

4. 卜骨（T8G1∶5）

赵村遗址出土器物

1.壶（M7：5）

2.球腹豆（M7：11）

3.鼎（M7：2）

4.盖豆（M7：7）

赵村遗址战国墓出土陶器

1.鸭形尊（M7：6）

2.鸭形尊（M8：7）

3.球腹豆（M8：10）

4.盖豆（M8：3）

赵村遗址战国墓出土陶器

1.崇光寺出土唐代大石佛

2.崇光寺出土明代石像

崇光寺出土唐代大佛及明代石像

1.古郫城遗址东城墙

2.古郫城遗址出土石翁仲

古郫城遗址及出土石翁仲

1. 古鄀城遗址出土"半两"钱范

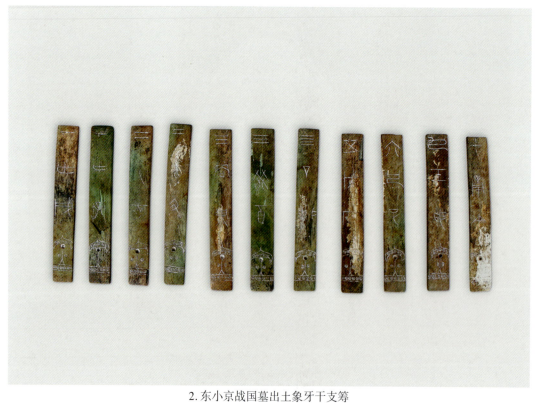

2. 东小京战国墓出土象牙干支筹

古鄀城遗址、东小京战国墓出土器物

1. 房址（F1）

2. 房址（F1）发掘现场

3. 房址（F1）复原示意图

小里遗址房址（F1）发掘及复原

1. 窖穴（JX7）

2. 窖穴（JX7）发掘测量

小里遗址窖穴（JX7）

1 窖穴（JX3）（西—东）

2. 窑址（Y3）

小里遗址窖穴（JX3）、窑址（Y3）

1. M1（东—西）

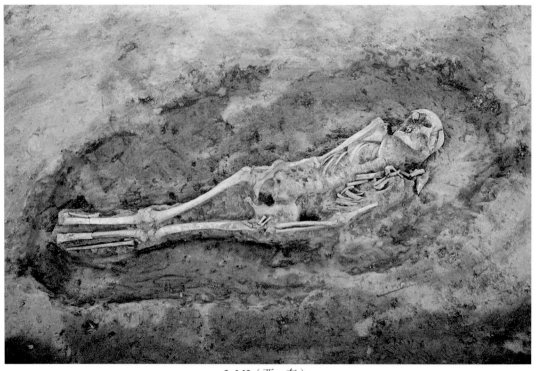

2. M2（西—东）

小里遗址M1、M2

1. B型釜（H5：1）

2. A型灶（Y1：1）

3. B型灶（H24：1）

4. 弯柱形支脚（H54：24）

5. 馒头形支脚（H62：23）

6. 马蹄形支脚（JX5：19）

小里遗址出土陶器

1.A型钵（H62：4）

2.B型钵（H48：5）

3.C型盆（H40：7）

4.E型盆（H5：26）

5.小口壶（F2：3）

6.小口瓶（H30：1）

小里遗址出土陶器

1.A型陶器盖（H32：1）

2.B型陶器盖（H62：19）

3.A型石铲（H64：15）

4.打磨两制式石铲（H34：17）

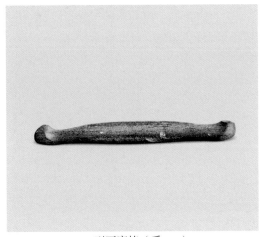

5.A型石磨棒（采：1）

6.Ba型石刀（H83：55）

小里遗址出土器物

1. 石钻（H74：1）

2. 石刀（T3②：61）

3. 陶鼓腰残片（T2③：8、T2③：9、T2③：20）

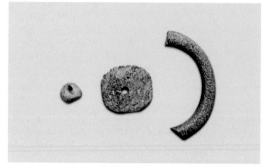

4. 饰件（H5：21）

5. 陶鼎足（T3②：16、T3②：11、T1②：22、
T2②：30、T2②：32）

6. 彩陶片（T2②：16）

7. 钻孔陶片

8. 骨双尖器（T2②：38）

小里遗址出土器物

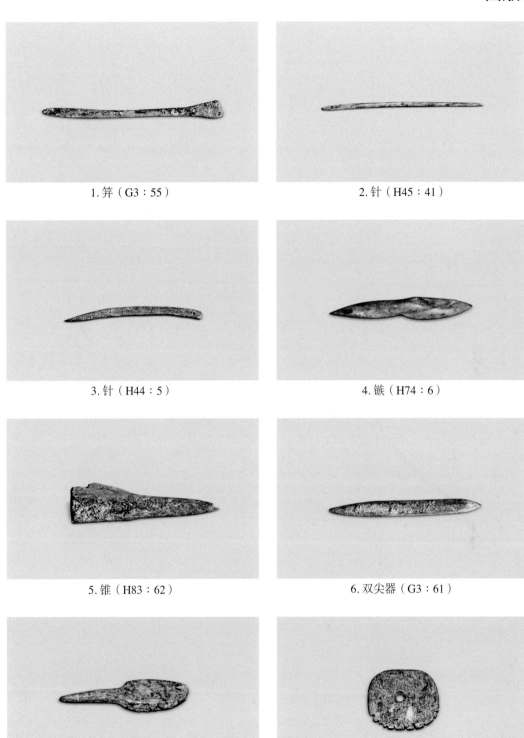

1. 笄（G3：55）　　　　　　　　2. 针（H45：41）

3. 针（H44：5）　　　　　　　　4. 镞（H74：6）

5. 锥（H83：62）　　　　　　　　6. 双尖器（G3：61）

7. 镞（T3②：64）　　　　　　　　8. 饰件（H5：21）

小里遗址出土骨器

图版10

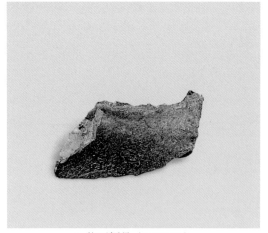

1. 熊下颌骨（T47H61）

2. 失衡丽蚌（T26②）

3. 狗头骨（T12F2）

4. 圣水牛角（T2④）

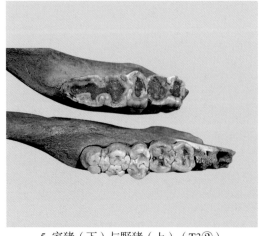

5. 家猪（下）与野猪（上）（T3②）

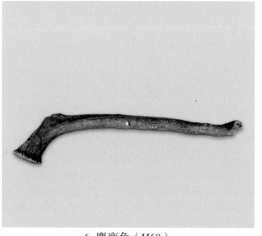

6. 麋鹿角（H68）

小里遗址出土动物遗存

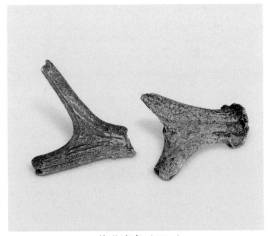

1. 梅花鹿角（JX1）

2. 动物粪便（H36）

3. 粟

4. 黍

5. 稻谷

6. 橡子、榛子、樱桃

小里遗址出土动植物遗存

1. B型Ⅰ式鬲（T3H6：1）

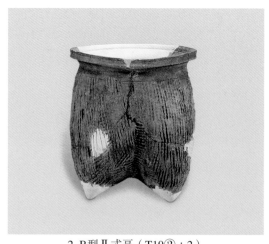

2. B型Ⅱ式鬲（T19②：2）

3. A型Ⅱ式深腹盆（T5G1：3）

4. F型深腹盆（T31G1：1）

5. Aa型Ⅰ式浅腹盆（T23H41：2）

6. Ad型浅腹盆（T4H3：1）

赵村遗址出土陶器

1.A型Ⅰ式陶假腹豆（T5G1：1）

2.A型Ⅱ式陶假腹豆（G1：1）

3.A型Ⅰ式陶瓮（T5G1：4）

4.石镰（T11G1：10）

5.石钺（T5②：2）

6.骨镞（T5②：4）

赵村遗址出土器物

1. M7墓室（南—北）

2. M8墓室（北—南）

赵村遗址战国墓发掘现场

1. 壶（M7：4）

2. 盖豆（M7：1）

3. 鼎（M7：3）

4. 鸭形尊（M7：6）

赵村遗址战国墓出土陶器

1.碗（M7：9）

2.盘（M7：10）

3.匜（M7：8）

4.盖豆（M8：6）

赵村遗址战国墓出土陶器